행정과정의 법적 통제

행정과정의 법적 통제

펴낸곳 서울대학교출판문화원
펴낸이 오연천
지은이 홍준형

초판 1쇄 인쇄 2010년 12월 25일
초판 1쇄 발행 2010년 12월 31일
출판등록 제15-3호

주소 서울 관악구 관악로 599 우편번호 151-742
대표전화 02-880-5252 **팩스** 02-888-4148
마케팅팀(주문상담) 02-889-4424, 02-880-7995
이메일 snubook@snu.ac.kr
홈페이지 www.snupress.com
영문홈페이지 eng.snupress.com

ISBN 978-89-521-1165-4 93350

행정과정의 법적 통제

홍준형 지음

서울대학교출판문화원

Legal Control of the Administrative Process

Hong, Joon Hyung

Seoul National University Press

■ 머리말 ■

현대국가의 행정활동은 양과 질 모든 면에서 확대일로를 걸어왔다. 이러한 배경에서 행정의 동태적 과정을 총합적으로 고려하여야 한다는 반성이 특히 미국에서 전개된 행정과정론과 함께 제기된 것은 주지의 사실이다. 대륙법의 본산을 자처하는 독일에서도 행정법의 발전은 기본권의 실효적 보장, 공권개념의 확대, 행정절차법의 제정 및 행정재판을 통한 권리보호의 확충을 통해 국가와 개인 간의 관계를 법적 주체 간의 관계로 구현하는 과정에서 이루어진 것이다. 복잡다기한 행정현실에서는 무엇이 최선의 결정인지보다는 어떠한 논의과정을 거쳐 결론에 도달할 것인지가 더 중시될 수밖에 없다. 행정재량에 대한 절차적 통제의 중요성이 강조되는 것도 그와 무관하지 않다.

오늘날 행정은 정책을 수립하여 집행하는 복합적인 과정이자 행정서비스를 제공하는 과정으로 이해된다. 따라서 행정과정에 대한 법적 규율도 이에 걸맞은 내용을 담아야 한다. 이를 가능케 하는 것이 바로 행정절차이며, 행정과정에 있어 정보의 공개 및 보호라 할 수 있다. 전체로서 행정·정책이 수립·집행되는 과정을 거시적 행정과정이라 한다면 행정절차는 미시적 행정과정이라 할 수 있고, 정보의 공개 및 보호는 행정과정에 대한 참여를 가능케 하기 위한 전제조건으로서 행정의 투명성을 확보하고 개인의 정보를 보호하기 위한 제도적 수단이 된다. 이들은 행정과정에 대한 참가와 공동생산을 수로화함으로써 행정의 타당성과 공정성을 증진시키고 법치행정 및 민주행정의 원리를 실현하는 데 봉사한다.

이러한 관점에서 행정과정을 통제하기 위해 만들어진 법제도가 얼마나 잘 완비되어 있으며 또 얼마나 실효적으로 작동하고 있는지를 파악하는 것은 행정민주화의 실현수준을 가늠케 해 주는 의미를 가진다. 이를 위하여 행정절차, 행정규제의 개혁과 민원사무처리, 정보공개, 행정조사 등 행정의 정보수집활동, 개인정보보호에 관한 현행법제도의 내용과 문제점, 관련 학설과 판례를 검토, 분석하고자 한다.

행정과정론이나 행정과정의 법적 통제에 관한 한, 그동안 국내에서는, 그 점증하는 중요성에도 불구하고, 충분한 연구와 논의가 이루어지지 못했다. 그런 뜻에서 이 책이 행정과정론 및 행정과정에 대한 법적 통제에 대한 더욱 심화된 후속 연구를 촉진하는 계기가 되기를 기대한다. 아울러 교수, 학자, 석·박사과정 학생(law school 학생 포함), 법조인, 행정실무자들에게 학술서로 또는 대학에서의 행정법 또는 행정법제도론 강의를 위한 교재로 이 책이 활용되었으면 한다.

이 책의 출간을 결정해 주신 서울대학교출판문화원과 출판의 궂은일을 맡아 많은 도움을 준 연구실의 조교들께 깊이 감사드린다.

2010년 관악산 기슭에서,

홍 준 형

■ 차례 ■

머리말 • v

제 1 장 서론 — 1

제 2 장 행정과정의 법적 통제: 이론적 고찰 — 7

제 1 절 행정과정과 법 • 9

Ⅰ. 행정과정과 사법 • 9

1. 행정과정의 개념과 사법과정의 비교 • 9
2. 행정과정과 사법의 역할 • 12
3. 사법의 정책에 대한 영향 • 16

Ⅱ. 행정과정과 입법 • 19

Ⅲ. 권력분립에 대한 과정론적 접근과 법적 통제의 필요성 • 22

제 2 절 행정과정에 대한 법적 통제의 논리 • 24

Ⅰ. 법치주의와 거버넌스 • 24

Ⅱ. 행정과정과 법치주의 • 24

제 3 절 행정과정에 대한 법적 통제의 유형 • 26

Ⅰ. 행정절차법 • 26

Ⅱ. 행정과정과 정보법: 정보공개, 행정조사, 개인정보의 보호 • 27

Ⅲ. 행정규제개혁법 • 28

Ⅳ. 민원사무처리법 • 28

제 3 장 행정절차 ―――――――――――――――――――――――――――――――― 29

제 1 절 행정절차의 일반이론 • 31

Ⅰ. 행정절차의 개념 • 31

Ⅱ. 행정절차의 기능과 존재이유 • 32

Ⅲ. 외국의 행정절차법 • 34

1. 영국 • 34

2. 미국 • 35

3. 대륙법계 국가 • 35

4. 일본 • 37

Ⅳ. 행정절차의 일반적 요소 • 38

1. 사전통지 • 38

2. 청문 • 38

3. 결정 및 결정이유의 명시 • 39

제 2 절 행정절차법의 법원 • 40

Ⅰ. 개설 • 40

Ⅱ. 헌법: 적법절차의 헌법적 보장 • 40

Ⅲ. 행정절차법 • 44

Ⅳ. 행정절차에 관한 개별법 • 46

Ⅴ. 행정절차조례 • 47

Ⅵ. 그 밖의 관련법령 • 52

제 3 절 행정절차법의 연혁과 내용 • 53

Ⅰ. 행정절차법의 연혁 • 53

Ⅱ. 행정절차법의 내용 • 60

1. 행정절차법의 특색 • 60

2. 행정절차법의 내용 • 62

제 4 절 행정절차법에 따른 행정절차의 법적 규율 • 63

Ⅰ. 행정절차의 원칙 • 63

1. 공정성의 원칙 • 64

2. 신뢰성의 원칙(신의성실 · 신뢰보호의 원칙) • 65

3. 투명성의 원칙 • 66

Ⅱ. 행정청의 관할 · 협조, 송달, 기간 · 기한 등 • 67

1. 행정청의 관할 · 협조 • 67

2. 송달, 기간 · 기한의 특례 • 68
Ⅲ. 행정절차의 당사자 • 69
1. 당사자 등의 개념 • 69
2. 당사자 등의 자격 • 71
3. 대표자 · 대리인 • 72
Ⅳ. 처분절차 • 74
1. 개설 • 74
2. 처분의 신청 • 75
3. 처리기간의 설정 · 공표 • 78
4. 처분기준의 설정 · 공표 • 79
5. 불이익처분의 사전통지 • 88
6. 의견청취절차 • 94
7. 처분의 방식 · 정정 및 고지 • 109
8. 처분이유의 제시 • 111
Ⅴ. 신고절차 • 123
Ⅵ. 행정상 입법예고절차 • 124
1. 입법예고의 의의 • 124
2. 입법예고의 대상 • 125
3. 입법예고의 주체 · 예고방법 · 예고기간 등 • 126
4. 입법예고된 입법안에 대한 의견 제출 및 제출의견의 처리 등 • 128
5. 자치법규안의 입법예고 • 128
Ⅶ. 행정예고절차 • 129
Ⅷ. 행정지도절차 • 130
1. 개념 • 130
2. 행정지도의 원칙 • 130
3. 행정지도의 방식 • 131
4. 의견제출 • 131
5. 다수인을 대상으로 하는 행정지도절차 • 131
Ⅸ. 기타 • 131
제 5 절 행정절차 흠결의 효과 • 132
Ⅰ. 개설 • 132
Ⅱ. 처분절차의 흠과 그 법적 효과 • 132

1. 쟁점의 소재 • 132
2. 절차하자가 처분을 위법하게 만드는지 여부(위법여부) • 133
3. 취소사유인지 아니면 무효사유인지 여부 • 142
4. 절차하자의 치유 문제 • 143
Ⅲ. 처분 이외 절차의 흠과 그 법적 효과 • 144
제 6 절 행정절차법의 문제점 • 145
Ⅰ. 규율대상의 축소 • 146
Ⅱ. 자치행정절차의 문제 • 151
Ⅲ. 의견청취절차의 문제점 • 152
Ⅳ. 소결 • 155

제 4 장 정보공개, 행정조사, 개인정보의 보호 —— 157
제 1 절 행정정보의 공개 • 159
Ⅰ. 행정법의 문제영역으로서 정보공개 • 159
1. 공법에 있어 정보사회의 도전 • 159
2. 행정법에 있어 정보공개의 위상 • 161
Ⅱ. 헌법상 '알 권리'와 행정정보공개청구권 • 163
1. 헌법직접적 권리로서 정보공개청구권 • 163
2. 헌법상 '알 권리'의 핵심으로서 정보공개청구권 • 167
3. 정보공개청구권의 헌법적 근거 • 170
Ⅲ. 행정절차와 행정정보의 공개 • 171
1. 행정절차와 행정정보의 공개 • 171
2. 현행법상 행정절차에 있어 정보공개 • 172
Ⅳ. 지방자치와 정보공개 • 173
1. 지방자치에 있어 행정정보공개의 제도화: 정보공개조례 • 173
2. 행정정보공개조례와 자치입법권 • 174
Ⅴ. 정보공개법과 행정정보의 공개 • 179
1. 정보공개법 • 179
2. 행정정보의 공개 • 183
3. 정보공개에 관한 불복구제절차 • 232
4. 정보공개제도의 관리 • 241
5. 정보공개법의 시행실태와 문제점 • 243

제 2 절 행정조사 • 245
Ⅰ. 개설 • 245
Ⅱ. 행정조사의 법적 근거 • 248
Ⅲ. 행정조사의 종류 • 248
Ⅳ. 행정조사의 원칙과 한계 • 249
1. 행정조사의 원칙 • 249
2. 행정조사의 한계 • 250
Ⅴ. 행정조사의 방법 • 251
1. 개설 • 251
2. 조사방법 • 252
Ⅵ. 행정조사의 절차 • 256
1. 행정조사기본법상 조사절차 • 256
2. 개별 관계법령상 행정조사절차 • 261
3. 행정조사와 영장주의 • 262
Ⅶ. 행정조사에 대한 구제 • 262
1. 적법한 행정조사에 대한 구제 • 263
2. 위법한 행정조사에 대한 구제 • 263
Ⅷ. 행정조사기본법에 의한 행정조사의 관리 • 264
1. 조사계획의 수립 및 조사대상의 선정 • 264
2. 자율관리체제의 구축 등 • 266
3. 행정조사의 점검과 평가 • 267
Ⅸ. 행정조사의 구체적 예 • 268
1. 공정거래법상 행정조사 • 268
2. 무역위원회에 의한 행정조사 • 269
3. 세무조사 • 272
제 3 절 개인정보의 보호 • 279
Ⅰ. 정보사회와 개인정보의 보호 • 279
Ⅱ. 개인정보 보호의 헌법적 근거와 개인정보보호법제 • 281
Ⅲ. 개인정보보호법에 의한 개인정보의 보호 • 285
1. 의의 • 285
2. 적용범위 • 286
3. 개인정보 보호의 원칙 • 288

4. 정보주체의 권리와 국가 등의 책무 • 294
5. 개인정보보호기구 및 개인정보 보호정책의 수립 · 추진 등 • 295
6. 개인정보의 처리 • 299
7. 개인정보의 안전한 관리 • 313
8. 정보주체의 권리 보장 • 322
9. 개인정보보호에 관한 금지 · 제도개선, 시정조치 등 • 326
10. 벌칙 • 332
Ⅳ. 개인정보의 침해와 권리구제 • 334
1. 개설 • 334
2. 개인정보 분쟁조정 • 336
3. 개인정보 단체소송 • 342
4. 행정쟁송 · 국가배상 • 345
Ⅴ. 개인정보의 보호를 위한 그 밖의 법제 • 349
1. 전자정부법 • 349
2. 통신비밀보호법 • 354

제 5 장 행정규제개혁을 위한 법제도 ——— 359
제 1 절 규제개혁과 행정규제기본법 • 361
제 2 절 행정규제기본법의 법체계적 지위 • 363
Ⅰ. 기본법으로서 행정규제기본법 • 363
Ⅱ. 행정규제에 관한 다른 법령과의 관계 • 365
1. 기업규제완화법과의 관계 • 365
2. 개별 규제법과의 관계 • 368
3. 행정절차법과의 관계 • 369
4. 지방자치단체의 규제개혁조례와의 관계 • 370
제 3 절 행정규제기본법의 내용 • 371
Ⅰ. 행정규제의 개념 • 371
Ⅱ. 행정규제의 기본원칙 • 373
1. 행정규제법정주의 • 373
2. 행정규제의 원칙 • 377
Ⅲ. 규제개혁의 추진 • 377
1. 규제의 등록 · 공표제 • 378

2. 규제개혁위원회 • 379
3. 신설규제 등의 심사 • 381
4. 기존규제의 정비 • 390
5. 규제개혁의 사후관리 • 393

제 6 장 민원사무처리에 관한 법제 — 395
제 1 절 민원사무처리의 법적 근거 • 397
Ⅰ. 민원사무처리에 관한 법률 • 397
Ⅱ. 민원사무법의 지위와 적용범위 • 398
1. 민원사무법의 지위 • 398
2. 민원사무법의 적용범위 • 398
제 2 절 민원사무의 처리 • 400
Ⅰ. 민원사무처리의 원칙 • 400
Ⅱ. 민원사무의 신청 및 접수 • 401
Ⅲ. 민원1회방문처리제의 시행 • 402
Ⅳ. 민원심사기준의 설정공표제도 • 403
Ⅴ. 사전심사의 청구 • 404
Ⅵ. 민원사무의 처리 및 처리결과의 통지 • 405
1. 민원사무의 처리 • 405
2. 민원사무처리결과의 통지 • 407
3. 거부처분에 대한 이의신청 • 408
4. 정보보호 • 408
제 3 절 민원행정제도의 개선 • 409

제 7 장 결론 — 411

참고문헌 • 417
찾아보기 • 433
Abstract • 439

제1장

서론

우리 행정법은 대륙법의 전통을 이어받아 주로 그 실체법적 측면, 내용과 결과로서의 행정결정만을 중시한 나머지 행정작용이 이루어지는 과정에 대한 관심은 소홀히 해 온 것이 사실이다. 그러나 현대국가에 있어 행정활동의 양적·질적 확대현상이 진전됨에 따라 행정의 동태적 과정을 총합적으로 고려하여야 한다는 반성이 특히 미국에서 전개된 행정과정론과 더불어 제기되었다. 사실 대륙법적 행정법의 주요모델인 독일행정법에서도 그 이론적 발전을 가능케 한 결정적 계기는 기본권의 실효적 보장, 공권개념의 확대, 행정절차법의 제정 및 행정재판을 통한 권리보호의 확충을 통해 국가와 개인 간의 관계를 법적 주체 간의 관계로 재구성하고 실질화시켜 온 데 있었다. 또 복잡다기한 행정현실에서는 무엇이 최선의 결정인가에 대한 법적 판단보다는 어떠한 논의과정을 거쳐 해결책을 찾을 것인가에 대한 법적 보장이 더 중시되지 않을 수 없다. 이 점은 현대행정의 과제를 수행하기 위해 점점 확대되어 온 행정재량의 경우 절차적 통제의 중요성이 강조되는 것만을 보아도 분명히 드러난다.

오늘날 행정은 정책을 수립하여 집행하는 복합적인 과정이자 행정서비스를 제공하는 과정으로 이해되고 있다. 따라서 행정과정에 대한 법적 규율도 이에 걸맞은 내용을 담아야 한다. 이를 가능케 하는 것이 바로 행정절차이며, 행정과정에 있어 정보의 공개 및 보호라 할 수 있다. 전체로서 행정정책이 수립・집행되는 과정을 거시적 행정과정이라 한다면 행정절차는 미시적 행정과정이라 할 수 있고,[1] 정보의 공개 및 보호는 행정과정에 대한 참여를 가능케 하기 위한 전제조건으로서 행정의 투명성을 확보하고 개인의 정보를 보호하기 위한 제도적 수단이 된다. 이들 제도적 수단은 결국 행정과정에 대한 참가와 공동생산을 수로화함으로써 행정의 타당성과 공정성을 증진시키고 법치행정 및 민주행정의 원리를 실현하는 데 봉사하는 것이다.

먼저 헌법・행정절차법 등에 의해 규율되고 있는 행정절차제도를 살펴보고 이어서 행정과정에 있어 정보의 공개와 행정조사 등 행정의 정보수집활동, 개인정보의 보호에 대한 법적 규율에 관하여 논의해 보기로 한다.

그동안 행정조사를 행정상 즉시강제의 일종으로 또는 그 다음으로 다루는 경향이 있었다. 김남진 교수는 불심검문이 즉시강제의 일반법인 경찰관직무집행법(제3조)에 규정되어 있음으로 인하여 불심검문 역시 즉시강제의 일종으로 취급되어 왔던 것인데, 어느 날 행정조사의 이름으로 분리되어 설명되기 시작했던데 따른 것이라고 풀이하면서, 불심검문만이 행정조사의 수단이 아님이 분명한 이상 오히려 넓은 의미의 행정절차(행정과정)의 요소의 하나로 자리매김하는 것이 체계에 맞는 것이라고 지적한다.[2] 행정조사는 행정목적 달성을 위한 각종 정보・자료의 수집활동이라는 점에서 이러한 지적은 타당하다고 생각한다. 종래 행정조사를 즉시강제와 관련하여 논의한 것은 반드시 어떤 이론적 이유에 의한 것이라고는 볼 수 없다. 또 행정조사를 「경찰관직무집행법」, 「공정거래 및 독점규제에 관한 법률」 등과 같은 개별법에서 위법행위나 법위반사실의 조사 등을 위한 수단으로 규정하는 경우가 많은 이상 행정의 의무이행확보수단 또는 즉시강제와의 관련도 전적으로 부정할 수는 없다. 그러나 행정조

1) 塩野宏, 『일본행정법론』(서원우・오세탁 공역), 법문사, 1996, 207.

2) 『행정법 I』, 2000, 438 및 같은 곳 각주 1. 또한 김영조, 「행정조사에 관한 연구: 특히 세무조사의 법적 문제를 중심으로」, 경희대학교 대학원 법학박사학위청구논문, 1998.2., 21이하를 참조.

사를 행정의 의무이행확보수단으로만 볼 수는 없을 것이다. 행정조사는 행정목적을 달성하기 위한 정보·자료의 조사·수집활동이므로 처분 등 행정결정을 위한 준비 또는 보조활동으로 행해진다는 점에서 행정절차 또는 행정과정의 범주에 속하는 활동이고, 또 법적 행위이기보다는 사실행위인 경우가 대부분일 것이므로 행정의 활동형식 중 사실행위의 한 유형으로 다룰 여지도 없지 않으며, 나아가 행정과정에서 이루어지는 정보 산출 및 유통의 한 유형이라는 점에서 행정정보법적 과제에 속할 수도 있다. 따라서 행정조사를 넓은 의미에서 행정의 정보수집활동이라는 관점에서 파악하여 이를 행정과정론의 한 요소로 다루는 것이 현재로서는 가장 온당하지 않을까 생각한다. 제4장 제2절에서 행정조사의 문제를 다루기로 한다.

제2장

행정과정의 법적 통제: 이론적 고찰

제 1 절 행정과정과 법 • 9
Ⅰ. 행정과정과 사법 • 9
Ⅱ. 행정과정과 입법 • 19
Ⅲ. 권력분립에 대한 과정론적 접근과 법적 통제의 필요성 • 22
제 2 절 행정과정에 대한 법적 통제의 논리 • 24
Ⅰ. 법치주의와 거버넌스 • 24
Ⅱ. 행정과정과 법치주의 • 24
제 3 절 행정과정에 대한 법적 통제의 유형 • 26
Ⅰ. 행정절차법 • 26
Ⅱ. 행정과정과 정보법: 정보공개, 행정조사, 개인정보의 보호 • 27
Ⅲ. 행정규제개혁법 • 28
Ⅳ. 민원사무처리법 • 28

제1절 행정과정과 법

Ⅰ. 행정과정과 사법

1. 행정과정의 개념과 사법과정의 비교

행정과정에 대한 가장 중요한 이론적 근거로는 랜디스(James M. Landis)의 행정과정론을 들 수 있다. 그는 1938년 저작 『행정과정론』(*The Administrative Process*)[1)]에서 행정법이 권력분립의 원칙을 보강하고 현대화했다고 믿었고 또한 의사결정에 있어 행정과정(administrative process)이 법원, 즉 사법과정보다 더 효과적이라고 보았다. 그는 실용적이고 비용효과적인 정부를 목표로 삼았지만,[2)] 국민이 행정과정의 일부를 이루며 규제제도를 형성함에 있어 책임을 맡을 필요가 있다는 점도 인식하고 있었다.

---

1) James M. Landis, *The Administrative Process*, Yale University Press, 1938.

2) Charles H. Koch, *James Landis: The Administrative Process*, Faculty Publications, 1996, 633pp. http://scholarship.law.wm.edu/facpubs/633, College of William & Mary Law School Scholarship Repository, 419−421.

그러나 일찍이 랜디스가 '행정과정'(administrative process)이라고 불렀던 것은, 오늘날 일반적으로 통용되는 개념과는 다른 뉘앙스를 지닌 개념이었다. 즉, 랜디스의 행정과정은 당시 보통법전통을 가진 미국법이 종전에 알지 못했던 새로운 현상으로서 준입법적(quasi-legislative), 준사법적(quasi-judicial) 권한과 집행권(enforcement)을 함께 가진 행정위원회(agency)의 의사결정과정을 말했다. 그는 그와 같은 행정위원회들이 법원에 의해 허용되는 범위에서 만드는 법을 '행정법'(administrative law)이라 부르고 그 과정을 '행정과정'(administrative process)이라고 칭할 수 있다고 서술하는 한편, 당시 영국의 공법학자인 다이시(Dicey) 역시 당초 영국법 전통에 맞지 않았던 프랑스적인 '행정법'(droit administratif)이 영국에서 생성되고 있다는 점을 시인했다고 지적하고 있다.3)

랜디스의 이론은 주로 당시 루스벨트행정부 하에서 발족된 루스벨트 행정관리위원회의 브라운로우보고서(Brownlow Report from Roosevelt's Committee on Administrative Management)를 반박하려는 동기에서 나온 것이었다. 브라운로우 보고서는 이 독립적 행정위원회를 "머리 없는 제4의 부"(headless fourth branch)라고 힐난했고 히틀러의 권력집중에 비유할 정도였다. 전쟁을 거치면서 행정위원회에 입법적 기능과 사법적 기능을 부여할 것인지 여부는 특히 행정절차법 제정과정에서 문제가 되었으나, 우여곡절 끝에 랜디스의 견해가 우세하게 되어 독립행정위원회 개념이 행정절차법에 반영되었다. 행정과정에 대한 랜디스의 견해는 수많은 행정위원회, 독립규제위원회가 생성, 발전된 미국에서는 더 이상 거역할 수 없는 현실이 되었다. 반면 우리나라의 경우 미국처럼 독립규제위원회가 많이 만들어지지는 않았지만, 행정국가와 더불어 행정과정이 승승장구해 왔고, 헌법적 경계에도 불구하고 위임입법이 일상화되고 준사법적 권한을 부여받은 행정위원회들이 증가하는 현상들이 지속되어 왔다는 점에서 미국의 경우와 크게 다르지 않다고 볼 수 있다.

3) Landis, op. cit., 2−3.

오늘날 행정과정의 개념과 범위는 과거 랜디스가 초점을 맞췄던 행정위원회에서의 의사결정과정을 넘어 행정 일반으로 확장되었고, 그 결과 행정위원회에서의 행정과정을 규율 또는 통제하던 법이었던 행정절차법 역시 행정기관 일반의 대외적 교섭・행위 절차에 관한 법적 규율로 확장되었다.

랜디스는 설계의 유연성(flexibility in design), 적극적 참여(active participatio)와 전문화(specialization), 이 세 가지 측면에서 행정과정이 사법과정에 대해 우월성(superiority)을 가진다고 지적하였다. 특히 전문화와 전문성(expertise)을 의사결정에 대한 책임 추궁의 대상을 특정할 수 있게 해 준다는 점에서 투명성을 높여 준다고 강조하면서,[4] 이러한 전문화의 장점은 규제 분야에서 분명히 드러난다고 지적하였다.[5] 그는 전문성을 행정국가의 주요 동기로 보았고,[6] 정책결정권을 사법부에 부여할 경우 프로그램을 훼손하고 입법적 의지의 불모화"(judicial sterilization)를 초래할 우려가 있다고 지적하면서 행정과정의 사법과정에 대한 비교우위를 도출했다.[7]

이와 같이 의사결정 또는 문제해결에 있어 행정과정의 사법과정에 대한 우월성은 랜디스 외에도 다양한 시각에서 공유되어 왔다. 일례로 피오리나(Morris P. Fiorina)는, 정치학－행정학에서의 공익모델은 '좋은 정부'(good government) 모델인데, 이 모델에 따르면 행정과정은 입법부에 의해 만들어진 법률의 사법적 집행에 비해 근본적으로 크게 두 가지 측면에서 우월성을 가진다고 한다. 첫째, 행정은 통상 규제를 의회가 의도한 대로 수행하는 비정치적인 전문관료들(또는 적어도 전문적인 비정치적 참모를 가진 좋은 의도의 사람들)에 의해 행해진다. 이에 비해 법체계에 의존할 경우에는 지연, 금지 비용, 관할에 따라 법적 해석의 불일치 등의 문제가 수반된다.[8] 아울러 법체계의 조작에 대한 불평들은 시대를 가리지 않고 터져

4) Landis, 28.

5) Landis, 23－24.

6) Koch, op. cit., 427.

7) Landis, 97.

나왔고, 실례로 주간통상법(ICA)에 대한 의회의 논쟁에서 다수의 의원들은 '공평한 사법과정'이란 관념(notion of an even-handed judicial process) 자체를 거부하기도 했다고 한다.

행정과정이 누리는 두 번째 이점은 그 과정이 허용하는 재량 또는 탄력성이다. 경직되고 상세한 법률을 작성하는 대신 의회는 그 의도를 일반적 형태로 표명하여 행정청(agency) 또는 행정위원회로 하여금 법률을 변화하는 사회적, 경제적, 기술적 상황에 맞게 미세 조정할 수 있도록 해 준다. 어떤 법률은 오늘날 적합하다고 여겨질지라도 상황이 바뀌면 부적합하게 될 수도 있지만, 탄력적인 법률은 의회가 의도한 규제의 원천적 수준을 유지할 수 있도록 해석될 수 있다.[9)]

2. 행정과정과 사법의 역할

행정과정이 분야에 따라 사법과정보다 문제해결이나 의사결정의 측면에서 우월성을 가질 수 있다는 것을 인정하더라도 사법의 역할을 경시하는 시각으로 이어지지는 않는다. 랜디스 역시 사법심사가 최종적 통제(ultimate check)임을 시인한 바 있다.[10)] 행정과정을 통한 문제해결이나 의사결정이 성공적으로 이루어지더라도 이에 대한 불복 또는 권익구제의 기회가 주어져야 하며 이를 가능케 하는 것이 사법이기 때문이다. 행정과정의 전능성을 전제할 수 없는 이상 사법이 행정과정에 대한 통제수단으로서 존재이유를 가지게 되며, 분야나 문제영역, 사안의 특성에 따라서는 행정과정보다는 사법과정에서 처리하도록 하는 것이 훨씬 더 적절한 경우도 얼마든지 있을 수 있다.

---

8) Morris P. Fiorina, "Legislative Choice of Regulatory Forms: Legal Process or Administrative Process?," *Public Choice* 39: 33–66 (1982), The Hague: Martinus Nijhoff Publishers, 43.

9) Fiorina, 위의 글, 44.

10) Landis, 100.

사실 법치주의의 역사는 사법심사의 역사라고 해도 틀리지 않을 만큼 행정에 대한 사법통제는 극히 당연한 일로 간주되어 왔다. 특히 행정국가의 전개과정에서 사법이 수행한 역할은 현대 행정법 발전의 원동력이 되었다고 할 정도로 중추적인 것이었다. 정부에 대한 쟁송(*suing government*)은 특히 현대 사회의 모든 부문을 아우르며 승승장구해 온 행정국가에 대한 법치주의의 가장 강력하고도 최종적인 대안이라고 할 수 있다. 사법과정이 법치주의가 구체적으로 실현되는 미시적 메커니즘이라면 행정소송이나 행정심판을 통해 위법한 행정결정을 취소시키거나 그로 인한 배상책임을 관철시키는 것이야말로 법이 행정을 규율하도록(*Law governs the Government*) 만드는 가장 효과적인 방법이기 때문이다.

오히려 오늘날에는 행정과정에 대한 사법적 통제의 당부보다는 행정통제에 있어 사법 또는 사법의존의 과잉을 둘러싼 논란이 전개되고 있는 실정이다. 정치의 사법화와 유사한 맥락에서 행정의 사법화 현상, 다시 말해 행정과정에서 처리해야 할 일을 결국 법원에 의한 재판을 통해 결정하려는 경향이 만연하게 되고 그 결과 사법부담이 가중되는 현상(judicial overload)이 나타나고 있기 때문이다. 사실 이러한 의미의 '정치의 사법화'(judicialization of politics) 현상은 19세기 말부터 21세기 초기 정부의 가장 현저한 특징을 이루는 보편적인 현상이다.[11] 우리나라도 예외는 아니어서, 국정의 주요 정책 현안들이 행정부나 입법부에 의해 결정되기보다는 사법부의 판단에 의해 좌우되는 사례들이 빈발하였고, 그 결과 '정치와 정책의 사법화' 경향이 두드러지게 나타나고 있다.

'정치의 사법화'가 그렇듯이 '행정의 사법화' 역시 법치주의의 관점에서 볼 때 정상적인 현상이라고는 할 수 없을 것이다. 오히려 '행정의 사법화 = 사법의 과잉'이란 등식이 가지는 병리적 함축(connotation)은 법치주의의

11) Ran Hirschl, "The Judicialization of Politics," in: Keith E. Whittington, R. Daniel Kelemen, and Gregory A. Caldeira (ed.), *The Oxford Handbook of Law and Politics*, Oxford Handbooks of Political Science, 2008, 119－141.

변질 또는 왜곡이라는 평가로 이어질 공산이 크다. 물론, 사법부의 영향력 증대는, 법치주의의 진전에 따른 불가피한 현상일 수 있다. 게다가 사법부는 법도구주의의 과잉을 억제함에 있어 중추적인 위치(pivotal position)를 차지한다.[12)]

그럼에도 불구하고, 정치의 사법화는 결코 간과할 수 없는 병폐를 안고 있다. 먼저, 행정과 입법의 실제에서 드물지 않게 관측되는 정책결정의 사법 전가 경향, 즉, 정책결정의 책임을 회피하기 위한 수단으로 사법을 사용하는 경향은 헌법이 예정한 권력분립의 원칙을 왜곡시킬 우려가 있다. 사법이 헌법적 모험주의의 시험대(test bed)로 전락하는 현상마저 나타나고 있다.

둘째, 민주화 진전에 따라 사법권의 독립에 대한 위협은 거의 사라진 반면, 사법부의 정책역량에 대한 의문, 즉 아무리 법적 측면에 국한한다 할지라도, 국가의 주요정책의 향배를 좌우할 수 있는 정당성과 역량(특히 전문성)을 갖추고 있느냐 하는 문제가 사법의 영향력이 증대될수록 더욱더 심각한 문제점으로 대두되고 있다.

사법적극주의의 대척개념인 사법소극주의 또는 사법자제론(theory of judicial restraint), 존중의 이론(deference theory) 등이 등장한 것도 바로 그런 맥락에서 이해할 수 있다. 사법소극주의 경향은 여러 가지 이유에 의해 그리고 다양한 행태로 나타난다. 가령 비교형량해야 할 법익의 복잡성이나 전문기술성이 클수록, 사건의 중요성이나 파급효과, 이해관계 집단 간 대립·갈등의 심각성이 클수록 또는 정책판단에서 요구되는 대안을 제시할 수 없거나 곤

12) 미국의 경우 과거에는 법관들이 사적 이익을 위한 입법과 정부권력의 도구적 사용을 견제하는 역할을 수행하였지만 그와 같은 역할은 20세기 초에 이르러 불신을 받았고 또 앞으로도 되살리기 어려울 것으로 평가되고 있다고 한다. 그럼에도 불구하고 제도 설계상 사법부는 여전히 다른 정부권력들이 법준수를 확보하기 위한 최종적인 견제장치로 남아 있으며, 시민이나 단체, 집단들 사이의 분쟁 해결을 위한 최종 단계의 기관이라고 한다(Brianz Z. Tamanaha, *Law as a Means to an End: Threats to the Rule of Law, Law in Context*, Cambridge University Press, 2006, 249).

란하여 처분을 취소하는 등 과감한 판결을 내리기 어려울수록, 사법으로 하여금 적극적인 법 발견을 꺼리게 만들어 사법소극주의로 흐르게 된다. 특히 사법은 그 속성상 그 판결의 대상이 된 정책에 대한 대안을 제시하거나 수립할 수 있는 처지에 있지 못한 경우가 많다. 특히 법관들의 판결관행상 주문(tenor)은 일반상식의 눈으로는 허무하다고 느낄 만큼 극히 간결한 청구취지에 대한 응답 부분과 소송비용 부담 부분으로 구성되는 것이 일반적이며, 법정에서 판사들은 꼭 누가 시키지 않더라도 '판결문으로만 말하려는' 경향을 보인다.[13]

셋째, 사법의 공정성 또는 내적 편향도 문제가 된다. 사법의 공정성을 근본적으로 그리고 범주적으로 불신하는 목소리는 아직 나오지 않지만, '사법의 정치화'(politicization of the judiciary) 위험은 상존한다. 사법의 정치화는 법도구주의가 사법에 반영된 결과, 이를테면 사법도구주의(judicial instrumentalism)의 주된 유형이다. 법관들은, 그들이 정치적 분쟁에 말려들거나 적나라한 정치적 판결을 내리게 될 경우, 자신들의 목적을 증진하기 위하여 법을 이용하고자 하는 세력들의 표적이 된다. 법관들이 법규범을 그 구속적인 규범내용에 따르지 아니하고 결과를 정당화하기 위한 방편으로 조작하는 일이 일상화되는 등 사법적 결정에 법 적용에 대한 도구주의적 태도가 만연되게 되면, 구속적인 규범체계로서 법의 마지막 보루가 무너지고 만다. 사법의 정치화는 이처럼 법질서 전체에 대해 막대한 영향을 끼쳐 왔다.[14] 최근 사법부 내부의 연줄에 의한 결속이 강화되어 오고 점점 더 기득권층으로부터 충원되는 경향을 보이는 1만여 명으로 구성된, 법조집단에 의한 사법독점이 법집행과 법해석에서 일정한 편향성을 보이고, 특히 법해석의 보수성을 강화할 가능성을 높여 준다는 점에서 법치주의가 오히려 기득권층의 자기이익옹호의 논리를 법적 논리로 포장되는 위험도 수반한다는 우려가 나오고 있음을 주목할 필요가 있다.[15] 물론 정치

13) 홍준형, 「공공정책에 대한 사법적 결정의 법이론적 한계: 대법원의 새만금사건 판결을 중심으로」, 『법제』, 2006.4.－5., 53.

14) Tamanaha, op. cit., 2006, 250.

적 영향이나 파급효과가 크다는 점에서 정치적 연관성을 부인할 수는 없을지라도, 재판관이나 판사들이 '정치적으로 심판한다'는 데 찬동하는 견해는 드물다. 그럼에도 불구하고 법률의 내용이 정의에 합치하여야 한다는 실질적 법치주의의 맥락과 사법적극주의가 결합하면 이러한 상황에서 자칫 사법독재의 가능성마저 배제하지 못하는 상황이 벌어질 수 있다는 경고[16]는 경청할 필요가 있다. 사실, 정치의 사법화 현상이 수반하는 가장 큰 위험은 사법의 정치화와 연결될 때 발생한다. 정치의 사법화가 사법의 정치화와 만나면 법질서 전체가 정당성 위기에 빠질 수 있다.

3. 사법의 정책에 대한 영향

법과 정책의 영역을 준별하는 관점에서 본다면 사법부는 단연 법의 영역에 속한다. 과거 그와 같은 관점에서 사법부가 정책의 영역에 개입하는 일을 금기시하기도 했다. 이를테면 혁명기 법원을 구체제(*ancien regime*)의 부속물, 즉 법복귀족(*the noblesse de robe*)의 전유물로 불신했던 프랑스에서는 법원은 법의 송화구(*mouthpiece of the law*)로서 입법자가 정한 대로 법을 읊조리는 기능만을 충실히 수행하도록 요구받기도 했다.

오늘날 법과 정책의 영역을 그렇게 확연하게 준별할 수 있다고 믿는 사람은 거의 없다. 그럼에도 불구하고 사법은 법을 다루는 것이지 정책을 다루는 것은 아니라는 인식, 따라서 사법은 정책문제와 무관할 것이라는 고정관념이 여전히 대다수 동시대인의 사유를 지배하고 있는 것이 사실이다. 그러나 현실은 그런 고정관념에 투사된 것과는 판이하게 다르다. 사법 특유의 작동원리와 행동방식에 따르기는 하지만, 법원도 정책을 다루고 있다. 심지어 '사법통치'(Juristocracy)의 시대라는 말까지 거론되는 상황이

15) 송기춘, 「참여정부에서의 법치주의의 발전: 평가와 전망」, 『공법연구』 제35집 제4권, 2007, 331.

16) 송기춘, 위의 책, 332.

다.[17] 사실 오늘날 거의 모든 주요 정책문제들이, 사법심사의 범위나 대상, 심도는 각각 다를지라도, 법원에 의해 사법심사를 받는다고 해도 틀린 말은 아니다. 국민생활에 중요한 영향을 미치거나 사회적 파급효과가 큰 정책들이 사법적 심급에서 통제 또는 제재를 받거나 확인되는 광경을 보는 것은 결코 드문 일이 아니다. 대법원의 새만금사건 판결도 그러한 많은 예 가운데 하나일 뿐이다.

사법부, 즉 법원이 그 재판기능을 통해 정책과정에 심대한 영향을 미칠 수 있고 또 현실적으로 미치고 있다는 사실은 누구도 부정하지 않는다. 그러나 법원이 직접 정책을 결정한다든가 법원이 직접 정책과제를 처리한다는 데 동의할 사람은 거의 없을 것이다.

정치적 영향이나 파급효과가 크다는 점에서 정치적 연관성을 부인할 수는 없지만, 재판관이나 판사들이 '정치적으로 심판한다'고 일반화하기는 어렵다. 제한된 범위에서 저널리즘이나 쟁점 현안에 대한 여론, 그리고 법사회학적 연구를 통해 재판관들의 성향이 판결에 영향을 미친다는 점이 산발적으로 규명되어 왔을 뿐이다.[18] '재판관이 경향적으로 정치적인 판결을 내린다'는 데 대한 보편적으로 통용되는 이론은 찾아보기 힘들다.

사법부는 이론상으로는 정책과정 전반에 영향을 미칠 수 있고 또 실제로도 양상을 달리 하여 영향을 미치고 있다. 다만, 사법부가 정책과정에 영향을 미치는 방식은 입법이나 행정에 비해 독특하다. 사법은 통상 법규범을 대전제로, 구체적 사실을 소전제로 하여 결론을 내리는 법률적 삼단논법(legal syllogism)에 따라 결정을 내리며, 법해석의 방법론과 증거법칙에

17) 이에 관해서는 양건, 「헌법재판소의 정치적 역할: '제한적 적극주의'를 넘어서」, 제51회 헌법실무연구회 발표문(2004.12.3.)을 참조. 양건 교수는 여기서 Leslie Friedman Goldstein, "From Democracy to Juristocracy," *38 Law and Society Review* 3 (September 2004), 611-629를 인용하면서, '사법의 정치화'는 오늘날 한국만의 특수 현상이 아니라 범세계적인 현상이라고 지적하고 있다.

18) 미국의 경우, 연방대법원 대법관들을 지명한 대통령의 소속 정당과 대법관들의 사법적 표결 패턴(judicial voting pattern) 간에 현저한 연관성이 있다는 연구가 있다(홍준형, 앞의 글, 2006; Sunstein et al., 2006).

얽매이는 등 사법특유의 논리와 방법론, 절차에 따라 작동하기 때문이다.

사법이 정책과정에 개입하거나 영향을 미칠 수 있는 계기는 헌법 등 실정법제도에 의하여 상당부분 이미 제도화되어 있다. 일종의 진입구(Schnittstelle zum Eintritt)에 해당하는 그러한 메커니즘들 가운데 대표적인 것은 헌법재판제도와 행정소송제도다. 특히 헌법재판제도는 이른바 '정치적 사법'으로 인식되는 헌법재판소가 탄핵심판이나 정당해산, 그리고 위헌법률심사와 헌법소원 등을 통해 정치과정, 입법정책이나 입법과정 등에 직접, 그리고 깊고 강력한 영향을 미칠 수 있는 통로가 된다. 법원에 의한 행정소송제도는 일상적으로 행정부의 정책이나 행정과정, 정책집행 등에 직접적인 영향을 미칠 수 있는 통로다. 헌법재판소법에 의한 헌법재판의 요건, 기준, 범위나 행정소송법 등에 의한 행정소송 제기요건들 — 허용되는 소송유형의 제한, 처분성, 원고적격, 권리보호의 이익(협의의 소의 이익), 제소기간 등 그 밖의 절차 등은 그러한 영향의 조건과 범위, 효과를 정해주는 법기술적 도구들이라 할 수 있다.

사법부가 정책과정에 영향을 미치게 되는 경우는 매우 다양하지만, 대체로 몇 가지 유형으로 나누어 볼 수 있다. 첫째, 정책의제의 설정이나 정책결정과정에 관여하거나 영향을 미치는 경우로서, 사법적 결정을 통해 정책의제가 새로이 설정되거나, 사법적 심급에서 최초로 정책이 결정 또는 형성되거나 또는 기존의 정책이 취소 · 번복 또는 변경되기도 한다. 이는 주로 헌법재판소의 위헌법률심사나 헌법소원 또는 법원의 위헌 · 위법명령규칙심사나 행정소송 등을 통해 일어난다. 둘째, 사법이 정책의 집행과정에 영향을 미치는 경우로서, 주로 행정소송법에 의한 행정소송이나 제한적으로 헌법소원에 의한 검찰의 불기소처분 통제 같은 방식으로 이루어진다. 정책집행에 대한 사법심사의 결과 환류가 이루어져 새로운 정책변경이 이루어질 수도 있다. 정책평가나 환류과정에 대해서도 사법적 결정이 영향을 미칠 수 있음은 물론이다. 실효성이 상실된 법령이나 관습법에 대한 사법적 해석이나 결정을 통해 정책에 대한 환류가 촉발될 수 있고, 사법적 결정들이 축적되어 정책평가에 영향을 미치는 경우도 있을 수 있다.

이처럼 정책과정에 사법이 영향을 미칠 수 있게 되는 이유는 의도적으로 또는 의사와 무관하게 정책 결정 책임이 사법부에 전가되기 때문인데, 그런 경우는 가령 정책결정 또는 정책변경에 관한 결정권을 지닌 기관에서 그 결정권의 행사를 회피하거나 방치하는 경우, 정치적 의도에서나, 당파적 갈등으로 인해, 또는 이해관계집단 간 대립 격화로 인해 정책에 관한 결정을 내릴 수 없는 경우에 발생한다. 경우에 따라서는 사법적 심급에서 처음으로 정책의 결정이나 변경, 또는 그에 대한 환류가 이루어지기도 한다. 사법이 정책에 영향을 미치게 되는 계기는 대개는 입법실패나 행정실패로부터 주어진다. 실패의 원인은 정보와 유인 두 가지 측면으로 나누어 볼 수 있는데, 입법부의 경우 정보 측면에서는 국민의 대표자인 입법부 구성원이 국민의 선호를 왜곡하거나 잘못 반영하는 경우가 생길 수 있다. 유인 측면에서도 입법부가 국민의 합리적 무지(rational ignorance)를 부추기거나 조직화된 집단이 입법 결정에 영향을 미치는 경우가 생길 수 있다. 행정실패의 경우, 정보 측면에서는 정책담당자가 이해관계자에 포획되는 경우(capture)나 입법실패가 행정과정에까지 연장되는 경우를 생각해 볼 수 있다. 유인 측면에서 각 부처의 목표를 최우선시함으로써 갈등을 유발하는 부처이기주의나 관리적 차원에서 자발적인 개선 노력이 미비한 경우에 행정실패가 일어날 수 있다.[19)]

Ⅱ. 행정과정과 입법

행정과정에 대한 입법의 영향력은 지배적이다. 그것은 무엇보다도, 입법에 의한 행정통제의 제도화, 제도화된 법에 의한 행정통제, 입법부에 의한 (정

19) 기형진, 「정책과정에서 사법부의 역할 검토」, 서울대학교 대학원 석사학위논문, 2006을 참조.

치적) 통제 등을 통해 구체화된다. 가령 행정절차법을 예로 든다면, 국회는 행정절차법을 제정 또는 개정함으로써 행정과정의 법적 틀을 만들거나 고치고 그 규율의 근거를 제공하며, 이후 행정절차법의 시행과 사법심사를 통한 집행이 가능하도록 하며, 행정부가 행정절차법을 제대로 이행하는지 여하 등을 국정감사 등 국정통제메커니즘을 통해 감시하고 정치적으로 통제하게 된다. 이와 같이 입법은 행정과정의 통제를 위한 법적 토대를 구축하고 이를 감시·통제하는 등 전방위적 영향력을 행사한다. 이러한 영향력 행사는 입법과정이나 국회에서의 정치과정을 통해 이루어지지만, 그와 같은 영향 못지않게 중요한 의미를 지니는 것은 입법과정을 거쳐 만들어진 법적 수단들이 법제도 수준에서 행정과정을 규율하고 통제하는 과정이며 이는 행정과정의 불가결한 구성부분이 된다.

입법권 위임(Delegation of Legislative Power) 또는 위임입법은 행정과정에 대한 입법의 영향을 보여 주는 또 하나의 중요한 경로다. 주지하는 바와 같이 위임입법은 헌법에 의해 제약 아래 놓여 있다. 헌법상 위임입법에 관한 규율은 특히 법률의 유보와 포괄적 위임의 금지를 통하여 표현된다. 즉, 위임명령은 (집행명령과 달리) 법률의 개별적·명시적 수권에 의해서만 발할 수 있다(법률의 유보). 위임명령이 발해질 수 있기 위해서는 단순히 이를 수권하는 법률이 존재한다는 것만으로는 부족하고 법률이 구체적으로 그 법규명령의 제정에 관하여 내용, 목적 그리고 적용기준·범위 등을 명확히 규정하고 제한하여 수권하여야 한다(특별수권의 원칙: Prinzip der Spezialermächtigung): 포괄적 위임은 금지된다(포괄적 위임의 금지원칙). 입법권을 위임하는 것이므로 수권법률에서는 당연히 입법의 위임임을 명확히 하고 수임기관을 특정하여야 한다.[20)]

'입법권 비위임' 또는 '권한위임 금지'의 원칙(delgata potesta non

20) 朴鈗炘, 『行政法講義(上)』, 225. 법령에서 장관이 정하도록 위임하고 어떠한 형식으로 할 것인지 규정하지 않았다 하여 이를 훈령으로 정할 수 있는 것은 아니고 그 위임의 취지는 문교부령으로 정하라는 데 있다고 해석한 사례(대법원 1969.2.25., 68다2196)가 있다.

potest delegari: non-delegation principle), '백지위임의 금지' 등 종래 주로 입법권에게 부과되어 왔던 위임입법의 한계원리는 고도로 복잡다양하고 급속히 변화하는 행정환경 하에서 더 이상 그 엄격성을 유지할 수 없게 되었다. 전문기술적인 사항에 관한, 상황과 연관된 사항의 규율을 법률하위의 명령제정권의 위임을 통하여 행정부에 맡겨야 한다는 것은 오늘날 입법현실에서 보편적으로 관측될 수 있는 요청이다. 이것은 경제정책의 영역 그리고 기타의 분야에서 '수권-법률'(Ermächtigungs-Gesetze)의 형태로 관철되고 있다. 위임입법, 즉 법규명령의 제정은 법률에 의거하여, 그러나 행정권 고유의 규범적 재량권(selbständige Vollmacht normativen Ermessens)에 의하여 행해지는 법정립작용으로서 이를 통하여 신속하고 탄력적인, 분야별 전문가에 의한 행정을 가능케 한다. 특히 경제행정이나 개발행정, 사회행정 등의 분야에서는 그러한 수권이 광범위한 규범적 형성의 여지를 허용하는 일반조항의 형태를 띠는 경우가 빈번하다.

> 그러나 헌법상 국회입법의 원칙에 따라 입법권은 무엇보다도 법률의 유보가 적용되는 범위 안에서는 배타적인 결정권자로 등장하며, 따라서 위임입법에는 일정한 법적 한계가 따른다. 그런 이유에서 포괄적 위임입법의 금지, 즉 행정권에 대한 입법사항에 관한 규율의 수권은 법률에서 구체적으로 범위를 정하여 위임하는 경우에 한하여 허용된다는 원칙이 헌법으로부터 도출되는 것이다(헌법 § 75). 이것은 무엇보다도 입법권자에 대한 헌법적 제약이며, 위임명령 모법(母法)의 헌법적합성의 요건이다. 이러한 헌법적 제약으로부터 위임명령의 한계가 도출된다. 위임명령의 한계는 단순히 법률이 수권하였을 뿐만 아니라 '구체적으로 범위를 정하여' 위임한 경우에 한하여 또 그 범위 내에서만 입법사항을 정할 수 있도록 한 데서 주어진다.

이와 같이 입법은 행정과정에 대한 법적 틀을 직접 부과/제공하거나 위임에 의해 행정이 그러한 법규범의 형성에 관여할 수 있는 권한을 부여한다. 그러나 이러한 입법의 영향력 행사도 헌법상 권력분립의 원칙에 따라 일정한 통제 또는 견제를 받게 되어 있다. 가장 대표적인 예로는 헌법재판소에 의한 위헌법률심사와 법원에 의한 위헌·위법 명령규칙심사에 의한 통제, 위임입법에 대한 국회의 통제를 꼽을 수 있다.

Ⅲ. 권력분립에 대한 과정론적 접근과 법적 통제의 필요성

권력분립은 국가권력의 모습이나 관계에 대한 정태적·제도적 원리가 아니라 구체적인 현실에서 국정이 수행되는 동태적·실천적 과정이다. 이러한 의미에서 구체적인 국정수행과정에서 권력분립이 어떻게 구현되고 있는지를 파악하려면 국정에 대한 과정론적 접근이 필요하며 또 유용하다.

이러한 관점에서 보면 국정은 행정과정과 입법과정, 사법과정을 통해 수행된다고 볼 수 있다. 사실 과정론적 시각은 인접 사회과학 분야에서는 그리 새삼스러운 일은 아니다. 실례로 정치학 분야에서는 정치운동이나 정치행동에 의해 정치적 의사가 형성되는 과정을 실증적으로 연구하는 정치과정론(theory of political process)이 대두되었다. 정치과정론은 정치운동이나 정치행동을 통해 정치적 의사가 형성되는 과정에 주목한다. 종래의 정치학이 정치사상이나 정치제도를 중심으로 연구해 왔다면, 정치과정론은 정당이나 압력단체 등 사회의 여러 요소 내지 세력이 정책의 형성과 집행을 둘러싸고 상호작용하는 과정을 주 연구대상으로 삼고, 정치사회적 여러 집단이나 세력이 정책형성 및 집행과정에 미치는 정치기능과 역할 관계를 분석한다.[21] 정책학 분야에서도 '정책과정'(policy process)은 정책학

21) 20세기 이후 사회구성 요소가 다양화되어 대의제나 정당제도로는 사회의 여러 이해를 반영할 수 없었고, 이에 새롭게 등장한 압력단체·이익집단이 자신들의 이해를 반영시키기 위해 정책결정 과정에서 영향력을 행사하게 되자 정치는 집단 간의 상호경쟁과 이익의 대립을 조정·통합해야 하는 과제를 안게 되었다. 기존의 제도적·정태적 연구방법으로는 이 같은 정치현상의 변화를 설명하기 어려웠기 때문에 이론적 대안으로 정치과정론이 등장하게 되었다.

출범 이래 주된 연구대상이자 방법론으로 정착되어 있다. 정책과정이론은 정책결정 단계론(stage model)을 중심으로 정책학 이론의 근간을 이루어 왔다. 정책과정은 정책이 입안・형성되어 실제로 집행되고 일정한 형태로 종결되는 일련의 과정 또는 정책이 산출되기까지 밟아야 할 일정한 절차로서, 일반적으로 정책의제의 설정, 정책결정, 정책집행, 정책평가 및 환류 등으로 이루어진다.

이와 같이 국정을 그 결과나 내용이 아니라 과정이라는 측면에서 파악하는 과정론적 관점은 국정의 살아 있는 동태적 모습을 구체적으로 이해할 수 있게 해 줄 뿐만 아니라 의사결정이나 정책결정의 과정을 단계별로 가시화시켜 줌으로써 통제를 가능하게 하거나 시민참여의 가능성을 열어 주는 등 여러 가지 이점을 제공해 준다. 실례로 행정활동이나 행정현상을 행정과정이라는 렌즈를 통해 파악함으로써 구체적으로 어떤 목적을 달성하기 위해 어떤 행위자들이 어떤 방식으로 상호작용하여 최종적인 의사결정에 도달하는지를 들여다볼 수 있고 이를 토대로 그에 대한 법적 통제수단을 강구할 수 있게 해 준다. 다시 행정절차법을 예로 든다면, 행정절차법은 바로 그러한 고려에서 나온 산물이라 할 수 있다. 행정절차법은 행정과정의 절차화와 그에 상응한 법적 규율의 필요에 따라 만들어진 것이기 때문이다. 행정과정의 절차화는 루만(Luhmann)이 말하는 '절차를 통한 정당화'(Legitimation durch Verfahren)를 지향하며 이에 대한 법적 통제수단을 제공하는 것이 행정절차법이라 할 수 있다.

제2절 행정과정에 대한 법적 통제의 논리

Ⅰ. 법치주의와 거버넌스

행정과정에 대한 법적 통제의 논리는 행정에 있어 법치주의와 거버넌스를 어떻게 조화시킬 것인가 하는 고려에서 출발한다. 전자는 합법성(legality)의 요구이며, 후자는 규제거버넌스(regulatory governance)에 관한 것이다. 행정목적을 얼마나 효과적/효율적으로 달성할 수 있는가 하는 문제와 행정활동이 법의 지배에 따라 이루어져야 한다는 요청은 늘, 역사적으로는 행정국가의 전개와 함께 행정법의 가장 근본적인 긴장관계를 조성해 왔다. 그런 이유에서 행정법의 중심적 과제는 결국 관료기구에 의한 규제권력의 성공적인 행사와 법의 지배에 의한 행정청의 구속이라는 두 가지 요청을 조율하는 데 있다고 볼 수 있을 것이다.[22)]

Ⅱ. 행정과정과 법치주의

행정과정의 법적 통제의 법리적 토대라면 단연 법치주의를 빼놓을 수 없다. 법치주의 또는 '법의 지배'(Rule of Law: Herrschaft des Rechts)는 '국가권력은 사전에 공포된 법에 따라 행사되어야 한다'는 원리를 말한다.[23)] 이 원

---

22) Daniel B. Rodriguez, "Administrative Law," in: Keith E. Whittington, R. Daniel Kelemen, and Gregory A. Caldeira (eds.), *The Oxford Handbook of Law and Politics*, Oxford Handbooks of Political Science, 2008.

23) H. Collins, *Marxism and Law*, Clarendon Press, 1982, 21; W. Aubert, *Search of Law: Sociological Approaches to Law*, Martin Robertson, 1983, 34–6; E.C.S. Wade and A.W. Bradley, *Constitutional and Administrative Law* (10th ed.), Longman, 1985, 97–9. 법

리는 과거에는 영국이나 독일, 미국 등 서구사회 법질서에 특유한 공유자산이었지만, 이미 오래전부터 서구 근대사회의 법적 패러다임 또는 근대성의 징표로 일반화되어 이해되고 있다.[24] 즉, Barry M. Hager가 정리한 바와 같이,[25] 그 핵심적 구성요소에 있어 고도의 보편성을 가지는 가치이자 원리로 인식되고 있다.[26] 물론 법치주의는 민주주의와 필연적으로 일치하는 것은 아니지만, 법에 의한 정부권력의 기속과 국민의 권리보호를 구성요소로 한다는 점에서 민주주의의 필수적 전제조건이라 할 수 있다.[27] 행정법은 바로 이 법치주의를 위한 도구다. 비록 제한된 범위에서일지라도, 행정법은 합법성 확보, 다시 말해 행정청이 그 권한을 남용하지 못하도록 확보해 주는 필수적인 도구가 된다.[28] 행정과정에 대한 법적 통제의 유형은 다음에 보는 바와 같이 다양하게 형성, 발전되어 왔지만, 특히 행정국가의 권리장전(Bill of Rights)으로서 행정절차법이 상징적인 의미를 가지고 있다.

법치주의는 행정과정에 대한 효과적이고 적절한 법적 통제를 요구한다. 입법과정에 관해서는 헌법, 국회법 등이, 사법과정에 대해서는 헌법, 법원조직법, 헌법재판소법, 각종 소송법들이 각각 법적 규율을 가하고 있다. 행정과정에 대해서는 다음에 보는 바와 같이 행정과정의 절차화(Prozeduralisierung der Verwaltung)와 이에 대한 법적 통제를 위한 행정절차법을 위시한 여러 법적 장치들이 마련되어 있다.

치주의에 관하여 상세한 것은 홍준형, 「선진법치국가」, 『국가운영시스템, 과제와 전략』(공저), 나남, 2008을 참조.

24) Weber, 1967, 329ff.; Unger, 1976, 134ff. 등.

25) Barry M. Hager, *The Rule of Law, A Lexicon for Policy Maker*, The Manesfield Center for Pacific Affairs, 1999.

26) Hong Joon Hyung, "The Rule of Law and Its Acceptance in Asia: A View from Korea," *Asia Perspectives*, December 1999, 11–13.

27) Konrad Adenauer Foundation, *Rule of Law: The KAF Democracy Report 2006*, Bouvier, 2006, 9.

28) L. Jaffe, *Judicial Control of Administrative Action*, Boston: Little, Brown, 1965.

제3절 행정과정에 대한 법적 통제의 유형

Ⅰ. 행정절차법

행정절차법은 행정국가의 권리장전(bill of rights for the administrative state)으로 비유된다. 이와 같이 행정절차법이 무엇보다도 행정과정의 법적 규율 또는 통제를 위한 법이라는 점은 누구도 부인하지 않는다. 행정절차법은 궁극적으로 행정의 민주화에 복무하며, 그 존재이유는 특히 행정의 투명성·예측가능성(Transparenz und Überschaubar-keit)과 접근가능성(Zugänglichkeit)의 확보, 이를 바탕으로 한 이익대변(Interessen-vertretung)의 기회 및 참가(Partizipation)[29]의 보장, 「절차를 통한 정당성」(Legitimation durch Verfahren) 및 행정능률(Verwaltungseffizienz)의 고려 등에서 찾을 수 있다.[30]

행정절차법에 의한 행정절차의 법적 통제는, 한편으로는 결과지향 및 전

29) P. Badura, "Das Verwaltungsverfahren," in: Erichsen & Martens, *Allgemeines Verwaltungsrecht*, 9.Aufl., 1992, § 39 Rn.8, S.442. 정치적 테마 및 프로그램으로서 참여는 행정의 차원을 초월하여 복지국가적 관료적 국가주의(wohlfahrtsstaatlicher bürokratischer Etatismus)에 대해 민주주의의 토대, 가능성 및 한계를 모색하는 문제다. 이처럼 행정결정에 대한 참여의 문제는 엄밀히 말하면 행정절차법의 범주를 넘어서는 문제다. 이런 뜻에서 행정절차에 대한 법치국가적 보장의 목적은 법적 청문권의 보장(rechtliches Gehör)에 있지 이해관계인 등의 범주 확대와 이들의 절차형성 및 결정에의 참여를 내용으로 하는 '참여'에 있는 것은 아니다. 그러나 경험적으로 보아 이 상이한 목표들은 결국 실정헌법상 국가적 의사형성에 대한 조직적 이익의 영향을 제도화하는 데에서 합류하게 된다고 한다.

30) 행정절차의 기능·목적에 관하여는 Schmidt-Aßmann, "Institute gestufter Verwaltungsverfahren: Vorbescheid und Teilgenehmigung," in: *Verwaltungsrecht zwischen Freiheit, Teilhabe und Bindung*, FS aus Anlaß des 25jährlichen Bestehens des BVerwG, 1978, 569; Ferdinand O. Kopp, "Beteiligung, Rechts- und Rechtsschutzpositionen im Verwaltungs-verfahren," in: *FS BVerwG*, 390ff. 등을 참조.

면적 재판통제(gerichtliche Vollkontrolle)에 대한 요구와, 다른 한편으로는 절차를 결정과정으로 해석하는 관점 및 '절차를 통한 정당화'[31]의 논리를 구현하고 있다.[32]

행정절차법은 제1조에서 "국민의 행정참여를 도모함으로써 행정운영과정의 투명성 · 공정성 및 신뢰성을 확보하고 국민의 권익을 보호함"을 목적으로 설정하고 있는데, 이러한 기본이념으로부터 행정운영의 투명성 · 공정성 및 신뢰성을 행정절차의 원칙으로 인식할 수 있을 것인지가 문제된다. 그중 투명성과 신뢰성의 제1조의 목적규정은 행정절차의 원칙을 천명한 제4조 및 제5조의 규정에 의하여 다시 구체화되고 있으나 공정성의 원칙만은 명시적으로 반영되지 않았다.

Ⅱ. 행정과정과 정보법: 정보공개, 행정조사, 개인정보의 보호

행정과정에 있어 정보의 흐름은 핵심적 구성요소라 할 수 있다. 정보의 산출과 수집, 이용, 교환, 유통은 행정과정에서 이루어지는 행정활동의 거의 전부라 해도 과언이 아니다. 따라서 행정과정에 대한 법적 통제를 설계함에 있어 정보에 초점을 맞추는 것은 대단히 적실성 있고 효과적인 방법이 아닐 수 없다. 사실 행정과정에 있어 정보의 흐름에 대해서는 이미 정보공개법, 행정조사관계법, 개인정보보호법 등 다양한 법적 수단들이 마련되어 시행되고 있다. 따라서 행정과정의 정보법적 단면을 이루는 이들 법적 규율들을 분석, 검토해 봄으로써 정보의 측면에서 행정과정이 어떻게 통제되고 있는지를 파악할 수 있다.

---

31) Niklas Luhmann, *Legitimation durch Verfahren*, 1969; Fritz W. Scharpf, *Die politischen Kosten des Rechtsstaates*, 1970.

32) Friedhelm Hufen, *DVBl*, 1988, 69ff.

Ⅲ. 행정규제개혁법

규제개혁을 위해 제정된 행정규제기본법 역시 행정규제 및 규제개혁이라는 최근 그 중요성이 더욱 더 커진 중요한 행정과정을 통제하는 법적 장치라 할 수 있다. 특히 규제법정주의와 규제의 원칙을 선언하고, 규제개혁위원회라는 민관합동기구를 설치하여 체계적인 규제정비작업을 추진하도록 하고 규제영향분석(Regulatory Impact Analysis, RIA)제도와 규제일몰제 등을 도입하는 등 행정규제 및 규제개혁 과정에 대한 법적 통제 수단을 마련하고 있다.

Ⅳ. 민원사무처리법

'민원사무처리에 관한 기본적인 사항을 규정하여 민원사무의 공정한 처리와 민원행정제도의 합리적 개선을 도모함으로써 국민의 권익을 보호함'을 목적으로 제정된 「민원사무처리에 관한 법률」 역시 행정과정에 대한 중요한 법적 통제장치에 해당한다. 민원사무법은 민원사무처리에 관한 행정절차법적 규율의 성격을 갖기 때문이다. 민원사무법은 민원사무처리에 관한 일반법의 지위를 가지지만, 행정절차법에 대한 관계에서는 일반법－특별법의 관계에 서며 따라서 민원사무처리에 관한 특별 행정절차법에 해당한다고 볼 수 있다.

제3장

행정절차

제 1 절 행정절차의 일반이론 • 31
Ⅰ. 행정절차의 개념 • 31
Ⅱ. 행정절차의 기능과 존재이유 • 32
Ⅲ. 외국의 행정절차법 • 34
Ⅳ. 행정절차의 일반적 요소 • 38
제 2 절 행정절차법의 법원 • 40
Ⅰ. 개설 • 40
Ⅱ. 헌법: 적법절차의 헌법적 보장 • 40
Ⅲ. 행정절차법 • 44
Ⅳ. 행정절차에 관한 개별법 • 46
Ⅴ. 행정절차조례 • 47
Ⅵ. 그 밖의 관련법령 • 52
제 3 절 행정절차법의 연혁과 내용 • 53
Ⅰ. 행정절차법의 연혁 • 53
Ⅱ. 행정절차법의 내용 • 60
제 4 절 행정절차법에 따른 행정절차의 법적 규율 • 63
Ⅰ. 행정절차의 원칙 • 63
Ⅱ. 행정청의 관할 · 협조, 송달, 기간 · 기한 등 • 67
Ⅲ. 행정절차의 당사자 • 69
Ⅳ. 처분절차 • 74
Ⅴ. 신고절차 • 123
Ⅵ. 행정상 입법예고절차 • 124
Ⅶ. 행정예고절차 • 129
Ⅷ. 행정지도절차 • 130
Ⅸ. 기타 • 131
제 5 절 행정절차 흠결의 효과 • 132
Ⅰ. 개설 • 132
Ⅱ. 처분절차의 흠과 그 법적 효과 • 132
Ⅲ. 처분 이외 절차의 흠과 그 법적 효과 • 144
제 6 절 행정절차법의 문제점 • 145
Ⅰ. 규율대상의 축소 • 146
Ⅱ. 자치행정절차의 문제 • 151
Ⅲ. 의견청취절차의 문제점 • 152
Ⅳ. 소결 • 155

제1절 행정절차의 일반이론

Ⅰ. 행정절차의 개념

행정절차의 개념은 보는 각도에 따라 다양하게 파악될 수 있다. 행정절차란 넓은 의미로는 '행정과정에 있어 행정청이 밟아야 할 모든 절차'를 말하며, 입법권의 작용으로서의 입법절차나 사법권의 작용으로서의 사법절차에 대응하는 관념이다. 이러한 의미의 행정절차는 사전절차로서 행정입법절차, 행정계획 확정절차, 제1차적 행정처분절차, 행정계약절차, 그리고 사후절차로서 행정심판절차, 행정집행절차, 행정처벌절차 등을 모두 포함한다. 반면 좁은 의미의 행정절차는 행정청이 공권력을 행사하여 행정에 관한 제1차적인 결정을 함에 있어 밟아야 할 일련의 외부와의 교섭과정을 말한다. 즉, 행정청이 행정입법이나 행정처분을 할 경우 거쳐야 할 대외적 사전절차를 말하며, 이것이 일반적으로 통용되는 개념이다.

한편 행정절차법은 적용범위에 관한 제3조 제1항에서 '처분 · 신고 · 행정상 입법예고 · 행정예고 및 행정지도의 절차'를 "행정절차"라 지칭하고 있으나, 행정절차의 개념을 정의한 것으로 보기는 어렵다.

행정절차는 ① 행정청에 요구된 절차이기 때문에 국회의 기능수행에 관한 입법절차나 법원에 의한 사법절차와 구별되며, ② 행정청이 제1차적 행정결정을 함에 있어 밟아야 할 절차이므로 이미 행하여진 행위의 집행이나 심판에 관한 절차, 사법상의 행위에 관한 절차와 구별된다. 또한 ③ 행정절차는 행정결정을 함에 있어 밟아야 할 대외적 절차이므로 행정청의 내부적 행위에 국한된 절차는 이에 해당하지 아니한다. 행정법학의 관심대상이 되는 행정절차는 주로 사인과의 관계, 즉 외부관계에 관한 절차이며, 행정기관내부에서 이루어지는 의사결정절차와 같은 행정 내부 절차는 행정학의 관심대상이 되고 있다.[1)]

Ⅱ. 행정절차의 기능과 존재이유

행정절차는 첫째, 행정의 민주화를 위한 제도적 수단이다. 그것은 국민이 단순한 행정의 객체나 신민(Untertan)에 불과한 것이 아니라 행정과 대등한 '성숙한 시민'(mündiger Bürger)으로서 법적 주체의 지위를 갖는다는 법치국가적 인식을 바탕으로 하고 있다.[2)] 법치국가란 시민이 제1심, 즉 행정단계(Vewaltungsinstanz)에서 벌써 권리보호를 받을 수 있다고 예측할 수 있을 때에야 비로소 실현될 수 있는 것이기 때문이다.[3)] 또한 민주주의는 '국민에 의한 통치'이므로 이로부터 행정절차에의 참여가 요구되는 것은 당연하다. 이를 통하여 특히 복잡한 이해관계를 둘러싼 위임입법 또는 행정재량 · 판단여지 등의 행사에 있어 이해관계인의 의사와 이익을 반영할 수 있는 기회가 마련됨으로써 결국 행정의 민주화를 기할 수 있기 때문이

1) 塩野宏, 『日本行政法論』, 1996, 207.

2) C.H. Ule, "Rechtsstaat und Verwaltung," *VerwArch*. Bd.76(1985), 139; Maurer, § 19 Rn.9.

3) C.H. Ule, aaO.

다. 둘째, 행정절차는 행정의 공정성 · 적정성을 보장하는 실효적 수단이다. 행정행위를 하기에 앞서 이를 미리 이해관계인에게 통지하여 의견이나 참고자료 등을 제출할 수 있는 기회를 부여함으로써 행정청의 사실인정 및 법령의 해석, 적용을 적정화하고 또 행정행위의 적법타당성 · 공정성을 확보할 수 있다. 행정절차는 또한 발생 가능한 분쟁을 사전에 방지하는 사전적 · 예방적 권리구제절차로도 기능하고 또 법원에 도달하기 전에 쟁점을 정리하는 기능을 가지는 것이므로 사법부의 부담을 완화해 준다.[4] 또한 행정절차는 사후적 권리구제에서는 달성할 수 없는 권리구제의 실효성을 기할 수 있는 제도이기도 하다. 끝으로 행정절차는 행정의 능률화에도 기여한다. 일견 행정작용의 절차화란 행정능률과 양립될 수 없는 것처럼 보이지만 복잡다양한 행정작용에 관한 절차를 표준화 · 간소화함으로써 오히려 행정작용을 원활하게 수행하는 데 도움을 줄 수 있으며,[5] 불필요한 국민의 저항을 회피함으로써 결과적으로 행정의 능률화에 이바지한다.

요컨대 행정의 능률 · 탄력성의 확보를 중시하여 행정의 절차적 규제를 소홀히 취급하는 행정국가관은 오늘날 더 이상 타당하지 않다. 특히 기본권보장을 이념으로 하는 실질적 법치국가에 이르러서는 행정의 공정성과 적정성의 보장이 요청되고, 행정에 대한 국민의 능동적 참여를 통한 민주적 통제가 불가피하게 되었다. 이에 따라 절차적 규제로서 행정절차의 필요성은 오늘날 더 이상 의문시되지 않고 있다. 행정절차의 존재이

4) 이것은 특히 오스트리아 행정절차법의 중요한 경험이다. Badura, in: Erichsen & Martens, § 36 Rn.11; Hufen, "Zur Systematik der Folgen von Verfahrensfehlern: eine Bestandsaufnahme nach zehn Jahren VwVfG," *DVBl*, 1988, 77.

5) C.H. Ule, aaO, 138f. 이와 같이 행정절차를 통하여 행정의 간소화를 기할 수 있다는 점은 국가의 행정기구(Verwaltungsapparat)를 법령의 간소화(Vereinfachung), 불필요한 법령의 규정의 폐지, 심급의 단축 및 행정의 분권화를 통하여 간소화하는 것을 목표로 삼았고 그런 연유로 "행정간소화를 위한 법률"이란 명칭을 가졌던 1925년 오스트리아 행정절차법의 경험을 통해서도 이미 실증된 바 있다. 문제는 오히려 어떻게 하면 국민의 권리보호와 행정의 능률성을 최적으로 조화시킬 수 있느냐 하는 데 있다(김남진, 『행정법의 기본문제』, 법문사, 1992, 343).

유는 행정의 민주화, 특히 행정의 투명성·예측가능성(Transparenz und Überschaubarkeit)과 접근가능성(Zugänglichkeit)의 확보, 이를 바탕으로 한 이익대변(Interessenvertretung)의 기회 및 참가(Partizipation)의 보장, '절차를 통한 정당성'(Legitimation durch Verfahren) 및 행정능률(Verwaltungseffizienz)의 고려 등에서 찾을 수 있다.

Ⅲ. 외국의 행정절차법

행정절차는 원래 영·미에서 '자연적 정의'(自然的 正義, Natural Justice)의 원칙과 '적법절차'(適法節次, due process of law)의 관념에 토대를 두고 발달한 제도다. 이에 비해 대륙법계국가에 있어 행정절차의 제도화는 주로 행정행위의 능률화의 요청에 기인한 것이었다고 설명되어 왔다. 그러나 오늘날 이러한 법체계상의 차이는 점점 더 상대화되고 있다.

1. 영국

영국에서 행정절차는 일찍이 보통법(Common Law)에 의한 '자연적 정의'의 원칙에 따라 불문법에 의한 절차적 구제를 중심으로 발달했다. 자연적 정의란 ① '누구도 자기의 사건에 대하여 심판관이 될 수 없다'(No one shall be a judge in his own case), ② '누구도 청문 없이는 비난당하지 아니한다'(No one shall be condemned unheard) 또는 '양쪽으로부터 들어야 한다'(Both sides must be heard)는 두 가지 명제를 내포하고 있다. 이러한 절차적 원칙은 1958년 '행정심판소 및 심사에 관한 법률'(The Tribunals and Inquiries Act)이 재정됨으로써 재결절차의 공정성·통일성에 대한 제도적 보장으로 확립되었다.

2. 미국

미국에서 행정절차는 1946년 이전까지는 자연적 정의의 미국적 표현이라 할 수 있는 헌법 수정 제5조와 수정 제14조의 '적법절차'조항의 해석과 운용을 통하여 발전되어 왔으나, 1946년 행정절차법(Administrative Procedure Act, APA)이 제정됨으로써 행정절차의 제도화가 이루어졌다. 이 행정절차법[6]은 전문 12개조로 ① 규칙제정(rulemaking), ② 재결(adjudication)절차, ③ 사법심사에 관한 규정들을 두고 있는데, 행정절차로는 정식절차인 통지(Notice), 청문(Hearing) 및 결정의 3단계를 인정하고 약식절차도 광범하게 인정하고 있다.[7]

3. 대륙법계 국가

대륙법계 국가에 있어서는 먼저 행정절차법발전에 이정표를 세웠던 1925년 오스트리아에서 일반행정절차법(AVG)이, 1958년 스페인, 1968년 스위스, 1971년 스웨덴 및 1977년 서독에서 행정절차법이 각각 제정·시행되었다. 이들 국가에서의 일반법들은 당초 주로 행정의 합목적성의 보장이나 절차의 간소화 등과 같은 행정편의적 요구에서 출발하였으나, 점차 영·미의 경우처럼 행정과정에 대한 참여기회의 확보에 주안을 두는 방향으로 발전하여 왔다. 일례로 이 중 1976년 5월 25일 제정되어 1977년 1월 1일부터 시행되고 있는 독일의 연방행정절차법(VwVfG)을 보면 이 법은 전문 103조에 이르는 방대한 조항에서 ① 정식절차(고지, 청문, 구두명령, 결정), ② 비정식절차, ③ 계획확정절차, ④ 권리구제절차, ⑤ 다수당사자절차, 그리고 ⑥ 행정절차에 밀접히 관련된 행정행위, 공법상 계약에 관한 규정들을 두고 있

6) 이 법은 1967년 U.S. Code에 흡수되어 현재 형식적 의미의 행정절차법은 존재하지 않지만, 여전히 이들 조항을 가리켜 행정절차법이라고 부르는 것이 일반적 경향이다.

7) 미국의 경우 행정절차 전체에서 실제로 약식절차가 차지하는 비중은 거의 90%에 달한다고 한다.

다. 독일의 행정절차법은 오스트리아의 행정절차법을 이정표로 삼아 제정된 것이기는 하지만, 개인의 권리보호와 행정능률의 조화를 기하면서 행정과정에 밀접한 관련을 지닌 일반행정법적·실체법적 규정들을 포함하고 있어 행정법통칙의 기능도 어느 정도 수행하고 있는 주목할 만한 입법적 모델로 간주된다. 한편 프랑스의 경우 행정절차에 관한 일반법은 없으나 오래전부터 판례상 행정절차에 관한 법리가 형성·발전되어 왔고,[8] 이에 따라 특히 비쟁송적 행정절차(procédure administrative non contentieuse)란 이름 아래 행정절차의 중요성이 강조되고 있다. 즉 1979년 7월 11일의 법률이 불이익처분 시 이유제시를 강제하고 있고, 1983년 11월 28일의 데크레(décret)가 불이익처분 시 그 상대방의 의견제출, 이해관계인의 청문 등을 의무화하고 있으며, 그 밖에도 다양한 분야에서 이익대표적 자문기구(이익대표심의회: Commissions représentatives des intérêt)를 설치하여 행정청으로 하여금 행정입법, 행정계획, 일반·개별처분 등에 관한 결정에 앞서 이들의 자문을 거치도록 하고 있다.[9] 또 하나 주목되는 입법례로는 최근 제정된 네덜란드의 일반행정법이다. 1994년 1월 1일부터 부분적으로 시행된 「일반행정법」(Algemene wet bestuursrecht(Awb, Gesetz v.4.6.1992, Staatsbild(Gesetzblatt) 315)은 행정법분야의 제 입법이 적응해야 할 일반적 틀을 구성한 법으로서 대부분이 행정절차에 관한 규정들과 행정소송에 관한 규정들을 내용으로 하고 있으며 또 행정법학에 중대한 의미를 지닌 일반행정법의 개념규정들을 포함하고 있다.[10] 네덜란드 행정법학의 성과(특히 Scheltema 교수의 지도적 영향 아래)를 반영하여 제정된 이 법률은

8) 대표적인 예로는 행정상 제재적 조치를 하기 위해서는 사전에 의견진술의 기회를 주어야 한다는 방어권(droit de défense)의 법리를 확립한 '트롱피에 그라비에' 사건판결(Dame Trompier-Gravier, 5 mai 1944, C.E.)을 들 수 있는데 이 법리는 공무원징계의 경우 법률에 명시된 경우도 있지만 이 판결 이후 행정법의 불문원리로서 일반적으로 적용되고 있다.

9) 이에 관하여는 상세한 것은 金東熙, 『行政法 I』, 2000, 337; Jean Rivero, *Droit Administratif*, n° 95, 1990, 123ff. 등을 참조.

10) 이에 관하여는 Bärbel Dorbeck-Jung & Eric Helder, "Kodifizierung des niederländischen Verwaltungsrechts," *DÖV*, 1994, 142ff.를 참조.

일반행정법의 입법을 시도했다는 점에서도 이례적이지만 무엇보다도 그 제정배경과 관련하여 주목할 만한 가치를 지니고 있다. 즉 종래 행정부가 '독자적인 입법권자'(Gesetzgeber in eigener Sache: Scheltema)가 되었다고 해도 과언이 아닐 정도로 위임입법, 행정규칙의 제정 등을 통해 실질적으로 입법권을 행사함으로써 과도하게 행정부에 집중되었던 입법권을 의회가 되찾아 와야 한다는 반성이 입법의 배경이 되어 있다. 즉 행정부와 입법부간의 권력분립을 회복하고 법치행정의 원칙을 강화해야 한다는 것이다. 물론 이 일반행정법의 제정은 아직도 완결된 것은 아니지만, 우리나라에 대해서 많은 점을 시사하는 비교법적 선례로 참고할 가치가 있다.

4. 일본

일본에서는 1993년 5월 22일 「행정수속법안」(行政手續法案) 및 「행정수속법(行政手續法)의 시행에 따른 관계법률의 정비에 관한 법률안」이 정부안으로서 각의(閣議)에서 의결되어 1993년 11월 12일 제정・공포됨으로써 뒤늦게 행정절차의 법제화가 이루어졌다. 행정절차법은 전문 6장 38조로 구성되어 있는데, 제1장 총칙(§§ 1－4)에서 목적・용어의 정의・적용범위 등을 규정한 후, 행정처분절차를 신청에 대한 처분절차(§§ 5－11), 불이익처분절차(§§ 12－31)로 구분하여 제2장 및 제3장에 규정하고 이어서 제4장에서 행정지도절차(§§ 32－36)에 관한 규정들을 두고 있다. 행정수속법은 그 밖에도 신고에 관한 별도의 규정(§§ 37), 지방공공단체의 조치에 관한 규정(§§ 38) 등을 두고 있다.[11] 행정수속법의 시행에 수반하여 360건에 달

11) 이상규 변호사는 일본의 행정절차법에 대해서는 그 대상을 국가행정기관의 처분, 행정지도 및 신고만으로 한정하고 지방자치단체의 처분이나 행정계획 등을 배제했다는 점, 처리기준공표제도의 실효성문제(불공표시 효과에 관해 아무 규정이 없는 점), 거부처분의 경우 의견진술기회를 고려하지 않은 것, 청문과 달리 변명의 경우에는 문서 등 열람권을 인정하지 않은 점 등을 문제점으로 들고 있다(李尙圭, 「日本 行政節次法의 內容과 特色」, 『判例月報』 제280호, 13이하).

하는 법률에 대하여 행정수속법의 규정과 중복되는 규정의 삭제 등 필요한 법령정비를 행하고 행정수속법이 규정한 적용제외조치에 대하여 상세한 규정을 정하고자 「행정수속법의 시행에 따른 관계법률의 정비에 관한 법률」이 함께 제정·공포되었다.[12)]

Ⅳ. 행정절차의 일반적 요소

행정절차의 내용은 각국의 입법정책이나 법제도에 따라 또 행정작용의 성질에 따라 한결 같지는 않지만, 정식절차의 경우 사전통지, 청문, 공청회 등을 통한 의견청취, 결정 및 결정이유의 명시 등을 포함하는 것이 일반적이다.

1. 사전통지

사전통지(notice, Bekanntgabe)란 어떤 행정결정을 하기 전에 이해관계인에게 당해 행정작용의 내용 및 청문 등의 일시, 장소 등을 통지하는 것을 말하며, 이로써 의견, 변명 또는 자료의 제출을 가능케 하려는 것이다. 통지의 방법은 법령에 특별한 규정이 없는 한 송달 또는 공고의 방법에 의한다.

2. 청문

청문(hearing, Anhörung)이란 행정작용을 하기에 앞서 이해관계인으로 하여금 자기에게 유리한 증거를 제출하게 하고 의견을 진술케 함으로써 사실심사를 하는 절차를 말한다. 청문은 '누구도 청문 즉 변명의 기회를 부여받

12) 이에 관하여는 한국법제연구원, 『일본의 행정절차법과 우리 행정절차법의 제정방향』, 1994.2.를 참조.

지 않고는 비난당하지 않는다'는 자연적 정의의 기본요소의 하나로서 행정결정의 적정성을 확보하기 위한 공정절차의 핵심이라 할 수 있다. 청문의 형태는 다양하며 어떤 형태를 채택하느냐 하는 것은 입법정책의 문제다. 가령 독일의 행정절차법은 이를 비정식절차와 정식절차로 구분하면서도 전자를 원칙으로 하는 데 비해, 미국에서는 사실심형 청문(trial type hearing)과 진술형 청문(argument type hearing)으로 구분하고 있다. 여기서 사실심형 청문이란 당사자가 상대방이 제출한 증거 및 변론을 맡고 이를 반박할 수 있는 기회가 부여되는 청문을 의미하며, 진술형 청문이란 당사자에게 오직 의견진술이나 증거 기타 참고자료를 제출할 수 있는 기회가 주어지는 데 그치는 청문을 의미한다. 행정기관이 행하는 청문은 후자가 보통이다.

3. 결정 및 결정이유의 명시

전술한 사전통지와 청문을 거쳐 행정절차의 최종단계로서 결정(decision, Entscheidung)이 행해지게 되는데 행정청이 결정을 할 때에는 그 이유를 제시해야 할 의무가 부과되는 것이 원칙이다. 여기서 이유의 제시 또는 이유부기(Begründungszwang)란 특히 확인적 성질의 행위 기타 부담적 행정행위를 하는 경우 그 행위를 하게 된 근거를 명시함으로써 행정청의 자의적 결정을 배제하고 이해관계인으로 하여금 이를 기초로 하여 차후 행정구제절차에 대처할 수 있도록 하려는 것이다.

제2절 행정절차법의 법원

Ⅰ. 개설

행정절차법의 법원(法源), 즉 현행법상 행정절차에 관한 법적 규율은 적법절차조항 등 헌법규정과 1996년 12월 31일 법률 제5241호로 제정된 「행정절차법」, 각종 단행법에 산재된 행정절차에 관한 규정들 및 기타 관계법령으로 이루어지고 있다.

Ⅱ. 헌법: 적법절차의 헌법적 보장

행정절차의 헌법적 근거에 관하여는 학설이 대립되고 있다. 헌법 제12조 1항의 '적법한 절차'라는 규정은 직접적으로는 형사사법권의 발동에 관한 조항이라 하더라도 행정절차에도 유추적용된다고 보는 견해,[13] 헌법 제10조(인간의 존엄과 가치, 기본적 인권의 불가침성), 제37조(기본권의 포괄성 · 기본권제한의 법률유보) 등에서 행정절차의 법적 보장의 근거를 찾는 견해,[14] 그리고 불이익처분 시 절차적 참가권은 헌법상 법치국가원칙에 의하여 직접 보장된 것으로 보되, 개인의 권익을 구체적으로 침해하는 것이 아닌 행정입법절차와 행정계획절차에의 참가는 헌법적 요청으로는 볼 수 없고 입법을 필요로 한다고 하는 견해 등이 주장되고 있다. 아무튼 행정절차의 보장이 헌법적으로 뒷받침되고 있다는 점에 관하여는 대체로 견해의

---

13) 김도창, 『일반행정법론(상)』, 청운사, 1993, 537; 이상규, 『신행정법론(상)』, 법문사, 1991, 341−342; 헌법재판소 1990.11.19., 90헌마48.

14) 김도창, 상, 537.

일치를 보고 있다고 할 수 있다.

그러나 헌법상 적법절차의 보장조항으로부터 직접, 즉 법률의 매개 없이 청문을 받을 권리 같은 행정절차적 권리가 도출될 수 있느냐에 관하여는 견해가 일치하고 있지 않다. 먼저 헌법재판소는 '헌법 제12조 제3항 본문은 동조 제1항과 함께 적법절차원리의 일반조항에 해당하는 것으로서, 적법절차의 원칙은 법률이 정한 형식적 절차와 실체적 내용이 모두 합리성과 정당성을 갖춘 적정한 것이어야 한다는 실질적 의미를 지니고 있으며, 헌법조항에 규정된 형사절차상의 제한된 범위 내에서만 적용되는 것이 아니라, 국가작용으로서 기본권의 제한과 관련되든 관련되지 않든 모든 입법작용 및 행정작용에도 광범위하게 적용되는 것'이라는 입장을 취하고 있다.[15) 대법원도 한때 행정규칙에 해당하는 훈령에 규정된 청문절차를 거치지 않은 건축사사무소등록취소처분을 취소함으로써 결론에 있어 그와 유사한 방향을 시사한 바 있었다.

> 관계행정청이 건축사사무소의 등록취소처분을 함에 있어 당해 건축사들을 사전에 청문토록 한 취지는 위 행정처분으로 인하여 건축사무소의 기존권리가 부당하게 침해받지 아니하도록 등록취소사유에 대하여 당해 건축사에게 변명과 유리한 자료를 제출할 기회를 부여하여 위법사유의 시정가능성을 감안하고 처분의 신중성과 적정성을 기하려 함에 있다 할 것이므로 설사 건축사법 제28조 소정의 등록취소 등 사유가 분명히 존재하는 경우라 하더라도 당해 건축사가 정당한 이유 없이 청문에 응하지 아니한 경우가 아닌 한 청문절차를 거치지 아니하고 한 건축사사무소 등록취소처분은 위법하다.[16)

15) 헌법재판소 1989.9.8. 선고 88헌가6결정; 1990.11.19. 선고 90헌가48결정; 1992.12.24. 선고 92헌가8결정; 1994.12.29. 선고 94헌마201 전원재판부결정(「경기도 남양주시등 33개 도농복합형태의 시 설치등에 관한 법률 제4조 위헌확인」, 『헌재공보』 95, 680).

16) 대법원 1984.9.11. 선고 82누166판결(건축사무소등록취소처분취소, 공739, 1654(18)): 원심 서울고법 82.2.25., 80구708. 이에 관한 평석으로는 김남진, 「청문을 결한 행정처분의 위법성」, 『법률신문』 1563호; 김남진, 「훈령이 정한 청문결여의 효과」, 『판례월보』 173호, 154 등을 참조.

그러나 이후 대법원은 청문을 거치지 않고 행한 (불이익)처분에 대하여 청문절차가 그 근거법률에 명시되어 있는 경우에는 위법하지만, 관계법령에서 청문절차를 시행하도록 규정하지 않은 경우에는 훈령이나 기타 행정규칙에 의하여 청문을 실시하도록 되어 있다 할지라도 위법하다고 볼 수 없다는 입장을 견지함으로써,[17] 헌법재판소 판례와는 상반된 견해를 보였다.

가. 「국민의 권익보호를 위한 행정절차에 관한 훈령」(1989.11.17. 국무총리 훈령 제235호)은 상급행정기관이 하급행정기관에 대하여 발하는 일반적인 행정명령으로서 행정기관 내부에서만 구속력이 있을 뿐 대외적인 구속력을 가지는 것이 아니다.

나. 당사자의 의견청취(청문 포함)절차 없이 어떤 행정처분을 한 경우에도 관계법령에서 당사자의 의견청취절차를 시행하도록 규정하지 않고 있는 경우

17) 동지 오준근, 「행정절차의 일반원칙」, 『고시계』 1997.7., 15−32, 20. 이러한 대법원의 입장을 어떻게 이해할 것인가에 대하여는 논자에 따라 다소의 뉘앙스가 있다. 가령 다음에 인용하는 대법원 1994.8.9. 선고 94누3414판결을 두고 종전의 대법원 1984.9.11. 선고 82누166판결에서 읽어 낼 수 있었던 청문절차의 불문법원리 또는 헌법적 원리성이 정면으로 부인되었다고 보는 견해가 있는 반면(김동희, 『행정법 I』, 341; 김유환, 「우리나라 행정절차법과 미국연방행정절차법」, 『고시계』 1997.4., 80 등), 우리 대법원의 입장을 그처럼 일방적으로만 판단할 것은 아니라는 견해도 있다(오준근, 앞의 글, 19). 그러나 대법원이 1984년 9월 11일자 판결을 제외하고는 관계법령에서 규정되어 있지 않는 한, 청문을 거치지 않아도 불이익처분이 위법하게 되는 것은 아니라는 입장을 견지하고 있음은 분명하며, 따라서 헌법재판소의 판례와 같이 적법절차의 보장이 "헌법조항에 규정된 형사절차상의 제한된 범위 내에서만 적용되는 것이 아니라, 국가작용으로서 기본권의 제한과 관련되든 관련되지 않든 모든 입법작용 및 행정작용에도 광범위하게 적용되는 것"이라고 보는 것과는 거리가 멀다고 보아야 할 것이다. 후자의 견해는 대법원이 행정과정에 대한 적법절차의 원리를 적용해 오고 있으며, 다만, 의견청취절차의 종류나 엄격성 여하를 당해 불이익처분의 근거법령에 따르는 것으로 보고 있을 뿐이라는 것인데, 그렇게 보더라도, 앞으로 인용하는 대법원의 판례에 비추어 볼 때, 만일 관계법령에 청문 등 행정절차에 대한 규정이 없을 경우 헌법상 적법절차조항으로부터 직접 불이익처분에 앞서 청문 등을 받을 권리를 도출할 수 있는가 하는 문제에 관하여 헌법재판소와 대법원이 서로 현격한 견해차를 보이고 있다는 점을 부인할 수는 없을 것이다.

에는 그 행정처분이 위법하게 되는 것은 아니라 할 것인바, 문화재보호법과 「대구직할시 문화재보호 조례」에 의하면 시지정문화재는 시장이 문화재위원회의 자문을 받아 지정한다고만 규정되어 있을 뿐, 그 지정에 있어서 문화재의 소유자나 기타 이해관계인의 신청이 필요하다는 규정이나 소유자 기타 이해관계인의 의견을 들어야 한다는 행정절차의 규정은 없고, 비록 국민의권익보호를위한행정절차에관한훈령에 따라 1990.3.1.부터 시행된 행정절차운영지침에 의하면 행정청이 공권력을 행사하여 국민의 구체적인 권리 또는 의무에 직접적인 변동을 초래하게 하는 행정처분을 하고자 할 때에는 미리 당사자에게 행정처분을 하고자 하는 원인이 되는 사실을 통지하여 그에 대한 의견을 청취한 다음, 이유를 명시하여 행정처분을 하여야 한다고 규정되어 있으나, 이는 대외적 구속력을 가지는 것이 아니므로, 시장이 건조물 소유자의 신청이 없는 상태에서 소유자의 의견을 듣지 아니하고 건조물을 문화재로 지정하였다고 하여 위법한 것이라고 할 수 없다.[18)]

가. 청문절차 없이 어떤 행정처분을 한 경우에도 관계법령에서 청문절차를 시행하도록 규정하지 않고 있는 경우에는 그 행정처분이 위법하게 되는 것이 아니라고 할 것인바, 구 주택건설촉진법(1992.12.8. 법률 제4530호로 개정되기 전의 것) 및 같은 법 시행령에 의하면 주택조합설립인가처분의 취소처분을 하고자 하는 경우에 청문절차를 거치도록 규정하고 있지 아니하므로 청문절차를 거치지 아니한 것이 위법하지 아니하다.[19)]

---

18) 대법원 1994.8.9. 선고 94누3414 판결(공94.9.15. 976(22)): 참조 대법원 1994.3.22. 선고 93누18969 판결(공1994상, 1348). 이에 관한 평석으로는 김남진, 「훈령위반의 행정처분의 효력」, 『법률신문』 2363호, 1994.11., 14; 송유영, 「국민의권익보호를위한행정절차에관한훈령의 법적성질 및 훈령에 따른 행정절차운영지침 소정의 행정절차를 거치지 않고 행한 행정처분의 효력」, 『판례월보』 292호, 1995.1., 17; 「행정규칙에 규정된 청문절차를 거치지 아니한 행정처분의 효력」, 『판례월보』 297호, 1995.6., 33 등을 참조.

19) 대법원 1994.3.22.선고 93누18969 판결(공94.5.15. 968(39)).

Ⅲ. 행정절차법

헌법 이외에 행정절차법의 법원으로서 가장 중요한 것이 1996년 12월 31일 법률 제5241호로 제정된 「행정절차법」(이하 “행정절차법”이라 한다)이다. 총 7장 54개조 및 부칙 2개조로 이루어진 행정절차법은 제1조에서 “이 법은 행정절차에 관한 공통적인 사항을 규정하여 국민의 행정참여를 도모함으로써 행정운영과정의 투명성・공정성 및 신뢰성을 확보하고 국민의 권익을 보호함을 목적으로 한다”고 규정하고 있다.

행정절차법은 행정절차에 관한 일반법이다. 이것은 “처분・신고・행정상 입법예고・행정예고・행정지도의 절차에 대하여 다른 법률에 특별한 규정이 없는 경우에는 이 법을 적용한다”고 규정하고 있는 제3조 제1항의 문언으로 보아 분명하다. 그러나 행정절차법의 일반법적 성격은 광범위한 적용배제를 규정한 같은 조 제2항을 통해 크게 제약되고 있다. 이에 따르면, 행정절차법은 다음과 같은 사항에 대하여는 적용되지 아니한다.

1. 국회 또는 지방의회의 의결을 거치거나 동의 또는 승인을 얻어 행하는 사항
2. 법원 또는 군사법원의 재판에 의하거나 그 집행으로 행하는 사항
3. 헌법재판소의 심판을 거쳐 행하는 사항
4. 각급 선거관리위원회의 의결을 거쳐 행하는 사항
5. 감사원이 감사위원회의의 결정을 거쳐 행하는 사항
6. 형사・행형 및 보안처분 관계법령에 의하여 행하는 사항
7. 국가안전보장・국방・외교 또는 통일에 관한 사항 중 행정절차를 거칠 경우 국가의 중대한 이익을 현저히 해할 우려가 있는 사항
8. 심사청구・해양안전심판・조세심판・특허심판・행정심판 기타 불복절차에 의한 사항
9. 병역법에 의한 징집・소집, 외국인의 출입국・난민인정・귀화, 공무원 인사 관계 법령에 의한 징계 기타 처분 또는 이해조정을 목적으로 법령에 의한 알선・조정・중재・재정 기타 처분 등 당해 행정작용의 성질상 행정절차를

거치기 곤란하거나 불필요하다고 인정되는 사항과 행정절차에 준하는 절차를 거친 사항으로서 대통령령으로 정하는 사항

행정절차법 시행령 제2조는 법 제3조 제2항 제9호에서 “대통령령으로 정하는 사항”을 다음과 같이 열거하고 있다.

1. 「병역법」, 「향토예비군설치법」, 「민방위기본법」, 「비상대비자원 관리법」에 따른 징집・소집・동원・훈련에 관한 사항
2. 외국인의 출입국・난민인정・귀화・국적회복에 관한 사항
3. 공무원 인사관계법령에 의한 징계 기타 처분에 관한 사항
4. 이해조정을 목적으로 법령에 의한 알선・조정・중재・재정 기타 처분에 관한 사항
5. 조세관계법령에 의한 조세의 부과・징수에 관한 사항
6. 「독점규제 및 공정거래에 관한 법률」, 「하도급거래 공정화에 관한 법률」, 「약관의 규제에 관한 법률」에 따라 공정거래위원회의 의결・결정을 거쳐 행하는 사항
7. 「국가배상법」, 「공익사업을 위한 토지 등의 취득 및 보상에 관한 법률」에 따른 재결・결정에 관한 사항
8. 학교・연수원 등에서 교육・훈련의 목적을 달성하기 위하여 학생・연수생 등을 대상으로 행하는 사항
9. 사람의 학식・기능에 관한 시험・검정의 결과에 따라 행하는 사항
10. 「배타적 경제수역에서의 외국인어업 등에 대한 주권적 권리의 행사에 관한 법률」에 따라 행하는 사항
11. 「특허법」, 「실용신안법」, 「디자인보호법」, 「상표법」에 따른 사정・결정・심결, 그 밖의 처분에 관한 사항

대법원은 다음 판례에서 보는 바와 같이 위 적용배제 사유를 비교적 엄격하게 적용하려는 경향을 보이고 있다.

행정과정에 대한 국민의 참여와 행정의 공정성, 투명성 및 신뢰성을 확보하고 국민의 권익을 보호함을 목적으로 하는 행정절차법의 입법목적과 행정절차법 제3조 제2항 제9호의 규정 내용 등에 비추어 보면, 공무원 인사관계 법령에 의한 처분에 관한 사항 전부에 대하여 행정절차법의 적용이 배제되는 것이 아니라 성질상 행정절차를 거치기 곤란하거나 불필요하다고 인정되는 처분이나 행정절차에 준하는 절차를 거치도록 하고 있는 처분의 경우에만 행정절차법의 적용이 배제되는 것으로 보아야 할 것이다.[20]

Ⅳ. 행정절차에 관한 개별법

일반법인 행정절차법과는 별도로 행정절차에 관한 규정들을 두고 있는 각종 단행법들이 또한 행정절차에 관한 법적 규율의 근거가 된다.

단행법에 특정한 행정행위, 특히 불이익처분을 함에 있어 고지, 청문, 의견제출 및 진술권 등을 규정하는 일이 늘어나고 있다(예: 건축법 § 86, 수산업법 § 95, 수도법 § 79, 「수질 및 수생태계 보전에 관한 법률」 § 72, 유해화학물질관리법 § 50, 소음·진동규제법 § 51, 대기환경보전법 § 85, 「해양생태계의 보전 및 관리에 관한 법률」 § 59, 옥외광고등관리법 § 15, 의료법 § 84, 도로법 § 85, 하천법 § 91, 「국토의 계획 및 이용에 관한 법률」 § 136 등).

이들 단행법들은 행정절차법과의 관계에서 특별법적 지위를 가지므로, 원칙적으로 행정절차법에 우선하여 적용된다. 각각의 단행법에 행정절차에

20) 대법원 2007.9.21. 선고 2006두20631 판결(진급낙천처분취소 공2007.10.15.(284), 1682). 군인사법령에 의하여 진급예정자명단에 포함된 자에 대하여 의견제출의 기회를 부여하지 아니한 채 진급선발을 취소하는 처분을 한 것이 절차상 하자가 있어 위법하다고 한 사례. 이 판결에 대한 평석으로는 이승택, 「공무원 인사관계 법령에 의한 처분에 관한 사항에 대하여 행정절차법의 적용이 배제되는 범위」, 『대법원판례해설』 73호(2007 하반기), 2008.7., 법원도서관을 참조.

관한 명문의 규정이 없는 경우에는 일반법으로서 행정절차법이 적용된다. 반면 행정절차법에도 명문의 규정이 없는 행정절차에 대하여는 법해석상 앞서 본 헌법조항들을 근거로 하여 적어도 불이익처분에 있어 상대방에 대한 통지와 청문 등의 행정절차가 요청된다는 법리를 도출할 수 있는지를 검토해 보아야 한다.

앞에서 본 행정절차법 제3조 제2항의 규정에 의한 적용제외사항에 관하여는 행정절차법이 적용되지 않기 때문에, 절차적 규율이 각각의 관계법에 맡겨져 있으며, 따라서 이들 관계법도 행정절차법과는 별도로 행정절차에 관한 법원이 된다.21) 또한 행정절차법이 행정계획이나 공법상 계약 등에 관한 규율을 포기한 결과, 그 한도 내에서는 그 일반법적 지위를 논할 여지조차 없게 되었고, 따라서 이 부분에 대하여도 기존의 개별법주의 법상태가 그대로 유지되며 그 한도 내에서 기존의 관계법령들이 행정절차에 관한 법원이 된다.

한편, 행정절차법이 제정되면서 각종 개별법에 의한 행정절차관련규정들을 정비해야 할 필요성이 대두됨에 따라 「행정절차법의시행을위한공인회계사법등일부개정법률」22)이 제정되어 각종 단행법상의 행정절차관련규정들이 일반법인 행정절차법과 조율되고 있다.

Ⅴ. 행정절차조례

행정절차법은 국가뿐만 아니라 지방자치단체에 대해서도 적용됨을 전제로 하고 있는 것으로 이해되고 있다.23) 그러나 지방자치단체가 독자적으로 행정절차조례를 제정할 경우, 이를 무효로 볼 것인가 하는 문제가 제기될 수

21) 塩野宏, 『일본행정법론』(서원우・오세탁 공역), 1996, 219.

22) 이 법률은 1997년 11월 18일 제185회 국회 제16차 본회의에서 의결되어 1997년 12월 13일 법률 제5453호로 제정되었다.

23) 김철용, 「행정절차법의 시행에 즈음하여」, 『고시계』 1997.7., 12－13.

있다. 이 문제는 특히 행정절차법이 그 규율대상을 처분중심으로 축소함으로써 그 밖의 행정작용에 대한 절차에 관한 한 일반법적 규율을 포기했기 때문에 더욱 현실적인 중요성을 가진다. 행정절차법의 규율대상에서 제외된 행정작용에 관한 한 모법이 없는 상태이므로 보다 널리 행정절차조례가 형성될 여지가 있기 때문이다.

지방자치단체가 그 자치사무에 관하여 행정절차법과 중복되는 범위에서(즉 행정절차법이 규율대상으로 삼은 처분 등 행정작용에 대하여) 별도의 행정절차조례를 정한 경우, 이를 위법・무효라고 볼 것인가에 대하여는, 국가의 입법권선점(legislative preemption)이론이 성립할 여지가 있다. 물론 헌법상 지방자치의 보장은 의당 자치입법권의 보장을 포함하는 것이므로 위헌여부가 논란될 수 있으나, 입법권자가 누리는 입법형성권 또는 입법재량을 근거로 가령 행정절차법 제3조 제1항의 규정을 국가의 입법선점의 취지로 해석하는 것도 불가능하지는 않다고 본다.[24] 행정절차법의 해석을 통하여 과연 이러한 국가 입법선점론이 도출될 수 있는지는 불분명하다. 만일 행정절차법의 취지를 그것이 규율하고 있는 사항에 관한 한 조례의 성립가능성을 전적으로 배제하려는 데 있다고 이해한다면 그와 같은 조례들을 위법・무효라고 볼 수도 있을 것이다. 즉, 행정절차법이 규정을 둔 이상(입법선점), 그 규정사항에 관한 조례는 규정의 내용여하를 불문하고 아예 제정할 수 없게 된 것이라고 보는 경우, 그러한 조례는 의당 위법・무효라고 하게 될 것이기 때문이다.[25]

그러나 만일 지방자치단체의 조례가 행정절차법의 적용대상에 대하여 규정하고 있기는 하지만, 행정절차법이나 그 시행령・시행규칙에서 규정되지 않은 사항을 구체화한 데 불과한 경우에는 이를 반드시 무효라고 볼 수는 없을 것이다. 한발 더 나아가 입법선점론의 입장에 선다 할지라도 행정

24) 김철용, 같은 곳.

25) 반면 조례가 단순히 행정절차법의 규정을 반복하여 규정한 것에 지나지 않을 경우 그 조례를 위법・무효로 볼 것인가는 별개의 문제다. 그러나 그러한 조례가 제정되는 경우는 거의 드물 것이므로 논의의 실익이 없다.

절차법과 다른 규정을 둔 조례를 모두 위법·무효라고만 보아야 하는지는 의문이다.

행정절차법이 일정한 요건 하에 당사자 등에게 그 이익으로 일정한 종류의 행정절차를 거칠 수 있는 기회를 부여하는 경우 그것은 그러한 요건이 충족된 경우 외에는 당해 행정절차를 거치도록 해야 할 의무가 없다는 취지일 뿐, 행정청이 행정절차법상의 요건이 충족되지 않은 경우에도 친절하게 당사자 등을 위하여 당해 행정절차의 기회를 부여하는 것까지 금하는 취지는 아니라고 보아야 할 것이다. 행정절차법은 국민을 위한 절차적 보장의 최소한을 의미하는 것이지 행정청에 대하여 국민에게 부여할 수 있는 절차적 보장의 최대한을 설정한 것은 아니기 때문이다. 가령 행정절차법 제23조 제1항은 행정청으로 하여금 처분을 함에 있어 신청내용을 모두 그대로 인정하는 경우나 단순·반복적인 처분 또는 경미한 처분으로서 당사자가 그 이유를 명백히 알 수 있는 경우 또는 긴급을 요하는 경우를 제외하고는 당사자에게 그 근거와 이유를 제시하도록 의무화하고 있는데, 그러한 예외적인 경우에도 행정청이 스스로 처분의 근거와 이유를 제시하는 것은 무방할 뿐만 아니라 바람직할 수도 있다. 또한 행정절차법 제22조 제3항은 행정청이 당사자에게 의무를 과하거나 권익을 제한하는 처분을 함에 있어 제22조 제1항 또는 제2항에 따라 청문이나 공청회가 실시되는 경우 외에는 당사자 등에게 의견제출의 기회를 주어야 한다고 규정하고 있는데, 이 규정은 그러한 침익적·부담적 처분의 경우 당사자 등에게 최소한 의견제출의 기회를 줄 것을 의무화한 것이지 수익적 처분을 함에 있어 의견제출의 기회를 주는 것을 금지한 것은 아니라고 해석하여야 할 것이다. 그 경우 의견제출의 기회를 부여하는 것은 행정청의 법적 의무는 아니지만, 행정청에게 그가 하고자 하는 처분과 관련된 이해관계상황을 더 확실히 파악하고 상대방을 납득시키려는 목적에서 자발적으로 의견제출의 기회를 주는 것은 허용된다고 보아야 하기 때문이다.

행정절차법은 제22조 제1항에서 청문은 다른 법령 등에서 청문을 실시하도록 규정하고 있거나 행정청이 필요하다고 인정하는 경우에만 실시하도록 규정하고 있다. 이 규정은 행정청이 필요하다고 인정하는 이상, 침익적 처분이나 수익적 처분을 막론하고 청문을 실시할 수 있다는 뜻으로 해석된다. 반면 수익적 처분을 함에 있어 행정청이 자발적으로 그 당사자 등에게 의견제출의 기회를 부여할 수 없다고 해석한다면, 청문은 행정청의 필요성판단에 따라 실시할 수 있고 그보다 한 단계 낮은 약식절차인 의견제출의 기회는 부여할 없다는 기이한 결과가 될 것이다. 물론 이것은 행정절차법이 청문과 공청회의 실시를 법령상 규정된 경우 외에 행정청의 필요성판단에 맡기고 있기 때문에 생기는 문제지만, 청문이나 공청회를 행정청의 필요성판단에 맡기지 않고 다른 요건하에 실시하도록 했을지라도 결론이 달라지지는 않는다.

이러한 결론은 이를테면 행정절차법 수준의 절차적 보장에다 '플러스 알파'(+α)를 규정한 조례의 적법성여부에 관한 문제에도 자연스럽게 연장될 수 있다. 가령 행정절차법 제22조 제1항은 다른 법령 등에서 청문을 실시하도록 규정하고 있거나 행정청이 필요하다고 인정하는 경우에 청문을 실시한다고 규정하고 있음에도 불구하고, 지방자치단체가 일반행정절차조례를 제정하여 그 고유한 영역인 자치사무에 관한 행정작용을 함에 있어 일정 수 이상의 주민이 요구하는 경우에도 청문을 실시하여야 한다고 규정할 경우, 이 조례를 위법·무효라고 볼 것인지가 문제될 수 있다. 앞에서 본 침익적 처분 시 제22조 제1항 또는 제2항에 따라 청문이나 공청회가 실시되는 경우 외에는 당사자 등에게 의견제출의 기회를 주어야 한다고 규정한 행정절차법 제22조 제3항의 경우에도 마찬가지의 문제가 제기될 수 있다. 즉, 조례가 청문이나 공청회가 실시되는 경우 외에 수익적 처분을 하는 경우에도 당사자 등에게 의견제출의 기회를 주도록 의무화하는 규정을 둔 때에도 이를 주민에게 행정절차법의 수준을 초과하는 절차적 기회를 부여했다는 이유로 위법·무효라고 볼 것인지가 문제될 수 있는 것이다.

생각건대, 행정절차법의 입법취지를 그 절차적 보장수준을 상회하든 하회하든 상관없이 행정절차법이 규정한 사항에 관한 규정을 둔 조례는 이를 모두 금지한다는 취지로, 뒤집어 말하면, 당해 행정절차법규정의 취지를, 행정청에 대하여 단순히 그 규정하는 바와 같은 행정절차의 이행을 의무화하는데 그치지 아니하고 행정청이 당사자 등에게 그 절차적 보장의 수준을 초과하여 더 많은 절차적 기회를 부여하는 것까지도 금지하는 것이라고 해석할 수는 없을 것이다. 반면 행정절차법의 취지를 그 절차적 보장의 수준을 하회하는 행정절차조례만을 금지하는 것이라고 본다면, 다시 말해 행정절차법을 일종의 국가적 최저한(National Minimum)을 규정한 입법으로 이해한다면, 지방자치단체가 일반행정절차조례를 제정하여 행정절차법이 규정하고 있는 사항을 달리 규정한 때에도, 그것이 주민에 대한 관계에서 행정절차법의 절차적 보장수준을 하회하지 않는 이상 그 조례를 위법이라고 볼 이유는 없다. 권리제한이나 의무부과를 내용으로 하는 조례에 대하여 법률의 위임을 요구하는 지방자치법 제15조 규정에 비추어 보더라도 주민에게 국가적 수준에서의 절차적 보장을 상회하는 행정절차의 기회를 부여한 조례는 허용된다고 보아야 하기 때문이다. 여기서 행정절차법상 의무가 없음에도 불구하고 행정청이 당사자 등에게 '플러스알파'로 행정절차의 기회를 부여하는 것이 금지되는 것은 아니라는 점에 비추어 본다면, 조례에 의한 '플러스알파' 역시 금지되는 것이라고 볼 것은 아니라는 입론이 가능해진다. 물론 조례는 행정청과 지방자치내부적인 권력분립관계에 서는 지방의회에 의해 제정되는 것이라는 점에서 단순한 행정청의 전향적(proactive) 태도나 '호의'와는 구별되어야 할 것이다. 그러나 그렇다고 하여 지방자치수준에서 지방자치단체의 기관내부의 상호작용에 의하여 주민에게 국가적 수준보다 더 높은 절차적 보장을 부여할 수 있는 여지를 배제할 필연성도 없다. 행정청에 대해서는 그 판단에 따라 법적 의무가 없는 경우에도 당사자 등에게 행정절차법의 '플러스알파'를 부여할 수 있다고 하면서, 지방의회에 대해서는 그 자치입법인 조례에 의해서도 '플러스알파'를 부여할 수 없다고 하는 것은 균형이 맞지 않기 때문이다. 행정절차법에 의한 행정절차의 보장은 행정청에 대한 보장이 아니라 당사자 등, 즉 국민에 대한 보장이기 때문이다. 따라서 행정절차법 제22조 제1항의 규정에도 불구하고 일정 수 이상의 주민이 요구하는 경우 청문을 실시하여야 한다고 규정하는 조례나, 행정절차법 제22조 제3항의 규정에도 불구하고 당사자에게 의무를 과하거나 권익을 제한하는 처분에 해당하지 않는 처분, 즉 수익적 처분에 대해서도 당사자 등에게 의견제출의 기회를 주어야 한다고 규정하는 조례 등은 행정절차법에 위배되지 않는 것으로 적법하다고 보아야 할 것이다.

반면 행정절차법이 규율대상에서 배제한 행정계획, 공법상 계약, 확약 등과 같은 행정작용이나 처분의 취소·철회 시 신뢰보호원칙에 따른 손실보상, 위원회의 절차 등에 대하여는 모법이 없고 따라서 입법선점론의 여지도 없으므로 헌법과 지방자치법(§ 15)에 의한 일반적인 조례입법의 범위 내에서 행정절차조례를 제정할 수 있다고 보아야 할 것이다.

이 모든 문제들은 행정절차법이 조례와의 관계에 대하여 뚜렷한 입장을 표명하지 않은 데서 비롯된 것이라 할 수 있다. 이 문제에 관하여 앞으로 좀 더 심도 있는 이론적 천착이 있어야 할 것이다.

Ⅵ. 그 밖의 관련법령

그 밖에도 행정절차와 직접·간접으로 관련된 법원으로 행정규제기본법, 「민원사무처리에 관한 법률」(이것은 과거의 「행정규제 및 민원사무기본법」을 발전적으로 해체한 법률정비작업을 통해 제정된 법률들이다), 사무관리규정, 법제업무운영규정 등을 들 수 있다. 이들 법령들은 행정절차법과의 관계설정이 불분명한 점도 없지 않다. 우선 「민원사무처리에 관한 법률」은 넓은 의미의 행정절차에 관한 것으로서 민원사무의 처리에 관한 특별행정절차법에 해당하는 것이라고 볼 수 있을 것이다. 그러나 행정규제기본법과 같이 입법의 차원을 달리하거나 사무관리규정, 법제업무운영규정처럼 적용영역을 달리하는 경우가 있는 반면, 「민원사무처리에 관한 법률」처럼 행정절차법과의 중복가능성을 지닌 것도 있다. 이들 관계법령과의 관계를 어떻게 설정 또는 조율할 것인지가 앞으로 제기되는 문제다.

제3절 행정절차법의 연혁과 내용

Ⅰ. 행정절차법의 연혁

행정절차법의 필요성은 우리나라에서도 비교적 일찍부터 제기되었다. 1960년대 중반부터 한국공법학회, 서울변호사회, 대한변호사회 등 학계 · 법조계에 의하여 일반행정절차법 제정의 필요성이 주장되었고, 6대국회에서는 행정절차법안이 제안되었으며, 1971년 말 다시 행정절차법안이 입안되어 검토되기도 하였다. 1975년 행정개혁위원회의 위촉에 따라 한국공법학회가 마련한 총5개장 전문 145개조의 행정절차법중간초안은 종래 행정관련법령에서 절차적 규정을 별로 찾아볼 수 없었던 당시의 상황을 고려할 때 상당히 진취적인 것이었으나, '국민편의보다는 행정재량을 위주로 행정운영이 이루어졌던 당시의 행정체제 아래서' 정부의 주도적 의견은 행정절차법의 제정은 시기상조라는 것이었고 따라서 이 초안은 사장되고 말았다.[26] 이후 행정절차법제정을 위한 준비작업이 본격화된 것은 1980

26) 김도창, 『일반행정법론(상)』, 537 각주 13; 박윤흔, 『행정법강의(상)』, 480. 1975년 12월 김도창 · 서원우 · 김남진 · 박윤흔의 공동명의로 조사보고서가 행정개혁위원회에 제출되었으나 위원회는 결국 일반법의 제정은 시기상조이고, 민원사무처리규정을 법률수준으로 끌어 올려서 행정운영기본법 같은 것을 제정하는 일과, 각 단행법령에 행정절차규정을 많이 삽입하는 일을 추진하기로 결론을 짓는 데 그쳤다. 이 조사보고서의 내용은 김도창 외, 『행

년대에 이르러서였다. 즉 정부는 1981~1982년 두 차례의 연구를 거쳐 1985년 작성된 행정절차법안을 토대로, 1986년 총무처에 행정절차법안심의위원회를 구성하여 공청회를 거쳐 행정절차법안을 마련하였다. 총 7개장 71개조 및 부칙으로 구성된 이 법안은 목적 · 정의 · 적용범위 등에 관한 총칙과 행정처분절차, 계획확정절차, 행정입법예고절차, 행정예고절차, 행정지도절차에 관한 규정을 두어 행정상 강제집행, 행정상 즉시강제 및 행정조사 등 행정집행절차를 제외하고는 거의 모든 행정작용을 행정절차의 적용대상으로 하고 있었다.[27] 이 법안은 당시 우리나라의 입법현실로 볼 때 결코 짧지 않은 준비작업을 거쳐 학계와 실무의 협찬에 의해 작성된 흔치 않은 입법적 결실이었다고 할 수 있다. 그러나 이 법안은 입법예고(1987.7.7.~1987.8.5.)까지 거쳤음에도 불구하고,[28] 정부에 의하여 제12대 국회에 제출되지 않고 보류됨으로써 방치되고 말았다.

참고사항

<1987년의 행정절차법안>

1. 행정절차법안의 주요골자

총 7개장 71개조 및 부칙으로 구성된 행정절차법안은 목적 · 정의 · 적용범위 · 신뢰보호의 원칙, 행정청의 관할 및 협조, 당사자 등, 송달, 기간 · 기한, 기록열람, 비용 등에 관한 총칙(§§ 1~21)과 행정처분의 성립 및 효력(§§ 22~33), 의견제출 및 청문(§§ 34~47) 및 공청회(§§ 48~49)에 관한 행정처

정절차법연구』, 한국행정과학연구소, 1980.7.)에 실려 있다.

27) 그러나 이 법안은 오늘날 행정처분 못지않은 비중을 가진 행위형식으로 활용되고 있는 공법상 계약에 관하여는 규정을 두지 않았다.

28) 당시 이 법안은 1988년 2월 25일 시행된 헌법 제12조 제1항, 3항에 적법절차가 규정된 것과 관련하여 시의적절한 입법이 될 것으로 기대되었다고 한다(최송화, 「행정절차입법화의 과제」, 한국공법학회 제35회 학술발표회 발표문, 2; 이상규, 「행정절차운영지침의 의의와 문제점」, 『고시계』 1990.3., 109).

분절차, 행정계획의 확정절차(§§ 50~58), 행정입법예고절차(§§ 59~64), 행정예고절차(§§ 65~66), 행정지도절차(§§ 67~68), 보칙(§§ 69~71)에 관한 규정을 두어, 공법상 계약에 관한 절차와 따로 법률로 정하도록 되어 있는 행정집행절차(행정상 강제집행, 행정상 즉시강제 및 행정조사 등)를 제외하고는 거의 모든 행정작용에 대한 행정절차를 규율하고 있다. 개괄적으로 보아 이 법안의 내용은 현행 민원사무처리규정, 법령안입법예고에 관한 규정, 각 단행법에 규정되어 있는 불이익처분 전의 청문절차규정 등을 흡수하여 법률화·일반화·체계화한 규정이 대부분이라 할 수 있다. 가령 행정청 간의 협조·조정의무, 구비서류·제출처·처리기간 등 게시의무(당시의 민원사무처리규정 §§ 14, 23), 행정처분의 기준공표(국무총리훈령 197호), 행정처분의 이유부기(민원사무처리규정 § 17) 등은 불완전하기는 하지만 당시의 현행법령에 규정되었던 것이며, 행정입법예고절차는 현행 법령안입법예고에 관한 규정에 의하여 1983년부터 시행되고 있는 내용을 거의 그대로 흡수한 것이다.[29] 다만 여기서는 법안의 내용에 대한 상세한 설명은 생략하고 몇 가지 중요한 골자만을 개관해 보면 다음과 같다.

1.1 행정절차의 당사자·이해관계인

법안은 행정절차에 참가하는 자로서 행정청이외에 당사자 및 이해관계인을 들고 있다. 여기서 당사자란 행정청의 행위에 의하여 직접 상대가 된 자, 또는 상대예정자를 말하며, 이해관계인이란 행정청의 행위에 의하여 법률상 또는 사실상 이해관계에 영향을 받은 자를 말한다(§§ 2 iii, iv).

1.2. 행정절차에 있어 당사자 등의 권리

법안은 위의 당사자·이해관계인에게 기록열람권(§ 18), 각종절차의 신청권(가령 § 38), 의견제출권(§ 34), 청문참여권(§ 38), 기타 각종통지를 받을 권리(§ 5 ②③④) 등과 같은 절차적 권리를 보장하고 있다. 기록열람권에 관하여 법안 제18조 제1항은 "행정청은 당사자 등이 자기의 권리 또는 이익을 주장하거나 방어하기 위하여 필요한 기록의 열람 또는 복사를 요청한 때에는

29) 박윤흔, 『행정법강의(상)』, 2000, 481.

이를 거부할 수 없다"고 규정하고 있다. 사전통지란 당사자 등에게 의무를 과하거나 권익을 침해하는 행정처분을 하고자 하는 경우 이들에게 당해 행정처분의 내용, 청문 등의 일시·장소 등을 통지하는 것(§ 26)을 말하며 이로써 의견, 변명 또는 자료의 제출을 가능케 하려는 것이다. 청문이란 법령의 규정에 의하여 또는 행정청이 필요하다고 인정하거나, 당사자 등의 청문신청이 있는 경우 행정처분을 하기 전에 이해관계인으로 하여금 자기에게 유리한 증거를 제출하게 하고 의견을 진술케 함으로써 사실심사를 하는 절차를 말한다. 특기할 만한 것은 법안이 당사자 등의 신청에 의해서도 청문이 실시될 수 있도록 하고 있다는 점이다(§ 35 iii). 다만 청문의 실시가 공공의 안전 또는 복리를 현저하게 해할 우려가 있다고 인정될 만한 상당한 이유가 있는 경우에는 그러하지 아니하다(§ 35 iii 단서).

2. 행정절차법안에 대한 비판

1987년의 행정절차법안은 그 출현을 가능케 했던 정치적 환경이 바뀌자마자 관료기구로부터 거센 비난과 의혹에 직면하게 되었다. 1987년의 행정절차법안에 대하여 행정실무계로부터 제기된 비판의 내용을 요약하여 보면 다음과 같다. 즉, 당사자 등의 기록열람권(§ 18)은 우리의 실정으로 보아 아직 시기상조이며 행정운영상 혼란이 초래될 우려가 있고, 행정처분기준의 공표(§ 24)는 다양한 행정처분의 기준을 모두 공표하는 것은 어려울 뿐만 아니라 행정의 경직성을 가져올 우려가 있으며, 확약(§ 25)은 그 범위가 애매할 뿐만 아니라 이 조항 때문에 민원관서에서는 모든 민원사무에 대하여 문서에 의한 확약을 요구할 우려가 있어 민원인과의 사이에 시비가 빈발할 것이고, 행정처분의 사전통지(§ 26)는 이해관계인에게까지 통지하는 것은 무리이며, 행정처분의 재심사(§ 33)는 이러한 조항을 두면 행정기관이 끈질긴 민원인에 대하여 시달림을 당할 우려가 있고, 청문실시요건(§ 35)은 당사자 등의 신청이 있는 경우에도 청문을 실시하게 하면 불이익처분의 경우에는 거의 모든 경우에 청문을 신청하여 행정운영의 혼란이 예상되며, 청문주재자(§ 36)는 당해 업무를 담당하지 않은 자가 청문을 행하게 되면 실효성을 얻을 수 없고, 행정계획의 확정 등으로 인한 손실보상에 관한 조항(§ 57 ②)은 오늘날 행정계획에 의한 재산권에 대한 공법상 제한이 늘어나고 있는 실정을 감안할 때 그러한 조항을 두는 경우 민원인과의 사이에 시비가 빈발할 우려가 있으며, 입법예고대상(§ 59)은 오늘날 훈령 등 행정규칙의 기능에 비추어 국민의 권리의무에 영향을 미치는 행정규칙은 예고대상에 포함시켜야 하고, 행정지도를 받은 자의 문서교부청구권(§ 67)은 행정을 경직화할 우려가 있다는 것이다.[30)]

이처럼 모처럼 정부주도하에 공청회와 입법예고까지 마친 이 법안을 보류한 채 정부는 1989년 11월 14일 법안 중 행정처분절차만을 따로 떼어 이른바 「국민의 권익보호를 위한 행정절차에 관한 훈령」으로 행정절차운영지침을 마련 1990년 3월 1일부터 시행함으로써 행정절차법의 제정을 포기한 듯한 태도를 드러냈다.[31)]

「국민의 권익보호를 위한 행정절차에 관한 훈령」(국무총리훈령 제235호, 이하 「훈령」으로)은 그 발령취지를 다음과 같이 밝힌 바 있다: "… 그간 우리나라에서는 국민권익의 절차적 보호를 위하여 행정심판법을 제정하는 등 사후절차제도를 정비하는 한편, 사전절차제도의 도입의 일환으로 법령안입법예고에 관한 규정이나 민원사무처리규정 등을 제정・시행함과 아울러, 행정처분을 하고자 할 때에는 사전에 처분상대방의 의견을 청취하도록 하는 등의 행정절차제도를 개별법령에 반영하여 왔습니다만, 아직도 행정절차가 필요한 사안에 대하여 이를 규정하지 아니한 경우가 있을 뿐만 아니라, 이를 규정하고 있는 경우에도 세부 시행규정이 없는 등 규정내용이 미흡하여 행정절차제도를 도입하는 본래의 취지에 적합하게 운영되지 않고 있는 경우가 적지 않습니다."[32)] 또한 행정절차운영지침 제1조는 "행정절차에 관한 공통적인 사항을 규정하여 공정한 행

30) 박윤흔, 『행정법강의(상)』, 481(각주 1).

31) 이로써 가까운 장래에 행정절차법이 제정되리라는 전망은 그 시기나 내용 면에서 극히 비관적인 것이 되고 말았다. 한편 이 국무총리훈령에 대하여는 종래 신청에 의한 수익처분에 대한 "민원사무처리규정"이 대통령령으로 되어 있었던 것과 입법기술상 균형이 맞지 않는다는 비판이 있었다(김도창, 『일반행정법론(상)』, 538).

32) 『행정절차업무편람』, 행정편람 01-44-01, 대한민국정부, 1989, 63.

정운영을 기하도록 함으로써 국민의 권익을 보호하고 행정의 민주화를 도모함"을 목적으로 한다고 규정함으로써, 행정처분절차에 관한 한 통일적 규율의 필요성, 즉 일반적 행정절차제도의 필요성을 간접적으로 시인하고 있었다.

이어서 1994년 1월 종래의 민원사무처리규정을 가공하여 전격적으로 제정된 「행정규제 및 민원사무기본법」은 1987년의 법안을 회복하기 어려운 불구상태로 만들었다. 이 같은 우여곡절을 거쳐 행정절차법의 법제화 시도들은 일단 좌절되고 말았다. 정부가 스스로 주도했던 행정절차법의 입법을 중단한 데는 여러 가지 이유가 있겠으나, 무엇보다도 행정절차에 대한 행정실무계의 뿌리 깊은 저항감, 정치환경의 변화에 따른 정부·여당의 기회주의적 태도, 행정개혁의 부담가중에 대한 우려, 행정능률위주의 행정관행 또는 행정관료들의 행정편의주의적 타성 등이 주된 요인으로 지목될 수 있을 것이다.[33] 이것은 종래 권위주의적 정치체제하에서 입법과정이 정부·집권당 블록의 기회주의와 관료기구의 사보타지에 의하여 좌우되어 왔던 우리 입법사의 단면을 드러내는 사례로 기억되고 있다.

이러한 과정을 거쳐 정부는 결국 행정절차법 제정을 입법일정에 올렸다. 당초 정부의 입장은 행정절차에 관한 일반법이 존재하지 않아 행정처분 등 행정행위별로 절차와 기준이 불명확하고 행정절차에 관한 현행 국무총리훈령으로는 국민의 절차적 권리를 보장할 수 있는 기속력이 미약하다는 문제점이 있으나, 행정절차제도의 확대를 위한 여건은 아직 성숙되지 않았다는 것이었다. 따라서 제도의 실효성 확보를 위해 현행 개별법상의 절차규정을

---

33) 박윤흔 교수(같은 책 481 이하)는 입법추진의 지연사유로 ① 정치환경이 변화된 상황에서 행정절차법이 도입됨으로써 행정운영의 혼란이 초래될 수 있다는 우려, ② 행정절차법 내용에 대한 이견 ③ 행정절차운용경험의 부재 및 제도수용능력의 의문을 들고 있다. 한편 최송화 교수(같은 글, 7) 행정절차의 전면도입에 대한 주된 반대논거로 전면도입으로 인한 절차의 악용, 집단이기주의의 발호, 행정상 부조리발생의 가능성, 그리고 행정문화적 여건 미성숙, 행정공무원의 행정절차에 대한 인식과 경험부족으로 인한 행정상의 혼란, 인력·예산 등의 행정부담가중, 학설·판례·관행 등의 축적불충분, 획일적 절차적용으로 인한 행정상의 불합리한 결과, 행정절차에 대한 주민들의 인식부족 등을 열거하고 있다.

우선 정비하고, 행정비용과 혼란을 최소화하기 위해 공무원의 운영경험 축적 및 국민의 이해증진 등 여건을 조성한 후, 적용가능한 절차부터 단계적으로 입법화하도록 한다는 것이 정부의 방침이었다.[34]

> 이와 같은 개별법중심주의 · 점증주의적 접근의 정당성은 「국민의 권익보호를 위한 행정절차에 관한 훈령」에서 지시한 대로 각행정기관의 장들이 법령정비를 통하여 얼마나 적극적으로 행정절차에 관한 규정을 반영하였는지(훈령의 입법지침적 효과), 그리고 세부적 절차에 관한 규정이 결여되었거나 절차규정 자체가 결여된 경우 법령의 규정에 저촉되지 않는 범위 내에서 행정절차운영지침이 얼마나 잘 활용되었는지(운영지침적 효과)에 따라 판단될 수 있다. 그러나 한 보고에 따르면 법령정비의 실적은 상당히 저조한 편이며,[35] 행정절차 운영지침에 의한 의견청취방법 중 정식절차에 해당하는 청문, 공청회보다는 약식절차인 의견제출 기회를 부여하는 데 그치고 있고 그나마 요식화되는 경우가 많다는 점 등 적지 않은 문제점들이 지적되었다.[36]

그러던 중 1994년 7월 총무처는 문민정부에 의한 개혁의 와중에서 과거의 소극적 · 기회주의적 자세와 점증주의적 접근을 탈피하려는 조심스러운 입법의지를 가지고 행정절차법시안('94시안)을 작성하여 내부검토에 붙이는 등 행정절차법제정을 위한 준비작업에 돌입했다. 그러나 행정절차법제정을 암중모색하기 위한 일환으로 작성된 총무처의 '94시안은 1987년 법안

34) 행정쇄신위원회, 『행정쇄신백서』 1993.4.~1994.4., 84. 이에 따른 추진일정을 보면 행정절차법 시안작성: 1994.6., 관계부처 협의: 1994~1995.3., 각계 여론수렴: 1995.6., 정부 법률안 확정, 국회상정: 1995 정기국회로 되어 있다.

35) 1992년 3월 현재 3,088개 법령 중 부담적 처분, 즉 국민에게 불이익을 주는 것을 내용으로 하는 행정처분을 규정한 373개 법령 가운데 행정절차가 미흡하거나 결여된 257개 법령에 대한 정비지침을 관계부처에 통보한 결과 189개 법령에 대한 정비계획이 수립되었으나, 이 중 정비가 이루어진 것은 고작 20개 법령에 불과했다(최송화, 같은 글, 4). 이후 법령정비 추진 1995년 2월 현재 총 189개 중 116개 법령의 정비가 완료되었다고 한다.

36) 법령정비과정에서도 약식의 의견제출절차만이 선호되는 경향이 있다고 한다(최송화, 앞의 글, 4-7).

의 내용을 철저히 배제했기 때문에 학계와 여론의 비판을 모면할 수 없었다.[37] 그러한 과정을 배경으로 하여 총무처는 1995년 5월 행정절차법심의위원회를 구성하여 본격적으로 행정절차법제정작업을 추진하기에 이르렀고, 그 결과 3차의 전체회의와 15차의 소위원회를 거쳐 '96시안을 마련한 후, 공청회를 거쳐 최종법안을 작성하여 1996년 10월 30일 국회에 상정했다. 행정절차법 제정이 다시 의제화될 수 있었던 것은 다행히도 문민정부의 개혁과제의 하나로서 행정절차법제정이 포함되어 있었기 때문이다. 행정절차법의 제정은 대단히 까다롭고 예민한 문제이기는 하나 문민정부가 달성한 개혁입법의 진열장에 또 하나의 트로피를 추가할 수 있는 과제로 인식되었다. 1996년 11월 30일 국회는 세인의 관심이 소홀한 가운데 이를 무수정 통과시키게 된 것이다. 행정절차법은 1996년 12월 31일 법률 제5241호로 공포되어 1997년 12월 31일부터 시행되게 되었다.

Ⅱ. 행정절차법의 내용

1. 행정절차법의 특색

행정절차법은 대체로 1987년에 입법예고되었던 행정절차법안과 총무처의 '94시안, 일본의 행정수속법 등을 부분적으로 수용 또는 변용하여 작성된 1996년의 시안의 내용을 거의 그대로 반영하였다.[38] 행정계획의 확정절차와 공법상 계약, 위원회의 행정절차 등을 아예 규율대상에서 배제하고 행정지도절차를 추가했다는 점에서는, 행정청의 관할 및 협조, 입법예고와 행

37) 홍준형 · 김성수 · 김유환, 『행정절차법제정연구』, 법문사, 1996, 60－73; 한국법제연구원, 「공정행정구현을 위한 행정절차법제정방안: 총무처 행정절차법시안과 관련하여」, 『현안분석』 95－1, 1994.7. 등을 참조.

38) 1996년의 총무처시안에 대하여는 졸고, 「행정절차법시안의 평가」, 『인권과 정의』 238호, 1996.6., 88－104를 참조.

정예고 등을 제외한다면, 기본적으로 일본의 행정수속법과 유사한 입법이라고 해도 과언은 아니다.

> 총무처의 행정절차법심의위원회에 참가했던 김철용 교수는 ① 기존의 통설 · 판례뿐만 아니라 외국의 입법례를 참조하여 취사선택했다는 점, ② 순수한 절차규정만을 입법화하려고 노력했다는 점, ③ 국민의 권익보호와 행정능률을 적절히 조화시켜려고 노력했다는 점, ④ 처분절차 외에도 행정입법예고, 행정예고, 행정지도 및 신고 등의 절차를 규정했으나 행정계획의 확정절차를 규율하지 않았다는 점, 그리고 ⑤ 의견청취방식을 청문 · 공청회 · 의견제출로 나누어 행정작용의 성질에 따라 의견청취방식을 차별화하되, 원칙적으로 약식절차인 의견제출방식에 의하고 청문은 엄격한 요건에 따라 실시되도록 했다는 점을 '96시안의 특징으로 들었다.[39] 이러한 지적은 '96시안의 내용을 기본적으로 답습한 행정절차법에 대해서도 마찬가지로 타당하다.

행정절차법의 내용을 면밀히 검토해 보면 군데군데 행정실무로부터의 반발을 고려하여 행정능률과 행정편의를 위한 안전판을 마련하는 데 역점을 둔 흔적이 역력히 나타난다. 특히 당사자 · 이해관계인의 법적 지위나 절차적 권리 면에서 수세적인 입법태도가 여실히 드러나고 있다. 일본의 행정수속법이 '축소지향적' 행정절차법의 전형이라면 우리나라의 행정절차법은 그 축소지향성을 더욱 강화시킨 안전위주의 퇴행적 행정절차법을 구현하고 있다고 할 수 있다. 21세기형 행정절차를 제도화한다는 미래지향적 · 공세적 접근보다는 오히려 절차적 정당성에 대한 시민사회의 요구를 저지하기 위한 방어장치를 마련한다는 수구적 · 현상유지적 태도가 행정절차법의 기조가 되고 있는 것으로 보인다.

---

39) 김철용, 「행정절차법 시안의 내용과 과제」, 행정절차법제정을 위한 공청회 주제발표문, 총무처 제도 1과, 공청회개최 관련 참고자료, 1996.5., 26－28.

<주요 시안 및 입법례의 규율범위 비교>

비교대상 규정내용		행정 절차법	'96입법 예고안	'96시안	'94시안	'87입법 예고안	'96경실 련안	일본행정 수속법	독일행정 절차법
총칙		○	○	○	○	○	○	○	○
처분 절차	불이익처분	○	○	○	○	○	○	○	○
	수익처분	○	○	○	×	○	○	○	○
계획확정절차		×	×	×	×	○	○	×	○
행정상 입법예고		○	○	○	○	○	○	×	×
행정예고		○	○	○	○	○	○	×	×
공법상계약		×	×	×	×	×	○	×	○
행정지도		○	×	×	×	○	○	○	×
위원회		×	×	×	×	×	○	×	○

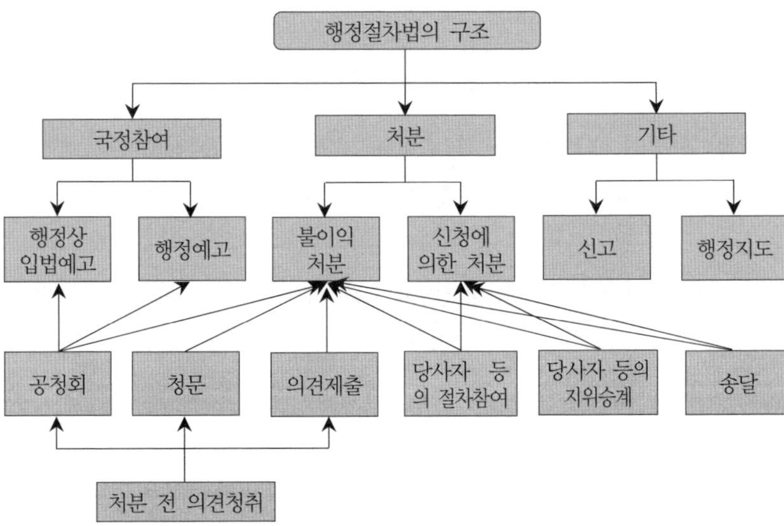

2. 행정절차법의 내용

행정절차법은 총 7장 54개조 및 부칙 2개조로 이루어져 있다. 양적으로 비교해 보면 행정절차법은 '96시안이 총 6장 59개조 및 부칙 2개조로 구성된 것에 비해서는 2개조가 줄어든 반면, 94년도 시안이 총 5장 45조 및 부칙으로 구성되었던 것에 비하면 14개조가 늘어난 것이고, 1987년도 입법예고안이 총 7장 71조로 구성되었던 것에 비하면 12개조가 줄었고 1996년의 경실련안[40]이 총 8장 86개조 및 부칙으로 구성되었던 것에 비하면 27개조가 모자란 것이다. 행정절차법은 제1장 총칙에서 목적 · 정의 및 적용범위(제1절), 행정청의 관할 및 협조(제2절), 당사자 등(제3절), 송달 및 기간 · 기한의 특례(제4절)를 규정하고, 제2장 처분절차에서는 통칙(제1절)과 의견제출 및 청문(제2절), 공청회(제3절) 등 의견청취절차를 규정한 후, 제3장 신고절차(제5절), 제4장 행정상 입법예고절차, 제5장 행정예고절차, 제6장 행정지도절차를, 그리고 제7장 보칙(비용 및 협조요청 등)을 두고 있다.

제4절 행정절차법에 따른 행정절차의 법적 규율

Ⅰ. 행정절차의 원칙

행정절차법은 제4조에서 신뢰보호의 원칙을, 제5조에서는 행정의 투명성원칙과 행정작용의 상대방의 해석요청권을 규정하고 있다.[41]

---

40) 홍준형 · 김성수 · 김유환, 『행정절차법제정연구』, 159－186. 경실련안의 조항별 이유는 같은 책, 187－445를 참조.

41) 당초 '96시안 제5조는 그보다 더 포괄적으로 다음과 같은 8개의 원칙을 행정절차의 일반원칙으로 설정하고 있었다:

① 행정청이 그 직무를 수행함에 있어서는 신의에 따라 성실히 하여야 한다.

② 행정은 객관적 기준과 절차에 따라 운영되어야 한다.

③ 행정과정에서 이루어지는 행정청의 의사표시는 그 내용이 구체적이고 명확하여야 하며, 의사표시의 근거가 되는 법령 등의 내용이 명확하지 아니한 경우, 당사자 등은 관할행정청에 그 해석을 요구할 수 있으며, 당해 관할 행정청은 이에 응하여야 한다.

행정절차법은 제1조에서 "국민의 행정참여를 도모함으로써 행정운영과정의 투명성·공정성 및 신뢰성을 확보하고 국민의 권익을 보호함"을 목적으로 설정하고 있는데, 이러한 기본이념으로부터 행정운영의 투명성·공정성 및 신뢰성을 행정절차의 원칙으로 인식할 수 있을 것인지가 문제된다. 그중 투명성과 신뢰성의 제1조의 목적규정은 행정절차의 원칙을 천명한 제4조 및 제5조의 규정에 의하여 다시 구체화되고 있으나 공정성의 원칙만은 명시적으로 반영되지 않았다. 그러나 공정성의 원칙은 행정절차의 이념적 정당성의 핵심을 이루는 요소로서 이를 제외하고 행정절차제도를 이해하거나 운영한다는 것은 본질배반이라 할 수 있다. 오히려 헌법상 보장된 적법절차원리의 핵심은 바로 절차적 공정성에 있다고 할 수 있다. 그런 의미에서 공정성의 원칙은 비록 명시적인 규정을 통해 구체화되지는 못했지만, 가장 지도적인 의의를 가지는 행정절차의 원칙이라고 보아야 할 것이다. 이들 행정절차의 원칙이 구체적으로 어떠한 내용과 효과를 가지는지를 살펴보기로 한다.

1. 공정성의 원칙

공정성의 원칙은 행정절차가 공평하고 정당하게(fair and right) 이루어져야 한다는 원칙을 말한다. 이것은 행정절차법차원에서 명시적인 근거를 획득하지는 못했지만, 헌법상 적법절차의 원리로부터 직접 도출되는 원칙이다. 이미 앞에서 본 바와 같이 헌법재판소는 헌법 제12조 제3항 본문을 동

---

④ 행정기준의 설정 및 행정수단의 선택에 있어 국민의 권익에 대한 제약은 법령 등이 정한 행정목적을 달성하는 데 필요한 최소한의 범위에 국한되어야 한다.

⑤ 행정청은 그 직무를 수행함에 있어 관련되는 제반이익을 공정하게 비교·형량하여야 한다.

⑥ 행정청은 재량권을 수권의 목적에 상응하게 행사하여야 하며, 그 법적 한계를 준수하여야 한다.

이 조항이 삭제된 배경에 관하여는 오준근, 「행정절차의 일반원칙」, 『고시계』 1997.7., 15-32를 참조.

조 제1항과 함께 적법절차원리의 일반조항으로 인식하면서, '적법절차의 원칙은 법률이 정한 형식적 절차와 실체적 내용이 모두 합리성과 정당성을 갖춘 적정한 것이어야 한다는 실질적 의미'를 지니고 있다고 판시해 왔는데, 이러한 적법절차의 원리가 헌법조항에 규정된 형사절차뿐만 아니라 기본권 제한 관련여부와 상관없이 모든 입법작용 및 행정작용에 적용되는 이상,[42] 이 점은 공정성의 원칙에 그대로 투영되어 있다고 볼 수 있다. 즉 공정성의 원칙은 절차와 실체, 형식과 내용 양면에서 공평성과 정당성을 요구하는 원칙인 것이다. 이러한 견지에 서면 공정성의 원칙에 비례의 원칙, 비교형량의 원칙, 재량권행사에 있어 공정성의 원칙 등과 같은 요소들이 포함된다는 입론[43]도 충분히 가능할 뿐만 아니라 수인기대가능성(Zumutbarkeit)의 원칙, 무기대등(Waffengleichheit)의 원칙 같은 것도 이념상 공정성의 원칙에 포함시킬 수 있을 것이다. 다만, 이처럼 공정성의 원칙을 포괄적·확장적으로 이해할 경우 그 내용과 효과를 구체화시키는 데 이론적 무리가 생길 수 있다는 점도 고려해야 할 측면이다.

2. 신뢰성의 원칙(신의성실·신뢰보호의 원칙)

행정절차법은 제4조에서 "행정청은 직무를 수행함에 있어서 신의에 따라 성실히 하여야 한다. 행정청은 법령 등의 해석 또는 행정청의 관행이 일반적으로 국민들에게 받아들여진 때에는 공익 또는 제3자의 정당한 이익을 현저히 해할 우려가 있는 경우를 제외하고는 새로운 해석 또는 관행에 의하여 소급하여 불리하게 처리하여서는 아니 된다"고 규정하고 있다. 이것은 법의 일반원칙에 해당하는 신의성실 및 신뢰보호의 원칙을 행정절차에 관하여 재확인한 것이라고 이해된다. 이와 관련하여 지극히 당연한 법질서

42) 헌법재판소 1989.9.8. 선고 88헌가6결정; 1990.11.19. 선고 90헌가48결정; 1992.12.24. 선고 92헌가8결정; 1994.12.29. 선고 94헌마201결정(『헌재공보』 95, 680).

43) 同旨 오준근, 「행정절차의 일반원칙」, 『고시계』 1997.7., 25.

의 일반원칙을 단순히 재확인한 것에 불과하다는 점에서 그 법적 구속력을 의문시하는 견해도 없지 않다. 그러나 적어도 신의성실 및 신뢰보호의 원칙이 행정절차의 지도원리로서 타당하다는 점을 명시적으로 선언한 데서 그 의의를 찾을 수 있을 것이다. 참고로 최근 대법원은 근로복지공단이 요양불승인처분 취소소송에서 패소판결 확정 후 휴업급여 청구에 대하여 그 휴업급여청구권이 시효로 소멸했다고 항변하는 것은 신의성실의 원칙에 위배된다고 판시한 바 있는데, 이는 신의성실의 원칙을 구체적 사안에 적용한 뚜렷한 예로 주목된다.

> 근로복지공단으로부터 요양불승인처분을 받은 다음 그 취소를 구하는 행정소송을 제기하여 승소확정판결을 받은 근로자가 요양으로 인하여 취업하지 못한 기간 동안의 휴업급여를 청구한 사건에서, 그 휴업급여청구권이 시효완성으로 소멸하였다는 근로복지공단의 항변은 신의성실의 원칙에 반하여 허용되지 않는다.[44]

그렇지만, 행정절차법이 신뢰보호의 원칙을 규정하면서 국세기본법 제18조의 표현을 답습함으로써 이제까지 판례와 학설을 통하여 축적된 요건이나 효과 등에 관한 법리를 수용하지 않았고, 또한 처분의 취소·철회 시 신뢰보호원칙에 따른 손실보상에 관한 규정을 두지 않은 점은 입법론적으로 재검토해 보아야 할 것이다.

3. 투명성의 원칙

행정절차법은 제5조에서 "행정청이 행하는 행정작용은 그 내용이 구체적이고 명확하여야 하며, 행정작용의 근거가 되는 법령 등의 내용이 명확하지

44) 대법원 2008.9.18. 선고 전원합의체판결 2007두2173(휴업급여부지급처분취소 (마) 상고기각). 대법원 2006.2.23. 선고 2005두13384 판결은 이 판결의 견해에 배치되는 범위 내에서 변경.

아니한 경우 상대방은 당해 행정청에 대하여 그 해석을 요청할 수 있다. 이 경우 당해 행정청은 특별한 사유가 없는 한 이에 응하여야 한다."라고 규정하고 있다. 이것은 '행정상의 의사결정의 내용 및 그 과정이 국민의 입장에서 명확할 것'을 요구한 일본 행정절차법 제1조와 같이 투명성의 원칙을 천명한 것으로서, 법령등해석신청권(§ 5 후단)과 신청요건의 공개(§ 17 ②), 처리기간 및 처분기준의 설정 · 공표(§§ 19, 20), 처분이유의 제시(§ 23), 문서의 열람권 및 비밀유지(§ 37) 등에 의하여 구체화되고 있다.

Ⅱ. 행정청의 관할 · 협조, 송달, 기간 · 기한 등

행정절차법은 총칙 제2절에서 행정청의 관할 및 협조에 관한 사항을, 제4절에서는 송달 및 기간 · 기한의 특례에 관한 사항을, 각각 규정하고 있다.

1. 행정청의 관할 · 협조

법 제6조는 행정청이 그 관할에 속하지 아니하는 사안을 접수하였거나 이송받은 경우, 또는 접수 또는 이송받은 후 관할이 변경된 경우에는 지체 없이 이를 관할행정청에 이송하여야 하고 그 사실을 신청인에게 통지하여야 한다고 규정하는 한편, 행정청의 관할이 분명하지 아니하는 경우에는 당해 행정청을 공통으로 감독하는 상급행정청이 그 관할을 결정하고, 공통으로 감독하는 상급행정청이 없는 경우에는 각 상급행정청의 협의로 그 관할을 결정하도록 하였다.

법은 제7조에서 행정청은 행정의 원활한 수행을 위하여 서로 협조하여야 한다고 규정하는 한편, 제8조 제1항에서 다음과 같은 사유가 있는 경우에는 다른 행정청에 행정응원을 요청할 수 있도록 규정하고 있다:

1. 법령 등의 이유로 독자적인 직무수행이 어려운 경우
2. 인원·장비의 부족 등 사실상의 이유로 독자적인 직무수행이 어려운 경우
3. 다른 행정청에 소속되어 있는 전문기관의 협조가 필요한 경우
4. 다른 행정청이 관리하고 있는 문서(전자문서를 포함한다. 이하 같다)·통계 등 행정자료가 직무수행을 위하여 필요한 경우
5. 다른 행정청의 응원을 받아 처리하는 것이 보다 능률적이고 경제적인 경우

다만 이러한 사유에 따라 행정응원을 요청받은 행정청은 다른 행정청이 보다 능률적이거나 경제적으로 응원할 수 있는 명백한 이유가 있거나 행정응원으로 인하여 고유의 직무수행이 현저히 지장 받을 것으로 인정되는 명백한 이유가 있는 경우에는 행정응원을 거부할 수 있다(§ 8 ②). 이 경우 행정응원을 요청받은 행정청은 응원거부의 사유를 응원요청한 행정청에 통지하여야 한다(§ 8 ④).

행정응원은 당해 직무를 직접 응원할 수 있는 행정청에 요청하여야 하며(§ 8 ③), 행정응원을 위하여 파견된 직원은 응원을 요청한 행정청의 지휘·감독을 받되, 당해 직원의 복무에 관하여 다른 법령 등에 특별한 규정이 있는 경우에는 그에 따른다(§ 8 ⑤). 행정응원에 소요되는 비용은 응원을 요청한 행정청이 부담하며, 그 부담금액 및 부담방법은 응원을 요청한 행정청과 응원을 행하는 행정청이 협의하여 결정한다(§ 8 ⑥).

2. 송달, 기간·기한의 특례

법은 제14조 내지 제16조에서 송달의 방법, 송달의 효력발생에 관한 도달주의원칙, 그리고 천재지변 기타 당사자 등의 책임 없는 사유로 인한 기간진행의 정지 및 외국에 거주 또는 체류하는 자에 대한 기간 및 기한의 특례를 각각 규정하고 있다.

행정절차법은 송달의 방법에 관한 제14조에서 송달에 관한 사항을 비교적 상세하게 규정하고 있다. 이에 따르면 송달은 우편·교부 또는 정보통

신망 이용 등의 방법에 의하되 송달받을 자(대표자 또는 대리인을 포함한다. 이하 같다)의 주소·거소·영업소·사무소 또는 전자우편주소(이하 "주소 등"이라 한다)로 하되, 송달받을 자가 동의하는 경우에는 그를 만나는 장소에서 송달할 수 있다(§ 14 ①). 교부에 의한 송달은 수령확인서를 받고 문서를 교부함으로써 행하며, 송달하는 장소에서 송달받을 자를 만나지 못한 때에는 그 사무원·피용자 또는 동거자로서 사리를 분별할 지능이 있는 자에게 이를 교부할 수 있고(§ 14 ②), 정보통신망을 이용한 송달은 송달받을 자가 동의하는 경우에 한하며, 그 경우 송달받을 자는 송달받을 전자우편주소 등을 지정하여야 한다(§ 14 ③). 반면 다음 하나에 해당하는 경우에는 송달받을 자가 알기 쉽도록 관보·공보·게시판·일간신문 중 하나 이상에 공고하고 인터넷에도 공고하여야 한다(§ 14 ④):

1. 송달받을 자의 주소 등을 통상의 방법으로 확인할 수 없는 경우
2. 송달이 불가능한 경우

또한 행정청에게 송달하는 문서의 명칭, 송달받는 자의 성명 또는 명칭, 발송방법 및 발송연월일을 확인할 수 있는 기록을 보존하여야 한다(§ 14 ⑤).

Ⅲ. 행정절차의 당사자

행정절차법은 제3절에서 당사자 등의 자격(§ 9), 지위의 승계(§ 10), 대표자(§ 11), 대리인(§ 12) 및 대표자·대리인의 통지에 관한 규정을 두고 있다.

1. 당사자 등의 개념

법은 제2조 제4호에서 "당사자 등"의 개념을 '행정청의 처분에 대하여 직접

그 상대가 되는 당사자와 행정청이 직권 또는 신청에 의하여 행정절차에 참여하게 한 이해관계인'으로 정의하고 있다(§ 2 iv). 여기서 "행정청"이란 '행정에 관한 의사를 결정하여 표시하는 국가 또는 지방자치단체의 기관 기타 법령 또는 자치법규(이하 "법령 등"이라 한다)에 의하여 행정권한을 가지고 있거나 위임 또는 위탁받은 공공단체나 그 기관 또는 사인'을 말한다(§ 2 i).

당초 1996년도 시안은 제2조 제4호에서 "이해관계인"을 행정작용에 의하여 자신의 법률상 이익에 영향을 받는 자로서 당사자가 아닌 자를 말한다고 정의함으로써 이해관계인의 범위를 제한하고 있었기 때문에 행정과정에 대한 참여의 기회를 수로화한다는 행정절차법의 본래적 취지를 손상시키는 요인으로 비판을 받았다. 1987년의 입법예고안이 제2조 제4호에서 이해관계인을 "행정청의 행위에 의하여 법률상 또는 사실상 이해관계에 영향을 받는 자"로 정의한 것과 비교할 때, 96년도 시안이 이해관계인의 범위를 확장된 의미의 공권에 해당하는 법률상 이익이란 개념으로 한정한 것은 행정이 비단 그 직접적인 상대방뿐만 아니라 복합적이고 다중적인 이해관계 구도 하에서 제3자에게 심각한 영향을 주는 경우가 빈번해지고 있고 또 그들의 이해관계를 보호해야 할 필요성이 증대되고 있는 현대행정의 변화된 상황을 외면한 결과였기 때문이었다. 그러나 법은 이해관계인에 대한 정의규정 및 행정절차 참여에 관한 규정[45)]을 삭제하는 대신, 이해관계인을 '당사자 등'의 개념에 포함시켜 행정처분의 상대방과 함께 각종 행정절차의 당사자로 취급하고 있다.

이러한 법의 태도는 결과적으로는 타당하다고 볼 수 있을지도 모른다. 그러나 법이 정의규정 외에 정작 이해관계인의 행정절차 참여요건 자체에 대한 법적 근거규정을 두지 않았다는 점은 중대한 입법적 불비라고 하지 않을 수 없다. 이해관계인의 개념이 정의되지 않아 도대체 행정절차에 참여할 수 있는 이해관계인의 범위 자체가 불분명할 뿐만 아니라, 가령 청문주재자에게 처분으로 인하여 사실상의 이해에 영향을 받을 수 있는 자를 직권 또는 신청에 의하여 청문에 참가시킬 수 있다고 규정한 1996년도 시안 제34조 제1항, 처분의 상대

45) 가령 1996년도 시안 제34조 제1항, 1996년도 입법예고안 제10조 제2항.

방 이외의 자로서 "당해 처분에 의하여 자신의 이해관계에 영향을 받는 자를 직권 또는 신청에 의하여 행정절차에 참여시킬 수 있다"고 규정한 1996년도 입법예고안 제10조 제2항과 같은 이해관계인의 행정절차참여에 관한 규정들이 결여되어 있어,[46] 이해관계인의 행정절차참여권 또는 참여신청권의 인정여부 및 인정범위가 전혀 규율되고 있지 않기 때문이다. 이해관계인이 '당사자 등'의 개념에 포함되었을지라도 법 제2조 제4호의 정의규정만으로는 (내용과 범위가 불분명한) '이해관계인'을 행정청이 직권 또는 신청에 의하여 행정절차에 참여하게 할 수 있으리라고 사실상 예상할 수 있을 뿐이다. 여기서 '이해관계인'이란 누구를 의미하는지, 또 이해관계인이 직권에 의한 경우를 제외하고 행정절차에 참여할 권리 또는 절차참여를 신청할 권리를 가지는지 여부는 여전히 미해결로 남아 있다. 법이 이렇게 정의규정의 차원에서 이해관계인의 절차참여가능성을 단순히 시사하는 데 그친 것은 행정절차에 참여할 수 있는 이해관계인의 범위, 행정절차에 대한 이해관계인의 권리의 인정여하를 둘러싼 논란을 우회하려 한 것이 아닌지 추측되며, 이는 바로 입법권자인 국회가 행정절차법을 제대로 심의했는지를 의심케 하는 대목이다. 이해관계인을 "행정청의 행위에 의하여 법률상 또는 사실상 이해관계에 영향을 받는 자를 말한다"고 정의하고 이를 포함한 '당사자 등'의 행정절차참가자격을 인정한 1987년의 법안의 진취적인 입법태도로 되돌아가는 것이 그러한 법적 불명확성을 해소하는 길이다.

2. 당사자 등의 자격

법 제9조에 의하여 행정절차에 있어 당사자 등이 될 수 있는 자의 범위는 다음과 같다.

1. 자연인
2. 법인 또는 법인 아닌 사단이나 재단(이하 "법인 등"이라 한다)

---

46) 물론 이들 규정에 대하여는 이해관계인의 행정절차에의 참여 여부를 행정청 또는 청문주재자의 재량적 판단에 일임한 것이 문제점으로 지적된다(홍준형, 「'96 행정절차법시안의 내용과 문제점」, 『인권과 정의』, 대한변호사협회, 1996, 97).

3. 기타 다른 법령 등에 의하여 권리의무의 주체가 될 수 있는 자

법은 제10조에서 당사자 등이 사망하였을 때의 상속인과 다른 법령 등에 의하여 당사자 등의 권리 또는 이익을 승계한 자, 당사자 등인 법인 등이 합병한 때에는 합병 후 존속하는 법인 등이나 합병 후 새로 설립된 법인 등이 당사자 등의 지위를 승계하도록 규정하고 있다(§ 10 ① ②). 이에 따라 당사자 등의 지위를 승계한 자는 행정청에 그 사실을 통지하여야 하며(§ 10 ③), 통지가 있을 때까지 사망자 또는 합병 전의 법인 등에 대하여 행정청이 행한 통지는 제1항 또는 제2항의 규정에 의하여 당사자 등의 지위를 승계한 자에게도 효력이 있다(§ 10 ⑤). 법 제10조 제4항은 "처분에 관한 권리 또는 이익을 사실상 양수한 자는 행정청의 승인을 얻어 당사자 등의 지위를 승계할 수 있다."라고 규정하고 있다.

3. 대표자 · 대리인

법은 제11조와 제12조에서 행정절차에 있어 대표자와 대리인에 관한 규정을 두고 있다. 법 제11조에 의하면 다수의 당사자 등이 공동으로 행정절차에 관한 행위를 하는 때에는 대표자를 선정할 수 있으며(§ 11 ①), 이에 따라 당사자 등이 대표자를 선정하지 아니하거나 대표자가 지나치게 많아 행정절차가 지연될 우려가 있는 경우에는 행정청이 그 이유를 들어 상당한 기간 내에 3인 이내의 대표자를 선정하여 줄 것을 요청할 수 있도록 하고 있다. 이 경우 당사자 등이 대표자의 선정요청에 응하지 아니한 때에는 행정청이 직접 선정할 수 있다(§ 11 ②). 이것은 행정절차 진행의 편의를 위한 제도적 장치로서 행정청의 지정권은 당사자 등의 대표자 변경 및 해임권에 의해 제약되므로 부당한 간섭을 가능케 한 것이라고 할 수는 없을 것이다. 여기서 행정청이란 행정절차의 주관 행정청을 의미한다. 당사자 등은 대표자를 변경 또는 해임할 수 있다(§ 11 ③). 변경이나 해임의 사유에는

제한이 없다.

법은 제4항에서 대표자의 행정절차상 행위에 관한 대표권의 범위를 규정하고 있다. 대표자는 각자 그를 대표자로 선정한 당사자 등을 위하여 행정절차에 관한 모든 행위를 할 수 있고, 다만, 행정절차를 끝맺는 행위에 있어서는 당사자 등의 동의를 얻어야 한다(§ 11 ④). 행정절차의 종결은 매우 중요한 사안이므로 다른 당사자 등의 동의를 얻도록 한 것이다. 대표자가 있는 경우에는 당사자 등은 그 대표자를 통하여서만 행정절차에 관한 행위를 할 수 있다(§ 11 ⑤). 이것은 대표자 선정의 취지에 따른 결과이므로, 대표자가 아닌 당사자 등은 행정절차에 관한 행위를 할 수 없다고 보아야 할 것이다. 여기서 '행정절차에 관한 모든 행위'는 문자 그대로 모든 행정절차상의 행위를 의미한다고 보아야 하겠지만, 대표자의 변경 및 해임은 사안의 성질상 여기에서 제외된다고 보아야 한다. 다수의 대표자가 있는 경우 그중 1인에 대한 행정청의 행위는 모든 당사자 등에게 효력이 있으며, 다만, 행정청의 통지는 대표자 모두에게 행하여야 그 효력이 있다(§ 11 ⑥). 이것은 행정청이 행정절차에 관한 행위를 할 경우 이를 대표자 중 1인에게 하면 족하다는 것을 규정한 것이다. 그러나 그 사실이 있었다는 것은 대표자 모두에게 통지해야 효력이 있도록 하여 행정절차 진행에 있어 특정 대표자의 독주를 방지하고 있다.

제12조는 대리인에 관한 규정을 두고 있다. 대리인은 제11조의 대표자와는 달리 대리인 자신이 행정절차의 대상이 되는 사안에 이해관계를 가지는 자일 필요가 없다. 또한 대리인을 선임하였다 해도 당사자 등은 행정절차에서 배제되지 않으며, 오히려 절차에 참여하여 대리인의 행위나 발언을 취소할 수 있다. 이 점에서 대표자가 행정절차에서 배제되는 것과 차이가 있다.

당사자 등은 다음과 같은 범위 내에서 대리인을 선임할 수 있다(§ 12 ①).

1. 당사자 등의 배우자, 직계존속 · 비속 또는 형제자매
2. 당사자 등이 법인 등인 경우 그 임원 또는 직원

3. 변호사
4. 행정청 또는 청문주재자(청문의 경우에 한한다)의 허가를 받은 자
5. 법령 등에 의하여 당해 사안에 대하여 대리인이 될 수 있는 자

당사자 등의 대리인 변경·해임, 대리인의 행정절차에 관한 행위, 다수 대표자의 경우에 관하여는 대표자에 관한 제11조 제3항·제4항 및 제6항의 규정이 준용된다(§ 12 ②). 여기서 제11조 제5항이 준용되지 않은 것은 당사자 등은 대리인의 선정에도 불구하고 행정절차의 진행에 참여할 권리를 잃지 않음을 의미하는 것이다. 이 점에서 대표자를 선정하면 선정자들은 원칙적으로 행정절차에서 배제되는 대표자제도와 차이가 있다. 여기서 명시되지는 않았지만 대리인이 또 다른 대리인이나 복대리인의 선임을 할 수는 없다고 해석하여야 할 것이다.

당사자 등이 대표자 또는 대리인을 선정하거나 선임한 때, 그리고 대표자 또는 대리인을 변경하거나 해임한 때에는 지체 없이 그 사실을 행정청에 통지하여야 한다(§ 13).

Ⅳ. 처분절차

1. 개설

법은 통칙에서 처분의 신청에 관한 절차를 규정하는 한편(§ 17), 다수의 행정청이 관여하는 처분의 지연방지를 위한 상호협조의무(§ 18), 신청에 대한 처리기간의 설정·공표(§ 19), 처분기준의 설정·공표(§ 20), 불이익처분의 사전통지의무(§ 21)를 규정하고 있다. 처분이란 '행정청이 행하는 구체적 사실에 관한 법집행으로서의 공권력의 행사 또는 그 거부와 기타 이에 준하는 행정작용'을 말하는 것으로 정의되고 있다(§ 2 ii).

법이 처분을 원칙적으로 문서의 방식으로 하도록 의무화하고(§ 24), 행정절차의 출발점에 해당하는 요소로서 그동안 개별법령의 규정과 판례를 통하여 부분적으로 인정되어 왔던 이유제시제도를 도입한 것(§ 23)은 주목할 만한 일이다. 아울러 처분문서의 실명화(§ 24 ②), 처분이유의 사후제시(§ 24 ① 후단)를 가능하게 한 것도 긍정적으로 평가될 만하다.

2. 처분의 신청

행정절차법은 제17조에서 처분의 신청절차를 규정하고 있다. 이에 따르면 행정청에 대하여 처분을 구하는 신청은 다른 법령 등에 특별한 규정이 있거나 행정청이 미리 다른 방법을 정하여 공시한 경우 외에는 이를 문서로 하도록 되어 있다(§ 17 ①). 처분을 전자문서로 신청하는 경우에는 행정청의 컴퓨터 등에 입력된 때에 신청한 것으로 본다(§ 17 ②).

행정청은 신청에 필요한 구비서류 · 접수기관 · 처리기간 기타 필요한 사항을 게시하거나 이에 대한 편람을 비치하여 누구나 열람할 수 있도록 하여야 한다(§ 17 ③).

신청을 받은 때에 행정청은 다른 법령 등에 특별한 규정이 있는 경우를 제외하고는 그 접수를 보류 또는 거부하거나 부당하게 되돌려 보내서는 아니 되며, 신청을 접수한 때에는 대통령령이 정하는 경우를 제외하고는 신청인에게 접수증을 교부하여야 한다(§ 17 ④).

판례

구 행정절차법(2002.12.30. 법률 제6839호로 개정되기 전의 것) 제17조 제3항 본문은 "행정청은 신청이 있는 때에는 다른 법령 등에 특별한 규정이 있는 경우를 제외하고는 그 접수를 보류 또는 거부하거나 부당하게 되돌려 보내서는 아니 되며, 신청을 접수한 경우에는 신청인에게 접수증을 교부하여야 한다."고 규정하고 있는바, 여기에서의 신청인의 행정청에 대한 신청의 의사표시는 명시적이고 확정적인 것이어야 한다고 할 것이므로 신청인이 신청에 앞서 행정청의 허가업무 담당자에게 신청서의 내용에 대한 검토를 요청한 것만으로는 다른 특별한 사정이 없는 한 명시적이고 확정적인 신청의 의사표시가 있었다고 하기 어렵다.[47]

행정청에 대한 신청의 의사표시는 명시적이고 확정적인 것이어야 하고(대법원 2004.9.24. 선고 2003두13236 판결 등 참조) 문서로 이루어짐이 원칙이라 할 것인데(행정절차법 제17조 제1항), 사인(사인)이 행정청에 대하여 어떠한 처분을 구하는 문서상의 의사표시가 이러한 신청행위에 해당하는지 여부는 그 문서의 내용과 작성 및 제출의 경위와 시점, 취지 등 여러 사정을 종합하여 판단해야 할 것이다. 한편, 행정재산의 사용・수익허가처분의 성질상 국민에게는 행정재산의 사용・수익허가를 신청할 법규상 또는 조리상의 권리가 있으므로(대법원 1998.2.27. 선고 97누1105 판결 등 참조), 이러한 법규상 또는 조리상의 권리에 기한 사인의 적법한 신청에 대하여 행정청이 정당한 이유 없이 그 신청에 따르는 행위를 거부하거나 상당한 기간 내에 일정한 처분을 하지 아니하는 것은 위법하다 할 것인데, 행정청의 어떠한 조치가 이와 같이 신청에 대한 거부처분에 해당한다고 보기 위해서는 행정청의 종국적이고 실질적인 거부의 의사결정이 권한 있는 기관에 의하여 외부로 표시되어 신청인이 이를 알 수 있는 상태에 다다른 것으로 볼 수 있어야 한다(대법원 1990.9.25. 선고 89누4758 판결, 대법원 2005.8.19. 선고 2005두425 판결 등 참조).[48]

한편, 이러한 접수의무를 다하지 아니하고 접수를 보류 또는 거부하거나 부당하게 되돌려 보낸 경우, 이를 거부처분으로 보아 항고소송으로 다툴

47) 대법원 2004.9.24. 선고 2003두13236 판결(개발제한구역훼손부담금부과처분취소 공2004.11.1.(213), 1751).

48) 대법원 2008.10.23. 선고 2007두6212,6229 판결(유상사용허가거부처분취소 공보불게재). 서울대공원 시설을 기부채납한 사람이 무상사용기간 만료 후 확약 사실에 근거하여 10년 유상사용 등의 허가를 구하는 확정적인 취지의 신청을 한 사안에서, 서울대공원 관리사업소장이 그 신청서를 반려하고 조건부 1년의 임시사용허가처분을 통보한 것은 사실상 거부처분에 해당한다고 한 사례.

수 있는지 여부가 문제된다. 이에 대한 판례의 입장은 분명치 않지만, 다음과 같은 판례를 일응 참조해 볼 수 있을 것이다. 행정절차법상 신청에 관한 것은 아니지만, 그 판시 태도로 보아, 실체법상 어떤 처분을 요구할 법규상 또는 조리상의 신청권이 인정되지 않는 한, 절차법적 접수의무 위반만으로는 거부처분이 성립하지 아니한다는 입장으로 추정된다.

판례

구 행정규제및민원사무기본법(1997.8.22. 법률 제5369호로 민원사무처리에관한법률이 제정되어 1998.1.1.자로 일부 시행되기 전의 것, 다음부터는 '민원사무법'이라고 한다) 제2조 제3호와 제9조 제3항 및 같은법시행령(1997.12.31. 대통령령 제15597호로 민원사무처리에관한법률시행령이 제정되어 1998.1.1.자로 일부 시행되기 전의 것) 제2조 제3호 (바)목의 규정은, 행정기관에 대하여 특정한 행위를 요구하는 행위도 민원사항의 하나로 규정하면서 그에 관한 신청이 있을 경우 행정기관은 그 접수를 보류 또는 거부하거나 혹은 접수된 서류를 부당하게 되돌려 보낼 수 없도록 규정하고 있으나, 민원사무법이 민원사무의 처리에 관한 기본적인 사항을 정하는 것을 그 입법목적으로 하여 주로 절차적인 사항을 정하고 있는 점에 비추어 볼 때, 위 각 규정에서 위와 같이 민원사항의 신청에 대한 행정기관의 절차적인 접수의무를 규정하고 있다고 하더라도 그로써 바로 민원인에게 그 민원에서 요구하는 행정기관의 행위에 대한 실체적인 신청권까지 인정되는 것이라고 볼 수는 없다.

따라서 이 사건에서 원고들이 피고에게 '재개발구역 분할 및 사업계획 변경신청서'를 제출한 것이 행정기관에 대하여 특정한 행위를 요구하는 민원사항의 신청에 해당하여 민원사무법의 위 규정상 피고에게 그에 대한 접수의무가 있다고 하더라도 그로써 원고들에게 재개발사업계획의 변경에 관한 실체적인 신청권까지 인정되는 것은 아니므로, 피고가 그에 관하여 원고들이 신청한 재개발사업계획의 변경이 허용되지 않는다는 요지의 통지를 하였다고 하더라도 이는 여전히 항고소송의 대상이 되는 거부처분에 해당하지 아니한다.[49]

행정청이 다수의 행정청이 관여하는 처분을 구하는 신청을 접수한 경우에는 관계행정청과의 신속한 협조를 통하여 당해 처분이 지연되지 아니하도록 하여야 한다(§ 18).

행정청은 신청에 구비서류의 미비 등 흠이 있는 경우에는 보완에 필요한 상당한 기간을 정하여 지체 없이 신청인에게 보완을 요구하고, 신청인이 그 기간 내에 보완을 하지 아니한 때에는 그 이유를 명시하여 접수된 신청을 되돌려 보낼 수 있다(§ 17 ⑤ ⑥).

행정청은 신청인의 편의를 위하여 다른 행정청에 신청을 접수하게 할 수 있고, 그 경우 행정청은 다른 행정청에 접수할 수 있는 신청의 종류를 미리 정하여 공시하여야 한다(§ 17 ⑦).

신청인은 처분이 있기 전에는, 다른 법령 등에 특별한 규정이 있거나 당해 신청의 성질상 보완·변경 또는 취하할 수 없는 경우를 제외하고는, 그 신청의 내용을 보완하거나 변경 또는 취하할 수 있다(§ 17 ⑧).

3. 처리기간의 설정·공표

법은 행정청으로 하여금 신청인의 편의를 위하여 처분의 처리기간을 종류별로 미리 정하여 공표하도록 하였다(§ 19 ①). 법이 이처럼 표준처리기간을 정하도록 한 것은 처분에 대한 신청이 있었음에도 불구하고 그 처리가 만연히 지연됨으로 말미암아 신청인에게 불이익이 초래되는 결과를 막기 위한 것이다. 오늘날처럼 국민생활의 행정의존성이 커지고 행정수요가 급변하는 행정현실 하에서 국민이 행정처분을 신청한 경우 이에 대한 행정의 대응이 신속하게 이루어지지 않으면 사실상 그 신청의 목적을 달성할 수 없게 되는 경우가 적지 않다. 사법과정에서 신속한 권리보호가 기본적 요청으로 다루어지는 것과 마찬가지 견지에서 최소한의 기간 내에 국민의 신

49) 대법원 1999.8.24. 선고 97누7004 판결(재개발구역분할및사업계획변경신청반려처분취소 공1999.10.1.(91), 1969).

청에 대한 행정의 응답 또는 처리가 이루어지도록 배려한 것이다.

그 밖에도 법은 일정한 요건 하에 처리기간의 연장가능성을 인정하고, 신청인에게 행정청이 정당한 처리기간 내에 처리하지 아니한 때에는 당해 행정청 또는 감독청에 대하여 지체 없이 처리할 것을 요구할 수 있는 권리를 인정하였다. 법은 신청인에게 행정청이 법 제19조의 규정에 의한 정당한 처리기간 내에 처리하지 아니한 때에는 당해 행정청 또는 그 감독행정청에 대하여 신속한 처리를 요청할 수 있다고 규정하고 있다(§ 19 ④). 이는 시간을 다투는 행정수요로 넘치는 오늘날의 행정현실에서 신속한 행정결정이 이루어지도록 함으로써 더욱 고객지향적이고 반응적인 행정서비스(customer-driven and responsive administrative service)를 실현하기 위한 것이라 할 수 있다.

4. 처분기준의 설정 · 공표

4.1 의의

법은 제20조에서 처분절차와 관련하여 처분기준의 설정 · 공표제도를 규정하고 있다. 즉 행정청은 필요한 처분기준을 당해 처분의 성질에 비추어 될 수 있는 한 구체적으로 정하여 공표하여야 하며(기존 처분기준을 변경하는 경우에도 또한 같다. § 20 ①), 다만 처분기준을 공표하는 것이 당해 처분의 성질상 현저히 곤란하거나 공공의 안전 또는 복리를 현저히 해하는 것으로 인정될 만한 상당한 이유가 있는 경우에는 공표하지 아니할 수 있다고 규정하고 있다(§ 20 ②). 또한 법은 당사자 등에게 공표한 처분기준이 불명확한 경우 당해 행정청에 대하여 그 해석 또는 설명을 요청할 수 있는 권리를 부여하는 한편, 당사자 등이 이러한 권리를 행사한 경우 행정청은 특별한 사정이 없는 한 거부할 수 없도록 강제하고 있다.

처분기준의 설정 · 공표제도는 행정청에게 국민의 구체적인 권리 · 의무에 직접적인 영향을 주는 처분의 기준을 미리 정하여 공표할 의무를 부과하고 또 처분의 상대방이나 이해관계인에게 행정청에 대하여 그 처분기준을 제시해 줄 것을 요구할 수 있는 권리를 부여함으로써 행정의 투명성과 예측가능성을 확보해 주는 동시에 처분에 대한 불복을 용이하게 하여, 궁극적으로는 행정의 공정타당성과 법적 안정성을 확보하려는 데 취지를 둔 것으로 이해된다.[50)]

4.2 처분기준

행정절차법 제20조 제1항이 규정하는 처분기준이 무엇을 의미하는지에 관하여, 법은 단지 '필요한 처분기준'이라고만 하고 있을 뿐, 아무런 준거를 제시하고 있지 않다. 이와 관련하여 첫째, 처분기준의 의미, 특히 처분기준이란 심사기준, 가령 일본 행정수속법 제5조가 말하는 '심사기준'과 개념상 같은 것을 뜻하는가, 둘째, 여기서 말하는 처분기준이란 재량기준만을 의미하는 것인가, 셋째, 처분기준에 해당한다고 볼 수 있는 기준이란 구체적으로 무엇을 말하는가, 넷째, 처분기준이 어느 정도까지 구체적이어야 하는가 등의 물음이 차례로 제기된다.

(1) 처분기준의 의미

먼저, 처분기준의 의미에 관하여 검토해 보기로 한다. 구 「행정규제 및 민원사무기본법」(행정규제기본법으로 개칭되어 폐지되었음)은 '심사기준의 설정 · 공표'에 관한 제11조에서 '처분 등의 민원사무를 처리함에 있어서 적용하게 될 객관적이고 구체적인 심사기준', 즉 "심사기준"이라는 용어를 사용하고 있었다. 그러나 이 규정은 앞으로 행정규제기본법의 제정과 함께 폐지되었으므로, 이를 전제로 행정절차법상의 처분기준을 해석할 여지는

50) 행정절차법 제20조에 의한 처분기준의 설정 · 공표에 관하여는 처분기준의 의미와 범위, 처분기준 설정의무의 내용, 처분기준의 설정 · 공표의무의 불이행 시의 법적 효과, 처분기준 해명요청권의 내용 및 행사방법 등 아직 많은 문제들이 명확히 밝혀지지 않고 있다. 이에 관하여 상세한 것은 졸고, 「행정절차법상 처분기준의 설정 · 공표」, 『고시계』 1997. 7., 33－45를 참조.

없다. 또한 일본의 행정수속법은 신청에 의한 처분의 경우와 불이익처분의 경우를 나누어 각각 '신청에 의해 청구된 허·인가 등을 할 것인가 여부를 그 법령규정에 따라 판단하기 위해 필요한 기준'이라는 의미의 '심사기준'과 '불이익처분을 할 것인지 여부 또는 어떠한 불이익처분을 할 것인지에 관하여 그 법령이 정하는 바에 따라 판단하기 위하여 필요한 기준'이라는 의미의 '처분기준'이란 용어를 사용하면서 그 설정·공표에 관하여도 차별적으로 규율하고 있다. 그러나 우리나라 행정절차법의 경우 그러한 구별이나 규율상의 차이도 찾아볼 수 없다. 이렇게 볼 때 행정절차법 제20조가 규정하는 처분기준은 일본의 경우와는 달리 처분의 성질을 불문하고 행정절차법 제2조 제2호의 규정에서 정의된 처분 일반에 적용될 기준을 말하는 것으로 보아야 할 것이다. 이와 같이 일본의 행정수속법과는 달리 처분의 내용·성질여하를 불문하고 처분기준의 설정·공표제도를 통일적으로 규율하고자 했다는 점이 우리나라 행정절차법의 독자성을 보여 주는 하나의 예라 할 수 있다.

(2) 재량기준과 해석기준

행정절차법이 행정청에게 설정·공표할 것을 요구하는 처분기준이란 재량기준만을 의미하는지가 문제된다. 특히 문제는 이른바 재량준칙뿐만 아니라 해석준칙에 해당하는 기준도 여기서 말하는 처분기준에 포함되느냐 하는 데 있다. 처분기준의 설정·공표를 요구하기 위해서는 우선 처분기준을 설정·공표하는 것이 법적으로 가능해야 할 것이다. 그런데 일반적으로 행정청이 처분기준을 설정할 수 있다면 그것은 특별한 사정이 없는 이상 법령에 의하여 재량권이 부여되어 있는 경우라고 볼 수 있다. 처분의 여부나 내용의 선택이 법적으로 기속되어 있는 경우에는 행정청이 그와 별도로 처분기준을 정한다는 것은 생각할 수 없기 때문이다. 그런 까닭에 종래 학설은 이를 재량기준으로 이해해 왔던 것이다. 그러나 이처럼 재량권이 부여된 경우가 아니더라도 행정청은 상급행정기관의 지위에서 하급행정기관의 법령해석을 통일시키고 행정사무를 합리화하기 위하여 행정규칙을 발할 수 있으며(규범해석 행정규칙: norminterpretierende Verwaltungsvorschriften), 또한 대량으로 행해지는 행정처분에 있어 개개의 구체적 사정을 감안하기 어려운 사정이 있는 경우 획일적인 처분기준을 정하는 행정규칙을 발할 수 있는데(간소화규칙: Vereinfachungsanweisungen), 이러한 행정규칙들은 그것이 재량사항에 관한 것이 아닐지라도, 국민, 특히 행정절차의 당사자 등에게 중대한 영향을 미칠 수 있는 것이다. 따라서 이러한 기준들을 행정절차법에 의하여 설정·공표가 의무화되는 처분기준에서 배제시켜야 할 이유는 없을 뿐만 아니라 또 이들을 처분기준에 해당하는 것으로 보는 것이 처분기준의 설정·공표제도의 목적에 부합되는 것이라 할 수 있다. 일본에서도 행정수속법상의 심사기준·처분기준에는 재량기준만이 아니라 해석기준도 포함되는 것으로 해석하는 것이 일반적이다.[51] 이러한 결론은 우리 행정절차법 제20조 제1항의 해석상 '처분기준'이라고만 되어 있을 뿐 '재량기준'에 한한다는 규정이 없다는 점에서도 뒷받침될 수 있다.

(3) 처분기준의 종류

처분기준에 해당한다고 볼 수 있는 기준이란 구체적으로 무엇을 말하는가. 이제까지의 논의에 따를 때 처분기준에 해당하는 것으로는 재량기준, 해석기준, 간소화규칙에 의한 처분기준 등을 들 수 있음은 물론이다. 그러나 그 밖에도 처분기관, 처리기간, 처리절차 등도 이에 포함되느냐 하는 문제가 제기될 수 있다. 이에 관하여는 법 제17조 제3항이 행정청으로 하여금 신청에 필요한 구비서류·접수기관·처리기간 기타 필요한 사항을 게시하거나 이에 대한 편람(인터넷 등을 통한 게시 포함)을 비치하여 누구나 열람할 수 있도록 하고, 또 제19조 제1항에서 처분의 종류별로 처리기간을 설정·

---

51) 塩野宏, 『일본행정법론』(서원우·오세탁 역), 1996, 231; 塩野宏, 『行政法 I』, 1982, 89 각주 3, 224, 245; 芝池義一, 『行政法總論講義』(제2판), 1996, 283. 재량기준과 해석기준의 구별에 관하여는 芝池義一, 「『行政手續法』の檢討」, 『公法研究』 56호, 165 각주 1을 참조.

공표하도록 한 것을 감안할 때, 이들 기준은 법 제20조의 규정에 의하여 설정 · 공표의 대상이 되는 처분기준에 해당하지 아니하는 것으로 보아야 할 것이다. 그 밖의 기준들에 관하여는 "필요한 처분기준을 당해 처분의 성질에 비추어 될 수 있는 한 구체적으로 정하여 공표하여야 한다"고 규정한 행정절차법 제20조 제1항의 취지에 따라 각 처분의 종류나 내용에 따라 개별적으로 판단해야 할 것이다.

(4) 처분기준의 구체성

일률적으로 처분기준이 어느 정도까지 구체적이어야 한다고 말하기는 어렵다. 결국 문제는 법원에 의하여 그때그때 문제된 처분과 관련하여 어느 정도까지 구체적인 처분기준이 설정 · 공표되었어야 하는지, 그리고 현실적으로 설정 · 공표된 처분기준이 그 구체성의 요구를 충족시켰다고 볼 수 있는지 여부가 판단될 수밖에 없을 것이다. 다만 법 제20조 제1항의 문언상 '필요한 처분기준을' '처분의 성질에 비추어 될 수 있는 한 구체적으로' 정해야 한다는 것은 분명하다. '필요한 처분기준'이란 처분을 하는 데 필요한 기준뿐만 아니라 처분의 상대방, 이해관계인 등이 처분의 여부나 내용 등에 관하여 최소한의 예측가능성을 가질 수 있도록 하기 위하여 필요한 최소한의 처분기준을 의미하는 것으로 해석되며, 처분기준을 '처분의 성질에 비추어 될 수 있는 한 구체적으로' 정해야 한다는 것은 처분의 내용이나 성질에 따라 달라질 수는 있을지라도, 처분의 공정성과 투명성을 확보하기 위하여 가능한 한 최대한으로 구체적인 기준을 정해야 한다는 의미로 해석된다. 이렇게 볼 때 처분기준의 요소 · 항목에 대하여는 최소한의 요건이, 각각의 처분기준의 구체성에 대하여는 처분의 성질에 따른 최대한의 요건이 부과되어 있는 것이라고 할 수 있다.

4.3 처분기준의 설정 · 공표의무 위반의 효과

처분기준이 설정 · 공표됨으로써 재량행위에 대한 사법적 통제의 가능성이 확대된다. 재량통제의 핵심은 재량기준의 통제에 있는 것이기 때문이다. 그러나 만일 행정청이 이러한 처분기준의 설정 · 공표의무를 이행하지 않는다면 어떠한 법적 효과를 인정할 것인가. 행정절차법 제20조 제1항은 처분기준의 설정 · 공표를, 일본 행정수속법처럼 신청에 의한 처분의 경우와 불이익처분의 경우를 구별하지 아니하고, 일률적으로 의무화하고 있다. 즉 일본 행정수속법 제12조는 행정청에게 불이익처분의 여부 또는 어떠한 불이익처분을 할 것인지에 관한 처분기준을 정하여 이를 공개하기 위하여 노력하여야 할 의무(노력의무)를 부과하고 있으나, 우리나라 행정절차법은 양자를 구별하지 않고 처분기준의 설정 · 공표를 법적인 의무로 규정한 것이다. 따라서 우리의 경우 이러한 처분기준의 설정 · 공표의무를 이행하지 않으면 막 바로 위법사유를 구성하게 된다는 결과가 된다.[52] 다만, '필요한 처분기준을 당해 처분의 성질에 비추어 될 수 있는 한 구체적으로 정하여' 공표해야 한다고 규정함으로써 처분기준의 밀도에 관하여 융통성 · 탄력성을 부여하고 있어, 과연 구체적으로 어떤 경우에 처분기준의 설정 · 공표의무를 위배하였다고 볼 것인지가 명확하지 않을 뿐이다. 여기서 행정절차법 제20조 제1항의 규정을 '필요한 처분기준을 당해 처분의 성질에 비추어 될 수 있는 한 구체적으로 정하여 공표할 것'을 요구할 수 있는 청구권의 근거로 볼 수 있는지가 문제될 수 있다. 먼저 법 제20조 제1항의 문언상 처분기준의 설정 · 공표의무는, 그것이 법적 의무로서 행정청을 구속하는 것이기는 하지만, 이를 국민 누구에게나 그러한 처분기준설정 · 공표청구권을 부여하는 근거가 된다고는 할 수 없을 것이다. 물론 이에 관하여는 논란의

52) 일본의 경우 행정수속법 제5조 제1항의 해석상 심사기준을 "정하는 것으로 한다"는 규정은 같은 조 제3항에서 말하는 "하지 아니하면 아니 된다"는 규정보다는 의무화의 정도가 약한 것이라고 해석되고 있다. 즉 단순한 노력의무보다는 강하지만 심사기준을 정하지 않았다고 해서 반드시 막 바로 위법이 되는 것이 아니라 단지 그 기준을 정하지 않은 것이 위법이라는 추정을 가능케 한다는 것이다(佐藤英善(編), 『行政手續法』, 三省堂, 1994, 38). 다만 "정하는 것으로 한다"고 규정한 이유는 법령에 있어 인허가 등의 요건이 구체화되어 해석의 여지가 없을 정도로 명확하게 정해져 있는 경우에는 아예 심사기준을 정할 필요가 없다는 데서도 찾을 수 있다고 한다(宇賀克也, 『行政手續法の解說』, 學陽書房, 1994, 59).

여지가 없지 않으나, 처분절차에 관한 장에서 처분기준의 설정・공표의무가 규정되고 있다는 점을 고려할 때, 행정절차와 무관한 자에게까지 일반적인 처분기준의 설정・공표청구권을 부여하는 취지라고는 해석할 수 없을 것이다. 그러나 인・허가 등의 발급을 신청하려는 자, 불이익처분을 받거나 받게 될 우려가 있는 자, 또는 그 밖에 행정절차에 참가하는 당사자 등에 대한 관계에서는 이들이 문제된 처분과의 관계에서 법률상 보호되는 이익을 가지고 있는지 여부에 따라 구체적・개별적인 처분기준설정・공표청구권이 인정될 여지가 있다고 볼 수 있다.

물론 개별적인 경우 처분기준의 설정・공표의무의 위반 여하는 결국 구체적 사안과 관련하여 사법부에 의해 판단될 문제다. 문제는 처분기준의 설정・공표의무를 위반하여 행해진 처분을 다툼에 있어 그 설정・공표의무위반을 처분 자체의 독립적 취소사유로 삼을 수 있느냐 하는 데 있다. 이에 관하여는 앞으로 판례의 형성을 기다려보아야 하겠지만, 처분기준을 설정・공표할 일반적인 의무를 위반했다고 해서 곧바로 처분 자체의 위법을 인정할 수 있을지는 의문이 없지 않다. 물론 처분기준의 설정・공표의무의 위반이 현실적으로 행해진 처분의 실체적 위법에 직접 영향을 주었다고 인정되는 경우에는 이를 독립된 취소사유로 삼을 수 있을 것이지만, 일반적으로 그러한 경우는 극히 드물 것이다. 문제는 오히려 행해진 처분의 실체적 내용 자체는 적법한데 그 선행과정에서 처분기준의 설정・공표의무의 위반이 있었던 경우다. 일본에서는 이러한 경우 실체에만 잘못이 없으면 된다는 사고방식으로는 절차상 규제의 담보수단은 존재하지 않게 된다는 관점에서 절차법에서 정해진 주요 4원칙(고지・청문, 문서열람, 이유부기, 처분(심사)기준의 설정・공표) 위반은 적어도 취소사유를 구성하는 것이라고 해석하는 견해가 있으나,[53] 이를 일반화할 수 있을지는 의문이다. 그러한 관점에 선다면, 행정절차법 제20조가 일반적으로, 모든 처분에 대하여 '필요한 처분기준을 당해 처분의 성질에 비추어 될 수 있는 한 구체

53) 일본의 경우 塩野宏, 『일본행정법론』(서원우・오세탁 공역), 1996, 253.

적으로 정하여 공표'하도록 하고 있는 이상, 이 규정을 위배했다는 것만으로 모든 처분의 위법성을 주장할 수 있게 되는 결과가 되기 때문이다. 다만, 행정절차법 제20조에 의한 일반적인 처분기준의 설정·공표의무가 개별사안에 있어 구체적인 처분과 관련하여 응축(verdichtet)되는 경우에는 그 의무위반을 독립적 취소사유로 삼을 여지가 있다고 보아야 할 것이다. 가령 처분의 상대방이 된 자나 기타 이해관계인이 처분기준의 설정·공표를 요구했으나 행정청이 이에 응하지 않고 처분을 강행했다는 등의 사정이 인정되는 경우처럼, 구체적 사안에 있어 문제된 처분의 성질과의 관련 하에서 처분기준의 설정·공표의무를 위반했고 그 위반이 처분의 상대방 등의 행태나 그 밖의 처분과정에 영향을 주었다는 사실이 객관적으로 확인될 수 있는 경우에는, 일본의 행정수속법과는 달리 우리 행정절차법 제20조 제1항의 문언상 처분기준의 설정·공표의 법적 의무가 분명히 도출될 수 있는 이상, 이를 독립적 취소사유로 인정할 수 있는 여지가 있다고 보아야 할 것이고, 또 적어도 처분기준의 설정·공표의무를 위반하여 행해진 처분으로 인하여 불측의 손해를 입은 자는 (당해 처분의 위법이 아니라) 그 의무위반을 이유로 국가배상법에 의한 배상책임을 추궁할 여지가 있다고 보아야 할 것이다.[54)]

판례

[1] 구 독점규제및공정거래에관한법률(1999.2.5. 법률 제5813호로 개정되기 전의 것) 제55조의3 제1항은 공정거래위원회가 법의 규정에 의한 과징금을 부과함에 있어서는 ① 위반행위의 내용 및 정도, ② 위반행위의 기간

54) 처분기준의 설정에 관하여 상세한 것은 졸고, 「행정절차법상 처분기준 설정 공표와 방송법상 최다액출자자 변경승인절차」, 『공법연구』, 한국공법학회, 2009, 359－389; 졸고, 「행정절차법상 처분기준 설정·공표와 합의제 행정청의 행정절차」, 『행정법연구』 제20호, 행정법이론실무학회, 2008. 4., 147－188; 오준근, 「처분기준을 설정·공표하지 아니한 합의제 행정기관의 행정처분의 효력」, 『인권과 정의』 378호, 대한변호사협회, 2008.2., 133－148 등을 참조.

및 회수, ③ 위반행위로 인해 취득한 이익의 규모 등을 참작하도록 하고 있으며, 그 제3항은 과징금의 부과에 관하여 필요한 사항은 대통령령으로 정하도록 하고 있으나, 법 시행령(1999.3.31. 대통령령 제16221호로 개정되기 전의 것)은 그 부과기준에 대하여는 규정하고 있지 아니한데, 피고는 법에서 정한 과징금의 구체적인 부과액수의 산정을 위하여 내부적으로 '과징금산정방법및부과지침'(이하 '지침'이라 한다)을 제정하여 시행하고 있으므로, 위 지침이 비록 피고 내부의 사무처리준칙에 불과한 것이라고 하더라도 이는 법에서 정한 금액의 범위 내에서 적정한 과징금 선정기준을 마련하기 위하여 제정된 것임에 비추어 피고로서는 과징금액을 산출함에 있어서 위 지침상의 기준 및 법에서 정한 참작사유를 고려한 적절한 액수로 정하여야 할 것이고, 이러한 과징금 부과의 재량행사에 있어서 사실오인, 비례 · 평등의 원칙위배, 당해 행위의 목적위반이나 동기의 부정 등의 사유가 있다면 이는 재량권의 일탈 · 남용으로서 위법하다 할 것이다.

[2] 건축사회의 법위반행위에 대하여 경쟁제한성이 크다는 이유로 공정거래위원회가 내부적으로 제정한 '과징금산정방법및부과지침'상의 과징금 부과기준의 2배에 상당하는 금액을 과징금으로 일률적으로 부과한 경우, 그 경쟁제한성이 위 지침상의 부과기준액의 2배에 해당하는 과징금을 일률적으로 부과하는 것을 용인할 수 있을 정도로 크다고 할 수 없는 이상, 그 과징금 납부명령은 재량권의 일탈 · 남용으로 위법하다고 본 사례.[55)]

4.4 처분기준해명청구권

법은 제20조 제3항에서 당사자 등에게 "공표된 처분기준이 불명확한 경우 당해 행정청에 대하여 그 해석 또는 설명을 요청할 수 있으며, 이 경우 당해 행정청은 특별한 사정이 없는 한 이에 응하여야 한다"고 규정하여 '처분기준해석 · 설명요청권'(여기서는 이를 '처분기준해명청구권'이라고 부르기로 한다)을 인정하고 있다. 1987년의 법안은 제24조 제3항의 규정에서 처분기준 제시 신청권을 인정하고 있었으나, 행정절차법은 그 수위를 낮추어

55) 대법원 2002.9.24. 선고 2000두1713 판결(시정명령등취소 공2002.11.15.(166), 2574).

이를 '공표된 처분기준이 불분명한 경우 그 해석 또는 설명을 요청할 수 있는 권리'로 제도화한 것이다. 처분기준해명청구권은 이미 앞에서 본 개별적 사안에 있어 구체적 처분과 관련하여 구체화될 수 있는 처분기준설정・공표요구권과 함께 처분기준제도의 실효성을 담보해 줄 수 있는 거점이 된다.

그러나 이 권리는 '공표된 처분기준이 불명확한 경우'에 한하여 행사할 수 있고, 또 그 효력도 상대방인 행정청이 '특별한 사정이 없는 한' 이에 응해야 한다는 데 그친다는 점에서 단축된 청구권이라 할 수 있다. 문제는 행정청이 '특별한 사정'이 없는데도 이에 불응하는 경우 이 권리를 어떻게 관철시킬 것인가 하는 데 있다. 이미 앞에서 본 바와 같은 처분기준의 설정・공표의무의 위반처럼 처분기준의 해석・설명의무의 위반이 처분의 독립적 취소사유로 인정될 여지가 있다면, 그 실효성은 적지 않을 것이다. 소송법적 차원에서 이러한 '절차적 청구권'을 관철시키려면 결국 행정심판, 거부처분취소소송과 부작위위법확인소송을 활용하는 수밖에 없을 것이다.

5. 불이익처분의 사전통지

5.1 원칙

법은 제21조 제1항에서 불이익처분, 즉 당사자에게 의무를 과하거나 권익을 제한하는 처분에 대하여 사전통지의무를 부과하고 있다. 이것은 행정청이 불이익처분을 하기 앞서 그 당사자 등에게 사전에 그 사실을 알 수 있도록 그 내용을 통지하도록 함으로써 의견진술 등 방어준비를 할 수 있도록 배려하는 취지에 따른 것이다. 사전 통지할 사항은 다음과 같다.

1. 처분의 제목
2. 당사자의 성명 또는 명칭과 주소
3. 처분하고자 하는 원인이 되는 사실과 처분의 내용 및 법적 근거
4. 제3호에 대하여 의견을 제출할 수 있다는 뜻과 의견을 제출하지 아니하는

경우의 처리방법
5. 의견제출기관의 명칭과 주소
6. 의견제출기한
7. 기타 필요한 사항

청문을 실시하고자 하는 경우에는 청문이 시작되는 날부터 10일 전까지 위 사항을 당사자 등에게 통지하여야 하며, 이 경우 제21조 제1항, 제4호 내지 제6호의 사항은 청문주재자의 소속 · 직위 및 성명, 청문의 일시 및 장소, 청문에 응하지 아니하는 경우의 처리방법 등 청문에 필요한 사항으로 갈음한다(§ 21 ②). 제1항 제6호에 의한 기한은 의견제출에 필요한 상당한 기간을 고려하여야 한다(§ 21 ③).

5.2 예외

사전통지의무는 다음과 같은 사유가 있는 경우에는 면제된다(§ 21 ④). 그러나 그런 경우에도 통지를 하는 것은 무방하다.

1. 공공의 안전 또는 복리를 위하여 긴급히 처분을 할 필요가 있는 경우
2. 법령 등에서 요구된 자격이 없거나 없어지게 되면 반드시 일정한 처분을 하여야 하는 경우에 그 자격이 없거나 없어지게 된 사실이 법원의 재판 등에 의하여 객관적으로 증명된 때
3. 당해 처분의 성질상 의견청취가 현저히 곤란하거나 명백히 불필요하다고 인정될 만한 상당한 이유가 있는 경우

위 제21조 제4항 제3호의 해석과 관련하여, 행정절차법의 목적과 사전통지 및 의견제출의 기회 부여절차를 둔 취지에 비추어, 사전통지 및 의견제출의 기회 부여절차는 엄격하게 지켜져야 할 것이므로 그 예외사유 역시 엄격하게 해석하여야 한다고 판시한 사례가 있다.

판례

[1] 행정절차법의 목적과 사전통지 및 의견제출의 기회부여절차를 두게 된 취지에 비추어 보면, 사전통지 및 의견제출의 기회부여절차는 엄격하게 지켜져야 할 것이므로 그 예외사유가 되는 행정절차법 제21조 제4항 제3호의 '당해 처분의 성질상 의견청취가 현저히 곤란하다거나 명백히 불필요하다고 인정될 만한 상당한 이유'도 엄격하게 해석하여야 하고, 수도권정비계획법령에서 정하고 있는 과밀부담금의 부과대상, 부과절차 등에 비추어 볼 때, 과밀부담금 부과처분은 다수의 사람에게 대량으로 행하여지는 처분이 아닐 뿐만 아니라, 그 처분을 함에 있어 사전통지 및 의견제출의 기회부여를 한다고 하더라도 행정청의 능률을 저해한다고 볼 수 없고, 수도권정비계획법상의 과밀부담금은 그 부과대상이 되는 인구집중유발시설 중 일정한 건축물에 해당하는지 여부 등 그 산정에 다툼의 여지가 많을 것으로 보이므로 부과관청으로서도 부과처분을 하기 이전에 부과대상자의 의견을 들어 자기시정의 기회를 가질 수 있을 뿐만 아니라, 부과대상자 역시 사전에 부과처분의 내용을 알고 의견을 제출하는 절차를 거치거나 이에 승복함으로써 장차 부과처분이 있은 이후 분쟁이 발생할 소지를 없앨 수 있으므로 과밀부담금 부과처분은 '그 처분의 성질상 의견청취가 명백히 불필요하다고 인정될 만한 상당한 이유가 있는 경우'에 해당한다고 볼 수 없다.

[2] 행정절차법시행령 제13조는 행정절차법 제21조 제4항 제3호의 내용을 보충하는 것으로서 그 각 호에 규정된 사유가 있으면 행정청이 국민에게 의무를 가하거나 권익을 제한하는 처분을 하는 경우에 사전통지절차와 의견제출의 기회부여절차를 거치지 않을 수 있게 함으로써 행정처분을 받는 국민의 권리를 제한하고 있음에도 불구하고, 같은 법 시행령의 모법인 행정절차법에 같은 법 제21조 제4항 제3호가 규정하고 있는 '당해 처분의 성질상 의견청취가 현저히 곤란하거나 명백히 불필요하다고 인정될 만한 상당한 이유가 있는 경우'에 포함될 수 있는 경우에 관하여 대통령령에 위임한다는 아무런 근거규정을 찾아볼 수 없고, 행정처분의 상대방

의 권리를 제한하는 같은 법 시행령 제13조의 규정을 법률을 현실적으로 집행하는 데 필요한 세부적인 사항에 관한 집행명령의 범주에 포함되는 것이라고 볼 수도 없으므로, 같은 법 시행령 제13조의 규정은 법률의 위임이 없는 무효인 규정이다.[56]

5.3 사전통지의 대상

법 제21조 제1항은 사전통지의무를 불이익처분, 즉 당사자에게 의무를 과하거나 권익을 제한하는 처분에 대하여 부과한다. 따라서 수익처분에 대해서는 사전통지를 하지 않아도 무방하다. 여기서 다음과 같은 경우 사전통지를 해야 하는지 여부가 문제된다.

(1) 당사자 이외의 이해관계인에게 불이익 효과를 미치는 처분의 경우

당사자에게는 수익적 효과를 갖지만 그 이외의 자, 즉 당사자 이외의 이해관계인에게는 불이익을 주는 처분의 경우, 이를 법 제21조 제1항에서 말하

56) 서울행정법원 2005.2.2. 선고 2004구합19484 판결(과밀부담금부과처분취소: 확정). 참고로 행정절차법 시행령 제13조는 '사전통지의 예외사유'란 표제 아래 법 제21조 제4항 제3호 소정의 "당해처분의 성질상 의견청취가 현저히 곤란하거나 명백히 불필요하다고 인정될 만한 상당한 이유가 있는 경우"를 "다음 각 호의 1에 해당하는 경우를 포함하는 것으로 본다"고 규정하고 있었다.

1. 의견청취의 기회를 줌으로써 처분의 내용이 미리 알려져 현저히 공익을 해하는 행위를 유발할 우려가 예상되는 경우
2. 법령 또는 자치법규(이하 "법령 등"이라 한다)에서 준수하여야 할 기술적 기준이 명확하게 규정되고 그 기준에 미치지 못하는 사실을 이유로 처분을 하려는 경우로서 그 사실이 실험, 계측 기타 객관적인 방법에 의하여 명확히 입증된 때
3. 법원의 판결 등에 의하여 처분의 전제가 되는 사실이 객관적으로 증명되어 처분에 따른 의견청취가 불필요하다고 판단되는 경우
4. 외국에서 행하여지는 내국인(단체 등을 포함한다)에 대한 처분에 대하여 의견청취의 절차를 인정하지 아니하고 있는 경우 행정청이 외국인(단체 등을 포함한다)에 대하여 같은 종류의 처분을 행하는 경우
5. 법령 등에서 일정한 요건에 해당하는 자에 대하여 금전급부를 명하는 경우 행정청의 금액산정에 재량의 여지가 없거나 요율이 명확하게 정하여져 있는 경우

는 불이익처분으로 볼 것인지가 문제된다. 행정절차법 제21조 제1항에서 불이익처분을 당사자에 대한 것으로 한정하고 있기 때문에 문제가 된다. 학설은 대립한다. 문언상 사전통지의 대상이 '당사자'에 대한 처분으로 한정되어 있다는 이유에서 부정하는 견해도 있으나, 당사자에 대한 처분으로 불이익을 받는 이해관계인에게도 사전통지를 해 주어야 할 필요성이 있다는 점, 사전통지절차란 당사자 등의 의견청취를 위한 절차이므로 행정청이 직권 또는 신청에 따라 행정절차에 참여하게 한 이해관계인에게 의견제출의 기회를 부여하고 있다는 점(§ 22 ③), 그리고 법 제21조 제1항에서 "당사자 등에게 통지하여야 한다"고 규정한 것은 이해관계인이 비록 자신에 대한 처분이 아니더라도 사전통지를 받을 필요가 있다는 것을 전제로 한 것이라는 점 등을 고려할 때 '행정청이 직권 또는 신청에 따라 행정절차에 참여하게 한 이해관계인'에게 불이익을 주는 처분을 사전통지의 대상에서 배제할 이유는 없으므로 긍정설이 타당하다고 본다.[57]

⑵ 신청에 대한 거부처분

신청에 대한 거부처분이 '불이익처분'에 해당하는지에 관하여는 학설이 대립한다. 신청을 했어도 아직 당사자에게 권익이 부여되지 않았으므로 신청을 거부하더라도 직접 당사자의 권익을 제한하는 것이 아니며, 상대방의 신청에 의한 것이라는 점에서 이미 의견진술의 기회를 준 것이라는 것 등을 이유로 부정하는 견해[58]와 신청에 대한 거부처분은 분명히 당사자의 권익을 제한하는 처분이며, 일본의 경우와 달리 우리 행정절차법은 신청에 의한 처분과 불이익처분을 전혀 구분하지 아니하고 포괄적으로 규정하고 있으므로 일본에서의 해석론을 그대로 적용해서는 아니 된다는 이유를 들어 긍정

---

57) 同旨 김철용, 『행정법 I』(제13판), 2010, 394 등. 이렇게 볼 경우 입법론으로는 제21조 제1항의 '당사자'를 '당사자 등'으로 변경하는 방안을 검토해 볼 필요가 있을 것이다.

58) 박균성, 『행정법강의』(제2판), 2005, 404; 김동희, 『행정법 I』(제12판), 377 등. 박균성 교수는 갱신허가거부처분의 경우 이를 불이익처분이라 보면서 자신의 견해를 '원칙상 소극설'이라 칭하고 있다.

하는 견해[59]가 있다. 판례는 소극설의 입장을 취하는 것으로 보인다.

판례

행정절차법 제21조 제1항은 행정청은 당사자에게 의무를 과하거나 권익을 제한하는 처분을 하는 경우에는 미리 처분의 제목, 당사자의 성명 또는 명칭과 주소, 처분하고자 하는 원인이 되는 사실과 처분의 내용 및 법적 근거, 그에 대하여 의견을 제출할 수 있다는 뜻과 의견을 제출하지 아니하는 경우의 처리방법, 의견제출기관의 명칭과 주소, 의견제출기한 등을 당사자 등에게 통지하도록 하고 있는바, 신청에 따른 처분이 이루어지지 아니한 경우에는 아직 당사자에게 권익이 부과되지 아니하였으므로 특별한 사정이 없는 한 신청에 대한 거부처분이라고 하더라도 직접 당사자의 권익을 제한하는 것은 아니어서 신청에 대한 거부처분을 여기에서 말하는 '당사자의 권익을 제한하는 처분'에 해당한다고 할 수 없는 것이어서 처분의 사전통지대상이 된다고 할 수 없다."[60]

생각건대 법 제21조 제1항에 의한 불이익처분 중 '당사자의 권익을 제한하는 처분'이란 권익제한이 인정되는 한 그 범위를 제한할 여지가 없다고 본다. 신청에 대한 거부처분의 경우 결국 무엇을 거부하느냐에 따라 권익제한 여부에 대한 판단이 달라질 수 있을 것인데, 어떤 (수익적) 처분을 구할 아무런 법적 지위 없이 한 신청을 거부한 경우라면 몰라도, 그 거부처분에 권익을 제한하거나 제한한 것으로 평가할 수 있는 내용이 포함되어 있다면 의당 여기서 말하는 불이익처분에 해당한다고 보아야 할 것이다. 신

59) 김철용, 『행정법 I』(제13판), 2010, 394-395; 오준근, 『행정절차법』, 1998, 340-341; 김성수, 「참여와 협력시대의 한국 행정절차법」, 『현대공법이론의 제문제』(석종현박사화갑기념논문집), 2003, 552; 윤형한, 「사전통지의 대상과 흠결의 효과」, 『행정판례연구』(한국행정판례연구회) X, 219; 최계영, 「거부처분의 사전통지: 법치행정과 행정의 효율성의 조화」, 『행정법연구』(행정법이론실무학회), 제18호, 269이하 등.

60) 대법원 2003.11.28. 선고 2003두674 판결(임용거부처분취소 공2004.1.1.(193), 57).

청권을 근거로 처분성이 인정되면, 신청을 했다가 거부당한 자는 별도의 판단 없이 행정소송법 제12조의 법률상 이익이 있는 것으로 보아 원고적격을 인정하는 것이 판례인데, 그러한 판례에 비추어 보더라도 신청권에 기한 거부처분의 '권익제한성'을 부인할 수 없을 것이다. 또한 신청에 대한 거부처분은 이미 의견진술의 기회를 준 것이라는 논거도 이를 일반화할 수 없으므로,[61] 긍정설의 입장이 타당하다고 본다.

6. 의견청취절차

6.1 의견청취의 의의와 종류

의견청취는 처분절차에 있어 사전통지, 처분기준의 공표와 함께 가장 본질적인 중요성을 가지는 요소이다.[62] 의견청취절차는 "누구도 변명의 기회를 부여받지 아니하고는 비난당하지 아니한다", "양당사자로부터 들어라"라는 법언에 의해 표현되는 이른바 자연적 정의(natural justice)를 구현하기 위한 절차로서 주요 입헌주의 민주국가들과 함께 우리 헌법이 구가하고 있는 법치국가원칙에서 도출되는 당연한 요청이라 할 수 있다. 개인의 권익을 침해하는 행정결정을 당사자인 본인의 참여가 보장되지 못한 상태에서 이루어지도록 방치한다면 이는 개인을 단순히 국가통치권의 객체로만 취급하는 것으로서 헌법상 보장되고 있는 인간의 존엄과 가치와 부합되지 않게 되는 결과가 되기 때문이다. 이러한 견지에서 행정절차법은 의견청취를 위한 청문과 의견제출, 그리고 공청회절차를 제도화한 것이다.

법은 의견청취절차의 유형을 처분의 내용, 종류 또는 사안의 경중에 따라 의견제출, 청문, 공청회, 세 가지로 나누어 규정하고 있다. 법에 의하면 의견청취는 원칙적으로 약식절차인 의견제출의 방식으로 하고(§ 22 ③), 다만 일정한 요건 하에서만 청문과 공청회를 실시하도록 되어 있다(§ 22

61) 김철용, 앞의 책, 395.

62) 이에 관하여는 석종현, 「의견제출과 청문」, 『고시계』 1997.7., 60－69를 참조.

① ②). 즉 청문은 다른 법령 등에서 청문을 실시하도록 규정하고 있거나, 행정청이 필요하다고 인정하는 경우에 실시하고(§ 22 ①), 공청회는 다른 법령 등에서 공청회를 개최하도록 규정하고 있는 경우나 당해 처분의 영향이 광범위하여 널리 의견을 수렴할 필요가 있다고 행정청이 인정하는 경우에 실시하도록 되어 있다(§ 22 ②). 반면, 의견제출절차는 당사자에게 의무를 부과하거나 권익을 침해하는 처분을 할 때, 청문, 공청회가 실시되는 경우를 제외하고 필수적으로 거치도록 되어 있다(§ 22 ③).

법은 제22조 제4항에서 당사자가 의견진술의 기회를 포기한다는 뜻을 명백히 표시한 경우와 제21조 제4항 각 호의 하나에 해당하는 경우, 즉 공공의 안전 또는 복리를 위하여 긴급히 처분을 할 필요가 있는 경우, 법령 등에서 요구된 자격이 없거나 없어지게 되면 반드시 일정한 처분을 하여야 하는 경우에 그 자격이 없거나 없어지게 된 사실이 법원의 재판 등에 의하여 객관적으로 증명된 때, 당해 처분의 성질상 의견청취가 현저히 곤란하거나 명백히 불필요하다고 인정될 만한 상당한 이유가 있는 경우에는 의견청취를 생략할 수 있도록 하고 있다.

행정청은 청문 · 공청회 또는 의견제출을 거친 때에는 신속히 처분하여 당해 처분이 지연되지 아니하도록 하여야 하며(§ 22 ⑤), 처분 후 1년 이내에 당사자 등의 요청이 있는 경우에는 청문 · 공청회 또는 의견제출을 위하여 제출받은 서류 기타 물건을 반환하여야 한다(§ 22 ⑥).

6.2 의견제출

(1) 개념

의견제출은 법이 인정하는 의견청취의 원칙적 형태이자 최소한으로서 약식절차다. 의견제출이란 "행정청이 어떠한 행정작용을 하기에 앞서 당사자 등이 의견을 제시하는 절차로서 청문이나 공청회에 해당하지 아니하는 절차"로 정의되고 있다(§ 2 vii).

(2) 적용범위

법은 의견제출의 방법을 널리 허용하고 제출된 의견의 진정여부를 확인할 수 있도록 하면 족하다는 견지에서, 행정청이 당사자에게 의무를 과하거나 권익을 제한하는 처분을 함에 있어, 청문이나 공청회가 실시되는 경우를 제외하고, 당사자 등에게 반드시 의견제출의 기회를 주도록 하였다. 이것은 당사자에게 의무를 부과하거나 권익을 침해하는 처분에 해당하지 않는 경우, 즉 수익적 처분의 경우에는, 청문과 공청회가 실시되는 경우 외에는, 의견제출의 기회를 주지 않아도 된다는 취지로 해석된다. 그러나 급부행정 분야의 경우 수익적 처분을 하지 않는 것이 침익적 처분을 하지 않는 것 못지않은 침해적 결과를 가져올 수 있다는 점에서 의견제출절차를 침익적 처분에 국한시킨 것이 바람직한 것인지는 매우 의문스럽다.[63]

(3) 의견제출의 방법과 효과 등

당사자 등은 처분 전에 그 처분의 관할행정청에 서면 · 구술로 또는 정보통신망을 이용하여 의견제출을 할 수 있고(§ 27 ①), 그 경우 그 주장을 입증하기 위한 증거자료 등을 첨부할 수 있다(§ 27 ②).

행정청은 당사자 등이 구술로 의견제출을 한 때에는 서면으로 그 진술의 요지와 진술자를 기록하여야 하며(§ 27 ③), 처분을 함에 있어 당사자 등이 제출한 의견이 상당한 이유가 있다고 인정하는 경우에는 이를 반영하여야 한다(§ 27의2). 법은 정당한 이유 없이 제출기한 내 의견이 제출되지 않을 경우, 이로 인한 절차의 지체를 방치하는 것은 바람직하지 않다는 판단에서, 이를 의견이 없는 것으로 간주하여 행정처분을 할 수 있도록 하고 있다(§ 27 ④).

---

63) 또한 신청에 의한 수익적 처분에 해당하는 '민원사무'의 처리절차를 규정하고 있는 「행정규제 및 민원사무기본법」과의 관계, 분리주의적 입법의 문제점과 대안에 관하여는 졸고, 「'96 행정절차법시안의 내용과 문제점」, 97; 한국법제연구원, 「공정행정구현을 위한 행정절차법 제정방안: 1994.7. 총무처 행정절차법시안과 관련하여」, 『현안분석』 95-1, 58 등을 참조.

의견제출의 경우에는 청문에서와 같이 문서 열람 · 복사를 요청할 수 있는 법적 근거 조항이 없다. 그 대신 당사자 등은 정보공개법에 의거하여 처분과 관련된 정보의 열람 또는 복사를 청구할 수 있을 것이다.[64]

6.3 청문

(1) 개념과 의의

청문(hearing)이란 "행정청이 어떠한 처분을 하기에 앞서 당사자 등의 의견을 직접 듣고 증거를 조사하는 절차"를 말한다(§ 2 v). 청문은 의견청취의 핵심적 절차라 할 수 있다. 청문절차에서 당사자 등은 사안에 대하여 의견을 진술하고 사실을 주장하거나 증거를 제출할 수 있고 상대방이 제시한 증거나 사실, 그리고 청문주재자에 의한 직권조사결과에 대하여 반증할 수 있는 공격방어권을 가진다. 이러한 청문절차는 당사자 등에게 단순한 진술기회만을 부여하는 데 그치지 않고 적극적인 공격과 방어를 통한 실체적 진실의 발견을 목적으로 하고 있다는 점에서 일종의 사실심형 청문절차에 해당한다고 볼 수 있다.

행정절차법은 청문에 관하여 비교적 상세한 규정을 두고 있다. 즉, 청문주재자 및 그 신분보장(§ 28), 청문주재자의 제척 · 기피 · 회피(§ 29), 청문의 공개(§ 30), 청문의 진행(§ 31), 청문의 병합 · 분리(§ 32), 증거조사(§ 33), 청문조서(§ 34), 청문의 종결(§ 35), 청문의 재개(§ 36) 등에 관한 사항을 규정하고 문서의 열람(§ 37)에 관하여 규정하고 있다. 청문의 통지에 관한 규정은 처분의 사전통지에 관한 조항인 제21조 제2항에 포함되어 있다.

(2) 청문의 실시

법은 법령 등에서 청문의 실시를 규정하고 있거나 행정청이 필요하다고 인정하는 경우에 한하여 청문을 실시하도록 규정하고 있다(§ 22 ①).[65]

---

64) 同旨 김철용, 앞의 책, 401.

65) 이는 '94시안이 행정청이 필요하다고 인정하거나 당사자 등의 청문신청이 있는 경우 의견

법령 등에서 청문의 실시를 규정한 경우의 예로는 건설산업기본법 제86조(국토해양부장관이 제82조 및 제83조에 따라 영업정지·과징금부과 또는 등록말소를 하려는 경우), 국유재산법 제37조(관리청이 제36조에 따라 행정재산의 사용허가를 취소하거나 철회하려는 경우), 「국토의 계획 및 이용에 관한 법률」 제136조(개발행위허가 등의 취소 시), 방송법 제101조(방송사업자 및 중계유선방송사업자에 대한 재허가 또는 재승인의 거부 등을 할 경우) 등이 있다.

그 밖에도 청문은 행정청이 필요하다고 인정하는 경우 실시할 수 있다. 법 제22조 제1항 제1항 및 같은 항 제2호의 규정은 행정청에게 청문 실시 여부에 관하여 재량을 부여한 것으로 새기는 것이 일반적이다. 그러나 경우에 따라서는 재량의 수축이 인정되어 행정청이 청문을 실시해야 할 기속을 받게 되거나 편파적 청문실시로 인해 재량하자(평등원칙 위반)가 성립할 여지가 있다.[66]

한편, 2008년 12월 24일 신설된 행정절차법시행령 제13조의2는 "행정청이 법 제22조 제1항 제2호에 따라 처분에 대한 청문의 필요 여부를 결정할 때 그 처분이 인·허가 등의 취소, 신분·자격의 박탈, 법인이나 조합 등의 설립허가의 취소, 그 밖에 당사자 등의 권익을 심히 침해하거나 이해관계에 중대한 영향을 미치는 처분인 경우에는 청문을 실시하도록 적극 노력하여야 한다."라고 규정하고 있다. 이 조항은 법 제22조 제1항 제2호에 따라 처분에 대한 청문의 필요 여부를 결정하는 행정청을 수범자로 하고 있어 직접 처분의 당사자 등에게 청문실시를 요구할 청구권을 성립시키지는 못할지라도, 모법상 청문실시여부에 대한 행정청의 재량을 향도하고 제한하는 일종의 법규명령형식의 재량준칙으로서 행정청을 구속한다고 볼 수 있

제출만으로는 공정한 행정처분을 하기 곤란하다고 인정되는 때에 실시하도록 한 것에 비해 청문이 실시되는 경우를 크게 제한한 것이라 할 수 있다.

66) 백윤기, 「금융행정에서의 법치주의의 구현」, 『현대공법학의 과제』(최송화교수화갑기념논문집), 박영사, 2002, 531; 박정훈, 「부정당업자의 입찰참가자격제한의 법적 제문제」, 『법학』(서울대학교 법학연구소) 제46권 제1호, 306 등.

을 것이다. 따라서 행정청은 처분이 인・허가 등의 취소, 신분・자격의 박탈, 법인이나 조합 등의 설립허가의 취소, 그 밖에 당사자 등의 권익을 심히 침해하거나 이해관계에 중대한 영향을 미치는 처분인 경우에는 청문을 실시하도록 적극 노력해야만 그 의무에 합당한 재량을 행사한 것이 되고, 행정청은 그 한도 내에서 법적 기속을 받게 된다. 다시 말해, 행정청이 그와 같은 경우에 해당하고 달리 특별한 정당화사유가 없는데도 청문을 실시하지 않았다면 재량하자를 구성하게 될 것이다.

(3) 청문주재자

법은 청문주재자의 임명 또는 위촉, 청문주재자의 직무상의 독립성 등 신분보장에 관한 사항을 규정하고 있다.

먼저, 청문주재자는 행정청이 소속직원 또는 대통령령이 정하는 자격을 가진 자 중에서 선정하되, 행정청은 청문주재자의 선정이 공정하게 이루어지도록 노력하여야 한다(§ 28 ①). 청문주재자는 독립하여 공정하게 직무를 수행하며, 그 직무수행상의 이유로 본인의 의사에 반하여 신분상 어떠한 불이익도 받지 아니한다(§ 28 ②). 반면, 대통령령이 정하는 자 중에서 선정된 청문주재자는 형법 기타 다른 법률에 의한 벌칙의 적용에 있어 공무원으로 본다(§ 28 ③).

둘째, 법은 청문이 정식의 행정절차임을 고려하여 그 공정성을 확보하기 위하여 제척・기피・회피의 제도를 통하여 이른바 이익충돌(conflict of interests)의 여지를 제거하고자 하였다. 즉, 청문주재자가 다음 각 호의 하나에 해당하는 경우에는 청문을 주재할 수 없다(§ 29 ①).

1. 자신이 당사자 등이거나 당사자 등과 민법 제777조 각 호의 1에 해당하는 친족관계에 있거나 있었던 경우
2. 자신이 당해 처분과 관련하여 증언이나 감정을 한 경우
3. 자신이 당해 처분의 당사자 등의 대리인으로 관여하거나 관여하였던 경우

4. 자신이 당해 처분업무를 직접 처리하거나 하였던 경우

청문주재자에게 공정한 청문진행을 할 수 없는 사정이 있는 경우 당사자 등은 행정청에 기피신청을 할 수 있으며, 이 경우 행정청은 청문을 정지하고 그 신청이 이유가 있다고 인정하는 때에는 당해 청문주재자를 지체 없이 교체하여야 한다(§ 29 ②). 또한 청문주재자는 제1항 또는 제2항의 사유, 즉 제척 또는 기피사유에 해당하는 경우에는 행정청의 승인을 얻어 스스로 청문의 주재를 회피할 수 있다(§ 29 ③).

(4) 청문의 공개

법은 제30조에서 청문의 공개에 관한 규정을 두고 있다. 이에 따르면 청문은 당사자의 공개신청이 있거나 청문주재자가 필요하다고 인정하는 경우 이를 공개할 수 있으나, 공익 또는 제3자의 정당한 이익을 현저히 해할 우려가 있는 경우에는 공개하여서는 아니 된다. 청문의 공개에 대한 요청은 청문의 공평타당성을 보장하기 위한 것이기는 하지만 법은 이를 당사자의 신청이나 청문주재자의 판단에 의존시킴으로써 청문의 공개로 인한 폐단을 방지하는데 초점을 맞추었다. 당사자의 공개신청이 있는 경우 '공개할 수 있다'고만 되어 있으므로 그 경우에도 청문주재자가 청문을 비공개로 할 수 있는 것처럼 보인다. 그러나 공익 또는 제3자의 정당한 이익을 현저히 해할 우려가 있는 경우에는 이미 공개가 금지되어 있으므로, 당사자 모두가 공개를 신청한 경우에는 특별한 이유가 없는 한 공개하여야 하는 것으로 해석해야 할 것이다.

(5) 청문의 진행

법은 제31조에서 제34조까지 청문의 진행절차를 규정하고 있다. 청문진행에 있어 주재자의 불편부당성을 보장하는 문제와 당사자 등에게 충분한 의견개진 및 증거제출의 기회를 부여하는 문제가 중요하다. 이를 위하여 법

은 공평무사하고 합리적인 청문의 진행을 위하여 요구되는 최소한의 절차적 규율을 가하고 있다.

청문주재자가 청문을 시작할 때에는 먼저 예정된 처분의 내용, 그 원인이 되는 사실 및 법적 근거 등을 설명하여야 한다(§ 31 ①). 당사자 등은 의견을 진술하고 증거를 제출할 수 있으며, 참고인·감정인 등에 대하여 질문할 수 있다(§ 31 ②). 당사자 등이 의견서를 제출한 경우에는 그 내용을 출석하여 진술한 것으로 본다(§ 31 ③). 청문주재자는 청문의 신속한 진행과 질서유지를 위하여 필요한 조치를 할 수 있으며(§ 31 ④), 청문주재자는 청문을 계속할 경우에는 당사자 등에게 다음 청문의 일시 및 장소를 서면으로 통지하여야 한다. 다만, 청문에 출석한 당사자 등에게는 당해 청문일에 구술로 통지할 수 있다(§ 31 ⑤).

행정청은 직권 또는 당사자의 신청에 의하여 수 개의 사안을 병합하거나 분리하여 청문을 실시할 수 있다(§ 32). 청문의 절차적 경제와 합리성을 확보하기 위한 조항이다.

법은 청문절차에서 행해지는 증거조사의 절차와 요건을 규정하고 있다. 즉 청문주재자는 신청 또는 직권에 의하여 필요한 조사를 할 수 있으며, 당사자 등이 주장하지 아니한 사실에 대하여도 조사할 수 있다(§ 33 ①). 이것은 청문의 사실심적 기능을 살리기 위하여 청문주재자의 사실조사 및 판단권을 확대하고 증거조사의 방법을 명시하는 한편 관계행정청 및 당사자 등에게 증거조사에 협력할 의무를 부과한 것이다.

증거조사는 다음 각 호의 1에 해당하는 방법에 의한다(§ 33 ②).

1. 문서·장부·물건 등 증거자료의 수집
2. 참고인·감정인 등에 대한 질문
3. 검증 또는 감정·평가
4. 기타 필요한 조사

청문주재자는 필요하다고 인정하는 때에는 관계행정청에 대하여 필요한 문서의 제출 또는 의견의 진술을 요구할 수 있다. 이 경우 관계행정청은 직무수행상 특별한 지장이 없는 한 이에 응하여야 한다(§ 33 ③).

(6) 문서의 열람 및 비밀유지

법은 제37조에서 당해 처분과 관련된 문서의 열람 등에 관한 당사자 등의 권리를 보장하는 한편, 청문으로 알게 된 비밀의 유지 의무를 부과하고 있다.

이에 따르면, 당사자 등은 청문의 통지가 있는 날부터 청문이 끝날 때까지 행정청에 대하여 당해 사안의 조사결과에 관한 문서 기타 당해 처분과 관련되는 문서의 열람 또는 복사를 요청할 수 있다. 이 경우 행정청은 다른 법령에 의하여 공개가 제한되는 경우를 제외하고는 이를 거부할 수 없고(§ 37 ①), 다른 법령에 의하여 공개가 제한된다는 사유로 열람 또는 복사의 요청을 거부하는 경우에는 그 이유를 소명하여야 한다(§ 37 ③). 열람 또는 복사를 요청할 수 있는 문서의 범위는 대통령령으로 정하도록 위임되어 있다(§ 37 ④).

행정청은 열람 또는 복사의 요청에 응하는 경우 그 일시 및 장소를 지정할 수 있고(§ 37 ②), 복사에 따른 비용은 이를 요청한 자에게 부담시킬 수 있다(§ 37 ⑤).

한편, 법은 누구든지 청문을 통하여 알게 된 사생활 또는 경영상이나 거래상의 비밀을 정당한 이유 없이 누설하거나 다른 목적으로 사용하여서는 아니 된다고 규정함으로써 청문에 따른 정보침해를 방지할 수 있도록 배려하고 있다(§ 37 ⑥).

이처럼 행정절차법이 정보공개법에 대한 일종의 특별법적 규정을 두어 문서열람청구권을 보장한 것은 긍정적으로 평가된다. 그러나 법은 문서열람청구권을 청문에 한해서만 보장하고 있을 뿐 아니라 시간적으로도 청문의 통지 이후 청문의 종결 시까지만 인정하여 문서열람청구권을 축소・제한하고 있다. 의견제출절차는 물론 공청회의 경우까지도 문서열람청구권을 보장하지 않은 것은 당사자 등의 행정절차상 지위를 위축시키는 요인으로 작용할 우려가 있다.

(7) 청문조서와 청문주재자의 의견서 작성

청문주재자는 다음 각 호의 사항이 기재된 청문조서를 작성하여야 한다(§ 34 ①).

1. 제목
2. 청문주재자의 소속 · 성명 등 인적사항
3. 당사자 등의 주소 · 성명 또는 명칭 및 출석여부
4. 청문의 일시 및 장소
5. 당사자 등의 진술의 요지 및 제출된 증거
6. 청문의 공개여부 및 공개 또는 제30조 단서의 규정에 의하여 비공개한 이유
7. 증거조사를 한 경우에는 그 요지 및 첨부된 증거
8. 삭제<2002.12.30.>
9. 기타 필요한 사항

당사자 등은 청문조서의 기재내용을 열람 · 확인할 수 있으며, 이의가 있을 때에는 그 정정을 요구할 수 있다(§ 34 ②). 이것은 청문조서에 기재해야 할 사항(필요적 기재사항)을 명확히 하고 그에 대한 당사자 등의 열람 · 확인 및 정정요구권을 부여한 것이다.

법은 제34조의2에서 청문주재자는 다음 각 호의 사항이 기재된 청문주재자의 의견서를 작성하여야 한다고 규정하고 있다.

1. 청문의 제목
2. 처분의 내용 · 주요 사실 또는 증거
3. 종합의견
4. 그 밖에 필요한 사항

이 조항은 2002년 12월 30일 신설된 것으로서 청문의 공정성과 독립성이 확보되도록 하기 위하여 청문주재자가 청문을 마친 때에 청문심판관으로서 청문주재자의 의견서를 작성하여 이를 청문조서, 그 밖의 관계서류 등과 함께 행정청에 제출하도록 한 것이다.

(8) 청문의 종결 · 재개

청문주재자는 당해 사안에 대하여 당사자 등의 의견진술 · 증거조사가 충분히 이루어졌다고 인정되는 경우에는 청문을 마칠 수 있다(§ 35 ①). 당사자 등의 전부 또는 일부가 정당한 사유 없이 청문기일에 출석하지 아니하거나 제31조 제3항의 규정에 의한 의견서를 제출하지 아니한 경우에는 이들에게 다시 의견진술 및 증거제출의 기회를 주지 아니하고 청문을 마칠 수 있다 (§ 35 ②). 그러나 당사자 등의 전부 또는 일부가 정당한 사유로 인하여 청문기일에 출석하지 못하거나 제31조 제3항의 규정에 의한 의견서를 제출하지 못한 경우에는 상당한 기간을 정하여 이들에게 의견진술 및 증거제출을 요구하여야 하며, 당해 기간이 경과한 때에 청문을 마칠 수 있다(§ 35 ③).

청문주재자는 청문을 마친 때에는 청문조서, 청문주재자의 의견서, 그 밖의 관계서류 등을 행정청에 지체 없이 제출하여야 한다(§ 35 ④).

행정청은 제출받은 청문조서, 청문주재자의 의견서, 그 밖의 관계서류 등을 충분히 검토하고 상당한 이유가 있다고 인정하는 경우에는 처분을 함에 있어 청문결과를 적극 반영하여야 한다(§ 35의2). 이것은 처분에 청문결과를 적극 반영토록 함으로써 의견청취절차 본래의 취지를 살리기 위한 것이다.

행정청은 청문을 마친 후 처분을 하기까지 새로운 사정이 발견되어 청문을 재개할 필요가 있다고 인정하는 때에는 제35조 제4항의 규정에 의하여 제출받은 청문조서 등을 되돌려 보내고 청문의 재개를 명할 수 있다. 청문을 속행하는 경우 청문주재자로 하여금 당사자 등에게 다음 청문의 기일 및 장소를 통지하도록 한 제31조 제5항의 규정을 준용하도록 하고 있다(§ 36). 청문종결 후 발생한 사정으로 인하여 청문의 결과가 더 이상 타당하지 않게 된다면 청문을 거쳐 행정처분을 하더라도 다시금 사후에 이를 변경 또는 취소해야 하는 문제가 생길 수 있으므로, 청문을 재개하여 다소 절차가 지연되더라도 청문결과의 타당성을 기하는 것이 더 합리적이라고 할 수 있다. 독일의 경우 불가쟁력이 발생한 행정행위에 대하여도 소정의 사유가 있으면 행정절차의 재개를 인정하고 있는 것을 보더라도 이와 같이 청문재개의 가능성을 열어 주는 것이 타당하다. 다만 법은 청문재개의 요건을 '청문을 마친 후 처분을 하기까지 새로운 사정이 발견되어 청문을 재개할 필요가 있다고 인정하는 때'로 포괄적으로 규정함으로써 행정청의 판단에 맡기고 있다.

6.4 공청회

(1) 의의

법은 법령에서 공청회의 개최를 규정하거나 당해 행정작용의 영향이 광범위하여 널리 의견을 수렴할 필요가 있다고 행정청이 인정하는 경우 공청회를 실시하도록 하고 있다. 공청회란 '행정청이 공개적인 토론을 통하여 어떠한 행정작용에 대하여 당사자 등, 전문지식과 경험을 가진 자 기타 일반인으로부터 의견을 널리 수렴하는 절차'를 말한다(§ 2 vi).

공청회는 문자 그대로 일반인의 접근이 개방된, 다시 말해 누구라도 관심이 있거나 이해관계를 지닌 자가 참가할 수 있어야 한다. 또한 공청회에의 참가는 단순한 방청뿐만 아니라 질의나 토론을 통해서도 실현될 수 있어야 한다. 이를 위하여 법은 최대한으로 널리 일반인이 손쉽게 접근할 수 있는 매체를 통하여 또 사전에 최소한의 준비기간을 할애하여 공청회개최를 알리도록 하는 한편(§ 38), 공청회에서 발표자 및 방청인에게 의견진술의 기회를 부여하고 있다(§ 39 ④). 그러나 청문의 경우와 마찬가지로 공청회에 관해서도 일정한 범위의 이해관계인들에게 적극적인 개최청구권은 인정되지 않고 있다.

2007년 5월 17일의 개정 행정절차법(일부개정 법률 제8451호, 시행일 2007.11.18.)은 통상의 공청회와는 별도로 전자공청회제도를 도입하였다. 그 입법취지는 정보통신망을 이용한 전자공청회 제도를 도입하여 널리 의견을 들을 수 있도록 함으로써 효율적이고 민주적인 정책결정이 이루어지도록 한다는 데 있다.

⑵ 공청회의 개최

행정청은 공청회를 개최하려는 경우에는 공청회 개최 14일 전까지 다음 각 호의 사항을 당사자 등에게 통지하고, 관보·공보·인터넷 홈페이지 또는 일간신문 등에 공고하는 등의 방법으로 널리 알려야 한다(§ 38).

1. 제목
2. 일시 및 장소
3. 주요 내용
4. 발표자에 관한 사항
5. 발표신청 방법 및 신청기한
6. 정보통신망을 통한 의견제출
7. 그 밖에 공청회 개최에 관하여 필요한 사항

⑶ 공청회의 주재자·발표자 선정 등

법은 공청회의 주재자에 관하여 '당해 공청회의 사안과 관련된 분야에 전문적 지식이 있거나 그 분야에서 종사한 경험이 있는 자' 중에서 행정청이 지명 또는 위촉하도록 하여(§ 38의3 ①), 행정청 소속 공무원이나 공무원이 아닌 자도 공청회의 주재자가 될 수 있도록 융통성을 부여하고 있다.

공청회의 발표자는 발표를 신청한 자 중에서 행정청이 선정한다(§ 38의3 ② 본문). 다만, 발표 신청자가 없거나 공청회의 공정성 확보를 위하여 필요하다고 인정하는 경우에는 다음 각 호의 사람 중에서 지명 또는 위촉할 수 있다(§ 38의3 ② 단서).

1. 당해 공청회의 사안과 관련된 당사자 등
2. 당해 공청회의 사안과 관련된 분야에 전문적 지식이 있는 자
3. 당해 공청회의 사안과 관련된 분야에서 종사한 경험이 있는 자

행정청은 공청회의 주재자 및 발표자를 지명 또는 위촉하거나 선정함에 있어 공정성이 확보될 수 있도록 하여야 한다(§ 38의3 ③).

공청회의 주재자・발표자 그 밖의 자료를 제출한 전문가 등에 대하여는 예산의 범위 안에서 수당・여비 그 밖에 필요한 경비를 지급할 수 있다(§ 38의3 ④).

(4) 공청회의 진행

공청회의 주재자는 공청회를 공정하게 진행하여야 하며, 공청회의 원활한 진행을 위하여 발표내용을 제한할 수 있고, 질서유지를 위하여 발언중지, 퇴장명령 등 행정자치부장관이 정하는 필요한 조치를 할 수 있다(§ 39 ①).

발표자는 공청회의 내용과 직접 관련된 사항에 한하여 발표하여야 하며(§ 39 ②), 공청회의 주재자는 발표자의 발표가 끝난 후에는 발표자 상호간에 질의 및 답변을 할 수 있도록 하고, 방청인에 대하여도 의견을 제시할 기회를 주어야 한다(§ 39 ③).

(5) 전자공청회

2007년 5월 17일의 개정법률은 제38조의2를 신설하여 전자공청회제도를 도입하였다. 이에 따라 정보통신망을 이용한 전자공청회를 의견수렴수단으로 활용할 수 있는 길이 열리게 되었다. 다만, 법은 전자공청회를 제38조에 따른 공청회와 병행해서만 실시할 수 있도록 하여(§ 38의2 ①) 그 실시에 따른 부작용이나 위험을 미리 회피하려는 신중한 태도를 취하고 있다.

행정청은 전자공청회를 실시하는 경우 의견제출 및 토론 참여가 가능하도록 적절한 전자적 처리능력을 갖춘 정보통신망을 구축・운영하여야 하며(§ 38의2 ②), 전자공청회를 실시하는 경우에는 누구든지 정보통신망을 이용하여 의견을 제출하거나 제출된 의견 등에 대한 토론에 참여할 수 있다(§ 38의2 ③).

그 밖에 전자공청회의 실시방법 및 절차에 관하여 필요한 사항은 대통령령으로 정하도록 위임되어 있다(§ 38의2 ④).

(6) 공청회 및 전자공청회 결과의 반영

법은 제39조의2에서 행정청은 처분을 함에 있어 공청회・전자공청회 및 정보통신망 등을 통하여 제시된 사실 및 의견이 상당한 이유가 있다고 인정하는 경우에는 이를 반영하여야 한다고 규정하고 있다(§ 39의2). 이 조항을 근거로 공청회 결과(여기서는 '청회・전자공청회 및 정보통신망 등을 통하여 제시된 사실 및 의견'을 말한다. 이하 같다.)의 법적 구속력이 인정된다고 볼 수 있을지는 의문이다. 무엇보다도 공청회・전자공청회 및 정보통신망 등을 통하여 제시된 사실 및 의견이 상당한 이유가 있다고 인정하는 경우에만 이를 반영하도록 하고 있고, 또 반영하여야 한다고 하지만 어떻게 어떤 기준에 따라 반영하여야 하는지가 모호하게 되어 있기 때문이다. 그런 뜻에서 반영요건의 판단이나 그 요건충족 시 반영의 태양에 관하여 행정청의 재량이 성립한다고 볼 여지가 충분하고 법적 구속력을 인정하기는 현실적으로 매우 어려울 것으로 예상된다. 다만, 재량이 인정된다 할지라도, 경우에 따라서는 공청회 결과를 전혀 고려조차 하지 아니하거나 상당한 이유가 있다고 인정되는 경우임에도 불구하고 정반대되는 결론을 내리는 등 전혀 반영하지 아니하였다고 판단되는 경우에는, 사후적으로 재량의 일탈・남용을 이유로 처분의 위법성이 인정될 여지가 있을 것이다.

7. 처분의 방식 · 정정 및 고지

7.1 처분의 방식

법은 처분을 원칙적으로 문서로 하도록 명시하고 있다. 즉 행정청이 처분을 하는 때에는 다른 법령 등에 특별한 규정이 있는 경우를 제외하고는 문서로 하여야 하며, 전자문서로 하는 경우에는 당사자 등의 동의가 있어야 한다. 다만, 신속을 요하거나 사안이 경미한 경우에는 구술 기타 방법으로 할 수 있으며 이 경우 당사자의 요청이 있는 때에는 지체 없이 처분에 관한 문서를 주어야 한다(§ 24 ①). 처분은 국민의 권리의무에 직접적인 영향을 주는 것이므로 그 명확성을 기할 필요가 있어 처분을 다른 법령에 특별한 규정이 있는 경우를 제외하고는 문서로써 하도록 한 것이다. 그러나 그 종류나 사안의 경중을 묻지 아니하고 모든 처분을 문서로써 하도록 하는 것은 행정청에게 지나친 형식성을 요구함으로써 행정의 능률을 저해할 우려가 있다. 따라서 처분을 당사자의 동의가 있는 것을 조건으로 전자문서로 처리할 수 있도록 하는 한편, 신속을 요하거나 사안이 경미한 경우에는 구술 기타 방법으로 할 수 있도록 예외를 인정할 필요가 있다. 여기서 '구술 기타 방법'이란 규정을 둔 것은 전신, 전화는 물론 모사전송(facsimile), 컴퓨터에 의한 전자통신(E-mail) 등 급속한 속도로 발전되고 있는 정보통신 기술에 의한 방법들을 활용할 수 있는 여지를 남기기 위한 것이다.[67] 그러나 그 경우에도 당사자 등의 요청이 있는 때에는 지체 없이 관계문서를 교부하도록 함으로써 당사자 등에게 법적 불안을 극복할 수 있는 방법을 부여하였다. 다만, 전신, 전화, 모사전송, 컴퓨터에 의한 전자통신 등과 같은 방법으로 행정처분을 하는 경우에는 당사자 등, 즉 그 상대방이나 이해관계인이 행정처분이 있었는지를 모를 우려가 있으므로 제24조 제1항 제2문

67) 입법론적으로는 독일행정절차법(Verwaltungsverfahrensgesetz: VwVfG) 제37조 제4항처럼 컴퓨터 등 자동장치에 의한 행정처분에 관한 특칙을 규정하는 방안을 검토해 볼 필요가 있다.

의 규정은 엄격히 해석되어야 할 것이다. 가령 당사자 등의 명시적인 반대 의사가 표명된 경우에는 행정처분을 구술 기타의 방법으로 할 수 없다고 보아야 할 것이다.

행정절차법은 처분을 하는 문서에는 그 처분행정청 및 담당자의 소속·성명과 연락처(전화번호·모사전송번호·전자우편주소 등을 말한다)를 기재하도록 의무화하여 '처분실명제'를 도입하였다(§ 24 ②).

행정청은 처분에 오기·오산 기타 이에 준하는 명백한 잘못이 있는 때에는 직권 또는 신청에 의하여 지체 없이 정정하고 이를 당사자에게 통지하여야 한다(§ 25). 처분이 행정절차법의 규준에 따라 법적 구속 하에 행해진 경우에도 오기나 오산 그 밖의 명백한 오류가 있는 경우가 있을 수 있다. 이 경우 그러한 오류를 시정할 기회가 주어지지 않는다면 행정청은 잘못된 처분을 그대로 유지해야 하고 당사자 등은 이에 따라 자신들의 권리의무관계에 법적 영향을 받는다는 불합리한 결과가 된다. 그리하여 법은 오기나 오산 그 밖의 명백한 오류에 관하여는 이를 시정할 기회가 주어져야 한다는 이유에서 처분의 정정권을 부여하고 있다. 여기서 처분을 정정한 때에는 이를 당사자에게 통지해야 할 의무를 부과한 것은 만일 행정처분의 정정사실을 통지하지 않으면 그 정정된 내용대로 효력이 발생하지 못하게 될 것이기 때문이다.

7.2 처분의 고지

법은 제26조에서 행정심판법에 의해 규정된 것과 유사한 내용의 불복신청의 고지제도를 원용하고 있다. 즉, 행정청이 처분을 하는 때에는 당사자에게 그 처분에 관하여 행정심판 및 행정소송을 제기할 수 있는지 여부, 기타 불복을 할 수 있는지 여부, 청구절차 및 청구기간 기타 필요한 사항을 알려야 한다. 이는 당사자가 권리구제의 기회를 가질 수 있도록 배려한 것이다.

8. 처분이유의 제시

8.1 처분이유제시제도의 의의

행정절차법은 처분이유제시제도를 도입하였다. 이것은 종래 '이유부기'라고 지칭되었던 행정절차제도의 가장 핵심적인 요소를 이루는 제도다.[68)] 처분이유제시제도는 처분을 발령하게 된 기초가 된 법적·사실적 근거를 처분에 제시(부기)하도록 하는 제도를 말한다. 무엇보다도 처분을 받은 국민이 처분의 이유를 손쉽게 또 명확히 알 수 있어야만 그 처분에 따른 권리를 행사하거나 의무를 이행할 수 있게 될 뿐만 아니라 그에 대한 불복방법을 강구할 수 있게 되기 때문이다. 특히 재량처분에 있어 처분이유제시제도는 행정의 공정타당성을 확보해 줄 수 있는 핵심적 수단이 된다. 이 제도는 행정청으로 하여금 그 처분의 법적·사실적 근거를 명시하도록 함으로써 행정청의 자의적 결정이 이루어질 수 있는 여지를 배제하는 동시에 처분청과 감독청으로 하여금 스스로 처분의 적법타당성을 재심사하도록 하고(통제기능: Kontrollfunktion), 처분의 상대방 기타 이해관계인으로 하여금 이를 기초로 하여 차후 행정구제절차에 대처할 수 있도록 하며(권리구제 기능: Rechtsschutzfunktion), 처분에 대한 행정쟁송에서 행정심판기관이나 법원으로 하여금 처분의 근거가 된 법적·사실적 관점을 검토하고 그 적법타당성을 최종적으로 확인할 수 있도록 해 준다(해명 기능: Klarstellungsfunktion). 아울러 이유제시제도는 처분을 그 법적·사실적 근거와 절차적으로 결합시킴으로써 그 적법·타당성을 확보하는 기능, 행정행위의 상대방으로 하여금 행정행위의 법적·사실적 근거와 그에 관한 행정청의 견해를 평가할 수 있도록 함으로써 처분의 정당성을 받아들이도록 하는 설득기능(Befriedungsfunktion), 청문을 실질적으로 보강하는 기능 등을 가진다.[69)]

---

68) 이에 관하여는 류지태, 「행정절차로서의 이유부기의무」, 『고시계』 1997.7., 46－59를 참조.

69) 이에 관하여는 홍준형·김성수·김유환, 『행정절차법제정연구』; 류지태, 앞의 글, 47 및

8.2 이유제시의무의 내용

(1) 이유제시의 대상과 시기

행정절차법은 행정청으로 하여금 처분을 함에 있어 다음과 같은 경우를 제외하고는 당사자에게 그 근거와 이유를 제시하도록 의무화하고 있다(§ 23 ①).

1. 신청내용을 모두 그대로 인정하는 처분인 경우
2. 단순·반복적인 처분 또는 경미한 처분으로서 당사자가 그 이유를 명백히 알 수 있는 경우
3. 긴급을 요하는 경우

여기서 말하는 처분은 제23조 제1항의 문언상 권리를 제한하거나 의무를 부과하는 행위, 즉 부담적 행정행위에 국한되지 않으며, 수익적 행정행위 및 복효적 행정행위 등을 포함하는 것으로 해석된다.[70] 다만, 위와 같은 예외적인 경우에는 이유제시제도의 취지에 비추어 이유를 제시해야만 할 필요가 없다고 보아 이유제시의무를 면제한 것이다. 물론 그러한 경우 이유제시를 할 의무는 없을지라도 이유를 제시하는 것은 무방하다.

처분의 이유는 처분을 할 때 처분과 함께 제시되어야 한다. 그렇게 보아야만 이유제시제도의 취지를 제대로 살릴 수 있는 것이므로 사후적인 이유

그곳에 인용된 문헌을 참조.

70) 류지태 교수(앞의 글, 48)는 이유제시의무의 대상을 '원칙적으로 부담적 행정행위'로 보고, "그 내용 면에서 당사자에게 불이익하지 않은 처분발령 시, 즉 당사자의 신청내용을 모두 그대로 인정하는 행정행위나 수익적 행정행위는 그 대상이 되지 않는다(행정절차법 제23조 제1항 1호 참조)"고 기술하고 있다. 그러나 '당사자의 신청내용을 모두 그대로 인정하는 행정행위'는 제23조 제1항 1호의 규정에 의하여 이유제시의무가 면제되는 것으로 볼 수 있으나, '수익적 행정행위'를 이유제시의 대상에서 제외되는 것으로 보는 것은 법적 근거가 없다. 뿐만 아니라 법이 '당사자의 신청내용을 모두 그대로 인정하는 행정행위'를 이유제시의 대상에서 제외시킨 것을 반대해석하면 '당사자의 신청내용을 일부라도 부인 또는 거부하는 행정행위'는 그 대상이 된다는 결과가 되며, 수익적 행정행위가 그러한 행위에는 해당된다는 것은 분명하다. 따라서 수익적 행정행위의 경우 '당사자의 신청내용을 모두 그대로 인정하는' 경우를 제외하고는 이유제시의 대상이 된다고 보아야 한다.

제시는 부적법하다고 보아야 할 것이다. 즉 처분 시에 이유를 제시하지 않았다가 처분 후에 이유를 제시해도 법 제23조의 규정에 의한 이유제시의무를 다한 것이 되지는 않는다.

앞에서 본 바와 같이 단순·반복적인 처분 또는 경미한 처분으로서 당사자가 그 이유를 명백히 알 수 있는 경우와 긴급을 요하는 경우에는 제23조 제1항 제2호 및 제3호에 의하여 이유제시를 할 필요가 없다. 그러나 법은 이러한 경우에도 처분 후 당사자가 요청하는 경우에는 그 근거와 이유를 제시하여야 한다고 규정하여 예외적인 사후적 이유제시의무를 부과하고 있다(§ 23 ②). 그러나 이것은 어디까지나 예외적으로 사후적 이유제시의무가 부과되는 경우이므로, '사후에 상대방의 요구가 있는 경우 이유를 제시하여야 한다'는 식으로 일반화되어서는 아니 된다.[71]

(2) 이유제시의 방식

이유제시의 방식을 문서로 하여야 하는지 아니면 구술로도 할 수 있는지에 관하여 법은 명시적 규정을 두고 있지 않다. 그러나 이유제시는 어디까지나 처분과 함께 하는 것이고 그 내용 면에서도 처분의 법적·사실적 근거를 제시하는 것이므로, 당해 처분의 방식에 의존하는 것이라고 봄이 타당하다. 따라서 처분의 방식에 관한 법 제24조 제1항의 규정에 의하여 다른 법령 등에 특별한 규정이 있는 경우 외에는 처분을 문서로 하도록 되어 있

71) 류지태 교수(앞의 글, 49)는 행정절차법 제23조 제2항을 원용하여 "처분 당시에 여러 가지 사정으로 이유를 부기할 수 없었던 상황이었다고 하더라도, 사후에 상대방이 이유제시를 요구하는 경우에는 행정기관은 사후에 이유를 제시하여야 한다"고 사후적 이유제시의 가능성을 일반화하고 있다. 그러나 제23조 제2항은 동 제1항 제2호 및 제3호에 의하여 이유제시의무가 면제되는 경우였으나 사후에 당사자가 이유제시를 요구하는 경우에 관한 것이지, "처분 당시에 여러 가지 사정으로 이유를 부기할 수 없었던 상황이었다고 하더라도, 사후에 상대방이 이유제시를 요구하는 경우"에 관한 것은 아니다. 법은 이유제시의 시기를 처분 시로 하되, 단지 이유제시의무가 면제되는 경우 중 제23조 제1항 제2호 및 제3호의 경우에 한하여 사후에 당사자의 요구를 조건으로 사후적 이유제시의무를 부과하고 있는 것이다.

는 이상, 이유제시도 당해 처분을 하는 방식인 문서로 하여야 한다고 본다. 그러한 경우 이유는 당해 처분의 방식인 문서의 내용에 포함시켜 제시하는 것이 합목적적일 것이다. 마찬가지로 신속을 요하거나 사안이 경미한 경우에 구술 기타 방법으로 처분을 하는 경우에는 이유제시 역시 그러한 방식에 따르며, 이 경우 당사자의 요청이 있어 지체 없이 처분에 관한 문서를 교부하여야 하는 경우에도 당해 문서에 이유가 제시되어야 한다고 보아야 할 것이다(§ 24 ① 후단).

(3) 이유제시의 정도

법은 이유제시의무의 내용으로서 "근거와 이유"를 제시하도록 하고 있는데 여기서 '근거'와 '이유'의 개념을 둘러싸고 논란의 여지가 없지 않다.[72] 행정절차법이 '근거'와 '이유'의 개념을 엄밀히 구별하여 규정한 것인지는 분명하지 않다. 1987년의 법안은 '행정처분의 법적 근거와 사실상의 이유'를 제시하도록 하였고(§ 23), 총무처의 1994년시안은 '법률상 · 사실상의 이유'를 제시하도록 하고 있었다. 이렇게 볼 때 법 제23조가 규정한 '근거와 이유'는 결국 '처분을 하게 된 법적 근거와 사실상의 이유'를 의미하는 것으로 통합적으로 해석하는 것이 바람직하다고 본다. 일본 행정절차법의 경우 거부처분과 불이익처분에 관하여 '이유'의 제시를 요구하고 있고(§ 8 ①, § 14 ①), 독일 행정절차법 서면에 의한 행정행위 또는 서면에 의하여 확정된 행정행위에 대하여 '이유'의 제시를 요구하고 있는 것(§ 39 ①)으로 보아, '근거'와 '이유' 양자를 엄밀히 구별할 실익은 없다고 보는 것이 자연스러운 해석이므로, 이를 통틀어 '처분이유'라고 부르는 것이 타당할 것이다.

처분을 함에 있어 제시되어야 할 이유가 얼마나 구체적이고 상세해야 하느냐에 관하여 행정절차법은 침묵하고 있다. 그러나 이유제시제도의 본래적 취지에 비추어 볼 때, 적어도 처분의 상대방 기타 이해관계인이 이를 기초로 하여 차후 행정구제절차에 대처할 수 있고, 또 처분에 대한 행정쟁

72) 류지태, 앞의 글, 50－51.

송에 있어 행정심판기관이나 법원이 처분의 근거가 된 법적·사실적 관점을 검토하여 그 적법타당성을 최종적으로 확인할 수 있을 정도로 구체적이어야 한다고 보아야 할 것이다. 처분의 근거법령, 해당 조항 및 문언, 그리고 당해 근거법조를 적용하게 된 원인사실 및 포섭(Subsumtion)의 경위가 명시되어야 하며, 재량행위의 경우 재량행사의 전후과정이 제시되어야 할 것이다. 물론 사실적 이유에 관한 한, 처분을 하게 된 사정 전부에 대하여 일일이 근거를 제시할 필요는 없으며, 주로 법률요건해당사실(주요사실)의 골자만 제시하면 될 것이라고 본다.

판례

면허의 취소처분에는 그 근거가 되는 법률이나 취소권유보의 부관 등을 명시하여야 함은 물론 처분을 받은 자가 어떠한 위반사실에 대하여 당해 처분이 있었는지를 알 수 있을 정도로 사실을 적시할 것을 요하며, 이와 같은 취소처분의 근거와 위반사실의 적시를 빠뜨린 하자는 피처분자가 처분 당시 그 취지를 알고 있었다거나 그 후 알게 되었다 하여도 치유될 수 없다고 할 것인바, 세무서장인 피고가 주류도매업자인 원고에 대하여 한 이 사건 일반주류도매업면허취소통지에 "상기 주류도매장은 무면허 주류판매업자에게 주류를 판매하여 주세법 제11조 및 국세법사무처리규정 26조에 의거 지정조건위반으로 주류판매면허를 취소합니다."라고만 되어 있어서 원고의 영업기간과 거래상대방 등에 비추어 원고가 어떠한 거래행위로 인하여 이 사건 처분을 받았는지 알 수 없게 되어 있다면 이 사건 면허취소처분은 위법하다.[73]

한편, 대법원은 당사자가 근거규정 등을 명시하여 신청하는 인·허가 등을 거부하는 처분을 함에 있어 당사자가 그 근거를 알 수 있을 정도로 상당

73) 대법원 1990.9.11. 선고 90누1786 판결(공883. 2102(15)). 참조 평석: 송동원, 「면허등의 취소처분에 명시하여야 할 이유기재의 정도와 그 취지」, 『대법원판례해설』 14, 327; 대법원 1984.7.10. 선고 82누551 판결; 1987.5.26. 선고 86누788 판결.

한 이유를 제시한 경우에는 당해 처분의 근거 및 이유를 구체적 조항 및 내용까지 명시하지 않았더라도 그로 말미암아 그 처분이 위법한 것이 될 수 없다고 판시함으로써 거부처분의 경우 그 이유제시 정도를 그 이외의 불이익처분의 경우보다 완화한 바 있었고,[74] 이후 2007.5.10. 선고 2005두13315판결에서도 동일한 법리를 재확인하고 있다.

> 행정절차법 제23조 제1항은 "행정청은 처분을 하는 때에는 당사자에게 그 근거와 이유를 제시하여야 한다."라고 규정하고 있는바, 일반적으로 당사자가 근거규정 등을 명시하여 신청하는 인·허가 등을 거부하는 처분을 함에 있어 당사자가 그 근거를 알 수 있을 정도로 상당한 이유를 제시한 경우에는 당해 처분의 근거 및 이유를 구체적 조항 및 내용까지 명시하지 않았더라도 그로 말미암아 그 처분이 위법한 것이 된다고 할 수 없다(대법원 2002.5.17. 선고 2000두8912 판결 참조).
>
> 이러한 법리에 비추어 기록을 살펴보면, 이 점과 관련된 원심의 다음과 같은 판단, 즉 피고가 이 사건 주택건설사업계획 승인신청의 일괄처리사항에 포함된 토지형질변경허가를 구체적으로 언급하면서 그 신청을 반려한 이 사건 처분에 있어서 그 처분이 있기까지의 경과에 비추어 보면 원고로서는 도시계획위원회 심의 결과 녹지보전 등의 사유로 토지형질변경을 불허한다는 결정을 하고 이에 따라 피고가 구 주택건설촉진법 제33조 제1항에 의하여 이 사건 신청을 반려한 것임을 충분히 알 수 있었다고 할 것이므로 피고가 근거 규정을 구체적으로 표시하지 않았다고 하여 그 처분 자체를 위법하다고 할 수 없다는 원심의 판단 역시 정당한 것으로 충분히 수긍할 수 있고, 따라서 이 부분 원심판결에 행정처분의 근거와 이유 제시의무에 관한 법리오해의 위법이 없다.[75]

---

74) 대법원 2002.5.17. 선고 2000두9812 판결. 이에 대한 평석으로 조해현, 「행정처분의 근거 및 이유제시의 정도」, 『행정판례연구』 8집, 2003.12., 123-144; 김철용, 「처분이유제시의 정도: 대상판결 대법원 2002.5.17. 선고 2000두9812 판결」, 『인권과 정의』 2009.8., 96이하 등을 참조.

75) 대법원 2007.5.10. 선고 2005두13315 판결(주택건설사업계획승인신청서반려처분취소 공2007.6.15.(276), 902). 김철용 교수는 처분이유제시의 유형화의 위험(Gefahr der Schematisierung)이란 관점에서 이 판결을 비판한다(『행정법 I』, 제13판, 2010, 407).

8.3 이유제시의 하자와 그 법적 효과

(1) 개설

이유제시의 하자, 즉 법 제23조가 요구하는 이유제시의무를 준수하지 않은 경우 그 법적 효과가 문제된다. 이유제시의무를 위반한 경우로는 행정청이 소정의 이유제시를 하지 않은 경우(형식적 하자)와 이유를 제시하기는 하였으나 제시한 이유가 내용면에서 당해 처분의 적법성을 뒷받침할 수 없는 것으로 판명된 경우(내용적 하자)를 말한다.

(2) **이유제시를 하지 않은 경우**

행정청이 처분 시 법 제23조 소정의 이유제시를 하지 아니한 경우 그것이 당해 처분을 위법한 것으로 만드는지, 또 사후에 이유제시를 추완할 수 있는지가 문제된다.

먼저, 행정절차법 제23조의 규정에 따른 이유제시를 하지 아니한 경우, 그것은 명백한 법률위반으로서 당해 처분을 위법한 처분으로 만드는 결과를 가져온다고 보아야 할 것이다. 이유제시를 전혀 결여한 처분은 경우에 따라 무효라고 볼 여지도 있다.[76)]

> 대법원은 이미 앞에서 본 바와 같이 "청문절차 없이 어떤 행정처분을 한 경우에도 관계법령에서 청문절차를 시행하도록 규정하지 않고 있는 경우에는 그 행정처분이 위법하게 되는 것이 아니라고 할 것"[77)]이라는 견지에서 '훈령에 따라 시행된 행정절차운영지침에 의하면 행정청이 공권력을 행사하여 국민의 구체적인 권리 또는 의무에 직접적인 변동을 초래하게 하는 행정처분을 하고자 할 때에는 미리 당사자에게 행정처분을 하고자 하는 원인이 되는 사실을 통지하여 그에 대한 의견을 청취한 다음, 이유를 명시하여 행정처분을 하여야 한다고 규정되어 있으나, 이는 대외적 구속력을 가지는 것이 아니므로, 시장이 건조물 소유자의 신청이 없는 상태에서 소유자의 의견을 듣지 아니하고 건조물

76) 최송화 외, 『법치행정과 공익』, 박영사, 2002, 310; 김철용, 『행정법 I』(제13판), 2010, 407.
77) 대법원 1994.3.22. 선고 93누18969 판결(공94.5.15. 968(39)).

을 문화재로 지정하였다고 하여 위법한 것이라고 할 수 없다"고 판시한 바 있으나,[78] 행정절차법이 제정된 이상 그에 의거하여 요구되는 행정절차를 거치지 않고 행한 처분이 위법이라는 점은 의문의 여지가 없다.

둘째, 이러한 이유제시의무의 흠결을 사후에 치유할 수 있는가에 관하여는(처분이유의 사후추완: Nachholen der Begründung) 학설상 논란되고 있다. 하자의 치유를 인정하면 당해 절차가 가지는 절차법적 의의가 제대로 평가되지 못하는 결과가 된다는 이유에서 하자의 치유가능성을 부정하는 견해[79]에 대하여 행정절차의 절차법적 의미와 실체법적 관련성을 함께 고려해야 한다는 견지에서, 일반적으로 하자의 치유를 인정할 수 있는 것은 아니지만, 일정한 조건하에 하자의 치유가 허용되는 것으로 보아야 한다고 주장한다(제한적 긍정설).[80] 생각건대 행정절차법 제23조 제1항과 제2항을 통해 어디에도 이유제시의무를 이행하지 않은 경우 사후추완을 통한 하자의 치유를 인정하는 근거는 발견되지 않는다. 물론 이유제시를 하지 않은 하자의 치유를 일정한 조건하에 인정하여야 할 필요가 있다고 하더라도, 모처럼 행정절차법 제정을 통해 구체화된 이유제시의무를 이행하지 않은 경우에 사후추완의 여지를 남기는 것이 바람직한지는 의문이다. 또한 그러한 하자치유의 조건을 구체화하기 위해서는 보다 명확한 입법권자의 의사가 있어야 할 것이라는 이유에서, 제한적으로 하자의 치유가능성을 인정하는 데 문제가 없지는 않다고 생각한다. 이에 대한 판례의 입장은 반드시 명확하지는 않지만, 다음 판례들은 대법원이 이에 대해 부정적인 입장을 취한 듯한 인상을 준다.

78) 대법원 1994.8.9. 선고 94누3414 판결(공94.9.15. 976(22)).

79) 서원우, 「행정상의 절차적 하자의 법적 효과」, 『서울대학교 법학』 1986.9., 50.

80) 가령 류지태, 앞의 글, 54－55. 여기서 류지태 교수는 ⓐ 행정기관 스스로에 의한 추완행위가 있을 것, ⓑ 일정한 시간적 한계 하에서만 인정될 것, ⓒ 하자추완행위의 소급효의 제한, ⓓ 하자추완행위로 인하여 당사자에게 불이익이 없을 것을 요건으로 제시하고 있다.

판례

허가의 취소처분에는 그 근거가 되는 법령이나 취소권유보의 부관 등을 명시하여야 함은 물론 처분을 받은 자가 어떠한 위반사실에 대하여 당해처분이 있었는지를 알 수 있을 정도의 사실의 적시를 요한다고 할 것이므로 이와 같은 취소처분의 근거와 위반사실의 적시를 빠뜨린 하자는 피처분자가 처분당시 그 취지를 알고 있었다거나 그 후 알게 되었다고 하여도 이로써 치유될 수는 없다.[81]

허가의 취소처분에는 그 근거가 되는 법령과 처분을 받은 자가 어떠한 위반사실에 대하여 당해처분이 있었는지를 알 수 있을 정도의 위 법령에 해당하는 사실의 적시를 요한다고 할 것이고 이러한 사실의 적시를 흠결한 하자는 그 처분 후 적시되어도 이에 의하여 치유될 수는 없다고 할 것이다.[82]

다만 하자의 치유에 관하여 대법원은 "행정행위가 이루어진 당초에 그 행정행위의 위법사유가 되는 하자가 사후의 추완행위 또는 어떤 사정에 의하여 보완되었을 경우에는 행정행위의 무용한 반복을 피하고 당사자의 법적 생활안정을 기한다는 입장에서는 이 하자는 치유되고 당초의 위법한 행정행위가 적법·유효한 행정행위로 전환될 수 있으나" "행정행위의 성질이나 법치주의의 관점에서 볼 때 하자 있는 행정행위의 치유는 원칙적으로 허용될 수 없는 것일 뿐만 아니라 이를 허용하는 경우에도 국민의 권리와 이익을 침해하지 않는 범위에서 구체적 사정에 따라 합목적적으로 가려야 한다"는 입장을 표명해 오고 있으므로[83] 이러한 판례가 처분이유제시의무의 불이행이라는 절차상 하자에 대해서도 그대로 적용될 것인지 여부가 주목된다.

81) 대법원 1987.5.26. 선고 86누788 판결(공804, 1092(39)).

82) 대법원 1984.7.10. 선고 82누551 판결(공737, 1483(7가) 집32(3특), 462).

83) 대법원 1983.7.26. 선고 82누420 판결(법인세등부과처분취소: 집31(4) 특105, 공1983, 1352); 동지 대법원 1991.5.28. 선고 90누1359 판결.

(3) 처분이유의 내용에 하자가 있는 경우

반면 처분이유가 처분을 정당화하는 데 불충분하거나 부적합한 경우 행정절차법상의 이유제시의무는 준수되었다 할지라도 당해 처분이 위법하다는 결과가 된다. 즉 이유의 위법이라는 결과가 되는 것이다. 이 경우 역시 처분이유로 잘못 제시된 사실상의 근거나 법적 근거를 변경함으로써 하자의 치유를 인정할 수 있느냐 하는 문제(처분의 근거변경: Nachschieben von Gründen)가 제기된다. 처분사유의 사후변경(추가 · 변경)의 허용여부에 대하여는 이를 원칙적으로 긍정하는 것이 일반적이다. 물론 우리 행정소송법에 이에 관하여 지침이 될 만한 규정은 없으나, 학설은 이를 허용되는 것으로 보고 있다.

독일에서도 처분사유의 변경은 허용된다는 것이 판례와 통설의 태도다.[84)] 즉 행정청은 행정행위를 발한 이후 그리고 경우에 따라서는 행정심판의 재결 이후에도 처분 시에 존재했던 처분사유를 변경함으로써 결여된 처분사유를 추완할 수 있으며, 당초의 처분이 내용적으로 변경되지 않고 그 상대방이나 이해관계인의 권리방어가 저해되지 않은 한, 주어진 처분사유를 보완할 수 있는 것으로 이해되어 왔다.[85)] 그러나 1996년 개정된 행정절차법 제45조 제2항에 따라 처분사유의 추완은 행정소송절차의 종료 시까지 허용되게 되었다. 또한 이 규정을 소송적 관점에서 보완한 제6차 행정법원법 개정법률(6. VwGOÄndG)에 의해 행정소송 진행 중 하자의 추완은 더욱 용이하게 되었다. 즉, 개정된 행정법원법 제87조 제1항 제2문 제7호의 규정에 따라 재판장 또는 보고관(Berichtserstatter)은 준비절차가 진행되는 동안 쟁송의 종결이 지연되는 결과가 생기지 않는 경우에는 행정청에게 3월 이내의 기간을 정하여 절차 및 형식의 하자를 치유할 수 있는 기회를 부여할 수 있게 되었고, 나아가 같은 법 제94조 제2문의 규정에 따라 행정법원은 신청에 의하여 절차 및 형식의 하자에 대

84) Erichsen, *Allg, VerwR*, § 38 IV, Rn.40, S.488. 그리고 같은 곳 각주 81에 인용된 판례와 문헌; Hufen, *Verwaltungsprozeßrecht*, § 24, Rn.22. 반대설: Schenke, *NVwZ*, 1988, 1; ders., *Verwaltungsprozeßrecht*, 1993, 195ff.

85) Erichsen, § 38 IV, Rn.40, S.488.

한 변론을 정지시킬 수 있게 되었다. 그리고 1996년의 개정법률에 의해 신설된 행정법원법 제114조 제2문의 규정은 이른바 재량의 보충(Ermessensergänzung)을 허용하였다. 이에 따라 행정청은 재량행위의 경우에도 그 재량의 형량을 행정소송의 절차에서 보완할 수 있게 되었다.

이처럼 행정법원법 제87조 제1항 제7호에 의하여 행정소송의 절차준비과정에서 행정청에게 절차하자를 추완할 수 있는 기회를 부여할 수 있는 가능성, 그리고 제94조 제2문의 규정에 의하여 당사자(Beteiligte)의 신청에 따라 그러한 목적으로 소송절차를 정지할 수 있는 가능성을 인정한 것은 소송절차 촉진에 대한 법원의 의무에 부합하는 것이라고 볼 수 있다. 그러나 그렇다고 거기에 전혀 문제가 없는 것은 아니다. 국민의 입장에서 볼 때 자칫 법원과 행정청이 상호협력관계를 맺는 것과 같은 인상을 가지기 쉽기 때문이다.[86] 한편 절차하자가 소송계속 중 치유되어 승소의 가능성이 상실되는 경우 소송을 제기한 원고는 행정법원법 제161조 제2항의 규정에 따라 소송절차의 종료(Erledigung des Verfahrens)를 선언하고 소송비용을 행정청에게 부담시키는 판결을 신청할 수 있다.

대법원의 판례 역시 '당초 처분의 근거로 삼은 사유와 기본적 사실관계가 동일하다고 인정되는 한도 내에서'라는 조건하에서 그 허용성을 인정하고 있다.[87]

판례

[1] 행정처분의 취소를 구하는 항고소송에 있어서, 처분청은 당초처분의 근거로 삼은 사유와 기본적 사실관계가 동일성이 있다고 인정되는 한도 내에서만 다른 사유를 추가하거나 변경할 수 있을 뿐, 기본적 사실관계와 동일성이 인정되지 않는 별개의 사실을 들어 처분사유로서 주장함은 허용되지 아니한다.

86) Maurer, *Allgemeines Verwaltungsrecht*, 11.Aufl., 1997, § 10 Rn.39.

87) 대법원 1989.12.8. 선고 88누9299 판결.

> [2] 주류면허 지정조건 중 제6호 무자료 주류판매 및 위장거래 항목을 근거로 한 면허취소처분에 대한 항고소송에서, 지정조건 제2호 무면허판매업자에 대한 주류판매를 새로이 그 취소사유로 주장하는 것은 기본적 사실관계가 다른 사유를 내세우는 것으로서 허용될 수 없다.[88]

이에 관하여는 처분의 근거변경의 허용여부를 일률적으로 판단할 수는 없고, 처분의 근거변경을 허용함으로 인하여 원고인 당사자가 별도의 불이익을 받아서는 아니 된다는 기본적인 한계가 준수되어야 하며, 이러한 관점에서 재량행위를 제외하고는 원칙적으로 허용되는 것으로 보는 견해[89]가 주장되고 있다. 이 견해는 위의 대법원의 판례에 대하여 기본적 사실관계의 의미가 분명하지 않고, 기속행위와 재량행위의 경우를 구별하지 않고 있다는 점을 비판한다.[90]

생각건대 당초 처분의 근거가 된 사유가 존재하지 않거나 정당화될 수 없어 취소소송에서 행정청이 새로운 사유를 주장하여 처분의 적법성을 주장하는 것을 허용한다면 원고에게 예기치 못한 법적 불안을 초래하는 결과가 되는 반면 법원이 이를 불허하고 취소판결을 내린 경우, 그 이후 행정청이 그 새로운 사유를 근거로 동일한 취지의 처분을 발할 수 있는 이상, 분쟁은 종결되기보다는 다시 새로운 처분에 대한 취소소송을 제기해야 하는 문제가 생긴다. 원고의 입장에서도 이러한 결과는 특히 구처분과 신처분의 시간적 차이로 인한 법적 불안을 의미하게 될 것이므로 바람직하지 못하다. 이렇게 볼 때 일정한 범위 안에서 처분사유의 사유변경을 인정하는 것이 타당하다고 생각한다. 다만 그 허용요건과 한계를 설정하는 것이 문제로 될 것이다.[91]

---

88) 대법원 1996.9.6. 선고 96누7427 판결(공96.10.15.[20], 3032): 참조 대법원 1989.12.8. 선고 88누9299 판결(공1990, 270); 1994.9.23. 선고 94누9368 판결(공1994하, 2877); 1995.10.12. 선고 95누4704 판결(공1995하, 3798).

89) 류지태, 앞의 글, 57.

90) 류지태, 앞의 글, 57－58.

Ⅴ. 신고절차

법은 신고에 관하여 제3장을 할애하여 제40조 제1항에서 법령 등에서 행정청에 대하여 일정한 사항을 통지함으로써 의무가 끝나는 신고를 규정하고 있는 경우, 신고를 관장하는 행정청은 신고에 필요한 구비서류와 접수기관 기타 법령 등에 의한 신고에 필요한 사항을 게시(인터넷 등을 통한 게시를 포함한다)하거나 이에 대한 편람을 비치하여 누구나 열람할 수 있도록 하는 한편, 제40조 제2항에서 적법한 신고를 행정청이 반려하는 일이 있음을 감안하여 "신고가 다음 각 호의 요건을 갖춘 경우에는 신고서가 접수기관에 도달된 때에 신고의 의무가 이행된 것으로 본다"는 규정을 두었다.

1. 신고서의 기재사항에 하자가 없을 것
2. 필요한 구비서류가 첨부되어 있을 것
3. 기타 법령 등에 규정된 형식상의 요건에 적합할 것

이것은 일본행정수속법 제37조와 거의 같은 내용이기는 하지만, 규제완화의 효과를 지향한 타당한 입법이라고 평가된다.[92)]

행정청은 제2항 각호의 요건을 갖추지 못한 신고서가 제출된 경우 지체없이 상당한 기간을 정하여 신고인에게 보완을 요구하여야 하며(§ 40 ③), 신고인이 그 기간 내에 보완을 하지 아니한 때에는 그 이유를 명시하여 당해 신고서를 되돌려 보내야 한다(§ 40 ④).

91) 이에 관하여 상세한 것은 졸저 『행정구제법』의 「처분사유의 추가 · 변경」 부분을 참조.
92) 이에 관하여는 채우석, 「행정절차법에 있어서의 신고」, 『고시계』 1997.7., 70－79를 참조.

Ⅵ. 행정상 입법예고절차

1. 입법예고의 의의

법은 이 「법제업무운영규정」[93] 제15조 내지 제24조에서 새로이 규율되고 있는 입법예고제도를 거의 대부분 그대로 받아들이고 있다. 「법령안입법예고에 관한 규정」이 입법예고에 10개조를 할애하고 있는데 비해 법은 5개 조문으로 이를 단축하여 규율하고 있다. 법은 '96시안에 포함되었던 입법청원에 관한 조항(제52조)을 반영하지 않았다. 「법제업무운영규정」 제24조에 따른 입법의견제출제도를 고려한 결과라고 생각된다.[94]

한편 국회법도 1994년 6월 28일 법개정을 통해 제82조의2를 신설하여 위원회의 심사대상법률안에 대한 입법예고제를 도입하였다. 이에 따르면, 위원회는 심사대상인 법률안에 대하여 그 입법취지・주요내용 등을 국회공보 등에 게재하여 입법예고할 수 있고, 다만, 폐회 중에는 위원장이 간사와 협의하여 예고

93) 종래 시행되어 온 「법령안입법예고에 관한 규정」은 1995년 8월 10일에 공포된 「법제업무운영규정」(대통령령 제14748호)에 의하여 폐지되었다.

94) '96시안 제52조는 헌법 및 청원법에 의하여 당연히 인정되는 입법청원권을 확인한 데 불과한 반면, 「법제업무운영규정」 제24조에 의한 입법의견제출제도는 청원제도와는 별도로 법제처장에게 법령의 정비・개선에 관련되는 입법의견을 제출할 수 있도록 하는 입법의견수렴제도이기 때문이다. 참고로 「법제업무운영규정」은 제19조에서 입법의견의 제출에 관하여 다음과 같이 규정하고 있다:

① 누구든지 법령의 정비・개선에 관련되는 입법의견을 법제처장에게 제출할 수 있다.

② 법제처장은 제1항의 규정에 의하여 제출받은 입법의견을 검토한 후 타당성이 있다고 인정되는 경우에는 소관 중앙행정기관의 장에게 당해 입법의견 및 개선의견을 통보하여야 한다.

③ 제2항의 규정에 의한 통보를 받은 중앙행정기관의 장은 이를 검토한 후 그 결과를 법제처장에게 통보하여야 하며, 필요한 경우에는 입법계획을 수립하고 입법을 추진하여야 한다.

④ 법제처장은 소관 중앙행정기관의 검토결과가 입법에 반영될 수 있도록 필요한 조치를 강구하여야 한다.

할 수 있다. 위원장은 입법예고를 할 때에는 의장에게 미리 보고하여야 하며, 입법예고의 방법·절차 기타 필요한 사항은 국회규칙으로 정하도록 위임되어 있다.

2. 입법예고의 대상

행정절차법 41조 제1항은 행정상 입법예고의 대상을 "입법"으로 정하고 있다. 여기서 "입법"이란 '법령 등을 제정·개정 또는 폐지하는 것'을 말하며(§ 41 ①) "법령 등"이란 법령 또는 자치법규를 말한다(§ 2 ⅰ). 법은 법령 등을 제정·개정 또는 폐지하고자 할 때에는 당해 입법안을 마련한 행정청이 반드시 이를 예고하도록 의무화하고 있다. 다만, 다음 각 호의 하나에 해당하는 경우에는 예고를 하지 아니할 수 있다(§ 41 ① 단서).

1. 입법내용이 국민의 권리·의무 또는 일상생활과 관련이 없는 경우
2. 입법이 긴급을 요하는 경우
3. 상위 법령 등의 단순한 집행을 위한 경우
4. 예고함이 공익에 현저히 불리한 영향을 미치는 경우
5. 입법내용의 성질 그 밖의 사유로 예고의 필요가 없거나 곤란하다고 판단되는 경우

구법은 입법예고의 대상을 '국민의 권리·의무 또는 일상생활과 밀접한 관련이 있는 법령 등'에 한정하였으나, '일상생활과의 밀접한 관련성'이란 기준이 불명확하여 주관행정청이나 국민의 입장에서 무엇이 입법예고대상인지를 잘 알기 어렵다는 비판을 받았다. 이에 따라 현행법에서는 그러한 제한을 떼어내 입법예고의 대상을 일반적인 '법령 등의 제정·개정 또는 폐지'로 넓히고 있다.

한편, 법이 같은 조 제3호에서 '상위 법령 등의 단순한 집행을 위한 경우'를 입법예고의 배제사유의 하나로 규정한 데 대해서는 의문이 있다. 이 조

항은 비록 집행명령에 관한 것이기는 하지만, 실제로 위임명령과 집행명령이 뒤섞여 있어 그 구별이 용이하지 않은 경우가 많고 또 위임입법의 실제상 법률의 실질적 규율사항을 사실상 하위법령으로 규정하는 경우가 빈번하게 발생하기 때문에 사실상 입법예고의 기회를 제한하는 빌미로 작용할 우려도 없지 않다. 또한 행정절차법은 입법예고절차에 있어 국민의 법적 지위와 관련하여 입법예고청구권과 교시청구권 등 국민의 절차 접근 및 참여의 권리를 충분히 구현하지는 못하고 있다. 다만, 2006년 3월 24일 법개정으로 법령 전문 제시요구권은 이를 인정하고 있다. 즉, 행정청은 예고된 입법안의 전문에 대하여 열람 또는 복사의 요청이 있는 때에는 특별한 사유가 없는 한 이에 응하여야 하고(§ 42 ⑤), 다만, 그 경우 복사에 따른 비용을 이를 요청한 자에게 부담시킬 수 있다(§ 42 ⑥).[95]

3. 입법예고의 주체 · 예고방법 · 예고기간 등

입법예고의 주체는 당해 입법안을 마련한 행정청으로 되어 있다(§ 41 ①). 법제처장은 입법예고를 하지 아니한 법령안의 심사요청을 받은 경우에 입법예고를 함이 적당하다고 판단될 때에는 당해 행정청에 대하여 입법예고를 권고하거나 직접 예고할 수 있다(§ 41 ③).

예고방법에 대해서는 제42조가 정하고 있다. 이에 따르면 행정청은 입법안의 취지, 주요내용 또는 전문을 관보 · 공보나 인터넷 · 신문 · 방송 등의 방법으로 널리 공고하여야 한다(§ 42 ①). 한편, 「법제업무운영규정」은 이러한 예고방법을 한층 더 확대하고 있다. 즉, 제15조 제1항에서 "법령안 주관기관의 장은 관보 외에도 신문, 인터넷, 방송, 이해관계가 있는 단체 또는 기관의 간행물 등을 활용하여 입법할 내용을 널리 알리기 위하여 필요한 조치를 강구하여야 한다"고 규정하고 있다. 법령안 주관기관의 장은 입법

95) 법령안 복사에 따른 비용에 관하여는 「공공기관의 정보공개에 관한 법률 시행령」 제17조 제1항 및 제6항의 규정을 준용한다(법제업무운영규정 § 17).

예고를 하는 경우 법령안의 주요내용, 의견제출기관, 의견제출기간, 홈페이지 주소 등을 명시하고, 홈페이지에는 예고할 내용의 전문(신 · 구조문대비표를 포함한다)을 게재하여야 한다(「법제업무운영규정」 § 15 ③). 같은 규정은 한 걸음 더 나아가 제15조 제4항에서 법제처장에게 '법령안의 내용이 국가의 중요정책사항이나 국민생활에 중대한 영향을 미치는 사항을 포함하고 있어 국민에게 이를 널리 예고할 필요가 있는 경우에는 예산의 범위 안에서 인터넷, 일간신문 등에 유료광고를 게재하거나 기타의 방법으로 예고할 수 있도록' 함으로써(§ 15 ④), 입법예고제도를 활성화하려는 법정책적 의지를 분명히 하고 있다.

행정청은 입법예고를 하는 경우, 입법안과 관련이 있다고 인정되는 중앙행정기관, 지방자치단체 그 밖의 단체 등이 예고사항을 알 수 있도록 예고사항의 통지 그 밖의 방법 등으로 알려야 한다(§ 42 ③). 이는 2007년 5월 17일 개정법률에서 신설된 조항으로 「법제업무운영규정」 제15조 제2항의 기본적 내용을 반영한 것이다. 「법제업무운영규정」은 "법령안 주관기관의 장은 당해법령안의 내용에 관하여 관계지방자치단체(특별시 · 광역시 및 도를 말한다)와 직접적인 이해관계가 있다고 인정되는 단체 기타의 자에 대하여 직권 또는 신청에 의하여 예고사항을 통지할 수 있다."라고 규정하여 예고사항의 통지대상을 더욱 확대하고 있다(§ 15 ②).

행정청은 입법예고 대상이 대통령령안인 경우에는 이를 국회 소관 상임위원회에 제출하여야 한다(§ 42 ②).

법은 행정청에게 예고된 입법안에 대하여 전자공청회 등을 통하여 널리 의견을 수렴할 수 있도록 허용하고 있다. 이 경우 제38조의2 제2항부터 제4항까지의 규정을 준용하도록 되어 있다(§ 42 ④). 이 조항 역시 2007년 5월 17일 개정법률에서 신설된 것이다.

입법예고기간은 예고할 때 정하되, 특별한 사정이 없는 한 20일 이상으로 하도록 되어 있다(§ 43).

행정청은 예고된 입법안의 전문에 대하여 열람 또는 복사의 요청이 있는 때에는 특별한 사유가 없는 한 이에 응하여야 하며(§ 42 ⑤), 복사에 따른 비용을 요청한 자에게 부담시킬 수 있다(§ 42 ⑥).

4. 입법예고된 입법안에 대한 의견 제출 및 제출의견의 처리 등

행정절차법은 모든 국민이 예고된 입법안에 대하여 자유롭게 의견을 제출할 수 있도록 하는 한편(§ 44 ①), 행정청은 특별한 사유가 없는 한 이를 존중하여 처리하도록 주문하고 있다(§ 44 ③). 「법제업무운영규정」은 이를 좀 더 구체화하고 있다. 즉, 법령안 주관기관의 장은 입법예고결과 제출된 의견을 검토하여 법령안에의 반영여부를 결정하고 그 처리결과 및 처리이유 등을 지체 없이 의견제출자에게 통지하여야 하며(§ 18 ①), 입법예고결과 제출된 의견 중 중요한 사항에 대하여는 그 처리결과를 법률안 또는 대통령령안의 경우에는 국무회의 상정안에 첨부하고, 총리령안 또는 부령안의 경우에는 법제처장에게 제출하여야 한다(같은 조 ②).

입법안에 대한 공청회에 관하여 행정절차법은 그 실시여부를 주관행정청의 재량에 맡기고 있다(§ 45 ①). 입법안에 관한 공청회에 대해서는 행정처분절차에서의 공청회에 관한 제38조, 제38조의2(전자공청회), 제38조의3, 제39조 및 제39조의2를 준용하도록 하고 있다(§ 45 ②).

5. 자치법규안의 입법예고

한편 행정절차법은 자치법규안의 입법예고에 대하여는 아무런 규정을 두지 않고 있다. 그 대신 「법제업무운영규정」 제20조에서 자치법규안의 입법예고에 대하여 같은 규정 제18조 제1항의 규정을 준용하도록 하고(§ 20 ①), 그 외에 자치법규안의 입법예고에 관한 사항은 조례로 정하도록 위임하고 있다(§ 20 ②).

Ⅶ. 행정예고절차

이것은 구 「행정규제 및 민원사무기본법」 시행령 제45조 내지 제48조에서 규정하고 있었던 행정예고제도를 행정절차로서 수용한 것으로서 법은 행정청으로 하여금 다음 각 호의 하나에 해당하는 사항에 대한 정책·제도 및 계획을 수립·시행하거나 변경하고자 하는 때에는 이를 예고하도록 의무화하고 있다(§ 46 ① 본문). 다만, 예고로 인하여 공공의 안전 또는 복리를 현저히 해할 우려가 있거나 기타 예고하기 곤란한 특별한 사유가 있는 경우에는 예고하지 아니할 수 있다(§ 46 ① 단서).

1. 국민생활에 매우 큰 영향을 주는 사항
2. 많은 국민의 이해가 상충되는 사항
3. 많은 국민에게 불편이나 부담을 주는 사항
4. 기타 널리 국민의 의견수렴이 필요한 사항

법령 등의 입법을 포함하는 행정예고의 경우에는 입법예고로 이를 갈음할 수 있다(§ 46 ②).

행정예고기간은 예고내용의 성격 등을 고려하여 정하되, 특별한 사정이 없는 한 20일 이상으로 한다(§ 46 ③).

행정예고의 방법, 의견제출 및 처리, 공청회 및 전자공청회에 관하여는 제42조(제4항을 제외한다), 제44조 제1항 내지 제3항 및 제45조의 규정을 준용한다(§ 47).

Ⅷ. 행정지도절차

1. 개념

법은 행정지도절차에 대한 4개 조항을 두고 있다.[96] '행정지도'란 행정기관이 그 소관사무의 범위 안에서 일정한 행정목적을 실현하기 위하여 특정인에게 일정한 행위를 하거나 하지 아니하도록 지도·권고·조언 등을 하는 행정작용을 말한다. 이것은 대체로 일본행정수속법의 내용을 본 딴 것이나 일본법이 5개 조항을 둔 데 비해(§§ 32-36) 법은 이를 축소하여 규정하고 있다.

법이 일본행정수속법과 같이 행정지도절차에 관한 규정을 둔 것은 진일보한 것으로 평가될 수 있다. 그러나 법은 일본행정수속법과는 달리 행정지도에 대한 규정을 축소함으로써 행정지도에 대한 절차적 규율의 요청을 충실히 반영하지 못하고 있다. 다만 법이 행정지도를 함에 있어 그 상대방이 행정지도에 따르지 않는다는 이유로 불이익한 취급을 할 수 없다는 규정을 추가한 것은 바람직한 태도로 평가된다.

2. 행정지도의 원칙

법은 제48조에서 '행정지도의 원칙'이란 표제 하에 '행정지도는 그 목적달성에 필요한 최소한도에 그쳐야 하며, 상대방의 의사에 반하여 부당하게 강요하여서는 아니 된다'고 규정하고(§ 48 ①), 상대방이 행정지도에 따르지 않았다는 이유로 불이익한 조치를 하여서는 아니 된다고 규정하고 있다(§ 48 ②).

96) 이에 관하여는 김원주, 「우리나라 행정절차법상 행정지도의 쟁점」, 『고시계』 1997.7., 80-89를 참조.

3. 행정지도의 방식

법은 행정지도를 행하는 자는 그 상대방에게 당해 행정지도의 취지 · 내용 및 신분을 밝혀야 하며, 행정지도가 구술로 이루어지는 경우 상대방이 그러한 사항을 기재한 서면의 교부를 요구하는 때에는 직무수행에 특별한 지장이 없는 한 이를 교부하도록 하였다(§ 49 ②).

4. 의견제출

법은 그 밖에도 행정지도의 상대방은 당해 행정지도의 방식 · 내용 등에 관하여 행정기관에 의견제출을 할 수 있다고 규정하고 있다(§ 50). 행정지도가 종종 사실상 구속력을 가질 여지가 있는 상황에서 그 상대방에게 의견제출 기회를 부여함으로써 행정지도가 그 방식이나 내용 면에서 본연의 한계를 넘지 않도록 하려는 취지라고 이해된다.

5. 다수인을 대상으로 하는 행정지도절차

다수인을 대상으로 하는 행정지도절차에 대하여 법은 "행정기관이 같은 행정목적을 실현하기 위하여 많은 상대방에게 행정지도를 하고자 하는 때에는 특별한 사정이 없는 한 행정지도에 공통적인 내용이 되는 사항을 공표하여야 한다."라고 규정함으로써(§ 51), 투명성과 예측가능성을 확보하도록 하였다.

Ⅸ. 기타

행정절차법은 제7장 보칙에서 비용의 부담, 참고인 등에 대한 비용지급 및 행정안전부장관(제4장의 법제처장)의 협조요청권 등에 관한 사항을 각각 규정하고 있다. 법은 특히 비용에 관하여 당사자 등의 절차비용은 원칙적으로 행정청이 부담하되, 당사자 등이 자기를 위하여 스스로 지출한 비용은 당사자 등이 부담하도록 하고 있다(§ 52).

제5절 | 행정절차 흠결의 효과

Ⅰ. 개설

행정절차의 흠은 어떤 법적 효과를 가져오는가. 이 문제는 비단 처분절차뿐만 아니라 입법예고절차 등 그 밖의 행정절차 일반에 관해서도 제기될 수 있다. 그러나 통상 행정절차 하자의 문제는 주로 처분절차에 관한 하자가 처분에 어떠한 법적 영향을 미치는지에 초점을 맞추어 전개되어 온 것이 사실이다. 여기서는 처분절차와 그 밖의 절차로 나누어 논의해 보기로 한다.

Ⅱ. 처분절차의 흠과 그 법적 효과

1. 쟁점의 소재

처분절차에 있어 절차하자는 앞에서 살펴본 행정절차법상 처분에 관한 절차적 요건 전반에 걸쳐 성립할 수 있다. 처리기기간, 처분기준의 설정 · 공표라든가 사전통지절차의 위배, 청문 등 의견청취절차와 관련한 하자, 이유제시의무의 위배 등 그러한 예는 무궁무진하다. 따라서 절차하자의 법적 효과는 절차의 유형에 따라 개별·구체적으로 고찰해야 할 문제이기는 하지만, 일반적·공통적으로 다음 두 가지 문제들, 즉, 첫째, 처분에 관한 절차하자가 처분을 위법하게 만드는지 여부, 둘째, 그럴 경우 그 절차하자는 취소사유인지 아니면 무효사유인지, 절차하자는 치유될 수 있는지 여부에 관한 문제를 검토해 볼 필요가 있다.

2. 절차하자가 처분을 위법하게 만드는지 여부(위법여부)

처분을 함에 있어 법적으로 요구된 행정절차를 준수하지 아니하면 그 처분(행정행위)은 절차상 하자있는 행정행위로서 위법이란 평가를 면할 수 없음이 원칙이다. 그러나 절차하자가 당해 처분 전체(자체)를 위법하게 만드는지, 따라서 절차상 하자만을 이유로 당해 처분(행정행위)을 취소할 수 있는지에 대하여는 학설이 대립한다.

(1) 소극설

독일의 행정절차법 제46조와 관련하여 행정의 신속·능률과 국민의 권리보호와의 조화라는 견지에서 행정행위의 내용상 하자가 있는 경우가 아니면 절차나 형식상의 하자만을 이유로 하여 취소를 구할 수는 없다고 한다. 절차상 하자를 이유로 취소하더라도 그 내용에 흠이 없는 한 다시 절차상 하자를 시정하여 동일한 내용의 처분을 할 것이기 때문에 절차하자만을 이유로 취소를 허용하는 것은 행정경제의 요청에 반한다는 것이다.

처분을 재량처분과 기속처분으로 나누어 전자의 경우 절차의 흠이 있으면 그 처분이 위법하게 되지만, 후자의 경우에는 처분의 실체에 흠이 없는 한 절차의 흠만으로 처분이 위법하게 되는 것은 아니라고 하는 견해도 소극설에 속한다고 볼 수 있다.[97]

97) 김남진, 「행정절차상 하자의 효과」, 『고시연구』 1997.2., 30이하; 정하중, 『행정법개론』(제4

(2) 적극설

절차상의 위법은 내용상의 하자의 경우와 마찬가지로 그 자체로서 당해 행정행위의 취소사유가 된다고 한다(통설). 그렇게 보지 않을 경우 절차적 규제가 유명무실해질 우려가 있고, 재량처분의 경우 적법한 절차를 거칠 경우 반드시 동일한 처분을 반복한다고 볼 수 없기 때문에 처분의 내용이 달라질 수 있으므로, 절차하자를 위법사유로 보아야 한다고 한다.[98]

(3) 판례

판례는 과거 행정절차법이 제정되기 전에, 하천법 · 국가공무원법 등 법률에 정해진 청문을 결여한 채 발해진 행정처분을 위법한 처분으로 취소해 왔고,[99] 심지어는 건축사사무소등록취소처분의 취소사건에서 행정규칙의 성질을 지닌 건설부장관의 훈령[100]이 정한 청문을 결여한 채 발해진 처분도 이를 위법한 처분으로 판시하기도 하였다.[101]

판례

관계행정청이 건축사사무소의 등록취소처분을 함에 있어 당해 건축사 등을 사전에 청문하도록 한 법제도의 취지는 행정처분으로 인하여 건축사사무소의 기존권리가 부당하게 침해받지 아니하도록 등록취소사유에 대하여 당

판), 2010, 402. 박균성, 『행정법강의』(2판), 2005, 424는 이 견해를 절충설로 분류한다.

98) 김철용, 『행정법 I』(제13판), 2010, 420－421 등.

99) 대법원 1969.3.31. 선고 68누179 판결; 1977.6.28. 선고 77누96 판결; 1977.8.23. 선고 77누26 판결; 1988.5.24. 선고 87누388 판결; 1991.7.9. 선고 91누971 판결 등.

100) 「건축사사무소의 등록취소 및 폐쇄처분에 관한 규정」(1979.9.6. 건설부훈령 제447호) 제9조는 "건축사사무소의 등록을 취소하고자 할 때에는 미리 당해 건축사에 대하여 청문을 하거나 필요한 경우에 참고인의 의견을 들어야 한다. 다만 정당한 사유 없이 청문에 응하지 아니하는 경우에는 그러하지 아니한다."라고 규정하고 있다.

101) 그러나 석호철, 「청문절차에 관한 제반판례의 검토」, 『인권과 정의』 215호, 1994.7., 110에서는 이 판례는 하나밖에 없는 것으로 대법원의 명확한 입장을 드러낸 것이라 단정하기는 곤란하고 오히려 당해 사건만을 해결하기 위한 결론의 하나라고 한다.

해 건축사에게 변명과 유리한 자료를 제출할 기회를 부여하여 위법사유의 시정가능성을 감안하고 처분의 신중성과 적정성을 기하려 함에 있다 할 것이므로 관계행정청이 위와 같은 처분을 하려면 반드시 사전에 청문절차를 거쳐야 하고 설사 위 같은 법 제28조 소정의 사유가 분명히 존재하는 경우라 하더라도 당해 건축사가 정당한 이유 없이 청문에 응하지 아니하는 경우가 아닌 한 청문절차를 거치지 아니하고 한 건축사사무소등록취소처분은 청문절차를 거치지 아니한 위법한 처분이다.102)

그러나 판례는 「자동차운수사업법 제31조 등의 규정에 의한 사업면허의 취소 등의 처분에 관한 규칙」(1982.7.31. 교통부령 742호) 제5조 제1항 소정의 진술 또는 변명의 기회를 주지 않고 행한 자동차운수사업면허 취소처분에 대한 사건에서 "위 규정에 의하더라도 처분사유에 대한 증거가 확실한 경우에는 처분상대방에게 진술 또는 변명의 기회를 줄 필요가 없는데, 기록에 의하면 이 사건 면허취소처분당시 처분사유에 대한 증거가 확실하다고 보여질 뿐만 아니라 위 규칙의 성질은 자동차운수사업면허 취소처분 등에 관한 사무처리기준과 처분절차 등 행정청 내부의 사무처리준칙을 규정한 것에 불과하여 처분이 이에 위반되는 것이라고 하더라도 위법의 문제는 생기지 않는 것"103)이라고 판시하였고, 또 "국민의권익보호를위한행정절차에관한훈령에 따라 1990.3.1.부터 시행된 행정절차운영지침에 의하면 행정청이 공권력을 행사하여 국민의 구체적인 권리 또는 의무에 직접적인 변동을 초래하게 하는 행정처분을 하고자 할 때에는 미리 당사자에게 행정처분을 하고자 하는 원인이 되는 사실을 통지하여 그에 대한 의견을 청취한 다음, 이유를 명시하여 행정처분을 하여야 한다고 규정되어 있으나, 이는 대외적 구속력을 가지는 것이 아니므로, 시장이 건조물 소유자의 신청이 없는 상태에서 소유자의 의견을 듣지 아니하고 건조물을 문화재로 지정

102) 대법원 1984.9.11. 선고 83누166 판결. 이 판결에 대한 평석으로는 김남진, 『법률신문』 1984.11.5., 12면을 참조.

103) 대법원 1984.2.28. 선고 89누551 판결이 여기서 원용되고 있다.

하였다고 하여 위법한 것이라고 할 수 없다"고 판시하는 등[104] 일관성 없는 태도를 보인 적도 있었다.[105]

생각건대, 법령에 의하여 처분 이전에 거치도록 되어 있는 행정절차를 거치지 않고서 행한 행정처분은 의당 절차법을 포함하는 실정법을 위반한 처분으로서 위법한 처분으로 평가되어야 할 것이다.[106] 다만 절차하자로 인한 위법처분이라 하여도 이를 처분의 폐지(직권 및 쟁송취소)란 결과 또는 기타 일정한 법적 제재와 결부시킬 것인지는 별도의 판단을 요하는 입법정책의 문제라 할 수 있다.[107]

독일의 경우 종래 행정절차법 제46조(Folgen von Verfahrens- und Formfehlern)에서 "제44조에 따라 무효가 아닌 행정행위에 대하여 그것이 절차, 형식 또는 지역적 관할에 관한 규정을 위반하여 행해졌다는 이유만으로 그 폐지(Aufhebung)를 청구하는 것은 하등 다른 내용의 결정이 행해질 수 없었으리라고 인정되는 경우에는 허용되지 않는다"고 규정하고 있었기에 이 조항의 해석 · 입법론적 타당성여부, 위헌여부 등을 둘러싸고 치열한 논쟁이 전개되어 왔다.[108] 이 조항의 취지는 절차법이란 실체법에 봉사하는 것이며 행정의 결정은 원칙적으로 그 내용이 적법한 이상, 그 결정의 실체적 적정성에 관하여 아무런 의미가 없는 절차위반 때문에 재판상 통제되어서는 안 된다는 데 있다고 설명된다.[109] 이에 대하여는 동 조항이 행정능률과 권리구제라는 요청을 조

104) 대법원 1994.8.9. 선고 94누3414 판결(유형문화재지정고시처분취소: 공1994, 2305).

105) 대법원 1987.2.10. 선고 84누350 판결. 이에 관한 비판으로는 김남진, 『행정법의 기본문제』, 946이하를 참조.

106) 그리하여 후펜(Hufen, *DVBl*, 1988, 70)은 「절차에 관한 실정법을 위반하여 성립된 행정행위는 위법」이란 단순한 논리를 감안할 때, 절차상 하자의 범주에 따라 위법성을 차별화하거나 위법성과 절차상 하자의 관계를 아직 규명되지 않은 문제로 치부하는 것은 불필요하다고 한다.

107) Hufen, aaO, S.71; Badura, in: *Allgemeines Verwaltungsrecht*, 9.Aufl., § 41 Rn.35, S.480.

108) Paul Stelkens, *Verwaltungsverfahren*, 1991, Rn.526, S.187을 참조.

109) Ossenbühl, "Verwaltungsverfahren zwischen Verwaltungseffizienz und Rechts-

화시킨 것이라는 이유에서 이를 긍정하는 견해[110]와 이 조항을 '법률의 자살기도'(Selbstmordversuch des Gesetzes)라고 하거나(Erichsen),[111] '행정청이 위반하더라도 그 결과 행정행위의 무효나 폐지를 초래하지 않는 행정절차법이란 법치국가적 절차원리를 보장하기에 적합치 못한 것'이란 견지에서 이를 비판하는 견해[112]가 대립하고 있었다.

이후 제46조는 1996년 9월 12일 승인절차촉진법(GenBeschlG)에 의해 "제44조에 따라 무효가 아닌 행정행위에 대하여, 그것이 절차, 형식 또는 지역적 관할에 관한 규정을 위반하여 행해졌다는 이유만으로는, 그 규정 위반이 당해 행위의 내용을 결정함에 있어 영향을 미치지 않았음이 명백한(offensichtlich) 경우에는, 그 폐지(Aufhebung)를 청구할 수 없다"고 개정되어 그 폐지청구 배제사유가 더욱 넓어졌다.[113]

이처럼 행정행위의 내용에 영향을 주지 않은 절차상의 하자만으로는 행정행위의 존속에 영향을 주지 않는다는 행정절차법 제46조는 그 한도 내에서 결국 절차규범의 준수를 요구할 수 있는 개인의 권리를 부인하는 것이 된다. 이처럼 국법이 행정기관에게는 권리와 권한을 부여하면서 국민에게는 주관적 권리에 의한 행동가능성(Aktionspotentiale)의 결여를 이유로 행정부 및 사법부에 대하여 법률을 관철시킬 수 없도록 하고, 또 국가권위의 일방통행로(Einbahnstraße der Staatsautorität)를 설정하는 것은 법치국가원칙이나 행정의 법률적합성원칙과 부합하지 않는다는 루프(Rupp)의 비판[114]이 다시금 음미될 필요

---

schutzauftrag," *NVwZ*, 1982, 471; Badura, in: *Allgemeines Verwaltungsrecht*, § 41 Rn.35, S.480.

110) Ossenbühl, *NVwZ*, 1982, 465ff.; R. Wahl, *VVDStRL* 41, 151ff.; J. Pietzker, *VVDStRL* 41, 193ff.

111) Erichsen, "Das Bundesverwaltungsgericht und die Verwaltungsrechtswissenschaft," *DVBl*, 1978, 569ff.[577]; H.H. Rupp, "Bemerkungen zum verfahrensfehlerhaften Verwaltungsakt," in: *FS für O. Bachof*, 1984, 151ff.[153].

112) Ule, "Verwaltungsreform als Verfassungsvollzug," in: *Recht im Wandel*, 1965, 71; ders., "Rechtsstaat und Verwaltung," 140; H.-W. Laubinger, "Grundrechtsschutz durch Gestaltung des Verwaltungsverfahrens," *VerwArch*. Bd.73, 1982, 60ff., 77f.

113) 개정법에 따른 해석상 변화에 관하여는 Kopp & Ramsauer, *Verwaltungsverfahrensgesetz, Kommentar*, 9.Aufl., 2005, § 46 Rn.2.

가 있다.

그러나 어떤 형태로든 독일 행정절차법 제46조와 같은 명시적 규정이 결여되어 있는 우리의 법 상황에서 볼 때 이 문제는 추상적으로 행정절차 일반에 대하여 판단할 것이 아니라 구체적인 사례상황에서 행정청이 이행하지 못한 행정절차의 종류와 이를 규정하고 있는 관계법규정의 취지·성질에 비추어 구체적으로 판단되어야 할 문제라 할 수 있다. 이러한 견지에서 결론을 내리면 다음과 같다.

원칙적으로는 법률이 명문의 규정을 두어 일정한 행정절차를 거칠 것을 강제하는 경우(강행규정) 또는 법률에 명문의 규정은 없더라도 일정한 행정절차의 실시의무가 헌법상 기본권이나 적법절차의 요청으로부터 도출될 수 있는 경우 이를 거치지 않고서 행해진 행정처분은 적어도 위법한 처분으로서 취소될 수 있다고 보아야 할 것이다.115)

다만, 후자 즉 법률이 아무런 명문을 두고 있지 않은 경우 대법원이 판례가 헌법의 적법절차나 인간의 존엄·가치에 관한 규정들로부터 행정절차의 보장을 도출해 내는 데까지 나아갈 것인지를 둘러싼 종래의 논란은 행정절차법이 제정됨으로써 원천적으로 현실성을 잃어버리게 되었다. 결국 행정절차법이 독일행정절차법 제46조와 같은 규정을 두고 있지 않은 이상, 행정절차 흠결의 법적 효과 역시 행정절차법이라는 새로운 문제해결의 장을 얻게 된 것이다.

특히 행정절차법이 일정한 요건 하에 행정절차를 실시하도록 규정하고 있는 경우, 가령 행정절차법 제22조의 규정에 의한 의견청취절차의 경우, 다른 법령 등에서 청문을 실시하도록 규정하고 있는데도 그러한 청문을 이행하지 아니하고 처분을 하였다면 이는 당해 법령 및 행정절차법 제22조의

114) H.H. Rupp, in: *FS für Bachof*, 167.

115) 학설상으로는 이러한 흠을 오히려 무효사유로 보아야 할 경우가 많을 것이라는 견해가 유력하다고 한다(김도창, 『일반행정론(상)』, 청운사, 1993, 539).

규정에 반하는 위법한 처분이라고 보아야 할 것이다. 판례 역시 다음에 보는 바와 같이 그러한 입장에 서 있는 것으로 보이며, 특히 사전통지, 의견청취, 이유제시에 관한 절차하자에 관한 한 확고한 입장이 아닌가 생각된다.[116]

근본적으로, 비록 실체적 적법성을 갖춘 처분이라도 절차적 적법성이 결여되면 위법한 처분이 되고 만다. 실체적 적법성과 절차적 적법성은 법치주의의 두 기둥이므로, 행정행위를 함에 있어서 법이 규정한 절차를 지켜야만 비로소 법의 지배를 통하여 정의가 실현될 수 있기 때문이다. 특히 이 사건 처분과 같이 주식 전부를 강제로 무상소각하는 것을 내용으로 하는 등 처분의 실질적 상대방인 주주나 임원들의 권리의무에 중대한 영향을 미치는 경우에는 더욱 그러하다. 적법한 사전통지나 의견제출 절차를 거친다면 행정처분의 방향을 수정하는 등 실체적인 측면에도 영향을 미칠 가능성이 존재한다는 측면도 간과되어서는 안 된다. 특히 중요한 점은, 목적과 능률에 치중한 나머지 혹시라도 절차를 경시하는 일이 있어서는 아니 된다는 것이다. 이 사건과 관련하여 "실질적인 내용상의 흠과는 달리 절차나 형식상의 흠은 실체성과는 무관하므로 행정행위를 취소해서는 안 된다"거나 "청문 내지 의견제출 절차의 결여 등 절차나 형식상의 흠은 사후에 치유될 수 있고, 이 사건과 같이 사후의 재판절차를 통하여 절차나 형식상의 흠이 사실상 치유되었다면 행정처분이 유효하다고 보아야 한다"는 등의 주장이 존재한다. 그러나 만일 그렇다면, 행정기관으로서는 행정절차를 지킬 필요가 없어져서 행정절차법은 형해화되고 법치주의 원칙이 심각하게 훼손되고 만다. 왜냐하면, 취소 대상이 되지 않으므로 누구나 사전통지나 의견제출의 절차를 무시할 가능성이 있을 것이고, 취소 대상이 된다고 하더라도 이를 무시한 다음, 추후에 이를 지키지 않은 것이 문제가 되면 그 경우에 한하여 사후의 통지, 또는 그에 대한 재판절차에서의 의견 제출로써 얼마든지 빠져나갈 수가 있기 때문이다.[117]

---

116) 이에 관해서는 오준근, 「행정절차법 시행 이후의 행정절차 관련 행정판례의 동향에 관한 몇 가지 분석」, 『행정판례연구』 Ⅶ, 81이하를 참조.

117) 서울행정법원 1999.8.31. 선고 99구23709, 99구23938, 99구24160(병합) 판결(부실금융기

[1] 행정절차법 제21조 제1항, 제4항, 제22조 제1항 내지 제4항에 의하면, 행정청이 당사자에게 의무를 과하거나 권익을 제한하는 처분을 하는 경우에는 미리 처분하고자 하는 원인이 되는 사실과 처분의 내용 및 법적 근거, 이에 대하여 의견을 제출할 수 있다는 뜻과 의견을 제출하지 아니하는 경우의 처리방법 등의 사항을 당사자 등에게 통지하여야 하고, 다른 법령 등에서 필요적으로 청문을 실시하거나 공청회를 개최하도록 규정하고 있지 아니한 경우에도 당사자 등에게 의견제출의 기회를 주어야 하되, 당해 처분의 성질상 의견청취가 현저히 곤란하거나 명백히 불필요하다고 인정될 만한 상당한 이유가 있는 경우 등에는 처분의 사전통지나 의견청취를 하지 아니할 수 있도록 규정하고 있으므로, 행정청이 침해적 행정처분을 함에 있어서 당사자에게 위와 같은 사전통지를 하거나 의견제출의 기회를 주지 아니하였다면 사전통지를 하지 않거나 의견제출의 기회를 주지 아니하여도 되는 예외적인 경우에 해당하지 아니하는 한 그 처분은 위법하여 취소를 면할 수 없다.

[2] 행정청이 온천지구임을 간과하여 지하수개발·이용신고를 수리하였다가 행정절차법상의 사전통지를 하거나 의견제출의 기회를 주지 아니한 채 그 신고수리처분을 취소하고 원상복구명령의 처분을 한 경우, 행정지도방식에 의한 사전고지나 그에 따른 당사자의 자진 폐공의 약속 등의 사유만으로는 사전통지 등을 하지 않아도 되는 행정절차법 소정의 예외의 경우에 해당한다고 볼 수 없다는 이유로 그 처분은 위법하다.[118]

구「폐기물처리시설 설치 촉진 및 주변지역 지원등에 관한 법률」 및 동시행령 등 관련법령을 종합하여 볼 때, 입지선정위원회는 전문연구기관의 입지 타당성 조사 결과 등을 참작하여 폐기물처리시설의 입지를 선정하는 의결기관이라 할 것이고, 입지선정위원회의 구성방법에 관하여 일정 수 이상의 주민대표 등을 참여시키도록 한 것은 폐기물처리시설입지 선정절차에 있어 주민의 참여를 보장함으로써 주민들의 이익과 의사를 대변하도록 하여 주민의 권리에 대

관결정등처분취소).

118) 대법원 2000.11.14. 선고 99두5870 판결(지하수개발이용수리취소및원상복구명령취소: 공 2001.1.1.(121), 56).

한 부당한 침해를 방지하고 행정의 민주화와 신뢰를 확보하는 데 그 취지가 있는 것이므로, 주민대표나 주민대표 추천에 의한 전문가의 참여 없이 이루어지는 등 입지선정위원회의 구성방법이나 절차가 위법한 경우에는 그 하자 있는 입지선정위원회의 의결에 터잡아 이루어진 폐기물처리시설입지결정처분도 위법하게 된다 할 것이다.119)

[1] 청문절차에 관한 각 규정과 행정처분의 사유에 대하여 당해 영업자에게 변명과 유리한 자료를 제출할 기회를 부여함으로써 위법사유의 시정 가능성을 고려하고 처분의 신중과 적정을 기하려는 청문제도의 취지에 비추어 볼 때, 행정청이 침해적 행정처분을 함에 즈음하여 청문을 실시하지 않아도 되는 예외적인 경우에 해당하지 않는 한 반드시 청문을 실시하여야 하고, 그 절차를 결여한 처분은 위법한 처분으로서 취소 사유에 해당한다.

[2] 행정절차법 제21조 제4항 제3호는 침해적 행정처분을 할 경우 청문을 실시하지 않을 수 있는 사유로서 "당해 처분의 성질상 의견청취가 현저히 곤란하거나 명백히 불필요하다고 인정될 만한 상당한 이유가 있는 경우"를 규정하고 있으나, 여기에서 말하는 '의견청취가 현저히 곤란하거나 명백히 불필요하다고 인정될 만한 상당한 이유가 있는지 여부'는 당해 행정처분의 성질에 비추어 판단하여야 하는 것이지, 청문통지서의 반송 여부, 청문통지의 방법 등에 의하여 판단할 것은 아니며, 또한 행정처분의 상대방이 통지된 청문일시에 불출석하였다는 이유만으로 행정청이 관계 법령상 그 실시가 요구되는 청문을 실시하지 아니한 채 침해적 행정처분을 할 수는 없을 것이므로, 행정처분의 상대방에 대한 청문통지서가 반송되었다거나, 행정처분의 상대방이 청문일시에 불출석하였다는 이유로 청문을 실시하지 아니하고 한 침해적 행정처분은 위법하다.

[3] 구 공중위생법(1999.2.8. 법률 제5839호 공중위생관리법 부칙 제2조로 폐지)상 유기장업허가취소처분을 함에 있어서 두 차례에 걸쳐 발송한 청문통지서가 모두 반송되어 온 경우, 행정절차법 제21조 제4항 제3호에 정한 청문을 실시하지 않아도 되는 예외 사유에 해당한다고 단정하여 당사자가 청

119) 대법원 2003.11.14. 선고 2003두7118 판결(생활폐기물처리시설입지의결정ㆍ고시처분취소). 아울러 대법원 2002.4.26. 선고 2002두394 판결 등을 참조.

문일시에 불출석하였다는 이유로 청문을 거치지 않고 이루어진 위 처분이 위법하지 않다고 판단한 원심판결을 파기한 사례.[120]

3. 취소사유인지 아니면 무효사유인지 여부

절차하자를 처분의 위법사유로 보는 경우에도 이를 취소사유로 볼 것인지 아니면 무효사유로 볼 것인지에 관하여 견해가 갈린다. 통설은, 명문의 규정이 없는 한, 중대명백설에 따라 판단할 문제라고 본다. 즉 문제된 절차의 흠이 중대하고 동시에 명백한 때에는 무효이고 그렇지 않을 경우에는 취소사유에 불과하다는 것이다. 판례는 반드시 명확하지는 않지만, 다음에서 보는 바와 같이, 대체로 중대명백설에 입각하여 판단하는 것으로 보인다.[121]

구 「폐기물처리시설 설치촉진 및 주변지역 지원 등에 관한 법률」에 정한 입지선정위원회가 그 구성방법 및 절차에 관한 같은 법 시행령의 규정에 위배하여 군수와 주민대표가 선정·추천한 전문가를 포함시키지 않은 채 임의로 구성되어 의결을 한 경우, 그에 터 잡아 이루어진 폐기물처리시설 입지결정처분의 하자는 중대한 것이고 객관적으로도 명백하므로 무효사유에 해당한다.[122]

폐기물처리시설설치촉진및주변지역지원등에관한법률상의 폐기물처리시설 입지선정위원회가 중립적이고 공정한 입장에서 주민들의 이익을 대변할 수 있는 전문가 2명 없이 구성되었을 뿐만 아니라 해당 지역주민의 대다수가 폐기물

120) 대법원 2001.4.13. 선고 2000두3337 판결(영업허가취소처분취소 집49(1)특, 643; 공2001.6.1.(131), 1143).

121) 김철용, 『행정법 I』, 2010, 421은 절차의 흠이 위법한 경우 대체로 취소원인으로 보는 것 같다고 하면서 "행정청이 침해적 행정처분을 함에 즈음하여 청문을 실시하지 않아도 되는 예외적인 경우에 해당하지 않는 한 반드시 청문을 실시하여야 하고, 그 절차를 결여한 처분은 위법한 처분으로서 취소 사유에 해당한다."라고 판시한 대법원 2001.4.13. 선고 2000두3337 판결을 든다.

122) 대법원 2007.4.12. 선고 2006두20150 판결(폐기물처리시설설치승인처분무효확인등 공2007.5.15. (274), 733).

처리시설의 설치를 원한다는 사유만으로 별다른 이유 없이 입지타당성 조사를 관계전문가의 검토의견서로 갈음하기로 의결한 경우, 그 의결에 터잡아 이루어진 폐기물처리시설입지의 결정・고시처분의 하자는 중대・명백하다.[123)]

4. 절차하자의 치유 문제

하자의 치유에 관해서는 이미 앞에서 살펴본 바 있다. 여기서는 절차상 하자의 치유를 인정할 수 있는지를 검토해 보기로 한다. 처분에 절차상 하자가 있는 경우 행정청이 나중에 이를 보완하면 그 흠이 치유되었다고 볼 것인가가 문제된다. 이 문제는 판례상 무효인 처분의 경우 흠의 치유를 인정하지 아니하므로 절차하자가 취소사유인 경우에만 제기된다. 절차하자의 치유를 허용할 것인지에 관해서는 학설이 대립한다.

먼저, 긍정설로는 행정심판은 물론 행정소송 단계에서도 허용된다고 보는 입장과 실체상 흠과 달리 절차상 흠의 치유는 허용된다고 보면서 절차의 중요성 여하에 따라 치유의 허용여부를 차별화하려는 입장이 있다. 반면 절차하자의 치유를 인정하면 행정절차제도의 취지에 반하여, 절차 및 형식의 하자에 한하여 하자의 사후보완(事後補完, Nachholung)에 의한 치유(治癒, Heilung)를 전심절차 종료 시까지 인정하는 독일 행정절차법(§ 45) 같은 조항이 없는 이상, 그와 같은 결과를 원용할 수는 없으며, 하자의 사후보완을 무작정 인정할 경우 악용될 소지가 있다는 이유에서 원칙적으로 절차하자의 치유는 허용되지 아니한다는 견해가 있다.[124)]

과거 행정절차법 시행 이전에는 절차위반의 흠은 사후보완에 의해 치유된다고 보는 견해가 지배적이었고 판례 역시 그러한 입장을 취한 것이 많았다. 그러나 적어도 행정절차법이 시행되고 있는 상황에서는 법령에 특별

---

123) 춘천지법 2004.12.16. 선고 2003구합1576 판결(종합폐기물처리시설입지의결정・고시처분무효확인: 확정).

124) 석호철, 「청문절차에 관한 제반 판례의 검토」, 『특별법연구』(특별소송실무연구회) 제5권, 106; 김철용, 『행정법 I』(제13판), 2010, 423－424.

한 규정이 없는 한, 절차하자라고 해서 그 사후보완에 의한 치유를 무분별하게 인정하는 것은 곤란하지 않을까 생각한다. 물론 절차하자의 치유가능성을 범주적으로 부정하는 것도 현실적이지 않지만, 그렇다고 모처럼 행정절차법이 그 절차적 규율을 정착시켜 가고 있는 상황에서 독일과 같은 명문의 규정도 없이 하자치유를 허용하는 것도 온당치 못하다. 요컨대 절차하자의 치유 역시 법치주의 관점에서 법익형량을 통해 제한적으로만 허용된다고 보아야 할 것이고, 특히 하자치유가 허용된다고 볼 경우에도 그 추완행위는 당해 처분에 대한 불복여부의 결정 및 불복신청에 편의를 줄 수 있는 상당한 기간 내에, 늦어도 당해 처분에 대한 행정심판 또는 소 제기 이전에 해야 한다고 보아야 할 것이다.

Ⅲ. 처분 이외 절차의 흠과 그 법적 효과

행정상 입법예고나 행정예고와 같은 절차에 흠이 있는 경우 그 법적 효과를 어떻게 볼 것인지에 대해서는 그다지 큰 관심이 경주되지 않았으나, 학설 가운데는 이들 절차의 흠이 당해 법령이나 계획의 적법성에 영향을 미친다는 긍정설과 영향이 없다는 부정설이 있었다.[125] 이 문제는 결국 입법예고나 행정예고의 대상이 되는 법령이나 계획에 대한 쟁송이 허용될 경우에 제기될 수 있는 성질의 문제라 할 수 있다. 물론 국가배상소송 등을 통해 해당 법령이나 계획의 예고절차상의 하자가 다투어질 수도 있을 것이다.

생각건대, 이들 절차상의 하자 역시 그 절차가 당해 법령이나 계획의 추진과정에서 가지는 중요성이나 비중, 그리고 외견상 명백성 여하에 따라 판단할 수밖에 없을 것이다. 만일 예고절차에 관한 하자가 해당 법령이나 계획의 실체적 내용에 중대한 영향을 미쳤다고 볼 경우라든가, 주민이나 그 밖의 이해관계인의 절차적 권리를 심각하게 침해하였다고 볼 수 있는

125) 이에 관해서는 김철용, 『행정법 I』(제13판), 2010, 424-425를 참조.

경우 또는 행정절차법 제41조 제1항 각 호에 따른 예외사유에 해당하지 아니 함에도 입법예고절차를 아예 거치지 않은 경우에는 그로 인한 법적 결과를 부인하기 어려울 것이고 경우에 따라서는 해당 법령이나 계획의 위법사유로 볼 수 있을 것이다.[126)]

제6절 행정절차법의 문제점

행정절차법은 한마디로 '행정국가를 위한 권리장전'(bill of rights for the administrative state)이라 할 수 있다. 행정절차법의 제정은 행정과정의 법적 규율을 통해 행정민주화를 달성하고 삶의 질을 확보하기 위한 입법적 실천이자, 21세기 행정제도개혁의 발판을 마련하는 일이다. 이를 통하여 대내적으로는 공정하고 민주적인 행정을 통한 사회통합을 달성하고 대외적으로는 국경 없는 무한경쟁시대에 있어 우리나라의 법문화적 경쟁력을 신장시킬 수 있는 길이 열리기 때문이다. 그런 뜻에서 행정절차법이 제정된 것은 그동안 행정절차법제정추진과정에서 나타난 우여곡절을 감안할 때 만시지탄의 감이 있을 만큼 환영할 만한 일이다.

그러나 이번에 제정된 행정절차법의 내용을 검토해 보면 그동안 법제정을 갈구해 왔던 학계와 국민의 여망에 부응하지 못하고 있을 뿐만 아니라 21세기형 행정절차제도에 대한 시대적 요청에 맞는 행정절차의 모습을 찾아볼 수 없다. 행정절차법은 총무처의 '94시안의 경우와 마찬가지로 그 내용이나 입법추진 방식 면에서 적지 않은 문제점을 드러냈기 때문이다. 정부에 의해 추진된 행정절차법제정작업은 그 시작부터 일종의 제척사유를

126) 김유환, 「행정절차하자의 법적 효과: 유형론과 절차적 권리의 관점에서의 검토」, 『한국공법이론의 새로운 전개』(김도창박사팔순기념논문집), 2005, 77이하.

안고 있었다고 해도 결코 틀린 말은 아니다. 행정절차법의 최대수요자인 국민보다는 그 규율대상인 행정의 관점에서 시안이 작성되었을 뿐 아니라 그 검토 역시 일부 소수의 학자나 실무가들 사이에 국한되었으며, 앞으로 보는 바와 같이 행정절차에 대한 최소한의 규율과 최대한의 행정편의를 고려하여 작성되었기 때문이다. 이러한 견지에서 행정절차법의 문제점을 비판적으로 검토해 보기로 한다.

Ⅰ. 규율대상의 축소

행정절차법(이하 "법"이라고 한다)은 일반행정절차법에서 빠져서는 안 될 중요한 사항들을 규율의 대상에서 배제하고 있다. 즉 법은 행정계획의 확정, 공법상 계약·합동행위, 행정집행(행정상 강제집행, 행정상 즉시강제 및 행정조사 등) 등에 관한 절차에 대한 규율을 포함하고 있지 않다.

특히 행정계획을 규율대상에서 제외시킨 것은 문제다. 이는 첫째, 행정계획의 성질 자체가 지나치게 다양하여 일률적으로 규율할 수 없고, 둘째, 법의 구성 자체가 독일법과 달라 독일 연방행정절차법의 행정계획확정절차를 그대로 도입할 수 없다는 점 등에 따른 결과라고 정당화되고 있다.[127] 그러나 행정계획의 절차적 규율이야말로 그동안 대규모국책사업이나 혐오시설등 환경관련시설의 설치를 둘러싸고 우리 사회의 현안으로 대두되어 온 님비현상(NIMBY Syndrome) 또는 지역·집단이기주의문제를 해결하

---

127) 金鐵容, 「行政節次法 試案의 內容과 課題」, 총무처, 공청회개최 관련 참고자료 참조. 종래에도 비록 정부의 공식견해는 아니지만, 행정계획의 법적 성격 및 범위에 관한 명확한 기준을 설정하기 어렵고, 계획기간 내에 사업을 시행하지 않을 때 계획을 실효시키는 규정이나 계획의 변경·폐지에 따른 보상을 의무화하는 규정을 둠으로써 정책추진의 장애와 부작용을 초래할 우려가 있으며, 선진외국의 경우 행정계획절차를 법제화한 사례가 드물다는 등의 이유에서 행정계획확정절차를 행정절차법안의 규율대상에서 제외시키는 것이 바람직하다고 주장된 바 있다(法制處, 『法律敎育敎材』, 1995, 218).

기 위한 효과적 수단이며, 또 이를 통해 행정의 합리화, 민주화, 동의와 토론의 채널을 통한 분쟁의 사전적 해결과 이에 따른 사회적 거래비용의 감소 등을 기대할 수 있다는 점, 또 그동안 개별법 수준이기는 하지만, 국토이용관리법, 도시계획법은 물론 「폐기물처리시설주변지역주민지원에관한법률」, 「방사성폐기물처리시설주변지역주민지원에관한법률」 등 이미 각종 법률에서 행정계획절차를 시행해 온 경험이 있음을 고려할 때 이를 전혀 입법대상에서 제외시킨 것은 문제다. 무엇보다도 행정계획은 이를 사후에 통제하는 것이 현실적으로 매우 곤란할 뿐만 아니라 사후적 통제가 이루어진다 해도 그로 인하여 엄청난 사회적 비용과 혼란이 초래될 수 있기 때문에 사전에 절차적으로 규율되지 않으면 안 된다. 행정계획을 행정예고제도의 범위 내에서 고려한다고 해도 그것만으로는 불충분하다. 이 점은 이제까지의 행정계획의 경험을 통해 여실히 증명되고 있다. 행정계획에 대한 절차적 규율의 요청이 1996년 6월 4일의 공청회에서 지배적으로 제기되었던 것도 바로 그러한 이유에서였다. 굳이 계획확정절차의 실시에 따른 부작용을 방지하려 한다면 일단 계획확정절차에 관한 최소한의 규정을 완비해 놓고 다만 행정현실과 실무상의 요청을 고려하여 시행일을 차별화하는 방안도 검토할 만 하다고 본다. 계획확정절차를 여건이 성숙하게 되는 적절한 시기를 정하여 그때부터 적용하도록 함으로써 예측가능성을 확보하고 동시에 행정에게 준비를 위한 여지를 부여할 수 있기 때문이다.

행정절차법과 관련하여 또 한 가지 지적되어야 할 것은 다른 나라의 입법례를 고려하는 방식의 일관성문제다. 이 점은 특히 1996년 6월 4일의 공청회에서 '96 시안이 행정계획확정절차를 규율대상에서 배제한 것을 변명하는 과정에서 여실히 나타난 바 있다. 즉 이에 따르면 전 세계에서 행정절차법을 가지고 있는 나라가 15개국밖에 안 되며, 이들은 대부분 처분중심으로 되어 있을 뿐 계획확정절차를 두고 있는 경우는 독일행정절차법 외에는 거의 찾아보기 어렵다고 한다.[128] 그러나 그럼에도 불구하고 행정계획

128) 한국법제연구원, 『공정행정구현을 위한 행정절차법 제정방안』, 현안분석자료 95-1(1995.

확정절차의 도입이 필요하다는 것이 지배적인 견해로 대두되고 있다면, 그것은 바로 우리나라의 현실에서 그러한 제도가 요구되고 있기 때문인 것이다. 그런 이유에서 한국법제연구원에서 나온『공정행정구현을 위한 행정절차법 제정방안』역시, 그것이 연구원의 공식적 견해는 아닐지라도, 구속적 행정계획과 기본계획의 성격을 띤 유도적 계획에 대하여 계획확정절차를 도입해야 한다고 주장했을 것이다.

> 구속적 행정계획의 확정에는 무수히 많은 대립되는 이해관계가 종합적으로 저울질되어야 하고, 행정청과 국민간의 중요한 법률관계가 종합적으로 규율되고 형성되어야 할 것이 요구된다는 점에서 엄중한 계획행정절차의 도입이 요구된다. 특히 집단민원이 생길 수 있는 경우 핵발전소, 핵폐기물처리장, 폐기물처리장 등의 설치계획 등은 계획확정절차의 도입은 더욱 필수적이라 할 수 있다. 유도적 계획은 그 유도적 성격의 강도에 따라 계획확정절차의 도입여부가 달라져야 할 것이다. 유도적 계획이 특히 기본계획의 성격을 띠고 있는 경우, 도시기본계획과 같이 그 유도적 영향력이 광범위하며 중요할 경우 구속적 계획과 마찬가지로 계획행정절차가 도입되어야 할 것이다.[129)]

이 점은 공법상 계약에 대해서도 마찬가지이다. 한국법제연구원의『공정행정구현을 위한 행정절차법 제정방안』도 공법상 계약의 근거규정을 일반행정절차법에 포함시키는 문제를 적극 고려해 보아야 한다는 견해를 표명한 바 있었다. 또 법 제4조 및 제5조와 같이 행정절차의 일반원칙을 명문화한 것은 그 유례를 찾아보기 어려움에도 불구하고 긍정적인 평가를 받고 있는 이유는 무엇일까, 그렇다면 행정절차법을 제정・시행하고 있는 나라가 도대체 15개국 정도일 뿐인데 우리가 굳이 행정절차법을 제정해야 한다고 말할 수 있을까. 다른 나라의 입법례나 그 수의 다과만을 가지고 우리나라에서의 제도적 적실성을 판단하는 것은 지나친 단순논리일 뿐이다. 오히

4., 연구자: 吳峻根), 95 역시 이 점을 확인하고 있다.

129) 한국법제연구원,『공정행정구현을 위한 행정절차법 제정방안』, 1995.4., 99－100.

려 어떤 제도의 적실성여하를 판단함에 있어 관건이 되는 것은 그것이 과연 우리나라의 현실과 시대적 상황에 비추어 필요한 것인가 하는 데 있는 것이기 때문이다. 마찬가지의 이유에서 독일의 경우 계획수립과 계획확정이 구분되는 데 비해 우리나라의 경우 다양한 종류의 행정계획이 난립해 있고 또 그 수립단계와 확정단계를 구분하기 어렵다는 이유에서 계획확정절차를 도입하기 곤란하다는 주장하기보다는, 오히려 우리나라의 실정에 맞는, 또는 이미 각종 특별법을 통하여 적용된 경험이 있는 계획행정절차를 제도화하는 방안을 모색하는 것이 바람직한 태도였을 것이다. 지나치게 외국의 입법례에 의존하기보다는 실천을 통한 학습(learning by doing)을 통하여 우리나라 특유의 법제도를 창조하려는 적극적·능동적 의지가 필요하다.

둘째, 법이 공법상 계약에 관한 규정을 두지 않은 것도 중대한 문제점이다. 공법상 계약은 처분위주의 행정관행을 당사자의 동의에 의한 행정으로 바꿀 수 있는 좋은 법형식이 될 수 있다. 가령 환경규제를 위한 명령통제 대신에 구제행정청과 피규제자가 협의를 통하여 오염방지·저감을 위한 공법상 계약을 체결하는 경우처럼 공법상 계약을 통하여 원활하고 마찰 없는 행정목적의 달성이 가능해질 뿐만 아니라 공법상 계약이란 행위수단을 활용함으로써 규제완화의 요청에도 부응할 수 있게 된다. 공법상 계약은 특히 사회간접자본확충을 위한 민자유치를 위한 법적 수단으로도 활용될 수 있으며, 세계화·전문화 시대에 필요한 민간전문가를 채용하는 법적 행위형식으로 널리 이용될 수 있다. 행정소송법이 공법상 계약에 관한 분쟁해결수단으로서 공법상 당사자소송을 제도화하고 있는 것[130]도 공법상 계

---

130) 대법원은 공중보건의사 전문직공무원 채용계약 해지처분취소청구소송에서 "전문직공무원인 공중보건의사의 채용계약 해지의 의사표시는 일반공무원에 대한 징계처분과는 달라서 항고소송의 대상이 되는 처분 등의 성격을 가진 것이 아니라 일정한 사유가 있을 때 관할 도지사가 채용계약관계의 한 쪽 당사자로서 대등한 지위에서 행하는 의사표시이므로, 공중보건의사 채용계약 해지의 의사표시에 대하여는 대등한 당사자 간의 소송형식인 공법상의 당사자소송으로 그 의사표시의 무효확인을 청구할 수 있다"고 판시하고 있는데(대법원

약이 결코 우리에게 낯선 행위형식이 아니라는 사실을 말해 주는 것이다. 그러나 이러한 활용가치에도 불구하고 행정실무상 행정공무원이 명시적인 법적 근거가 없는 상태에서 이 공법상 계약을 체결하기를 기대하기는 거의 불가능한 실정이므로, 행정절차법에서 이에 관한 명시적인 기준, 특히 최소한의 일반원칙을 규정하는 것이 바람직하다.

셋째, 법은 위원회에 관하여도 아무런 규정을 두지 않았다. 행정이 다양한 종류의 위원회를 설치하여 운영하면서도 그에 관한 법적 규율이 결여되어 적지 않은 혼란과 부작용이 초래되어 왔음을 고려할 때, 최소한 위원회의 결정능력 및 정족수, 의사진행 및 의사록에 관한 절차적 규율을 가하는 것이 바람직하다.

끝으로, 법은 1987년의 법안에서 규정되었던 확약, 처분의 취소·철회권 제한, 처분의 재심사 등에 관한 규정들을 받아들이지 않았다. 이것은 법에서 순수한 절차규정만을 입법화했을 뿐 행정법전을 지향하지 않겠다는 취지에 따른 것이지만, 법이 행정절차의 일반원칙을 명시한 데서도 나타나는 바와 같이 그러한 원칙을 일관되게 관철한 것은 아니라는 점에서 여전히 아쉬움으로 남는 부분이다. 적어도 행정처분절차 중에서 확약에 관한 것은 이를 규정해 두는 것이 신뢰보호원칙을 구체화하는 결과가 되었을 것이다. 확약의 범위가 애매하고 이 조항 때문에 일선행정기관에서 모든 민원사무에 대하여 문서에 의한 확약을 요구할 우려가 있어 민원인과의 사이에 시비가 빈발할 것이라는 과거 1987년 법안에 대한 비판이 있었던 것은 사실이지만, 신뢰받는 행정을 지향하는 현대행정의 이념을 생각할 때 이를 구체화한 확약을 제도화하는 것이 바람직하다고 본다.

법은 제3조 제1항에서 처분·신고·행정상 입법예고·행정예고 및 행정지도의 절차에 관하여 다른 법률에 특별한 규정이 있는 경우를 제외하고는 이 법이 정하는 바에 의한다고 규정하면서도 다시 제2항에서 대단히 광범

1996.5.31. 선고 95누10617 판결) 이 경우 공중보건의사채용계약이 공법상 계약의 예라 할 수 있다.

위한 적용제외규정을 둠으로써 그 일반법적 성격을 무색하게 하고 있다. 이에 대하여는 많은 비판이 제기되고 있다.[131] 특히 제3조 제2항 제9호가 일정한 종류의 사항을 예시적으로 열거한 후 '당해 행정작용의 성질상 행정절차를 거치기 곤란하거나 불필요하다고 인정되는 경우로서 대통령령으로 정하는 사항'에 대하여 법의 적용을 배제시킨 것은 대통령령으로 법률의 적용을 배제한 것이므로 위임입법의 한계를 넘은 것으로서 위헌의 혐의가 짙다는 비판이 제기되고 있다.[132]

> 실제로 1996년 6월 1일의 경실련 시민입법위원회가 제시한 행정절차법안에 대한 공청회에서 법안 제3조 제2항 제8호가 "기타 이 법에 의한 행정절차를 거치도록 하는 것이 현저히 공익을 해한다고 인정하여 대통령령으로 정하는 사항"이라고 규정한 것은 위헌이며 차라리 일본 행정수속법의 예처럼 적용이 제외되는 처분을 명시적으로 열거하는 것이 바람직하다는 주장이 강력히 대두되었는데 오히려 경실련안보다 더 느슨한 기준에 의해 대통령령에 적용배제규정을 위임한 이 조항에 대해서는 더욱 위헌의 논란이 제기될 가능성이 높다.

Ⅱ. 자치행정절차의 문제

법은 "지방자치단체의 사무에 대하여는 이 법의 범위 안에서 조례로써 특별한 행정절차를 규정할 수 있다"고 규정한 1996년의 총무처시안 제3조 제2항[133]을 삭제함으로써 자치행정절차법의 형성가능성을 봉쇄하였다. 이에 대하여는 이 법이 원칙적으로 국가 및 지방자치단체의 사무까지 포괄적으

---

131) 행정절차법의 적용배제규정에 대한 비판으로는 辛奉起, 「行政節次法上 適用除外規定의 內容과 問題點」, 『現代行政法學理論』(佑齋李鳴九博士華甲記念論文集 Ⅱ), 1996, 253-271을 참조.

132) 同旨 辛奉起, 앞의 글, 268-269.

133) 이 조항의 불명확성에 대한 비판으로는 拙稿, 「行政節次法試案의 평가」, 『人權과 正義』, 1996.6., 96을 참조.

로 적용되므로 명문의 규정은 불필요하다는 것이 이유로 제시되고 있다. 그러나 행정절차에 대한 자치입법은 각 지방자치단체의 실정에 맞는 행정절차를 제도화하는 방도가 될 뿐만 아니라 전국적 일반법의 형성에 대하여도 중요한 실험적 가치를 발휘할 수 있다는 점에서 일반행정절차법에서 행정절차에 관한 자치입법의 가능성을 열어 주고 그 방향과 기준을 정해 주는 것이 바람직하다.[134] 한편 법이 행정절차에 대한 조례형성의 여지를 봉쇄한 것은 그것이 규율대상으로 삼은 사항에 관해서만 유효한 것이기 때문에, 행정절차법에서 규정하지 않은 사항에 대하여는 여전히 조례형성의 여지가 남게 된다고 볼 수 있다. 앞으로 지방자치단체가 행정계획이나 공법상 계약 등 법에서 규율하지 아니한 사항에 대한 행정절차조례를 제정할 경우 그 합법성여부를 둘러싼 논란이 제기될 것으로 예상된다.

Ⅲ. 의견청취절차의 문제점

더욱 심각한 문제는 의견청취절차의 요건에 관한 법의 규정태도에 있다. 법은 제22조에서 의견청취의 유형으로 의견제출, 청문 및 공청회의 세 가지 방식을 설정하고 있다. 법은 약식절차인 의견제출절차를 일반적인 의견청취방식으로 삼고, 일정한 요건 하에서만 청문, 공청회를 실시할 수 있도록 하고 있는데, 이는 행정절차의 복잡화, 지연 등으로 말미암아 행정의 효율성이 손상될 우려가 있음을 고려한 것이라는 점에서 그 자체를 탓할 것은 못된다고 할 수 있다. 그러나 법의 의견청취절차에 관한 규정들은 다음과 같은 문제점을 안고 있다.

첫째, 청문의 경우 법은 제22조 제1항에서 청문의 실시요건을 "1. 법령등에서 청문의 실시를 규정하고 있는 경우, 2. 행정청이 필요하다고 인정하

134) 拙稿, 『행정절차법 제정의 필요성과 입법방향』, 경실련주최 공청회자료집(1996.6.1.), 14; 同旨 辛奉起, 앞의 글, 269－271.

는 경우"로 한정하고 있다. 법령 등에서 청문의 실시를 규정한 경우 청문을 실시하는 것은 당연한 것이라 할 수 있다. 반면 "행정청이 필요다고 인정하는 경우"의 의미가 무엇인지 불분명하다. 이 규정은 당사자 등을 포함한 국민은 물론 행정청이나 행정공무원의 입장에서도 어떤 경우에 청문이 실시되는지, 청문을 실시할 것인지를 객관적으로 명확히 해주지 못하고 있으며, '법령 등에서 청문의 실시를 규정한 경우와 행정청이 필요하다고 인정하는 경우'에만 청문을 실시하도록 함으로써, 당사자 등의 신청에 의한 청문의 길을 봉쇄했다는 점에서 모처럼 제정된 행정절차법의 취지를 크게 손상시키는 결과를 초래하고 있다. 이는 당사자 등의 신청에 의한 청문의 길을 열어 놓았던 1987년 법안의 규정(§ 35)을 철저히 배제한 것으로서, 침익적 처분 일반에 대하여 청문을 의무화한 독일 행정절차법(§ 28 ①)은 말할 것도 없고, 제한된 종류의 불이익처분에 대하여 청문을 의무화했던 '94시안(§ 20 ① ii), 행정절차운영지침(§ 5 ① ii)이나 일본행정수속법(§ 13 ① i)에도 못 미치는 극히 퇴행적인 발상에 따른 결과다. 법은 제3조에서 광범위한 적용제외사유를 정한 후 다시 (제21조 제4항 각호의 규정을 원용한) 제22조 제4항에서 포괄적인 의견청취 배제장치를 마련하고서도 여전히 불안하여 당사자 등의 신청에 의한 청문의 기회를 원천적으로 봉쇄하는 3중의 빗장을 구축한 것이다. 이와 같이 법이 청문의 실시여부를 법령이나 행정청의 일방적 판단에만 의존시킨 것은 법 스스로 제1조에서 선언한 바 있는 '국민의 행정참여를 도모'한다는 행정절차법의 목적에 모순될 뿐만 아니라 절차를 통한 정당성(Legitimation durch Verfahren)이라는 행정절차의 의의를 근본적으로 손상시키는 요인이 된다. 법이 그 제정목적이나 행정절차의 본질적 의의에 충실하기 위해서는 1987년의 법안의 태도로 복귀해야 하며 적어도 불이익처분에 대해서는 당사자 등의 신청에 의한 청문의 길을 열어 놓아야 할 것이다. 이것은 우리나라 헌법재판소가 비단 형사절차상의 영역뿐만 아니라 입법, 행정 등 국가의 모든 공권력의 작용에 적용되는 헌법의 기본원리로 선언한 적법절차의 원리에 부응하는 길이기도 하다.[135]

둘째, 제22조 제4항은 당사자가 의견진술의 기회를 포기한다는 뜻을 명백히 표시한 경우, 그리고 제21조 제4항 각 호의 규정을 원용하여 공공의 안전 또는 복리를 위하여 긴급히 처분을 할 필요가 있는 경우, 법령 등에서 요구된 자격이 없거나 없어지게 되면 반드시 일정한 처분을 하여야 하는 경우에 그 자격이 없거나 없어지게 된 사실이 법원의 재판 등에 의하여 객관적으로 증명된 때, 당해 처분의 성질상 의견청취가 현저히 곤란하거나 명백히 불필요하다고 인정될 만한 상당한 이유가 있는 경우에는 의견청취를 생략할 수 있도록 하고 있다. 이는 종전의 '94시안보다는 그 사유를 제한했다는 점에서 진일보한 것이라 하겠으나, 1996년도 시안보다는 그 예외사유를 하나 더 확대한 것이다(제21조 제4항 제2호). 그러나 무엇보다도 공공의 안전 또는 복리를 위하여 긴급히 처분을 할 필요가 있는 경우에 의견청취를 배제한 것은 그 청문권의 제한사유가 지나치게 광범위하고 추상적이라는 점에서 위헌의 논란을 불러일으킬 가능성이 농후하다.

셋째, 청문주재자의 자격·선정에 관하여 법이 제28조 제1항에서 단지 "행정청이 소속직원 또는 대통령령이 정하는 자 중에서 선정하는 자가 주재하되, 행정청은 청문주재자의 선정이 공정하게 이루어지도록 노력하여야 한다"고 규정한 것은 청문의 공정성을 보장하기 위해서는 그 주재자의 자격과 중립성이 확보되어야 한다는 이유에서 불충분한 규정이라고 하지 않을 수 없다. 적어도 법률에서 일정한 자격을 정하거나 일정한 자격이 요구

135) 이와 관련하여 다음과 같은 헌법재판소의 판례를 음미해 볼 필요가 있다: "헌법 제12조 제3항 본문은 동조 제1항과 함께 적법절차원리의 일반조항에 해당하는 것으로서, 형사절차상의 영역에 한정되지 않고 입법, 행정 등 국가의 모든 공권력의 작용에는 절차상의 적법성뿐만 아니라 법률의 실체적 내용도 합리성과 정당성을 갖춘 실체적인 적법성이 있어야 한다는 적법절차의 원칙을 헌법의 기본원리로 명시하고 있는 것"(헌법재판소 1992.12.24., 92헌가8 결정 전원재판부, 『헌재판례집 4』, 92, 853; 참조판례: 88헌가5병합, 88헌가6, 89헌가118, 90헌가48.); "법무부장관의 일방적 명령에 의하여 변호사업무를 정지시키는 것은 당해 변호사가 자기에게 유리한 사실을 진술하거나 필요한 증거를 제출할 수 있는 청문의 기회가 보장되지 아니하여 적법절차를 존중하지 아니한 것이 된다."(헌법재판소 1990.11.19., 90헌가48 결정 전원재판부, 『헌재판례집 2』, 90, 393)

된다는 것을 분명히 한 후 그 세부적인 사항을 대통령령에 위임하는 것이 바람직하다.

넷째, 법은 제22조 제5항에서 "행정청은 청문·공청회 또는 의견제출을 거친 때에는 신속히 처분하여 당해 처분이 지연되지 아니하도록 하여야 한다"고만 규정할 뿐 청문절차의 신속한 진행에 관한 규정을 두지 않고 있다. 당사자 등의 이해관계의 신속한 확정과 행정의 능률을 기하기 위하여 독일 행정절차법 제67조 제3항처럼 행정청으로 하여금 "청문절차가 가능한 한 일회의 변론기일에 완료될 수 있도록 하기 위하여 필요한 조치를 강구해야 한다"는 규정, 즉 '집중의 원칙'(Konzentrationsgrundsatz)을 추가할 필요가 있다.

다섯째, 공청회의 경우에도 그 실시여부를 법령이나 행정청의 일방적 판단에 의존시킨 것, 나아가 청문이나 공청회의 주재자에 대한 독립성보장이 불충분하게 규정되어 있는 점 등은 결코 간과하기 어려운 문제점이라 하지 않을 수 없다.

여섯째, 공청회의 주재자의 자격을 단지 '대통령령이 정하는 자격을 가진 자 중에서 행정청이 지명 또는 위촉하는 자'로 한 것은 공청회가 실질적으로 처분이나 입법안의 내용에 중요한 영향을 미칠 수 있다는 점을 감안할 때 공청회의 공정성을 의문시하게 하는 요인이 될 수 있다. 이에 관해서도 그 자격요건 및 선정기준을 시행령이 아니라 행정절차법 차원에서 보다 구체화하여야 할 것이다.

Ⅳ. 소결

행정절차법의 제정은 새로운 시대의 행정을 신뢰와 동의의 반석 위에 올려놓기 위한 법제도적 기반구조를 구축하는 일이다. 그러나 앞에서 본 바와 같이 행정절차법은 총 54개의 조항에도 불구하고, 총칙의 일부와 행정상 입법예고, 행정예고 등을 제외한 행정절차에 관한 한, 일본 행정절차법의 수준에도 못 미치는 소극적·수세적인 규율을 내용으로 하고 있다. 특히 행정절차에 대한 참여권의 보장이라는 측면에서 본다면 미래지향적 진취성이나 개혁성을 담은 규정을 찾아보기 어렵다. 이제까지 살펴본 바와 같이 법은 교묘하게 곳곳에서 국민들의 적극적·능동적 참여권을 배제했기 때문이다. 그 이유는 무엇일까? 법이 그러한 모습을 띠게 된 것은 무엇보다도 법이 정부의 시각에서 본 행정의 현실을 반영하는 데 역점을 두었기 때문이며, 사회각계의 인사와 관련전문가들의 자문과 조언을 구했으되 실은 실무작업을 담당한 총무처의 지배적 영향 아래서 법이 만들어졌다는 데 있다. 그동안 행정절차법에 대해 정부나 관련부처의 공무원들이 견지해 온 입장은 이를테면 '몸에 맞는 옷을 만들어야 한다'는 것이었다고 말할 수 있다. 그러나 이 '옷의 비유'는 이제 거두어져야 한다. 특히 개혁입법에 관한 한 '옷의 비유'는 자칫 문제의 본질을 호도하는 핑계가 될 수 있다. 행정절차법의 제정은 '자기 몸에 맞는 옷'을 자기 자신이 스스로 만들어 입는 일이어서는 아니 된다. 공무원이 국가의 공복(公僕)이라는 것을 부인할 사람은 없다. 행정 역시 국민의 공복임에는 다름이 없다. 행정절차법의 제정은 이 공복이 어떻게 그 본래의 기능을 수행해야 하는지를 규범화하는 작업이지 공복의 입장에서 '자기 몸에 맞는 옷'을 스스로 지어 국민을 어떻게 순치해 나갈 것인가를 정하는 일은 아니다.

제4장

정보공개, 행정조사, 개인정보의 보호

제 1 절 행정정보의 공개 • 159
Ⅰ. 행정법의 문제영역으로서 정보공개 • 159
Ⅱ. 헌법상 '알 권리'와 행정정보공개청구권 • 163
Ⅲ. 행정절차와 행정정보의 공개 • 171
Ⅳ. 지방자치와 정보공개 • 173
Ⅴ. 정보공개법과 행정정보의 공개 • 179
제 2 절 행정조사 • 245
Ⅰ. 개설 • 245
Ⅱ. 행정조사의 법적 근거 • 248
Ⅲ. 행정조사의 종류 • 248
Ⅳ. 행정조사의 원칙과 한계 • 249
Ⅴ. 행정조사의 방법 • 251
Ⅵ. 행정조사의 절차 • 256
Ⅶ. 행정조사에 대한 구제 • 262
Ⅷ. 행정조사기본법에 의한 행정조사의 관리 • 264
Ⅸ. 행정조사의 구체적 예 • 268
제 3 절 개인정보의 보호 • 279
Ⅰ. 정보사회와 개인정보의 보호 • 279
Ⅱ. 개인정보 보호의 헌법적 근거와 개인정보보호법제 • 281
Ⅲ. 개인정보보호법에 의한 개인정보의 보호 • 285
Ⅳ. 개인정보의 침해와 권리구제 • 334
Ⅴ. 개인정보의 보호를 위한 그 밖의 법제 • 349

제1절 | 행정정보의 공개

I. 행정법의 문제영역으로서 정보공개

1. 공법에 있어 정보사회의 도전

현대사회에 있어 정보는 권력과 자본의 결정요인이다. '정보화사회' 또는 '정보사회'[1]의 진전은 구조적 불평등을 심화・증폭시킨다. 정보의 독점, 정보의 유통・접근에서의 불평등, 정보의 지배와 개인의 정보통제권상실 또는 정보유통으로부터의 소외, 이러한 기술들은 바로 이러한 현대정보사회가 목도하고 있는 사회문제의 핵심을 단적으로 표상해 주고 있다. 새삼 강

1) '정보화사회'는 일반적으로 '기존의 언론매체의 확대에 추가하여 컴퓨터를 중심으로 한 情報處理 및 通信技術의 비약적인 進步에 따라 데이터(Data)의 利用價値가 높아지고, 社會에 유통하는 데이터가 거대한 분량에 이르게 됨에 따라 일련의 사회구조의 變革을 일으키는 상황'이라고 파악되고 있다(金哲洙, 「情報化社會와 基本權保護, 情報化社會의 公法的 對應」(국제학술대회논문집), 韓國公法學會, 1989, 5; 金南辰, 「情報化社會와 行政法體系의 再構成」, 『月刊考試』 1991.8., 83; 石琮顯, 『月刊考試』, 1991.12., 67.

조할 필요도 없이 소수에 의한 정보의 독점은 경제적 독점과 불평등을 확대재생산할 뿐만 아니라 사회의 민주화를 위한 그동안의 모든 노력을 수포로 돌아가게 할 것이다. 이러한 견지에서 '정보사회' 또는 '정보화사회'에 대한 공법적 대응의 요청이 제기되는 것은 당연한 현상이라고 할 수 있다.[2] 그러한 공법적 대응의 가장 주된 문제영역의 하나가 바로 (행정)정보공개의 문제다.

현대정보사회의 도전은 이렇듯 공법영역에 중요하고도 급박한 과제들을 던져 주고 있다. 공법의 영역에서 정보화에 대한 법적 규율이 시급한 해결을 요하는 과제로 부각된 것은 무엇보다도 변화된 사회적 환경에서 종래의 행정재판상 권리보호시스템이 고도로 발달된 전자정보기술의 도전에 직면하여 심각한 긴장을 빚고 있다는데 기인한다. 예상을 초월하여 급속한 발전을 이룬 현대정보통신기술이 최근 몇십 년간 — 특히 그 저장용량의 폭발적 증대, 데이터처리속도의 단축 및 정보통신의 발전으로 인하여 — 국가행정의 위험방지, 계획 및 기타의 급부행정의 가능성을 현저하게 개선시킨 것은 부인할 수 없는 사실이다.[3] 그러나 정보 및 정보기술의 중요성 그리고 이와 결부된 새로운 위험의 잠재요인이 커지면 커질수록 그만큼 정보에 관한 개인의 보호청구권(Schutzansprüche)의 보장도 더욱더 불가결한 것이 된다. 그리하여 정보사회의 위력적인 영향력, 그리고 전자정보시스템에 저장되어 기술적으로 얼마든지 가능하게 된 컴퓨터연결 등을 통한 데이터남용의 우려로부터 배태된 적극적 대결의지가 결국 정보공개에 관한 법형성을 촉진시키지 않을 수 없는 것이다.

---

2) 우리나라에서도 1989년 한국공법학회가 주최한 국제학술대회 "情報化社會의 公法的 對應"과 1992년 2월 20일의 제25회 학술발표회 등을 통하여 이 문제가 다루어진 바 있으며, 특히 여론의 각별한 주목을 받았던 청주시의회의 정보공개조례와 이를 둘러싼 소송에 대한 대법원의 판결(대법원 1992.6.23. 선고 92추17 판결)은 이러한 일련의 과정에 있어 하나의 분수령을 이루는 사건이었다.

3) Sieber, "Informationsrecht und Recht der Informationstechnik," *NJW*, 1989, 2569ff. [2570].

2. 행정법에 있어 정보공개의 위상

정보공개의 문제에 관한 학계에서의 논의는 주로 정보공개청구권에 대한 법해석론적 접근과 일반적 정보공개제도의 법제화로서 정보공개법의 제정을 향한 입법론[4)]의 양축(兩軸)을 중심으로 전개되어 왔다. 후자(後者)가 일반적 정보공개의 객관적 제도화문제[5)]인 데 비하여, 전자(前者)는 궁극적으로 정보를 둘러싼 시민과 국가 간의 관계를 법적으로 구성하는 문제, 즉 정보공개청구권이란 주관적 공권의 확립에 관한 법해석론적 문제다. 행정정보의 공개는 국민의 '알 권리'를 실현하기 위한 핵심적 수단으로서 일반적 · 객관적 정보공개제도의 문제로 다루어질 수 있으며, 이에 비해 개별적 정보공개의 문제는 개인에 관한 정보, 즉 개인정보의 공개 및 보호의 문제와 표리의 관계를 이루고 있어 개인정보보호의 차원에서 규율될 수도 있다. 1996년 말 제정된 「공공기관의개인정보보호에관한법률」("정보공개법")이 정보주체에게 개인정보화일에 기재된 범위 안에서 본인에 관한 처리정보의 열람을 청구할 수 있는 권리(개인정보공개청구권: § 12 ①)와 처리정보의 내용 중 정정을 요하는 사항이 있는 때에는 그 정정을 청구할 수 있는 권리(개인정보정정청구권: § 14 ①)을 인정한 것은 바로 이러한 견지에서이다. 전자의 경우에는 정보공개의 청구절차 또는 공개거부 시 이에 대한 불복 · 구제절차에 있어 공개대상정보와 정보공개청구권자 간의 주관적 이해관련성(권리나 법률상 보호되는 이익 등)의 문제가 특별히 고려되어야 할 필연성은 없게 된다. 가령 1992년 6월 23일 대법원의 획기적 판결에 의해 그 유효성이 확정된 청주시정보공개조례 제4조는 공개청구권자의 범위를 "시내에 주민등록을 두고 거주하는 자", "시내에 사업소 또는 사무

4) 이제까지 전개된 情報公開의 제도화논의에 관하여는 拙稿, 「情報公開請求權과 情報公開法」, 『법과 사회』 제6집, 1992, 76이하를 참조.

5) 이에 관하여는 김석준 · 강경근 · 홍준형, 『열린 사회, 열린 정보』, 1993(비봉출판사)를 참조. 이 책은 정보공개제도의 법제화를 위한 하나의 대안으로서 정보공개법안을 부록으로 포함하고 있다.

소를 두고 있는 개인 또는 법인", 그리고 "집행기관이 행하는 사업으로 청구하는 정보에 대하여 이해관계가 있는 자"로 명시하고 있는데, 이것은 바로 이러한 일반적 정보공개제도의 법적 성질을 시범적으로 확인시켜 주는 예다.

> 청주시정보공개조례의 이러한 규정은, 지방자치단체 자체의 지역적 관할권 문제를 고려한다면, 사실상 가능한 최대한의 보장범위를 인정한 것이라 할 수 있다. 참고로 미국의 정보자유법(Freedom of Information Act, FOIA)도 당초 행정절차법(APA) 제3조에 "정당하고 직접적 이해관계가 있는 자"(persons properly and directly concerned)로 규정되어 있었던 것을 '누구나'(any person)로 개정함으로써[6] 청구권자의 범위에 아무런 제한을 두지 않고 있다.

한편 행정정보의 공개는 연혁상 행정처분의 상대방이나 이해관계인이 행정절차에서 자기의 권익보호에 필요한 행정정보를 얻을 수 있도록 보장하는 사전적 행정절차의 일환으로 문제되었던 것이고, 이렇게 볼 때 행정정보의 공개제도는 행정절차의 일부분으로서의 측면도 지닌다.[7] 그리하여 정보공개를 넓은 의미에서 행정과정의 구성요소로 보아 행정절차법의 일부로 다루려는 입장도 있으나, 이를 완결된 독립적 법제도로 파악하려는 경향이 지배적이다.[8] 즉 행정정보공개제도는 행정절차와 밀접한 관련을 맺으면서도 그 자체 독자적인 제도로서의 의의를 아울러 갖는 것이기 때문에 이를 행정절차법적 수준에 국한된 문제로 볼 수는 없다. 요컨대, 행정정보의 공개는 행정절차의 일환으로서 또는 행정절차의 보장과는 별도로 독자

6) 5.U.S.C § 552a(3).

7) 실제로 가장 모범적인 정보공개의 제도화를 실현한 미국의 경우, 연방헌법 수정 제1조에서 출판의 자유를 보장함을 근거로, 1946년에 연방행정절차법(Administrative Proceduere Act)이 공공정보(Public Information)에 관한 제3조를 두고 있었으나 1966년 이를 수정 · 확대한 정보자유법(Freedom of Information Act, FOIA)이 수차의 개정을 겪으면서 발전하였다는 것은 주지의 사실이다.

8) 丘秉朔, 「정보공개법제정의 방향과 과제」, 『公法研究』 제17집, 1989, 21－23.

적인 의의를 갖는 정보접근에 대한 절차적 보장으로서, 행정과정에 대한 주민참여 · 민주적 통제의 기틀이 되며 국민의 「알 권리」로부터 유출되는 정보공개청구권을 실현하는 문제다.

Ⅱ. 헌법상 '알 권리'와 행정정보공개청구권

1. 헌법직접적 권리로서 정보공개청구권

'알 권리'와 그 본질적 내포로서 정보공개청구권이 헌법상 인정되느냐 여부와 그 근거에 관하여는 다음과 같은 세 가지 방향에서 학설의 대립이 있다.

① '알 권리'와 표현의 자유는 표리일체의 관계에 있는, "모든 정보원으로부터 일반적 정보를 수집할 수 있는 권리"라고 하면서 '공공기관의 정보에 대한 공개청구권에서 볼 수 있다시피 청구권적 성격을 가지고 있다'고 하거나,[9] 정보의 자유(알 권리)에는 "정보를 적극적으로 수집하는 자유와 소극적으로 정보에 접하는 자유가 모두 포함"[10]한다는 등 '알 권리'를 헌법상 표현의 자유로부터 도출해 내는 입장[11]

② '알 권리'는 국가의 부작위에 대한 요구권에 머물지 않고 적극적인 정보공개 내지 제공을 요구하는 권리로 발전하고 있지만 실정법상 근거없이 개개의 국민이 정보공개를 청구할 만한 구체적 권리를 가지지 않는다고 하는 입장[12]

---

9) 權寧星, 『憲法學原論』, 2007, 410-412.

10) 許營, 『韓國憲法論』, 1991, 521.

11) 權寧星, 『憲法學原論』, 412는 알 권리의 헌법적 근거를 어느 한 조항만이 아니고 제21조 제1항의 표현의 자유를 비롯 국민주권의 원리(§ 1), 인간의 존엄 · 행복추구권(§ 10), 인간다운 생활을 할 권리(§ 34 ①) 등에서 찾는다.

12) 丘秉朔, 『新憲法原論』, 1996, 438. '정보공개청구권은 국민주권, 민주정, 사회국가원리 등에

③ '알 권리'는 "헌법상 명문의 규정이 없을지라도 여론의 자유로운 형성을 위한 전제로서 민주정치에 필수불가결한 요소이기 때문에 우리 헌법에서도 인정된다"고 하면서 그 근거를 헌법 제10조의 인간으로서의 존엄과 가치에서 찾는 견해[13]: 이것은 국민의 '알 권리'가 인격의 형성, 그 자유로운 전개와 행복추구권의 중요한 내용으로 인정되고 있다는 점을 고려할 때, 정보의 자유의 근거를 우리 헌법 제10조에서 찾아야 한다고 보는 견해로서, 정보의 자유의 근거를 헌법 제10조에서 구하더라도 헌법 제21조가 정보의 자유와 전혀 무관한 것은 아니고 정보의 자유의 한 내용인 정보매체로부터의 정보수령방해배제청구권은 헌법 제21조에서 인정된다고 보아야 할 것이라고 한다. 왜냐하면 정보수령방해배제청구권은 자유권의 성격을 띠므로, 언론·출판에 관한 자유규정인 헌법 제21조에서 인정된다고 보아야 하기 때문이라는 것이다.[14]

먼저 제기되는 문제는 정보공개청구권은 (또는 '알 권리'는) 법률에 의한 구체화 없이도 헌법에 의하여 직접 인정되는 헌법직접적 권리(verfassungs-unmittelbares Recht)인가 하는 것이다. '알 권리'의 헌법직접적 권리성 여하에 관한 이 물음은 대법원 및 헌법재판소의 판결·결정들을 통해 헌법상 '알 권리'가 직접적·구체적 권리로 확인됨으로써 기본적으로 해명되었다.

헌법재판소는 "알 권리는 헌법 제21조의 언론의 자유에 당연히 포함되는바, 이는 국민의 정부에 대한 일반적 정보공개를 구할 권리(청구권적 기본권)라고 할 것이며, 서류에 대한 열람·복사민원의 처리는 법률의 제정이 없더라도 불

서 일반적인 근거를 들 수 있으나, 다만 그와 같은 기본원리에서 국민 개개인의 정보공개청구권이 직접 나온다고 하기에는 불충분하며, 이는 헌법상 기본권조항(10조, 21조, 34조 등)에 근거해서도 마찬가지'라고 하는 견해(姜京根, 「行政電算化의 法的 問題」, 한국공법학회 제25회 학술발표회 발표문)도 같은 선상에 있다.

13) 金哲洙, 『憲法學概論』, 1991, 453.

14) 같은 곳.

가능한 것은 아니라 할 것이고 또 비록 공문서공개의 원칙보다는 공문서의 관리 · 통제에 중점을 두고 만들어진 규정이기는 하지만, 위 규정 제36조 제2항을 근거로 국민의 '알 권리'를 곧바로 실현시키는 것은 가능하다"고 판시했다.[15] 한편 대법원은 뒤이어 구 정부공문서규정 제36조 제2항의 규정에 의하여 일반국민의 공문서열람권을 인정하면서, "일반적으로 국민은 국가기관에 대하여 기밀에 관한 사항 등 특별한 경우 이외에는 보관하고 있는 문서의 열람 및 복사를 청구할 수 있고 정부공문서규정 제36조 제2항의 규정도 행정기관으로 하여금 일반국민의 문서열람 및 복사신청에 대하여 기밀 등의 특별한 사유가 없는 한 이에 응하도록 하고 있으므로 그 신청을 거부한 것은 위법하다"고 판시했다.[16]

학계의 반응은 두 가지 상반된 방향에서 나타났다. 헌법재판소의 결정에 대해서는 주로 헌법학자들 사이에서, '알 권리'의 헌법적 근거조항에 관한 異見을 제외하고는, 대체로 긍정적인 평가가 내려진 반면에, '알 권리' 내지 정보공개청구권의 도출근거에 대한 반론이 (대체로 행정법학자들 사이에서) 제기되었다. 가령 김도창 교수는 위 판결에서 표명된 대법원의 태도를 "정보접근권을 헌법에서 바로 도출되는 기본권이라고는 보지 않고 법령을 게재시켜 인정하는 방향"이라고 보면서 이 문제를 둘러싼 헌법재판소와 대법원의 견해차를 지적한 후 헌법 제21조에서 바로 '알 권리'가 나온다 할

15) 1989년 9월 4일 결정, 88헌마22(강조 인용자).

16) 대법원 1989.10.24. 선고 88누9312 판결. 특기할 만한 것은 서울고법과 대법원이 모두 정부공문서규정 제36조 제2항의 문언상의 표현이 "… 특별한 사유가 없는 한 이를 허가할 수 있다"라고 되어 있음에도 불구하고 '특별한 사유가 없는 한 문서열람 및 복사청구에 응하도록 한 것'이라는 의미로 해석하고 있는 점이다. 사실 정부공문서규정의 이 조항을 "… 허가해야 한다"로 개정해야 한다는 주장(가령 이승종, 「지방정부의 행정정보공개」, 『한국행정학보』 제25권 제3호, 905 각주 20)이 있었던 점을 고려할 때, 이처럼 대법원이 소위 가능규정(Kann-Vorschrift)을 의무규정(Soll-Vorschrift)로 해석한 것은 극히 이례적인 일이지만, 일면, 이전에 나온 헌법재판소의 결정을 통해 여실히 표출된 국민의 알 권리 보장에 대한 사회적 요구와, 타면 헌법재판소가 견지한 공문서공개청구권의 헌법직접도출론에 대한 대안제시의 필요성에 대한 고려와 전혀 무관하지는 않은 것으로 보인다.

수 있는가에 대해 의문을 제기한 바 있다.[17] 또 김남진 교수는 국민 또는 이해당사자의 공문서열람권을 인정할 헌법적·법률적 근거가 결여되어 있는 점, 판례가 그 근거로 든 정부공문서규정은 대통령령이지만 법률에 의거한 위임명령이 아니어서 실질적으로는 행정규칙의 성질을 가지므로 이것에 의해 공문서열람권(Recht auf Akteneinsicht)이 창설된다고 보기는 어렵다는 이유에서 위 대법원판결의 문제점을 지적했다.[18] 그러나 헌법재판소는 이후 "정보에의 접근·수집·처리의 자유, 즉 '알 권리'는 헌법 제21조 소정의 표현의 자유와 표리의 관계에 있으며 자유권적 성질과 청구권적 성질을 공유하는 것인바, 이러한 '알 권리'의 실현을 위한 법률이 제정되어 있지 않더라도 그 실현이 불가능한 것은 아니며 … 검사가 청구인에게 형사확정소송기록을 열람·복사할 수 있는 권리를 인정한 명문규정이 없다는 것만을 이유로 하여 무조건 청구인의 복사신청을 거부한 것은 청구인의 '알 권리'를 침해한 것"[19]이라고 판시하여 '알 권리'의 구체적 권리성을 승인한 종전의 판례를 재확인했다.[20] 대법원 역시 최근의 판결을 통해 '알 권리'가 헌법직접적 권리라는 점을 확인하였고, 이로써 정보공개청구권이 헌법직접적 권리라는 것은 실정법적으로 확립되었다.

---

17) 『考試界』 1991.8. 對談.

18) 金南辰, 「行政節次上의 文書閱覽權」, 『考試界』 1991.8., 85이하; 동교수, 「情報化社會와 行政法體系의 再構成」, 『月刊考試』 1991.8., 89; 동교수, 「기록등사신청에 대한 헌법소원」, 『判例月報』 1991.12.(255호), 36; 동교수, 『行政法 Ⅰ』, 430. 그 밖에도 위 헌법재판소의 결정은 명확한 이론적 근거 없이 청구인의 열람·복사청구권을 인정한 난점이 있으며, 정부공문서규정의 운영과정에서도 해석상 기껏해야 법률상 보호되는 이익정도가 나올 수 있을 뿐, 헌법규정에 근거해서 직접 구체적 권리로서의 정보공개청구권을 도출할 수는 없다는 비판도 제기되었다(姜京根, 『法律新聞』, 1989.10.16.; 동교수, 「행정전산화의 법적 문제」, 18).

19) 헌법재판소 1991.5.13. 선고 90헌마133 결정(『判例月報』 252호, 60이하(강조 인용자)).

20) 또한 憲法裁判所는 최근 군사기밀보호법에 관한 1992년 2월 25일 결정에서 동법 제6조·제7조·제10조는 국민의 '알 권리'를 침해할 가능성이 있으므로 국가기밀의 개념을 실질적인 비밀가치를 지닌 것에 한정해석해야 한다는 限定合憲決定을 내렸다.

<알 권리의 헌법직접적 권리성>

국민의 '알 권리', 즉 정보에의 접근·수집·처리의 자유는 자유권적 성질과 청구권적 성질을 공유하는 것으로서 헌법 제21조에 의하여 직접 보장되는 권리이고, 그 구체적 실현을 위하여 제정된 공공기관의 정보공개에 관한 법률도 제3조에서 공공기관이 보유·관리하는 정보를 원칙적으로 공개하도록 하여 정보공개의 원칙을 천명하고 있고, 위 법 제9조가 예외적인 비공개사유를 열거하고 있는 점에 비추어 보면, 국민으로부터 보유·관리하는 정보에 대한 공개를 요구받은 공공기관으로서는 위 법 제9조 제1항 각 호에서 정하고 있는 비공개사유에 해당하지 않는 한 이를 공개하여야 하고, 이를 거부하는 경우라 할지라도 대상이 된 정보의 내용을 구체적으로 확인·검토하여 어느 부분이 어떠한 법익 또는 기본권과 충돌되어 위 각 호의 어디에 해당하는지를 주장·증명하여야만 하며, 여기에 해당하는지 여부는 비공개에 의하여 보호되는 업무수행의 공정성 등의 이익과 공개에 의하여 보호되는 국민의 알 권리의 보장과 국정에 대한 국민의 참여 및 국정운영의 투명성 확보 등의 이익을 비교·교량하여 구체적인 사안에 따라 개별적으로 판단하여야 한다.[21]

2. 헌법상 '알 권리'의 핵심으로서 정보공개청구권

우리나라의 경우 정보공개청구권은 이른바 '알 권리'(Right to know)의 본질적 요소의 하나라고 이해되어 왔다.[22] 헌법재판소 역시 정보공개청구권을 '알 권리'의 핵심적 내용이라고 판시함으로써 이를 명시적으로 확인한 바 있다.

자유권적 성질은 일반적으로 정보에 접근하고 수집·처리함에 있어서 국가권력의 방해를 받지 아니한다는 것을 말하며, 청구권적 성질이라는 것은 의사형성이나 여론형성에 필요한 정보를 적극적으로 수집하고 수집을 방해하는 방해제거를 청구할 수 있다는 것을 의미하는바 이는 정보수집권 또는 정보공개청구권

21) 대법원 2009.12.10. 선고 2009두12785 판결(정보공개거부처분취소 공2010상, 141).

22) 權寧星, 『憲法學原論』, 412.

> 으로 나타난다. 나아가 현대사회가 고도의 정보화사회로 이행해 감에 따라 '알 권리'는 한편으로 생활권적 성질까지도 획득해 나가고 있다. 이러한 '알 권리'는 표현의 자유에 당연히 포함되는 것으로 보아야 하며 인권에 관한 세계선언 제19조도 '알 권리'를 명시적으로 보장하고 있다.[23]

'알 권리'의 내용이 국가나 사인(私人)에 의하여 방해받지 않고 일반적으로 접근(입수)가능한 정보원으로부터 정보를 얻을 수 있는 정보의 자유(소극적 측면)와 국가나 사회에 대하여 정보를 공개해 달라고 요청할 수 있는 정보공개청구권(적극적 측면)을 포함하는 것이라면, 주관적 공권(公權)으로서 정보공개청구권의 인정여부가 헌법상 '알 권리'의 인정여부를 충분조건으로 한다는 것은 두말 할 나위도 없다. 즉 정보공개청구권은 헌법상 '알 권리'와 표리의 관계를 이루며,[24] '알 권리'의 운명에 의존하고 있다. 그러나 정보공개청구권과 '알 권리'의 관계에 관하여는 무엇보다도 두 가지 측면이 분명히 해명되지 않으면 안 된다. 그것은 첫째 '알 권리'가 정보의 자유와 정보공개청구권으로 구성된다고 할 때, 이 '알 권리'란 실은 헌법상 표현의 자유(§ 21)나 정보의 자유(Informationsfreiheit)와 보호영역을 달리 하는, 보다 포괄적인 내용을 갖는 권리라는 점이다. 한편 독일 기본법상 표현의 자유에 관한 조항인 제5조 제1항 제1문 후단은 "일반적으로 접근가능한 정보원으로부터 방해받지 않고 보고받을 수 있는 권리"(sich aus allgemein zugänglichen Quellen ungehindert zu unterrichten)를 보장하고 있는데, 국내문헌들은 이구동성으로 이를 헌법상 '알 권리'를 명문화한 예로 들고 있다.[25] 독일 기본법 제5조 제1항의 권리는 자유권으로서 정보수령방해배제청구권을 핵심으로 하는 정보의 자유를 말하는 것으로서 포괄적인 권리인 '알 권리'와는 분명히 구별되어야 한다.[26] 독일 기본법 제5조 제1항은

23) 헌법재판소 1991.5.13. 선고 90헌마133 결정(『판례월보』 252호, 60이하).

24) 金哲洙, 『情報化社會와 基本權保護』, 9.

25) 가령 權寧星, 『憲法學原論』, 413; 金哲洙, 『憲法學概論』, 1991, 452 등.

26) 또한 독일 기본법 제5조 제1항 제1문 후단의 '알 권리', 즉 정보의 자유는 방해받지 않고

정보의 자유, 즉 정보수령방해배제청구권을 보장하는 것이지 일반적 정보수집청구권이나 '알 권리'를 보장하는 것은 아니다.[27] 둘째, 정보공개청구권은 공권력이 보유하는 모든 정보에 대하여 일반국민 또는 언론기관이 공개를 요구할 권리(일반적 공개청구권)와 특정의 정보에 대하여 이해관계가 있는 특정개인이 공개를 요구할 권리(개별적 공개청구권)로 분화된다.[28] 공개가 요구되는 대상이 개인에 관한 정보인 경우에는 개별적 공개청구권의 형태, 즉 공공기관이 보유하는 자기에 관한 기록의 열람을 청구할 수 있는 청구권(Anspruch auf Akteneinsicht)이 문제되며, 이러한 의미의 공개청구권은 이른바 정보자결권(informationelle Selbstbestimmungsrecht)의 불가결한 구성부분을 이룬다. 헌법상 '알 권리'에 개별적 공개청구권이 포함된다는데 대하여는 의문의 여지가 없다. 반면 헌법상 '알 권리'가 일반적 정보공개청구권을 내포하는지에 대해서는 논란의 여지가 있다.

이에 대해 헌법재판소는, "헌법상 입법의 공개(제50조 제1항), 재판의 공개(제109조)와는 달리 행정의 공개에 대하여서는 명문규정을 두고 있지 않지만 '알 권리'의 생성기반을 살펴볼 때 이 권리의 핵심은 정부가 보유하고 있는 정보에 대한 국민의 '알 권리', 즉 국민의 정부에 대한 일반적 정보공개를 구할 권리(청구권적 기본권)라고 할 것"이라고 하여 일반적 정보공개청구권을 '알 권리'의 핵심으로 파악하였다.[29]

보고 듣고 알 수 있는 권리, 즉 '정보매체로부터의 정보수령의 방해금지'(金哲洙, 같은 책, 452)를 의미하는 소극적 개념이므로, 미국 정보자유법(Freedom of Information Act: FOIA)상의 적극적·일반적 정보공개청구권과도 구별되지 않으면 아니된다. 반면 여기서 말하는 '알 권리'는 독일 기본법상의 자유로운 정보수령권이 아니라 국정공개청구권과 언론매체에 대한 접근권을 내용으로 하는 미국법상의 '알 권리'(Right to know)에 더 가까운 개념이라 할 수 있다(尹明善, 「알 권리」, 『月刊考試』, 1993.2., 87 각주 3).

27) E. Schmidt-Jortzig, HStR § 141 Rn.31.

28) 헌재 1991.5.13. 결정 90헌마133, 최광률 재판관의 소수의견(『判例月報』 255, 73). 따라서 정보공개청구권은 개인정보보호의 차원에서도 문제가 된다.

29) "일반적으로 국민은 … 국가기관이 보관하고 있는 문서의 열람 및 복사를 청구할 수 있다"고 한 원심의 판단을 그대로 재확인한 앞의 대법원판결도 동일한 견지에 서 있다.

반면 정보공개에 관하여 헌법재판소가 결정해야 했던 사안들은 이러한 의미에서의 객관적 정보공개제도의 확립이나 이에 따른 일반적 정보공개청구권에 관한 것이 아니라 국가기관이 보유하고 있는 개인관련정보의 공개청구권에 관한 것이었다.[30] 인간의 존엄과 가치, 기본권의 포괄성으로부터 도출되는 것은 바로 이 개인적 정보공개청구권이지 객관적 정보공개제도와 일반적 정보공개청구권은 아니다.

3. 정보공개청구권의 헌법적 근거

헌법재판소는 "'알 권리'의 실현은 법률의 제정이 뒤따라 이를 구체화시키는 것이 충실하고도 바람직하지만, 그러한 법률이 제정되어 있지 않다고 하더라도 불가능한 것은 아니고 헌법 제21조에 의해 직접 보장될 수 있다고 하는 것이 헌법재판소의 확립된 판례"임을 확인함으로써 학계의 다수설에 합류한 바 있다. 그러나 '알 권리'의 근거는 무엇보다도 헌법 제10조 및 제37조 제1항에 의한 일반적 인격권에서 찾아야 할 것이다. 만일 헌법재판소의 판례나 다수설처럼 '알 권리'가 소극적인 정보수령권(정보의 자유)과 적극적 정보접근 · 청구 · 수집권을 포함하는 포괄적인 권리라고 본다면, 독자적인 기본권으로서 그것은 민주주의에 대한 헌법적 헌신의 거점인 국민주권주의(§ 1), 인간의 존엄과 가치(§ 10), 그리고 기본권의 포괄성(§ 37 ①) 및 인간다운 생활의 보장(§ 34 ①) 등 복합적인 헌법적 근거로부터 도출되는 것이라고 할 수 있다. 그렇다고 이러한 결론이 '알 권리'의 구성요소들 — 정보의 자유, 정보공개청구권 등이 각각 개별적인 헌법적 근거로부터 도출되는 것을 방해하는 것은 아니다. 요컨대, 개별적 정보공개청구권은 우리 헌법재판소의 판례와는 달리, 반면 1983년 12월 15일의 인

30) 이는 앞서의 헌법재판소결정에서 표명된 최광률 재판관의 소수의견에서 지적한 바와 같은 개별적 정보공개청구권에 해당한다고 할 수 있으며 독일의 인구조사판결에서 문제되었던 것도 역시 이러한 의미의 정보공개청구권이었음을 주목할 필요가 있다.

구조사판결(Volkszählungsurteil)에서 표출된 독일 연방헌법재판소의 판지와 같이, 헌법 제10조 및 제37조 제1항에(독일의 경우 기본법 제1조 제1항과의 연결된 기본법 제2조 제1항의 일반적 인격권에) 터 잡은 정보자결권에서 도출된다고 보아야 할 것이다. 그것은 헌법 제21조 제1항에서 직접 도출되는 것은 아니다.[31] 정보의 자유와 일반적 행동의 자유(allgemeine Handlungsfreiheit)는 단지 방어권일 뿐, 이행요구권은 아니기 때문이다.[32] 표현의 자유의 부담과중은 그 보호영역과 효력을 불명확하게 할 뿐이다. 반면 일반적 정보공개청구권의 경우 이를 헌법 제1조 국민주권주의로부터 직접 도출된다고 하기에는 이론상 무리가 있다. 일반적 정보공개청구권에 관한 한 입법권자의 형성의 자유(Gestaltungs freiheit)도 존중되어야 하며, 헌법재판소 스스로 시인했듯 '법률의 제정이 뒤따라 이를 구체화시키는 것이 충실하고도 바람직하다'. 물론 입법형성의 자유도 무제한적인 것은 아니며, 헌법은 이미 국민주권주의, 국가의 기본권존중의무 기타 알 권리에 관한 여러 조항을 통해 그 한계를 설정한 것이라고 볼 수 있다.

Ⅲ. 행정절차와 행정정보의 공개

1. 행정절차와 행정정보의 공개

행정절차와 행정정보의 공개는 상호보완적인 관계에 있다. 이미 앞에서 살펴본 바와 같이 행정정보의 공개는 행정과정에 대한 절차적 통제・참여를

31) 한편 '알 권리'와는 달리, 정보의 자유는 독일의 경우와 다름없이, 바로 표현의 자유에 관한 헌법 제21조로부터 도출된다. 이 경우 헌법 제21조는 헌법 제10조(및 헌법 제37조 제1항)에 대하여 특별법(lex specialis)으로서 우선한다. 이에 관하여 상세한 것은 拙稿, 「情報公開請求權과 情報의 自由: 독일에서의 논의를 중심으로」, 『金哲洙教授화갑기념논문집』 소수, 1993을 참조.

32) Gallwas, *NJW*, 1992, 2787; Hofmann-Riem, *AK−GG*. Art.5 I Rn.91.

가능케 하는 전제조건으로 요구되는 사전적 행정절차의 일환인 동시에, 행정처분의 공문서화, 처분기준의 공표·처분의 이유부기 등과 같은 행정절차적 장치들은 행정정보의 공개를 위한 기여요인들이다. 반면 행정절차에 있어 정보공개는 '일반공개가 아니고 이해관계가 있는 국민에 대한 것이라는 한정성'을 가진다.[33] 물론 이러한 차이는 독자적인 정보공개제도가 확립됨에 따라 그리고 행정절차도 단지 개개인의 권리보호기능뿐만 아니라 행정과정에 대한 민주적 참가를 보장하는 기능을 지향하고 있기 때문에 점차 상대화되는 경향을 보이고 있다.

2. 현행법상 행정절차에 있어 정보공개

행정절차법은 제37조에서 문서의 열람 등에 관한 당사자 등의 권리를 보장하고 있다. 이에 따르면, 당사자 등은 청문의 통지가 있는 날부터 청문이 끝날 때까지 행정청에 대하여 당해 사안의 조사결과에 관한 문서 기타 당해 처분과 관련되는 문서의 열람 또는 복사를 요청할 수 있고, 이 경우 행정청은 다른 법령에 의하여 공개가 제한되는 경우를 제외하고는 이를 거부할 수 없게 되어 있다(§ 37 ①). 제1항의 규정에 의하여 열람 또는 복사를 요청할 수 있는 문서의 범위는 대통령령으로 정한다(§ 37 ④).

이러한 행정절차상의 문서열람청구권은 정보공개법상의 일반적 정보공개청구권에 대하여 일종의 특별법적 의미를 가진다. 다만, 행정절차법이 문서열람청구권을 청문에 한해서만 보장하고 그 기간도 청문의 통지 이후 청문의 종결 시까지로 제한하고 있으며, 또한 의견제출절차와 공청회의 경우 문서열람청구권을 인정하지 않고 있어 문제가 되고 있다.

일반법인 행정절차법 이외에 행정절차와 관련하여 문서열람권의 형태로 정보공개를 가능케 하고 있는 개별법령도 적지 않다. 그 예로는 도시계획법 제12조 제4항의 도시계획도면의 일반인공람, 토지수용법 제36조 제1항

33) 朴鈗炘, 『行政法講義(上)』, 509.

에서 재결신청공고 후 관계서류의 사본을 일반인에게 열람시키도록 한 것, 또는 폐기물관리법 제9조에서 폐기물처리시설설치계획 도면의 일반인열람을 규정한 것 등을 들 수 있다. 이들 법령이 개별적으로 문서를 일반인에게 공람시킬 행정청의 의무를 인정하고 있는 것은 이로부터 일반인의 문서열람권을 도출할 수 있는 근거가 되는 것은 사실이다. 그러나 이들 산재된 법령들에 의해 단편적으로 인정되고 있는 문서 등의 열람권은 실은 공개대상정보가 특정분야의 사항에 국한된, 그것도 일반인이라고는 하지만 주로 가상적 이해관계자에게 사전에 이의신청기회를 부여함으로써 사후에 그 규범적 효력을 확보하기 위한 일환으로 규정된 제도거나, 또는 관계행정청의 재량에 의해 인정되는 권리일 뿐이라는 점 등에 근본적인 제약이 있고, 아울러 이러한 개별법령상의 문서열람권들은 그 공개범위나 청구 및 구제절차 등에 관한 법적 규율의 불충분성 · 단편성, 체계적 연관성의 결여 등 여러 가지 면에서 문제점들을 갖고 있다.

Ⅳ. 지방자치와 정보공개

1. 지방자치에 있어 행정정보공개의 제도화: 정보공개조례

국가적 차원에서 정보공개법의 입법시도가 좌절되고 있는 동안 지방자치 차원에서 주목할 만한 도전이 감행되었다. 일본에서 그러했던 것과 유사하게 우리나라에서도 지방의회가 조례제정권을 행사하여 정보공개를 제도화하려고 시도하기 시작한 것이다.

청주시 의회는 1991년 11월 25일 국내 최초로 행정정보의 공개를 위한 정보공개조례[34]를 통과시켰으나(1991.11.25. 의결; 11.26. 재의결) 내무부 및 지

34) 청주시의회가 의결한 행정정보공개조례안(이하 조례)의 내용에 관하여는 拙稿, 「情報公開

방자치단체로부터 거센 저항을 받았고 이 조례가 규정하고 있는 정보공개와 관한 모법이 없다는 것 등을 근거로 청주시장은 대법원에 지방자치법 제159조 제4항에 의해 이 정보공개조례의 취소를 요구하는 행정소송을 제기하였다. 청주시장은 이에 관해 "행정정보공개조례는 어느 한 지역에만 국한된 것이 아닌 전국 어디서나 동시다발적으로 발생할 수 있기 때문에 국가나 타 자치단체에서 대외비로 관리하고 있는 행정정보를 청주시에서 공개했을 경우 공익저해우려와 국가 및 타 자치단체와의 마찰의 소지가 있어, 이는 조례로서 정할 수 있는 사항이 아니다"라는 제소이유를 들었다. 이로써 정보공개법제정을 향한 지방자치적 대안의 존속여부가 다시금 사법적 결정에 회부되는 결과가 되었고, 대법원은 자신의 판결례와 앞에서 본 헌법재판소의 '확립된 판례'를 배경으로 이 미묘한 사건에 관해 결정을 내려야 하는 처지에 놓이게 되었던 것이다.

2. 행정정보공개조례와 자치입법권

여기서 쟁점은 법률의 수권이 없는 사항에 대하여 지방자치단체가 그 자치입법권, 즉 조례제정권에 의해 규정할 수 있느냐, 정보공개에 관한 조례의 제정이 이러한 자치입법권의 범위에 포함되는 것으로 볼 수 있느냐 하는 문제였다. 헌법은 제117조 제1항 후단(後段)에서 '법령의 범위 안에서 자치에 관한 규정을 제정할 수 있다'고 규정함으로써 지방자치단체의 자치입법권에 헌법적 근거를 부여하는 한편, 제118조 제2항에서 지방의회의 조직·권한 등에 관한 사항을 법률로 정할 것을 규정하고 있는데 이 헌법규정들의 취지는 자치입법권의 헌법적 수권을 전제로 지방의회의 권한에 관한 구체적인 규율을 법률에 맡긴다는 것으로 해석된다. 이에 따라 제정된 지방자치법 제15조는 "지방자치단체는 법령의 범위 안에서 그 사무에 관하여 조례를 제정할 수 있다. 다만, 주민의 권리제한 또는 의무부과에 관한 사항이나 벌칙을 정할 때에는 법률의 위임이 있어야 한다."라고 규정하고 있다. 여기서 이 조항과 관련하여 모법 이를테면 '정보공개법'이 제정되어 있지

請求權과 情報公開法」, 『법과 사회』 제6호 95면 이하를 참조.

않은 상태에서 정보공개에 관한 사항을 조례로 규정할 수 있느냐는 문제가 제기되었다. 이 문제에 관한 공법학계의 경향은, 주지하는 바와 같이 대법원에의 제소를 통해 표명된 청주시장과 시의회의 견해대립에도 불구하고, 전반적으로 정보공개조례의 제정이 '권리제한 또는 의무부과' 또는 '벌칙'에 관한 규정으로 볼 수 없다는 입장이 다수의 지위를 차지하고 있었다. 생각건대 이 문제는 위의 헌법조항과 지방자치법조항의 관련적 해석을 통해서 판단되어야 한다. 즉, 이에 관해서는 헌법 제117조 제1항 후단의 규정은 법률에 의해서도 침해될 수 없는 헌법적 보장으로서의 규범적 효력을 갖는다는 점이 우선적으로 고려되어야 한다.

물론 헌법은 제118조 제2항의 법률유보조항에 의해 입법권자에게 지방자치의 구체적 실현을 위한 입법형성권을 부여하고 있다. 그러나 이러한 입법형성권의 행사는 지방자치의 본질적인 내용, 즉, 자치기능보장 · 자치단체보장 · 자치사무보장을 침해하는 일이 없어야 하며, 그러한 침해는 지방자치의 제도적 본질에 대한 침해를 뜻한다는 것이 지적되고 있다[35]. 이러한 견지에서 "만약 법률이 조례에 의한 지방자치의 본질실현을 방해한다면 지방자치를 인정하고 있는 현행헌법의 취지에 비추어(일본과 같이 헌법에 「법률은 지방자치의 본지에 적합하여야 한다"는 규정이 없다 하더라도) 위헌무효의 다툼이 가능하게 될 것이다. 따라서 법률의 해석의 여지가 있는 한 조례에 의한 '지방자치의 본질'의 실현을 방해하지 아니하도록 합헌적인 법률해석이 행하여져 당해 조례가 그 법률에 반하는지 여부가 확정되어야 할 것」이라는 지적[36] 또한 타당성을 가짐은 물론이다. 한편 김철수 교수는 이러한 지방자치법 제15조 단서를 매개로 하지 않고 헌법 제117조 제1항과 관련 하에서 국민의 권리의무에 관한 사항(법규사항)을 조례로써 규정할 수 있느냐는 문제에 관한 찬 · 반 양론을 소개한 후, 일본에서의 다수설인 조례법률설에 가담하는 한편, 헌법 제117조 제1항 후단의 법령상의 한계를 전제로 삼아 법령에 위반되지 않는다고 생각되는 조례로서 ① 당해사항을 규율할 국가의 법령이 없고 국법상 완전히 공백상태에

35) 許營, 『韓國憲法論』, 1991, 783.

36) 정준현, 「정보공개조례제정의 가부 및 그 방향」, 공법학회 제25회 학술발표회 발표문, 34.

있는 사항에 관하여 정하는 조례, ② 국가법령이 규제하고 있는 사항과 동일한 사항에 관하여 당해 국가법령과 다른 목적으로 규제하는 조례, ③ 같은 경우에 국가법령이 규제의 범위 외에 두고 있는 사항을 규제하는 조례 등을 들고 있다.[37] 이 경우 정보공개조례가 ①에 해당할 것이므로 법령의 범위 안에 해당되는 데에는 의문의 여지가 없다.

그러나 이러한 '지방자치의 본질위배'에 앞서, 헌법 제117조 제1항 후단에 의한 자치입법권의 헌법직접적 보장의 의미를 먼저 음미해 보아야 할 것이다. 즉, 이 조항은 제118조 제2항의 법률유보에 의하여 제정된 법률에 의해서도 침해될 수 없는 자치입법권의 범위를 헌법적으로 보장하고 있는 것이다. 만일 지방자치법의 규정이 이러한 헌법적 수권규정의 범위를 감축·제한한다면 그것은 헌법위반을 면치 못할 것이다.

그러나 일부에서 주장하는 바처럼 지방자치법 제15조 단서를, 지방자치권의 보편성(Universalität) 또는 전권성(全權性, Allzuständigkeit)[38]를 제한한다는 것만 가지고서 곧바로 그 합헌성을 의심할 수 있는지에 대해서는 의문이 있다. 헌법 제117조 제1항 후단에서의 '법령의 범위 안에서'란 구절은 우선적으로는 자치입법의 내용적 한계를 정한 것이지만, 반드시 '법령의 우위'만을 규정한 데 불과한 것이 아니라 헌법적으로 보장된 자치입법권의 한계를 법률의 유보에 관한 침해유보설적인 견지에서 설정한 것으로 해석할 수 있는 여지를 남기고 있기 때문이다. 참고로 독일의 경우 기본법 제28조 제2항 제1문의 "im Rahmen der Gesetze"란 구절을 압도적인 통설이 고유책임성과 보편성, 그리고 기타 모든 보장수준에 관계를 맺고 있는 유보, 다시 말해서 '입법권자에게 보장내용의 구체적 형성, 내재적 한계의 설정, 그러나 또한 헌법직접적 보장영

37) 金哲洙, 『憲法學槪論』, 1991, 899, 901.

38) 이것은 독일지방자치법상의 개념으로, 어떤 사안이 지역적 단체에 관한 사무에 속하는 한, 그것은 원칙적으로 기본법 제28조 제2항 제1문의 보장내용에 따라 자치단체의 임무분야에 속한다는 원칙을 말한다(Schmidt-Aßmann, "Kommunalrecht," in: *Ingo von Münch, Bes. VerwR*, 8.Aufl., 1988, 116).

역에 대한 침해를 수권하는 유보' 조항으로 해석하고 있다는 점에 유의할 필요가 있다.[39] 요컨대, 지방자치법 제15조 단서는 헌법 제117조 제1항 후단에 위배되지 아니한다고 볼 것이다.

그렇다면 문제는 정보공개에 관한 일반법이 제정되지 않은 상황에서 정보공개조례를 제정하는 것이 지방자치법 제15조 단서에 위배되는 것인지의 여부에 귀착된다. 여기서 가령 동조항의 '권리제한 또는 의무부과'를 '국민의 권리・의무에 관한 규정'(이를테면 법규사항에 관한 규정) 정도로 넓게 해석하여 조례로써 정보공개제도를 규정하는 것이 이에 해당되는 것으로 가정한다면, 그러한 조례는 요구되는 법률의 위임을 결여하므로 위법한 조례로 판정되는 결과가 될 것이다. 그러나 이러한 법률론에 의한 판단에 앞서, 비록 일반법으로서의 정보공개법이 제정되지 않았을지라도 헌법재판소에 의해 거듭 확인된 바 있는 헌법직접적인 정보공개청구권이 존재하고 있다는 사실이 또한 함께 고려되지 않으면 안 된다. 동 조항은 법률의 위임이 없이 조례에 의해 새로이 '국민의 권리・의무에 관한 규정'을 두는 것을 금하는 것으로 해석될 터인데, 정보공개조례는 단지 이러한 기존의 헌법직접적인 정보공개청구권을 명문화한 것에 불과한 것이기 때문이다. 그러나 지방자치법 제15조 단서의 규정을 그 명백한 문언형식을 무시한 채, 위와 같이 해석하는 데는 문제가 있다. 동조항의 '권리제한 또는 의무부과'란 일체의 국민의 권리・의무에 관한 규정을 의미하는 것이라고는 볼 수 없으며 기존권리를 제한하거나 새로운 의무를 부과하는 규정, 즉, 침해적인 규율만을 의미하는 것으로 보아야 한다. 물론 어떤 권리를 구체화한다고 할 때, 불가피하게 그 보호영역(Schutzbereich)을 한정함으로 인하여 보는 관점에 따라서는, 또는 권리 본래의 내용을 기준으로 볼 경우, 결과적으로 권리내용의 감축이 수반된다고도 할 수 있고 헌법상의 정보공개청구권을 정보공개조례가 구체화하는 경우 역시 그러한 사실상의 효과가 인정될 여지가 있

39) Schmidt-Aßmann, aaO.

기는 하다. 그러나 여기서 말하는 '권리제한 또는 의무부과'가 그러한 사실상 불가피한 권리제한적 구체화의 경우까지를 포함하는 것으로 볼 까닭은 없다. 오히려 '권리제한 또는 의무부과'란 이른바 '침해적 규율'을 말하는 것이며, 이로써 이러한 침해적 규율에 대해서는 법치주의의 기본적 요구의 하나인 법률의 유보원리에 따라 법률의 근거 또는 법률의 위임을 요한다는 취지가 표현된 것으로 보는 것이 타당할 것이다. 반면, 조례에 의한 정보공개청구권의 인정은 권리를 부여한다는 점에서 어디까지나 '수익적 규율'에 해당하는 것이라고 해야 할 것이다. 이것은 지방자치법 제15조 단서의 문리적 해석에 부합되는 해석이기도 하다. 권리를 부여하는 것이 동시에 권리제한일 수 있으려면 앞에서 본 바와 같이 기존권리내용의 실질적인 감축이 있어야 할 것인데 이러한 의미의 권리감축은 위의 어떠한 관점을 취하든 인정되지 않는다. 따라서 정보공개조례의 제정은 지방자치법 제15조 단서에 위배되지 않는다고 보게 된다.[40] 대법원 또한 결국 이와 대동소이한 견지에서 청주시 정보공개조례의 합법성을 인정하였다.

<청주시행정정보공개조례(안)재의결취소판결>

지방자치법 제15조에 의하면, 지방자치단체는 법령의 범위 안에서 그 사무에 관하여 조례를 제정할 수 있되 주민의 권리제한 또는 의무의 부과에 관한 사항이나 벌칙을 정할 때에는 법률의 위임이 있어야 한다고 규정하고 있으므로 지방자치단체는 그 내용이 주민의 권리의 제한 또는 의무의 부과에 관한 사항이거나 벌칙에 관한 사항이 아닌 한 법률의 위임이 없더라도 조례를 제정할 수 있다 할 것인데,[41] 이 사건 정보공개조례안은 앞에서 본 바와 같이 행정에 대한 주민의 알 권리의 실현을 그 근본내용으로 하면서도 이로 인한 개인의

40) 참고로 일본의 경우에도 조례로 公文書觀覽請求權을 인정할 수 있느냐는 문제가 논란된 바 있으나 조례법률설이 다수설이며(金哲洙, 같은 곳), 예컨대 神奈川縣의 情報公開推進懇話會에서의 토론과정에서 표출된 바와 같이 조례에 의해 권리를 인정하는 것이 가능하다는 것이 지배적인 견해인 것으로 보인다(堀部政男, 「일본에 있어서의 情報公開法과 個人情報保護法, 정보화사회의 공법적 대응」, 한국공법학회, 1989, 74).

41) 당원 1970.2.10. 선고 69다2121 판결 참조.

권익침해가능성을 배제하고 있으므로 이를 들어 주민의 권리를 제한하거나 의무를 부과하는 조례라고는 단정할 수 없고 따라서 그 제정에 있어서 반드시 법률의 개별적 위임이 따로 필요한 것은 아니라 할 것이다.[42)]

V. 정보공개법과 행정정보의 공개

1. 정보공개법

1.1 개요

정보공개법은 총 5장 27개조 및 부칙으로 구성되어 있다. 법은 제1장 총칙에서 입법목적, 용어정의, 정보공개의 원칙, 적용범위 등을 정하고, 제2장에서 정보공개청구권자와 공공기관의 의무에 관한 규정(정보공개청구권자, 공공기관의 의무, 행정정보의 공표등, 정보목록의 작성 · 비치)을 두었으며, 제3장에 정보공개의 절차(비공개대상정보, 정보공개의 청구방법, 정보공개 여부의 결정, 정보공개심의회, 정보공개여부결정의 통지, 부분공개, 즉시처리가 가능한 정보의 공개절차, 청구인의 의무, 비용부담), 제4장에 불복구제절차(이의신청, 행정심판, 행정소송, 제3자의 이의신청 등)에 관한 규정들을 두고 있다. 제5장에서는 정보공개위원회의 설치, 구성, 제도총괄 등, 자료의 제출요구, 국회에의 보고, 위임규정 등을 두고 있다.

1.2 정보공개법의 목적과 적용범위

정보공개법은 제1조에서 "공공기관이 보유 · 관리하는 정보의 공개의무 및 국민의 정보공개청구에 관하여 필요한 사항을 정함으로써 국민의 알 권리를 보장하고 국정에 대한 국민의 참여와 국정운영의 투명성을 확보함"을 목적으로 천명하고 있다.

---

42) 대법원 1992.6.23. 선고 92추17 판결.

정보공개법은 정보공개에 관한 일반법의 지위를 가진다. 법 제4조 제1항이 "정보의 공개에 관하여는 다른 법률에 특별한 규정이 있는 경우를 제외하고는 이 법이 정하는 바에 의한다"고 규정한 것은 바로 그러한 일반법적 성격을 분명히 한 것이라 할 수 있다. 그러나 법 제4조 제3항은 "국가안전보장에 관련되는 정보 및 보안업무를 관장하는 기관에서 국가안전보장과 관련된 정보분석을 목적으로 수집되거나 작성된 정보에 대하여는 이 법을 적용하지 아니한다."라고 규정하여 그 일반법적 성격을 제한하고 있다. 그 결과 국가안전보장 관련정보에 관하여는 각각의 개별관계법이 정보공개에 관한 사항을 규율하게 되는 결과가 되었다.[43)]

법이 '국가안전보장과 관련된 정보 및 보안업무를 관장하는 기관에서 국가안전보장과 관련된 정보분석을 목적으로 수집되거나 작성된 정보에 관하여' 법적용을 배제하는 규정을 둔 데 대하여는 논란의 여지가 없지 않다. 만일 미국의 'CIA정보자유법'(Central Intelligence Agency Information Act, Pub.L. No.98－477, 93 Stat. 2209(1984))[44)]처럼 이러한 기관이 보유하는 정보의 공개에 관해서는 별도의 법률로 정하려는 취지라면 '다른 법률로 정한다'는 규정을 두어야 할 것이고, 반면 이들 기관의 정보에 대하여 정보공개를 전적으로 배제하려는 취지라면, 그 포괄성으로 말미암아 남용될 우려가 크다는 점에서, 당해 조항을 삭제하는 것이 바람직하다. 정작 국가안전보장에 관한 정보나 정보분석을 위하여 수집되거나 작성된 정보에 대하여는 정보의 비공개사유에 관한 법안 제7조 제1항 제2호의 규정에 의해 충분히 보호될 수 있기 때문에 이들 기관의 활동 전체를 법적용배제의

43) 다만, 제8조 제1항의 규정에 의한 정보목록의 작성·비치 및 공개에 대하여는 그러하지 아니하다(같은 항 단서).

44) 이 법은 CIA files에 대한 접근을 제한하는 것을 내용으로 하고 있는데 이들 정보가 이미 정보자유법에 의해 개별적으로 공개대상에서 배제되어 있었기 때문에, 사실상 정보의 흐름에 거의 영향을 미치지 않았고 주로 비용절약을 위한 조치로서 제정된 것이라고 한다. 이에 관하여는 Alfred C. Aman, Jr. & William T. Mayton, *Administrative Law*, West Publishing, 1993, 641이하를 참조.

우산 속에 보호하기 위한 시도가 아니라면 적용범위에 관한 조항에서 별도로 규정을 둘 필요가 없기 때문이다.

반면 법 제4조 제2항은 지방자치단체에게 그 소관사무에 관하여 법령의 범위 안에서 정보공개에 관한 조례를 정할 수 있는 자치입법권을 위임함으로써, 이미 정보공개법보다 앞서 진행된 지방자치정보공개법의 형성을 사후적으로 추인하고 있다.

이 법의 적용범위와 관련하여 어디까지를 '공공기관'으로 볼 것인지가 문제된다. 법 제2조 제3호에 따르면 "공공기관"이란 국가, 지방자치단체, 정부투자기관관리기본법 제2조의 규정에 의한 정부투자기관 기타 대통령령이 정하는 기관을 말하는 것으로 정의되고 있다.

법이 '공공기관'의 범위에 국가, 지방자치단체를 포함시킨 것은 당연한 것이다. 그러나 법안이 '공공기관'의 범위를 정부투자기관관리기본법 제2조의 규정에 의한 정부투자기관 외에 이를 전부 대통령령에 위임한 것은 현재 공기업민영화조치가 추진되고 있는 단계여서 사정상 불가피한 측면도 없지 않으나 법적 명확성 면에서나 법치국가원칙에서 요구하는 입법의 규율밀도(Regelungsdichte)와 관련하여 볼 때 문제가 있다. 현실적으로 각종 정부투자기관, 정부출연기관, 지방공사나 지방공단, 국책연구기관 등이 보유하고 있는 정보의 공개가 중요한 의미를 갖는다는 점을 감안할 때 이를 명확히 열거하는 것이 바람직하며 만일 대통령령에 위임하는 경우에도 이를 포괄적으로 위임할 것이 아니라 그 기준을 구체화하고 위임의 범위도 최소화해야 할 것이다. 각국에서의 입법실태를 보아도 정보공개의 대상기관을 명시하는 것이 보다 일반적인 경향임을 알 수 있다(미국, 캐나다, 프랑스, 스웨덴).

정보공개법 시행령 제2조에 따르면 법 제2조 제3호에서 "기타 대통령령이 정하는 기관"이라 함은 다음 각 호의 하나를 말하는 것으로 규정되어 있다.

1. 초·중등교육법 및 고등교육법 그 밖에 다른 법률에 의하여 설치된 각급학교
2. 지방공기업법에 의한 지방공사 및 지방공단
3. 정부산하기관관리기본법의 적용을 받는 정부산하기관
4. 특별법에 의하여 설립된 특수법인
5. 사회복지사업법 제42조 제1항의 규정에 의하여 국가 또는 지방자치단체로부터 보조금을 받는 사회복지법인과 사회복지사업을 하는 비영리법인

한편, 대법원은 최근 정보공개법시행령에서 사립대학교를 정보공개의무 있는 공공기관의 하나로 지정한 것은 모법의 위임범위를 벗어나지 않은 것으로 적법하다고 판시한 바 있다.

판례

<사립대학교를 정보공개의무 있는 공공기관의 하나로 지정한 대통령령의 효력 등>

정보공개 의무기관을 정하는 것은 입법자의 입법형성권에 속하고, 이에 따라 입법자는 공공기관의 정보공개에 관한 법률 제2조 제3호에서 정보공개 의무기관을 공공기관으로 정하였는바, 공공기관이라 함은 국가기관에 한정되는 것이 아니라 지방자치단체, 정부투자기관, 그밖에 공동체 전체의 이익에 중요한 역할이나 기능을 수행하는 기관도 포함되는 것으로 해석되고, 여기에 정보공개의 목적, 교육의 공공성 및 공·사립학교의 동질성, 사립대학교에 대한 국가의 재정지원 및 보조 등 여러 사정을 고려해 보면, 사립대학교에 대한 국비 지원이 한정적·일시적·국부적이라는 점을 고려하더라도 정보공개법 시행령 제2조 제1호가 정보공개의무를 지는 공공기관의 하나로 사립대학교를 들고 있는 것이 모법의 위임 범위를 벗어났다거나 사립대학교가 국비의 지원을 받는 범위 내에서만 공공기관의 성격을 가진다고 볼 수 없다.[45)]

45) 대법원 2006.8.24. 선고 2004두2783 판결(정보공개거부처분취소).

2. 행정정보의 공개

2.1 정보공개의 원칙과 공공기관의 의무

2.1.1 정보공개의 원칙

정보공개법은 제3조에서 "공공기관이 보유·관리하는 정보는 이 법이 정하는 바에 따라 공개하여야 한다"고 규정함으로써 정보공개의 원칙을 선언하고 있다. 입법론으로는 단순히 정보공개의 원칙을 천명하는 데 그치지 아니하고 정보공개의 원칙을 정보공개에 관한 다른 법률의 해석·적용에까지 확장시킬 수 있는 법적 근거를 마련하는 것이 바람직하다.

여기서 '정보'란 "공공기관이 직무상 작성 또는 취득하여 관리하고 있는 문서(전자문서를 포함한다. 이하 같다)·도면·사진·필름·테이프·슬라이드 및 그 밖에 이에 준하는 매체 등에 기록된 사항"을 말하는 것으로 정의되고 있다(§ 2 i). 이처럼 법이 공개대상이 되는 '정보'의 범위에 전자문서와 함께 도면·사진·필름·테이프·슬라이드 및 그 밖에 이에 준하는 매체 등에 기록된 사항을 포함시킨 것은 정보통신기술의 비약적 발전에 따른 정보매체의 다양화경향을 고려할 때 극히 타당한 일이다. 반면, 공공기관이 관리하는 자료 중 직무수행과 관련이 없는 신문·잡지 등 일반자료나 일반인에게 특정한 절차 없이 자유로이 제공하기 위한 정보가 공개대상 정보에 포함되는지 여부가 문제될 수 있다. 이에 대한 명시적 규정이 없어 논란의 여지가 있으나, 만일 그런 종류의 정보가 제외된다고 볼 경우 공공기관이 직무수행과 관련이 있는지 없는지를 자의적으로 판단하게 되고 그 결과 공개대상정보의 범위가 축소될 우려가 있으므로 그런 정보도 공개대상 정보에 포함되는 것으로 보아야 할 것이다.

그러나 대법원은 "공공기관의 정보공개에 관한 법률상 공개청구의 대상이 되는 정보란 공공기관이 직무상 작성 또는 취득하여 현재 보유·관리하고 있는 문서에 한정되는 것이기는 하나, 그 문서가 반드시 원본일 필요는 없다."라

고 판시한 바 있다.[46]

2.1.2 공공기관의 의무

(1) 권리 존중 운영 및 법령 정비

공공기관은 무엇보다도 정보의 공개를 청구하는 국민의 권리가 존중될 수 있도록 이 법을 운영하여야 하며, 소관 관련법령을 정비할 책무를 진다(§ 6 ①). 정보공개법에서 아무리 정보공개청구권을 잘 보장하고 있더라도 정보공개에 관한 다른 법령, 가령 국가기밀이나 비밀 관련 법령이 제대로 정비되어 있지 못하거나 운영상 국민의 정보공개청구권이 존중되지 않는다면, 제도 소기의 목적을 달성할 수 없다. 그런 견지에서 공공기관의 의무조항이 만들어진 것이다.

(2) 정보관리관리체계 정비와 정보공개시스템 구축 등

공공기관은 정보의 적절한 보존과 신속한 검색이 이루어지도록 정보관리체계를 정비하고, 정보공개업무를 주관하는 부서 및 담당하는 인력을 적정하게 두어야 하며, 정보통신망을 활용한 정보공개시스템 등을 구축하도록 노력하여야 한다(§ 6 ②). 법령상 정보공개제도가 아무리 잘 돼 있다 하더라도 충실하고 효율적인 정보관리체계가 마련되어 있지 않으면 공염불로 흐를 수밖에 없을 것이다. 정보공개의 전담부서와 인력의 구비, 정보통신망을 통한 정보공개시스템의 구축도, 예산 · 조직 · 인력 등 현실적 여건에 제약이 따르기는 하지만, 정보공개제도가 실효를 거두기 위해서는 반드시 필요한 조건들이다. 그런 취지에서 법이 이러한 제도기반에 관한 요구를 공공기관의 의무로 구체화한 것은 지극히 타당하다고 본다. 다만 규정 자체가 포괄적이어서 그 실효성을 기할 수 있을지 의문이 없지 않다. 정보관리체계의 내용을 좀 더 분명하게 하여 공공기관이 작성 또는 취득하게 된 정보,

46) 대법원 2006.5.25. 선고 2006두3049 판결(사건기록등사불허가처분취소 공2006.7.1.(253), 1171).

자료의 분류 및 보관의무를 부과하고 임의적 폐기를 금지하는 규정이라든가 이용자친화적인 정보공개시스템의 구축 등 기술발전의 수준을 고려한 요구사항을 구체화하는 규정들을 보완하는 것이 바람직할 것이다.

(3) 행정정보의 공표 등

법은 청구에 의한 정보공개와는 별도로 적극적으로 행정정보를 공표하도록 하고 있다. 이에 따르면, 공공기관은 다음의 정보에 대하여는 공개의 구체적 범위, 공개의 주기·시기 및 방법 등을 미리 정하여 공표하고, 이에 따라 정기적으로 공개하여야 한다(§ 7 ① 본문). 다만, 제9조 제1항 각 호의 정보, 즉 비공개대상정보의 경우는 그러하지 아니하다(§ 7 ① 단서).

1. 국민생활에 매우 큰 영향을 미치는 정책에 관한 정보
2. 국가의 시책으로 시행하는 공사 등 대규모의 예산이 투입되는 사업에 관한 정보
3. 예산집행의 내용과 사업평가 결과 등 행정감시를 위하여 필요한 정보
4. 그 밖에 공공기관의 장이 정하는 정보

그리고 공공기관은 위에 규정된 사항 외에도 국민이 알아야 할 필요가 있는 정보를 국민에게 공개하도록 적극적으로 노력하여야 한다(§ 7 ②).

(4) 정보목록의 작성·비치 등

정보공개제도가 실제로 작동하기 위해서는 무엇보다도 국민이 정보의 소재, 즉 어느 공공기관이 어떤 정보들을 보유·관리하고 있는지를 쉽게 알 수 있도록 하는 것이 중요하다. 법은 그런 견지에서 제8조에 정보목록의 작성·비치 등을 의무화하는 규정을 두었다. 이에 따르면 공공기관은 당해 기관이 보유·관리하는 정보에 대하여 국민이 쉽게 알 수 있도록 정보목록을 작성·비치하고, 그 목록을 정보통신망을 활용한 정보공개시스템 등을 통하여 공개하여야 한다(§ 8 ① 본문). 다만, 정보목록 중 제9조 제1항의

규정에 의하여 공개하지 아니할 수 있는 정보가 포함되어 있는 경우에는 당해 부분을 비치 및 공개하지 아니할 수 있다(§ 8 ① 단서).

그리고 공공기관은 정보의 공개에 관한 사무를 신속하고 원활하게 수행하기 위하여 정보공개장소를 확보하고 공개에 필요한 시설을 갖추어야 한다(§ 8 ②).

이와 같이 법은 정보목록의 작성・비치의무와 정보통신망을 활용한 정보공개시스템 등을 통한 공개의무, 공개장소・시설의 확보의무를 규정하고 있으나, 그 이상으로 공공기관에게 정보를 새로이 수집・취득하거나 작성하여 제공할 '정보조달의무'(Informationsbeschaffungspflicht)까지 부과하고 있지는 않다.[47)]

따라서 정보청구권의 대상이 되는 것은 공공기관이 그 일반적・법적 권한에 의거하여 또는 그 소관사무를 수행하는 과정에서 취득・보유하고 있는 정보에 한한다. 그러나 미국의 연방환경청(Environmental Protection Agency, EPA)에게 정상조업 시 발생하는 오염물질배출에 관한 정보를 조사하여 일반공중이 접근할 수 있는 데이터뱅크로 관리하도록 규정하고 있는 미국의 '비상대책기획 및 지역사회의 알 권리에 관한 법률'(Emergency Planning and Community Right-to-Know Act, EPCRA)[48)] 정도까지는 이르지 못한다 해도, 적어도 공공기관이 손쉽게 중앙전산망에 접근하여 근소한 비용으로 검색・취득할 수 있는 정보에 관하여는 정보청구권을 인정하는 것이 바람직하다.

---

47) 정보조달의무는 2006년 1월 1일부터 시행된 독일의 정보자유법(Gesetz zur Regelung des Zugangs zu Informationen des Bundes vom 5. September 2005: Informationsfreiheitsgesetz, BGBl. I, 2722)에서도 마찬가지로 인정되지 않는다. Matthias Rossi, *Informationsfreiheitsgesetz, Handkommnentar*, Berlin: Nomos, 2006, § 2 Rn.15ff.

48) 42 USCA § 11023 j: 이에 관하여는 M. Eifert, "Umweltinformation als Regelungsinstrment," *DÖV*, 1994, 550ff.를 참조.

2.2 정보공개청구권자와 비공개대상정보

2.2.1 정보공개청구권자

정보공개를 청구할 수 있는 자는 '모든 국민'이다(§ 5 ①). 이처럼 모든 국민에게 정보공개청구권을 보장했다는 데 정보공개법의 제정 의의가 있다. '모든 국민'에는 대한민국 국적을 지닌 모든 자가 포함되며, 비단 자연인뿐만 아니라 공·사법인, 그리고 법인격이 없더라도 대한민국 국민으로 구성된 모든 종류의 단체(조합, 협회 등)가 포함되는 것으로 해석된다. 권리나 법률상 이익 기타 이해관계의 유무를 불문한다. 다만 외국인에 대하여는 별도로 대통령령으로 정하도록 위임되어 있다(§ 5 ②).[49]

2.2.2 비공개대상정보

(1) 개관

정보공개법은 제9조 제1항에서 다음과 같은 정보들을 비공개대상정보로 규정하여 정보공개의 대상에서 제외하고 있다.

1. 다른 법률 또는 법률이 위임한 명령(국회규칙·대법원규칙·헌법재판소규칙·중앙선거관리위원회규칙·대통령령 및 조례에 한한다)에 의하여 비밀 또는 비공개 사항으로 규정된 정보
2. 국가안전보장·국방·통일·외교관계 등에 관한 사항으로서 공개될 경우 국가의 중대한 이익을 현저히 해할 우려가 있다고 인정되는 정보
3. 공개될 경우 국민의 생명·신체 및 재산의 보호에 현저한 지장을 초래할 우려가 있다고 인정되는 정보
4. 진행 중인 재판에 관련된 정보와 범죄의 예방, 수사, 공소의 제기 및 유지, 형의 집행, 교정, 보안 처분에 관한 사항으로서 공개될 경우 그 직무수행을 현저히 곤란하게 하거나 형사피고인의 공정한 재판을 받을 권리를 침해한다고 인정할 만한 상당한 이유가 있는 정보

---

49) 외국인의 정보공개청구권에 관한 입법례에 대하여는 김석준·강경근·홍준형, 『열린 사회, 열린 정보』, 비봉출판사, 1993, 112－113을 참조.

5. 감사·감독·검사·시험·규제·입찰계약·기술개발·인사관리·의사결정과정 또는 내부검토과정에 있는 사항 등으로서 공개될 경우 업무의 공정한 수행이나 연구·개발에 현저한 지장을 초래한다고 인정할 만한 상당한 이유가 있는 정보
6. 당해 정보에 포함되어 있는 이름·주민등록번호 등 개인에 관한 사항으로서 공개될 경우 개인의 사생활의 비밀 또는 자유를 침해할 우려가 있다고 인정되는 정보. 다만, 다음에 열거한 개인에 관한 정보는 제외한다.
   가. 법령이 정하는 바에 따라 열람할 수 있는 정보
   나. 공공기관이 공표를 목적으로 작성하거나 취득한 정보로서 개인의 사생활의 비밀과 자유를 부당하게 침해하지 않는 정보
   다. 공공기관이 작성하거나 취득한 정보로서 공개하는 것이 공익 또는 개인의 권리구제를 위하여 필요하다고 인정되는 정보
   라. 직무를 수행한 공무원의 성명·직위
   마. 공개하는 것이 공익을 위하여 필요한 경우로써 법령에 의하여 국가 또는 지방자치단체가 업무의 일부를 위탁 또는 위촉한 개인의 성명·직업
7. 법인·단체 또는 개인(이하 "법인 등"이라 한다)의 경영·영업상 비밀에 관한 사항으로서 공개될 경우 법인 등의 정당한 이익을 현저히 해할 우려가 있다고 인정되는 정보. 다만, 다음에 열거한 정보를 제외한다.
   가. 사업활동에 의하여 발생하는 위해로부터 사람의 생명·신체 또는 건강을 보호하기 위하여 공개할 필요가 있는 정보
   나. 위법·부당한 사업활동으로부터 국민의 재산 또는 생활을 보호하기 위하여 공개할 필요가 있는 정보
8. 공개될 경우 부동산 투기·매점매석 등으로 특정인에게 이익 또는 불이익을 줄 우려가 있다고 인정되는 정보

공공기관은 이러한 정보에 대하여는 이를 공개하지 아니할 수 있다(§ 9 ①). 공공기관이 법적으로 허용되는 범위 안에서 이러한 정보를 공개하는 것은 무방하다고 해석된다. 공공기관은 제1항 각 호의 1에 해당하는 정보가 기간의 경과 등으로 인하여 비공개의 필요성이 없어진 경우에는 당해

정보를 공개대상으로 하여야 한다(§ 9 ②).

여기서 "공공기관은 다음 각 호의 1에 해당하는 정보에 대하여는 이를 공개하지 아니할 수 있다"고 규정한 정보공개법 제9조 제1항의 규정을 공공기관에게 공개 거부 여부에 대한 재량을 수권한 것으로 해석할 수 있느냐, 다시 말해 그러한 비공개대상정보를 공개하지 아니할 수도 있으나 공개할 수도 있다는 의미로 해석할 수 있느냐 하는 것이 문제가 된다. 이 역시 같은 조항이 '공개하지 아니할 수 있다'는 가능규정을 두었기 때문에 생기는 문제다.

이에 대하여는 정보공개법의 취지를 최대한 실현하기 위하여 그 문언상의 표현을 근거로 정보공개법 제9조 제1항에 열거된 유형에 해당하는 정보도 공공기관의 재량에 의하여 공개할 수 있다는 해석도 불가능하다고는 할 수 없겠지만,[50] 정보공개법 제9조 제1항 각호가 규정하는 비공개대상정보들은 그 내용 면에서는 대부분이 공개금지대상으로 해야 마땅한 정보들이다. 만일 어떤 정보가 정보공개법 제9조 제1항 제2호가 비공개사유로 규정한 "공개될 경우 국가안전보장·국방·통일·외교관계 등 국가의 중대한 이익을 해할 우려가 있다고 인정되는 정보"에 해당한다면, "이를 공개하지 아니할 수 있다"고 규정한 동 제1항 본문의 문언에도 불구하고, 그 성질상 공개할 수 없도록 해야 할 것이다. 그런 뜻에서 정보공개법의 취지에 비추어 볼 때, 이들 비공개사유는 공개금지의 의미로 해석하는 것이 옳을 것이다.[51] 그 한도 내에서 정보공개법의 비공개사유에 관한 조항은 이들 중요정보를 공개로부터 보호하기 위한 정보보호법의 의미를 가질 수도 있다.

물론 정보공개법상 이들 비공개사유를 공개금지의 의미로 해석한다고 해서 반드시 그 정보들이 공개로부터 보호되는 것은 아니다. 정보공개법은 비공개대상 정보의 공개에 대한 제재장치를 마련해 두고 있지 않기 때문이다. 그와 같은 정보들의 비공개는 오히려 각각의 정보에 관하여 이를 비밀 또는

50) 박균성, 『행정법론(상)』(제5판), 507.

51) 경건, 「행정정보의 공개」, 『행정작용법』(김동희교수정년퇴임기념논문집), 2005, 900.

비공개로 하는 각각의 관련법령에 의하여 비로소 확보될 수 있을 뿐이다.

다만, 비공개대상 정보를 무단으로 공개한 경우 관계법령에 처벌 등에 대한 근거규정이 없는 경우에도 공무원법상의 수비의무위반으로 징계를 받거나 형법상 공무상 비밀누설죄로 처벌을 받을 수 있는데, 그러한 경우 "이를 공개하지 아니할 수 있다"고 규정한 정보공개법 제9조 제1항 본문의 규정을 정당화사유 또는 위법성조각사유로 원용할 수 없도록 해석하는 것이 정보공개법의 입법취지에 부합된다고 생각한다. 그런 이유에서 '공개하지 아니할 수 있다'는 가능규정에도 불구하고 비공개사유의 내용에 따라서는 이를 공개금지의 의미로 해석해야 할 경우가 있을 수 있다는 것이다.

이와 관련, 지방자치단체의 도시공원위원회의 회의관련자료 및 회의록을 공개시기 등에 관한 아무런 제한 규정 없이 공개하여야 한다는 취지의 지방자치단체의 조례안이 구 정보공개법 제7조 제1항 제5호에 위반된다고 본 판례가 있다.

판례

지방자치단체의 도시공원에 관한 조례에서 규정된 도시공원위원회의 심의사항에 관하여 위 위원회의 심의를 거친 후 시장이나 구청장이 위 사항들에 대한 결정을 대외적으로 공표하기 전에 위 위원회의 회의관련자료 및 회의록이 공개된다면 업무의 공정한 수행에 현저한 지장을 초래한다고 할 것이므로, 위 위원회의 심의 후 그 심의사항들에 대한 시장 등의 결정의 대외적 공표행위가 있기 전까지는 위 위원회의 회의관련자료 및 회의록은 공공기관의정보공개에관한법률 제7조 제1항 제5호에서 규정하는 비공개대상정보에 해당한다고 할 것이고, 다만 시장 등의 결정의 대외적 공표행위가 있은 후에는 이를 의사결정과정이나 내부검토과정에 있는 사항이라고 할 수 없고 위 위원회의 회의관련자료 및 회의록을 공개하더라도 업무의 공정한 수행에 지장을 초래할 염려가 없으므로, 시장 등의 결정의 대외적 공표행위가 있은 후에는 위 위원회의 회의관련자료 및 회의록은 같은 법 제7조 제2항에 의하여 공개대상이 된다고 할 것인바, 지방자치단체의 도시공원에 관한 조례안에서 공개시기 등에 관한 아무런 제한 규정 없이 위 위원회의 회의관련자료 및 회의록은 공개하여야 한다고 규정하였다면 이는 같은 법 제7조 제1항 제5호에 위반된다고 할 것이다.[52)]

같은 조 제2항은 "공공기관은 제1항 각호의 1에 해당하는 정보가 기간의 경과 등으로 인하여 비공개의 필요성이 없어진 경우에는 당해 정보를 공개대상으로 하여야 한다"고 규정하고 있는데, 여기서 '비공개의 필요성'이라 한 것은 표현상 강도는 떨어지지만, 제1항 각호에 열거된 정보는 이를 비공개, 즉 공개금지의 대상으로 한다는 것을 전제한 것이라고 볼 수 있다. 같은 항 제7호는 "법인 · 단체 또는 개인(이하 "법인 등"이라 한다)의 경영 · 영업상 비밀에 관한 사항으로서 공개될 경우 법인 등의 정당한 이익을 현저히 해할 우려가 있다고 인정되는 정보"를 비공개대상으로 하고 있는데, 이 경우 역시 같은 호 단서에서 예외적 공개대상으로 한 "사업활동에 의하여 발생하는 위해로부터 사람의 생명 · 신체 또는 건강을 보호하기 위하여 공개할 필요가 있는 정보"나 "위법 · 부당한 사업활동으로부터 국민의 재산 또는 생활을 보호하기 위하여 공개할 필요가 있는 정보"에 해당하는 정보 외에는 공개가 허용되지 않는다고 해석해야 할 것이다. 그럼에도 불구하고 가령 행정절차법에 의한 청문절차에서 당사자 등이 그러한 정보의 열람 · 복사를 요구하고 행정청이 이를 공개하려 하는 경우에는 제3자에 대한 통지 및 의견청취에 관한 정보공개법 제11조 제3항, 제3자의 이의신청에 관한 제21조 제1항의 규정이 적용되며, 만일 행정청이 당해 정보를 공개한 경우에는 제21조 제2항의 규정에 따라 행정심판 및 행정소송을 통해 공개결정의 집행정지, 취소 등을 구하거나 국가배상법에 의한 손해배상을 청구할 수 있을 것이다.

---

52) 대법원 2000.5.30. 선고 99추85 판결(공원조례중개정조례안무효: 공2000.7.15.(110)), 1547]

⑵ 비공개사유의 내용

① 다른 법령에 의한 비밀 · 비공개정보

법은 다른 법률 또는 법률에 의한 명령에 의하여 비밀로 유지되거나 비공개사항으로 규정된 정보를 제1차적 비공개정보로 명시하고 있다(법 제9조 제1항 제1호). 정보공개법이 정보공개에 관한 일반법의 지위를 가지는 이상 다른 법률에 의한 비밀사항 또는 비공개사항을 비공개사유로 삼은 것은 어쩌면 극히 당연한 일일 수도 있다. 정보공개법이 비밀유지에 관한 기존 법령에 따라 영향을 받을 수 있으며, 법질서에 있어 정보공개에 관한 법이 정보비공개법과 경계를 이루고 있다는 사실을 단적으로 보여 주는 측면이다. 그러나 다른 법률뿐만 아니라 법률에 의한 명령까지 그 비공개근거로 한 것과 관련하여 당해 모법에 의해 비밀 또는 비공개사항의 범위가 명확하고 한정적으로 설정되지 않을 경우 행정입법에 의하여 정보공개의 범위가 좌우되는 결과가 될 수 있다는 점을 유의할 필요가 있다.

이 점을 감안해서인지 대법원은 공공기관의 정보공개에 관한 법률 제9조 제1항 제1호의 '법률이 위임한 명령'의 의미를 제한적으로 해석하려는 경향을 보이고 있다. 대법원에 따르면, 여기서 말하는 '법률이 위임한 명령'이란 '정보의 공개에 관하여 법률의 구체적인 위임 아래 제정된 법규명령(위임명령)'만을 의미하므로, 그 밖의 법령에 의거하여 정보공개를 거부할 수는 없다는 결과가 된다.

＜공개금지 법령의 의미와 교육공무원승진규정＞

[1] 공공기관의 정보공개에 관한 법률 제9조 제1항 제1호에서 '법률이 위임한 명령'에 의하여 비밀 또는 비공개 사항으로 규정된 정보는 공개하지 아니할 수 있다고 할 때의 '법률이 위임한 명령'은 정보의 공개에 관하여 법률의 구체적인 위임 아래 제정된 법규명령(위임명령)을 의미한다.

[2] 교육공무원법 제13조, 제14조의 위임에 따라 제정된 교육공무원승진규정은 정보공개에 관한 사항에 관하여 구체적인 법률의 위임에 따라 제정된 명령이라고 할 수 없고, 따라서 교육공무원승진규정 제26조에서 근무성적

평정의 결과를 공개하지 아니한다고 규정하고 있다고 하더라도 위 교육공무원승진규정은 공공기관의 정보공개에 관한 법률 제9조 제1항 제1호에서 말하는 법률이 위임한 명령에 해당하지 아니하므로 위 규정을 근거로 정보공개청구를 거부하는 것은 잘못이다.[53)]

<검찰보존사무규칙과 형사소송법 제47조의 공개금지법령 해당여부>

[1] 검찰보존사무규칙이 검찰청법 제11조에 기하여 제정된 법무부령이기는 하지만, 그 사실만으로 같은 규칙 내의 모든 규정이 법규적 효력을 가지는 것은 아니다. 기록의 열람·등사의 제한을 정하고 있는 같은 규칙 제22조는 법률상의 위임근거가 없어 행정기관 내부의 사무처리준칙으로서 행정규칙에 불과하므로, 위 규칙상의 열람·등사의 제한을 공공기관의 정보공개에 관한 법률 제9조 제1항 제1호의 '다른 법률 또는 법률에 의한 명령에 의하여 비공개사항으로 규정된 경우'에 해당한다고 볼 수 없다.

[2] "소송에 관한 서류는 공판의 개정 전에는 공익상 필요 기타 상당한 이유가 없으면 공개하지 못한다."라고 정하고 있는 형사소송법 제47조의 취지는, 일반에게 공표되는 것을 금지하여 소송관계인의 명예를 훼손하거나 공서양속을 해하거나 재판에 대한 부당한 영향을 야기하는 것을 방지하려는 취지이지, 당해 사건의 고소인에게 그 고소에 따른 공소제기내용을 알려 주는 것을 금지하려는 취지는 아니므로, 이와 같은 형사소송법 제47조의 공개금지를 공공기관의 정보공개에 관한 법률 제9조 제1항 제1호의 '다른 법률 또는 법률에 의한 명령에 의하여 비공개사항으로 규정된 경우'에 해당한다고 볼 수 없다.[54)]

② 중대한 국가이익관련정보

법은 공개될 경우 국가안전보장·국방·통일·외교관계 등 국가의 중대한 이익을 해할 우려가 있다고 인정되는 정보를 공개대상에서 제외하고 있다

53) 대법원 2006.10.26. 선고 2006두11910 판결(정보비공개결정취소).

54) 대법원 2006.5.25. 선고 2006두3049 판결(사건기록등사불허가처분취소: 공2006.7.1.(253), 1171).

(법 제9조 제1항 제2호). 이와 같이 중대한 국가이익을 보호하기 위하여 정보공개를 제한하는 것은 외국의 법제에서도 관측할 수 있는 일이라 할 수 있다.

<보안관찰 관련 통계자료의 정보공개법 제9조 소정의 비공개대상정보 해당 여부>

[다수의견] 보안관찰처분을 규정한 보안관찰법에 대하여 헌법재판소도 이미 그 합헌성을 인정한 바 있고, 보안관찰법 소정의 보안관찰 관련 통계자료는 우리나라 53개 지방검찰청 및 지청관할지역에서 매월 보고된 보안관찰처분에 관한 각종 자료로서, 보안관찰처분대상자 또는 피보안관찰자들의 매월별 규모, 그 처분시기, 지역별 분포에 대한 전국적 현황과 추이를 한눈에 파악할 수 있는 구체적이고 광범위한 자료에 해당하므로 '통계자료'라고 하여도 그 함의(함의)를 통하여 나타내는 의미가 있음이 분명하여 가치중립적일 수는 없고, 그 통계자료의 분석에 의하여 대남공작활동이 유리한 지역으로 보안관찰처분대상자가 많은 지역을 선택하는 등으로 위 정보가 북한정보기관에 의한 간첩의 파견, 포섭, 선전선동을 위한 교두보의 확보 등 북한의 대남전략에 있어 매우 유용한 자료로 악용될 우려가 없다고 할 수 없으므로, 위 정보는 공공기관의정보공개에관한법률 제7조 제1항 제2호 소정의 공개될 경우 국가안전보장 · 국방 · 통일 · 외교관계 등 국가의 중대한 이익을 해할 우려가 있는 정보, 또는 제3호 소정의 공개될 경우 국민의 생명 · 신체 및 재산의 보호 기타 공공의 안전과 이익을 현저히 해할 우려가 있다고 인정되는 정보에 해당한다.

[반대의견] 보안관찰법 소정의 보안관찰 관련 통계자료 자체로는 보안관찰처분대상자나 피보안관찰자의 신상명세나 주거지, 처벌범죄, 보안관찰법의 위반내용 등 구체적 사항을 파악하기 어려운 자료이므로, 위 정보를 악용하려 한다고 하더라도 한계가 있을 수밖에 없으며, 국민의 기본권인 알 권리를 제한할 정도에 이르지 못하고, 간첩죄 · 국가보안법위반죄 등 보안관찰 해당범죄에 관한 사법통계자료를 공개하는 뜻은 사법제도의 경우 그것이 공정 · 투명하게 운영되고 공개될수록 그 제도에 대한 국민의 신뢰가 쌓

> 이고, 국민의 인권 신장에 기여한다는 데 있는 것이고, 보안관찰법은 남·북한이 대치하고 있는 현 상황에서 우리의 자유민주적 기본질서를 유지·보장하기 위하여 필요한 제도로서 합헌성이 확인된 제도이므로, 북한이나 그 동조세력이 위 정보를 토대로 국내의 인권상황을 악의적으로 선전하면서 보안관찰법의 폐지를 주장한다 하더라도 보안관찰법에 의한 보안관찰 제도가 헌법상 제 기본권 규정에 위반하지 않는 한, 보안관찰법의 집행 자체를 인권탄압으로 볼 수는 없으며, 오히려 위 정보를 투명하게 공개하지 않음으로써 불필요한 오해와 소모적 논쟁, 이로 인한 사회불안의 야기와 우리나라의 국제적 위상의 저하 등의 문제가 발생할 소지를 배제할 수 없는 이상, 위 정보의 투명한 공개를 통한 보안관찰제도의 민주적 통제야말로 법집행의 투명성과 공정성을 확보함과 동시에 공공의 안전과 이익에 도움이 되고, 인권국가로서의 우리나라의 국제적 위상을 제고하는 측면도 있음을 가벼이 여겨서는 안 될 것이라는 등의 이유로, 위 정보는 공공기관의 정보공개에관한법률 제7조 제1항 제2호 또는 제3호 소정의 비공개대상정보에 해당하지 아니한다.[55)]

그러나 국가이익관련 비공개대상정보의 범위를 너무 넓게 설정하고 있고 또 그 설정기준이 지나치게 불명확·모호하다는 점이 비판의 소지를 남기고 있다. 제2호에서 규정된 국가안전보장·국방·통일·외교관계에 관한 정보만 해도 이에 걸리지 않을 정보는 사실상 생각하기 어려운데, 거기다가 다시 '~등 국가의 중대한 이익을 해할 우려가 있다고 인정되는 정보'를 추가하고 있으니, 이 조항은 사실상 '정보공개의 지뢰밭'에 해당한다고 해도 지나친 말이 아니다. 특히 정보공개법 제4조 제3항에서 국가정보원을 중심으로 한 기관의 관련 정보에 대해서는 아예 이 법이 적용되지 아니하게 되어 있을 뿐만 아니라, 제18조 제3항에서 국익관련정보에 대한 재판상 비공개조항을 도입함으로써 자칫 국익 관련 정보 그 자체가 정보공개의 논

55) 대법원 2004.3.18. 선고 2001두8254 전원합의체 판결(정보비공개결정처분취소 집52(1)특, 314; 공2004.4.15.(200),640). 同旨 대법원 2004.4.16. 선고 2001두10288 판결(정보공개거부처분취소 파기환송).

의대상에서 제외될 소지가 있다는 것이 문제점으로 지적되고 있다.[56)]

일본 정보공개법(행정기관이보유하는정보의공개에관한법률)은 제5조 제3항에서 "개시함으로써 국가의 안전을 해할 우려, 다른 나라 또는 국제기관과의 신뢰관계를 손상시킬 우려, 또는 다른 나라 또는 국제기관과의 교섭상 불이익을 입힐 우려가 있다고 인정할 상당한 이유가 있는 정보"를 비공개정보로 규정하고 있는데 이는 법 제7조 제1항 제2호의 그것보다는 훨씬 구체적이고 제한된 것이라 할 수 있다.

미국의 경우 정부기관이 국가안보를 이유로 한 공개배제조항을 빈번히 원용하는 경향이 늘어나고 있고, 어떤 정보가 그러한 정보로 분류되었다는 사실만으로도 당해 정보가 국가안보에 관한 정보에 해당하는지 여부에 대한 사법심사가 배제된다는 연방대법원의 판결[57)]에 대처하기 위하여, 국가안보에 관한 정보를 '대통령 행정명령(Executive order)이 정한 기준에 따라 특별히 국방 또는 외교정책을 위하여 비밀로 유지되도록 승인되어 있고 또 사실상 그러한 행정명령에 의하여 적절히 분류되어 있는 정보에 한하는 것'으로 제한하는 1974년의 법개정이 단행된 것을 보더라도 그 위험성을 충분히 예측할 수 있을 것이다.

③ 공개되면 국민의 생명 · 신체 및 재산 보호에 현저한 지장을 초래할 우려가 있는 정보

공개될 경우 국민의 생명 · 신체 및 재산의 보호에 현저한 지장을 초래할 우려가 있다고 인정되는 정보는 공개대상에서 제외되고 있다(법 제9조 제1항 제3호). 구법에서는 이와 함께 '기타 공공의 안전과 이익을 현저히 해할 우려가 있다고 인정되는 정보'를 비공개대상으로 삼고 있었으나, '공공의 안전과 이익'이란 국민의 정보공개청구권을 배제하는 기준으로는 '막연하고 광범위하기 때문에' 남용될 가능성이 커서 삭제해야 한다는 비판을 받아

56) 성낙인, 「정보공개법의 정립과 개정 방향」, 2000.7.26. 행정자치부 주최 <정보공개법 개정을 위한 공청회> 발표논문.

57) E.P.A. v. Mink, 410 U.S. 73(1973).

들여 2004년의 개정법률에서는 그 구절을 삭제하였다.

④ 형사사법관련정보

'진행 중인 재판에 관련된 정보와 범죄의 예방, 수사, 공소의 제기 및 유지, 형의 집행, 교정, 보안처분에 관한 사항으로서 공개될 경우 그 직무수행을 현저히 곤란하게 하거나 형사피고인의 공정한 재판을 받을 권리를 침해한다고 인정할 만한 상당한 이유가 있는 정보' 역시 공개대상에서 제외된다(법 제9조 제1항 제4호).[58]

이 중 범죄의 예방이나 수사, 공소의 제기 및 유지 등에 관한 사항으로서 공개될 경우 그 직무수행을 현저히 곤란하게 하거나 형사피고인의 공정한 재판을 받을 권리를 침해할 수 있는 정보를 공개대상에서 제외한 것은 이러한 활동에서 요구되는 비밀유지의 필요성을 고려할 때 불가피한 측면이 없지 않다.[59] 그러나 범죄의 수사, 공소의 제기 및 유지에 관한 사항 외에 범죄의 예방에 관한 사항, 형의 집행, 교정, 보안처분에 관한 정보를 '직무수행의 현저한 곤란'이나 '형사피고인의 공정한 재판을 받을 권리의 침해'라는 기준에 의해 공개대상에서 배제시킨 것은 이 분야에 관한 한 사실상 정보공개제도를 유명무실화시킬 수 있는 독소적 요인이라 할 수 있다. 우선 그 범위가 지나치게 광범위하고 또 그 제외기준이 불명확하기 때문에 이 부분은 삭제하거나 극히 엄격한 기준에 의해 한정되어야 할 것이다. 가령 '범죄의 예방 또는 형의 집행, 교정, 보안처분에 관한 사항으로서 그 목적을 달성하기 위하여 비밀을 유지해야 할 부득이한 사유가 있는 경우'나 '범죄의 예방 또는 형의 집행, 교정, 보안처분에 관한 사항으로서 그 목적을 달성하기 위하여 비밀을 유지해야 할 부득이한 사유가 있는 경우에 한하여 필요한 최소한의 범위 내에서'로 한정하는 것이 바람직하며 또한 당해 절차가 종료된 이후에는 이를 공개하도록 하는 명시적인 규정을 두어야 할 것

58) 이것은 공공기관의개인정보보호에관한법률 제6조 제2항 제2호와 대동소이한 규정이다.
59) 미국의 정보자유법 역시 (a) (7)에서 유사한 규정을 두고 있다.

이다. 특히 '형의 집행, 교정, 보안처분에 관한 정보를 공개함으로써 과연 형사피고인의 공정한 재판을 받을 권리를 침해할 우려가 있다고 인정되는 경우가 어떤 경우일지도 구체적으로 검토해 볼 필요가 있다.

<정보공개법 제9조 제1항 제4호의 '수사'에 관한 정보의 의미>

가. 검찰보존사무규칙(1998.4.4. 법무부령 제459호로 개정된 것)은 법무부령으로 되어 있으나, 그중 재판확정기록 등의 열람·등사에 대하여 제한하고 있는 부분은 위임근거가 없어 행정기관 내부의 사무처리준칙으로서 행정규칙에 불과하므로, 위 규칙에 의한 열람·등사의 제한을 공공기관의정보공개에관한법률(이하 '법'이라 한다) 4조 1항의 '정보의 공개에 관하여 다른 법률에 특별한 규정이 있는 경우' 또는 7조 1항 1호의 '다른 법률 또는 법률에 의한 명령에 의하여 비공개사항으로 규정된 경우'에 해당한다고 볼 수는 없다.

나. 법 7조 1항 4호는 '수사'에 관한 사항으로서 공개될 경우 그 직무수행을 현저히 곤란하게 한다고 인정할 만한 상당한 이유가 있는 정보를 비공개대상 정보의 하나로 규정하고 있는바, 그 취지는 수사의 방법 및 절차 등이 공개되는 것을 막고자 하는 것으로서, 수사기록 중의 의견서, 보고문서, 메모, 법률검토, 내사자료 등이 이에 해당한다고 할 것이다(헌법재판소 1997.11.27. 94헌마60 결정 참조). 한편 이 사건 정보에는 의견서, 수사보고서, 첩보보고서 등의 문서가 포함되어 있음을 알 수 있는바, 위 문서들은 법 7조 1항 4호에서 규정한 '수사'에 관한 사항으로서 비공개대상정보에 해당하는 것으로 보인다.[60)]

<수용자자비부담물품 판매수익금 등 관련 회계자료 등의 공개여부>

구 공공기관의정보공개에관한법률(2004.1.29. 법률 제7127호로 전문 개정되기 전의 것) 제7조 제1항 제4호에서 비공개대상으로 규정한 '형의 집행, 교정에 관한 사항으로서 공개될 경우 그 직무수행을 현저히 곤란하게 하는 정보'라 함은 당해 정보가 공개될 경우 재소자들의 관리 및 질서유지, 수용시설의 안전, 재소자들에 대한 적정한 처우 및 교정·교화에 관한 직무의 공정하고 효율적인 수행에 직접적이고 구체적으로 장애를 줄 고도의 개연성이 있고,

---

60) 대법원 2003.12.26. 선고 2002두1342 판결(정보비공개처분취소 파기환송).

그 정도가 현저한 경우를 의미한다고 할 것이며, 여기에 해당하는지 여부는 비공개에 의하여 보호되는 업무수행의 공정성 등의 이익과 공개에 의하여 보호되는 국민의 알 권리의 보장과 국정에 대한 국민의 참여 및 국정운영의 투명성 확보 등의 이익을 비교·교량하여 구체적인 사안에 따라 개별적으로 판단되어야 한다.

수용자자비부담물품의 판매수익금과 관련하여 교도소장이 재단법인 교정협회로 송금한 수익금 총액과 교도소장에게 배당된 수익금액 및 사용내역, 교도소직원회 수지에 관한 결산결과와 사업계획 및 예산서, 수용자 외부병원 이송진료와 관련한 이송진료자 수, 이송진료자의 진료내역별(치료, 검사, 수술) 현황, 이송진료자의 진료비 지급(예산지급, 자비부담) 현황, 이송진료자의 진료비총액 대비 예산지급액, 이송진료자의 병명별 현황, 수용자신문구독현황과 관련한 각 신문별 구독신청자 수 등에 관한 정보는 구 공공기관의정보공개에관한법률(2004.1.29. 법률 제7127호로 전문 개정되기 전의 것) 제7조 제1항 제4호에서 비공개대상으로 규정한 "형의 집행, 교정에 관한 사항으로서 공개될 경우 그 직무수행을 현저히 곤란하게 하는 정보"에 해당하기 어렵다.[61)]

⑤ 공공업무의 특성상 또는 의사결정과정 중에 있어 비공개로 해야 할 정보

법은 감사·감독·검사·시험·규제·입찰계약·기술개발·인사관리·의사결정과정 또는 내부검토과정에 있는 사항 등으로서 공개될 경우 업무의 공정한 수행이나 연구·개발에 현저한 지장을 초래한다고 인정할 만한 상당한 이유가 있는 정보를 비공개대상으로 정하고 있다(법 제9조 제1항 제5호). 법은 여기서 공개할 경우 업무의 공정한 수행이나 연구·개발에 현저한 지장을 초래할 우려가 있는 업무로서 감사·감독·검사·시험·규제·입찰계약·기술개발·인사관리와 같이 업무특성상 공개에 적합하지 않는 경우를 열거하는 한편, 이와는 전혀 다른 각도에서 '의사결정과정 또는 내부검토과정에 있는 사항 등'과 같이 의사결정과정(decision making process), 내부검토과정과 같이 행정기관에서 종결되지 아니한 사항을 비

61) 대법원 2004.12.9. 선고 2003두12707 판결(정보공개거부처분취소: 공2005.1.15.(218), 119).

공개사유로 설정하고 있다. 특히 전자의 경우 그 범위가 지나치게 포괄적으로 설정되고 있어 자칫 정보공개를 과도하게 제한하는 결과를 가져올 우려가 있다.

대법원이 다음 사례에서 업무의 공정한 수행에 지장을 초래할 염려가 있는지 여부를 비교적 엄격하게 심사, 판단한 것도 바로 그와 같은 견지에서라고 이해할 수 있다.

<사법시험 2차시험 답안지열람이
사법시험업무의 수행에 현저한 지장을 초래하는지 여부>

[1] 공공기관의정보공개에관한법률 제7조 제1항 제5호 소정의 시험정보로서 공개될 경우 업무의 공정한 수행에 현저한 지장을 초래하는지 여부는 법 및 시험정보를 공개하지 아니할 수 있도록 하고 있는 입법취지, 당해 시험 및 그에 대한 평가행위의 성격과 내용, 공개의 내용과 공개로 인한 업무의 증가, 공개로 인한 파급효과 등을 종합하여 개별적으로 판단되어야 한다.

[2] 사법시험 제2차 시험의 답안지 열람은 시험문항에 대한 채점위원별 채점 결과의 열람과 달리 사법시험업무의 수행에 현저한 지장을 초래한다고 볼 수 없다.[62]

<도시공원위원회의 회의관련자료 및 회의록 공개와
업무 공정수행에 현저한 지장 초래 여부>

지방자치단체의 도시공원에 관한 조례에서 규정된 도시공원위원회의 심의사항에 관하여 위 위원회의 심의를 거친 후 시장이나 구청장이 위 사항들에 대한 결정을 대외적으로 공표하기 전에 위 위원회의 회의관련자료 및 회의록이 공개된다면 업무의 공정한 수행에 현저한 지장을 초래한다고 할 것이므로, 위 위원회의 심의 후 그 심의사항들에 대한 시장 등의 결정의 대외적 공표행위가 있기 전까지는 위 위원회의 회의관련자료 및 회의록은 공공기관의정보공개에관한법률 제7조 제1항 제5호에서 규정하는 비공개대상정보에 해당한다고 할 것이고, 다만 시장 등의 결정의 대외적 공표행위가 있은 후에는 이를 의사결정

62) 대법원 2003.3.14. 선고 2000두6114 판결【답안지열람거부처분취소】[공2003.5.1.(177), 1003].

과정이나 내부검토과정에 있는 사항이라고 할 수 없고 위 위원회의 회의관련자료 및 회의록을 공개하더라도 업무의 공정한 수행에 지장을 초래할 염려가 없으므로, 시장 등의 결정의 대외적 공표행위가 있은 후에는 위 위원회의 회의관련자료 및 회의록은 같은 법 제7조 제2항에 의하여 공개대상이 된다고 할 것[63]

<의사결정과정 또는 내부검토과정에 있는 비공개정보>

[1] 구 공공기관의 정보공개에 관한 법률(2004.1.29. 법률 제7127호로 전문 개정되기 전의 것, 이하 '구법'이라 한다) 제7조 제1항 제4호에서 규정하고 있는 '공개될 경우 그 직무수행을 현저히 곤란하게 한다고 인정할 만한 상당한 이유가 있는 정보'라 함은 구법 제1조의 정보공개제도의 목적 및 구법 제7조 제1항 제4호의 규정에 의한 비공개대상정보의 입법 취지에 비추어 볼 때 당해 정보가 공개될 경우 범죄의 예방 및 수사 등에 관한 직무의 공정하고 효율적인 수행에 직접적이고 구체적으로 장애를 줄 고도의 개연성이 있고, 그 정도가 현저한 경우를 의미한다고 할 것이며, 여기에 해당하는지 여부는 비공개에 의하여 보호되는 업무수행의 공정성 등의 이익과 공개에 의하여 보호되는 국민의 알 권리의 보장과 국정에 대한 국민의 참여 및 국정운영의 투명성 확보 등의 이익을 비교·교량하여 구체적인 사안에 따라 신중하게 판단되어야 한다.

[2] 구법 제8조 제2항은 정보공개청구의 대상이 이미 널리 알려진 사항이라 하더라도 그 공개의 방법만을 제한할 수 있도록 규정하고 있을 뿐 공개 자체를 제한하고 있지는 아니하므로, 공개청구의 대상이 되는 정보가 이미 다른 사람에게 공개하여 널리 알려져 있다거나 인터넷이나 관보 등을 통하여 공개하여 인터넷검색이나 도서관에서의 열람 등을 통하여 쉽게 알 수 있다는 사정만으로는 소의 이익이 없다거나 비공개결정이 정당화될 수는 없다.

[3] 검찰21세기연구기획단의 1993년도 연구결과종합보고서는 검찰의 의사결정과정 또는 내부검토과정에 있는 사항 등으로서 공개될 경우 업무의 공정한 수행이나 연구·개발에 현저한 지장을 초래한다고 인정할 만한 상당한

63) 대법원 2000.5.30. 선고 99추85 판결(공원조례중개정조례안무효: 공2000.7.15.(110), 1547).

이유가 있는 정보에 해당한다고 볼 여지가 있다.[64)]

<국가 수준 학업성취도평가 자료의 공개와
공정한 업무 수행에 현저한 지장 초래여부>

[1] 공공기관의 정보공개에 관한 법률 제9조 제1항 제5호는 시험에 관한 사항으로서 공개될 경우 업무의 공정한 수행에 현저한 지장을 초래한다고 인정할 만한 상당한 이유가 있는 정보는 공개하지 아니한다고 규정하고 있는바, 여기에서 규정하고 있는 '공개될 경우 업무의 공정한 수행에 현저한 지장을 초래한다고 인정할 만한 상당한 이유가 있는 경우'란 공개될 경우 업무의 공정한 수행이 객관적으로 현저하게 지장을 받을 것이라는 고도의 개연성이 존재하는 경우를 의미한다.

[2] 알 권리와 학생의 학습권, 부모의 자녀교육권의 성격 등에 비추어 볼 때, 학교교육에서의 시험에 관한 정보로서 공개될 경우 업무의 공정한 수행에 현저한 지장을 초래하는지 여부는 공공기관의 정보공개에 관한 법률의 목적 및 시험정보를 공개하지 아니할 수 있도록 하고 있는 입법 취지, 당해 시험 및 그에 대한 평가행위의 성격과 내용, 공개의 내용과 공개로 인한 업무의 증가, 공개로 인한 파급효과 등을 종합하여, 비공개에 의하여 보호되는 업무수행의 공정성 등의 이익과 공개에 의하여 보호되는 국민의 알 권리와 학생의 학습권 및 부모의 자녀교육권의 보장, 학교교육에 대한 국민의 참여 및 교육행정의 투명성 확보 등의 이익을 비교·교량하여 구체적인 사안에 따라 신중하게 판단하여야 한다.

[3] '2002년도 및 2003년도 국가 수준 학업성취도평가 자료'는 표본조사 방식으로 이루어졌을 뿐만 아니라 학교식별정보 등도 포함되어 있어서 그 원자료 전부가 그대로 공개될 경우 학업성취도평가 업무의 공정한 수행이 객관적으로 현저하게 지장을 받을 것이라는 고도의 개연성이 존재한다고 볼 여지가 있어 공공기관의 정보공개에 관한 법률 제9조 제1항 제5호에서 정한 비공개대상정보에 해당하는 부분이 있으나, '2002학년도부터 2005학년도까지의 대학수학능력시험 원데이터'는 연구 목적으로 그 정보의 공개를 청

64) 대법원 2008.11.27. 선고 2005두15694 판결(정보공개거부처분취소등 공보불게재).

구하는 경우, 공개로 인하여 초래될 부작용이 공개로 얻을 수 있는 이익보다 더 클 것이라고 단정하기 어려우므로 그 공개로 대학수학능력시험 업무의 공정한 수행이 객관적으로 현저하게 지장을 받을 것이라는 고도의 개연성이 존재한다고 볼 수 없어 위 조항의 비공개대상정보에 해당하지 않는다.

[4] 기관이 아닌 개인이 타인에 관한 정보의 공개를 청구하는 경우에는 구 공공기관의 개인정보보호에 관한 법률(2007.5.17. 법률 제8448호로 개정되기 전의 것)에 의할 것이 아니라, 공공기관의 정보공개에 관한 법률 제9조 제1항 제6호에 따라 개인에 관한 정보의 공개 여부를 판단하여야 한다.[65]

반면 광역시 교육감 산하 위원회 소속 위원의 인적 사항이 비공개대상정보라 할 수 없다고 판단한 원심을 파기한 사례도 있다.

피고 산하에는 공무원승진심사위원회 이외에도 여러 종료의 위원회가 존재하고 있고, 그 위원회의 활동 내용에 따라서는 그 소속 위원의 인적 사항이 공개되는 것만으로도 피고 업무의 공정한 수행 등에 현저한 지장을 초래한다고 인정할 만한 사정이 있음을 알 수 있으므로, 원심이 피고가 주장하는 바와 같은 피고 산하 위원회 소속 위원의 인적 사항에 관한 정보 등이 공공기관의정보공개에관한법률 제7조 제1항 제5호에 정한 비공개대상 정보에 해당하는지 여부를 판단하기 위하여는 피고 산하 위원회의 종류 및 그 활동내용, 그 소속 위원의 자격 · 임기 및 연임 여부, 그 위원의 인적 사항이 공개될 경우에 예상되는 공정한 업무수행에 있어서의 지장 정도 등을 살펴보지 않으면 아니 된다.[66]

⑥ 비공개대상 '개인식별정보'

법은 제9조 제1항 제6호에서 당해 정보에 포함되어 있는 이름 · 주민등록번호 등 개인에 관한 사항으로서 공개될 경우 개인의 사생활의 비밀 또는 자유를 침해할 우려가 있다고 인정되는 정보를 공개대상에서 제외시키고 있다. 다만, 다음에 열거된 경우는 예외로 하여 공개대상에 포함시키고

65) 대법원 2010.2.25. 선고 2007두9877 판결(정보공개거부처분취소등).

66) 대법원 2003.5.16. 선고 2001두4702 판결(정보부분공개결정취소).

있다.

가. 법령 등이 정하는 바에 의하여 열람할 수 있는 정보
나. 공공기관이 공표를 목적으로 작성하거나 취득한 정보로서 개인의 사생활의 비밀과 자유를 부당하게 침해하지 않는 정보
다. 공공기관이 작성하거나 취득한 정보로서 공개하는 것이 공익 또는 개인의 권리구제를 위하여 필요하다고 인정되는 정보
라. 직무를 수행한 공무원의 성명·직위
마. 공개하는 것이 공익을 위하여 필요한 경우로서 법령에 의하여 국가 또는 지방자치단체가 업무의 일부를 위탁 또는 위촉한 개인의 성명·직업

먼저, 구법에서와 달리, 이름이나 주민등록번호 등에 의하여 식별가능한 개인정보라도 무제한 공개대상에서 제외되는 것이 아니라 '공개될 경우 개인의 사생활의 비밀 또는 자유를 침해할 우려가 있다고 인정되는 정보'만이 비공개대상으로 한정된다는 점에 유의할 필요가 있다.

참고로, 정보공개법 시행이전의 사안이었지만, 대법원은 개인의 사생활의 비밀과 자유를 침해할 우려가 있다는 등의 이유로 재개발사업에 관한 정보의 공개를 청구한 사건에서 원고의 청구를 배척한 바 있었다:

원심은, 원고가 공개를 청구한 이 사건 자료 중 일부는 개인의 인적 사항, 재산에 관한 내용이 포함되어 있어서 공개될 경우에는 타인의 사생활의 비밀과 자유를 침해할 우려가 있으며, 이 사건 자료의 분량이 합계 9,029매에 달하기 때문에 이를 원고에게 공개하기 위하여는 피고의 행정업무에 상당한 지장을 초래할 가능성이 있고, 이 사건 자료의 공개로 인하여 원고가 주장하는 바와 같은 공익이 실현된다고 볼 수도 없다는 이유를 들어 이 사건 자료의 공개청구를 거부하는 내용의 이 사건 처분의 취소를 구하는 원고의 청구를 배척하였는바, 기록과 관계 법령에 비추어 보면 이와 같은 원심의 사실인정 및 판단은 옳고, 거기에 상고이유로서 주장하는 바와 같은 위법이 있다고 할 수 없다.[67)]

67) 대법원 1997.5.23. 선고 96누2439 판결(행정정보비공개결정처분취소, 공97.7.1.[37], 1888).

개인식별정보 중 예외적 공개대상으로 법 제9조 제1항 제6호 단서다. 목 소정의 '공개하는 것이 공익 또는 개인의 권리구제를 위하여 필요하다고 인정되는 정보'에 해당하는지 여부는 특히 빈번히 문제가 되고 있다. 생각건대, 그 같은 정보에 해당하는지 여부는 비공개로 보호되는 개인의 사생활 보호 등의 이익과 공개에 의하여 보호되는 개인의 권리구제 등의 이익, 그리고 공개로 보호되는 국정운영의 투명성 확보 그 밖의 공익의 증진 등 관계 제이익을 비교·교량하여 구체적 사안에 따라 신중히 판단하여야 할 것이다. 판례 또한 같은 견지에 서 있다.

<'공개하는 것이 공익을 위하여 필요하다고 인정되는 정보' 해당여부의 판단>

[1] 국민의 정보공개청구권은 법률상 보호되는 구체적인 권리이므로, 공공기관에 대하여 정보의 공개를 청구하였다가 공개거부처분을 받은 청구인은 행정소송을 통하여 그 공개거부처분의 취소를 구할 법률상의 이익이 있다.

[2] 「공공기관의 정보공개에 관한 법률」 제7조 제1항 제6호 단서 (다)목 소정의 '공개하는 것이 공익을 위하여 필요하다고 인정되는 정보'에 해당하는지 여부는 비공개에 의하여 보호되는 개인의 사생활 보호 등의 이익과 공개에 의하여 보호되는 국정운영의 투명성 확보 등의 공익을 비교·교량하여 구체적 사안에 따라 신중히 판단하여야 한다.

[3] 지방자치단체의 업무추진비 세부항목별 집행내역 및 그에 관한 증빙서류에 포함된 개인에 관한 정보는 '공개하는 것이 공익을 위하여 필요하다고 인정되는 정보'에 해당하지 않는다.

[4] 법원이 행정청의 정보공개거부처분의 위법 여부를 심리한 결과 공개를 거부한 정보에 비공개대상정보에 해당하는 부분과 공개가 가능한 부분이 혼합되어 있고 공개청구의 취지에 어긋나지 아니하는 범위 안에서 두 부분을 분리할 수 있음을 인정할 수 있을 때에는, 위 정보 중 공개가 가능한 부분을 특정하고 판결의 주문에 행정청의 위 거부처분 중 공개가 가능한 정보

참조판례: 대법원 1989.10.24. 선고 88누9312 판결(공1989, 1802); 1992.6.23. 선고 92추17 판결(공1992, 2287).

에 관한 부분만을 취소한다고 표시하여야 한다.[68]

대법원은 또한 '공개하는 것이 공익 또는 개인의 권리 구제를 위하여 필요하다고 인정되는 정보' 해당 여부에 대한 위 대법원 2003.3.11. 선고 2001두6425 판결을 원용하면서, "이 사건 정보 중 개인의 성명은 원심이 공개를 허용하지 않은 다른 정보들과 마찬가지로 개인의 신상에 관한 것으로서 그 정보가 공개될 경우 해당인의 사생활이 침해될 염려가 있다고 인정되는 반면, 원심이 공개대상으로 삼은 개인의 성명 외의 나머지 거래내역 등의 공개만으로도 오송유치위가 오송분기역 유치와 관련하여 청원군으로부터 지급받은 보조금의 사용내역 등을 확인할 수 있을 것으로 보이므로, 개인의 성명의 비공개에 의하여 보호되는 해당 개인의 사생활 비밀 등의 이익은 국정운영의 투명성 확보 등의 공익보다 더 중하다고 할 것"이라고 판시한 바 있다.[69]

대법원은 정보공개법 제9조 제1항 제6호 단서 다.목의 '공개하는 것이 개인의 권리구제를 위하여 필요하다고 인정되는 정보'에 해당하는지 여부'에 대해서도 동일한 판단기준을 제시하고 있다.

<개인식별정보 비공개 원칙과
'개인 권리구제에 필요한 정보'인지 여부의 판단>

법 제7조 제1항 제6호는 비공개대상정보의 하나로 '당해 정보에 포함되어 있는 이름·주민등록번호 등에 의하여 특정인을 식별할 수 있는 개인에 관한 정보'를 규정하면서, 같은 호 단서 다.목으로 '공공기관이 작성하거나 취득한 정보로서 공개하는 것이 공익 또는 개인의 권리구제를 위하여 필요하다고 인정되는 정보'는 제외된다고 규정하고 있는데, 여기에서 '공개하는 것이 개인의 권

68) 대법원 2003.3.11. 선고 2001두6425 판결(행정정보비공개결정처분취소: 공2003.5.1.[177], 997).

69) 대법원 2009.10.29. 선고 2009두14224 판결(행정정보공개거부처분취소 미간행). 대법원은, 그럼에도 개인의 성명을 공개하지 아니한 부분도 위법하다고 판단한 원심은, 법 제9조 제1항 제6호에서 정한 비공개대상정보에 관한 법리를 오해하여 판결에 영향을 미친 위법이 있다고 하여 파기환송하였다.

리구제를 위하여 필요하다고 인정되는 정보'에 해당하는지 여부는 비공개에 의하여 보호되는 개인의 사생활의 비밀 등의 이익과 공개에 의하여 보호되는 개인의 권리구제 등의 이익을 비교·교량하여 구체적 사안에 따라 개별적으로 판단하여야 할 것인바, 이 사건 정보와 같은 수사기록에 들어 있는 특정인을 식별할 수 있는 개인에 관한 정보로는 통상 관련자들의 이름, 주민등록번호, 주소(주거 또는 근무처 등)·연락처(전화번호 등), 그 외 직업·나이 등이 있을 것인데, 그중 관련자들의 이름은 수사기록의 공개를 구하는 필요성이나 유용성, 즉 개인의 권리구제라는 관점에서 특별한 사정이 없는 한 원칙적으로 공개되어야 할 것이고, 관련자들의 주민등록번호는 동명이인의 경우와 같이 동일성이 문제되는 등의 특별한 사정이 있는 경우를 제외하고는 개인의 권리구제를 위하여 필요하다고 볼 수는 없으므로 원칙적으로 비공개하여야 할 것이며, 관련자들의 주소·연락처는 공개될 경우 악용될 가능성이나 사생활이 침해될 가능성이 높은 반면, 증거의 확보 등 개인의 권리구제라는 관점에서는 그 공개가 필요하다고 볼 수 있는 경우도 있을 것이므로 개인식별정보는 비공개라는 원칙을 염두에 두고서 구체적 사안에 따라 개인의 권리구제의 필요성과 비교·교량하여 개별적으로 공개 여부를 판단하여야 할 것이고, 그 외 직업, 나이 등의 인적사항은 특별한 경우를 제외하고는 개인의 권리구제를 위하여 필요하다고 볼 수는 없다고 할 것이다.[70]

한편 공공기관이 보유·관리하고 있는 제3자 관련정보의 경우, 제3자의 비공개요청이 있다는 사유만으로 정보공개법상 비공개사유에 해당한다고 볼 수는 없다는 것이 대법원의 판례다.

<제3자 관련정보의 비공개요청과 공개여부>

제3자와 관련이 있는 정보라고 하더라도 당해 공공기관이 이를 보유·관리하고 있는 이상 정보공개법 제9조 제1항 단서 각 호의 비공개사유에 해당하지 아니하면 정보공개의 대상이 되는 정보에 해당한다. 따라서 정보공개법 제11조 제3항, 제21조 제1항의 규정은 공공기관이 보유·관리하고 있는 정보가 제3자

70) 대법원 2003.12.26. 선고 2002두1342 판결(정보비공개처분취소 파기환송).

와 관련이 있는 경우 그 정보 공개 여부를 결정할 때 공공기관이 제3자와의 관계에서 거쳐야 할 절차를 규정한 것에 불과할 뿐, 제3자의 비공개요청이 있다는 사유만으로 정보공개법상 정보의 비공개사유에 해당한다고 볼 수 없다.[71]

⑦ 영업비밀관련정보

법 제9조 제1항 제7호는 '법인 · 단체 또는 개인(이하 "법인 등"이라 한다)의 경영 · 영업상 비밀에 관한 사항으로서 공개될 경우 법인 등의 정당한 이익을 현저히 해할 우려가 있다고 인정되는 정보'를 공개대상에서 제외시키고 있다. 다만, 그런 범주에 해당하는 경우에도 당해 정보가 '사업활동에 의하여 발생하는 위해로부터 사람의 생명 · 신체 또는 건강을 보호하기 위하여 공개할 필요가 있는 정보'와 '위법 · 부당한 사업활동으로부터 국민의 재산 또는 생활을 보호하기 위하여 공개할 필요가 있는 정보'에 해당하는 경우에는 예외다. 즉 이러한 정보들은 공개대상이 된다.

'법인등에 관한 정보' 일반을 '공개될 경우 법인등의 정당한 이익을 해할 우려'가 있다는 이유만으로 이를 공개대상에서 포괄적으로 제외한 것은 그 '법인등의 정당한 이익을 해할 우려'라는 개념이 지나치게 광범위하고 모호하기 때문에 남용의 우려가 있다. 법은 '정당한 이익'이라는 불명확하고 광범위한 개념보다는 '권리'나 '법률상 이익'의 개념 또는 '정당한 이익'이란 개념을 고수하는 경우에도 '정당한 이익을 현저히 해할 우려가 있다고 인정되는 정보'라는 표현을 사용하는 것이 바람직할 것이다. 정보공개로 권리나 법률상 이익의 침해를 받을 우려가 있는 법인 등은 결국 정보공개방지를 위한 절차를 마련함으로써 이를 통해 정보공개를 저지할 수 있도록 해야지 이를 일괄적인 비공개사유의 설정을 통해 보호하는 것은 옳지 않다. 굳이 정보공개로 피해를 입을 수 있는 법인 등의 이해관계를 고려하려는 취지라면 법 제11조 제3항에서처럼 정보공개결정과정에서 이들에게 의견제출의 기회를 주는 절차적 보장을 전제로 하되, '정당한 이익을 해할 우려'라는 모

71) 대법원 2008.9.12. 선고 2008두8680 판결(정보공개거부처분취소 (마) 상고기각).

호한 기준이 아니라 더 한정적인 기준에 의해 비공개사유를 규정해야 할 것이다.

⑧ 특정인이해관련정보

법은 공개될 경우 부동산투기·매점매석 등으로 특정인에게 이익 또는 불이익을 줄 우려가 있다고 인정되는 정보를 비공개대상으로 삼고 있다(법 제9조 제1항 제8호). 법이 이처럼 부동산 투기·매점매석 등으로 특정인에게 이익 또는 불이익을 줄 우려가 있는 정보를 비공개사유로 한 것은 나름대로 정보공개제도의 남용가능성을 경계한 결과라고 이해될 수도 있다. 그러나 부동산투기나 매점매석, 특정인에 대한 이익과 불이익이란 개념 모두가 불확정적이고 모호한 개념이어서 자칫 확장해석될 우려가 없지 않다는 점이 문제다.

(3) 비공개사유의 문제점

정보공개법 제9조 제1항에 의한 비공개사유에 대하여는 그 범위를 지나치게 포괄적으로 설정하였다는 비판이 제기되고 있다. 1995년의 입법예고안에 대해서도 비공개사유의 범위에 관하여 적지 않은 문제점들이 지적되었던 것인데,[72] 법은 입법예고안이 지니고 있었던 문제점을 거의 그대로 유지했을 뿐만 아니라 그 비공개사유의 범위를 더욱 확대했기 때문이다. 물론 2004년의 법개정으로 부분적으로 개선되기는 했지만, 여전히 남아 있는 문제점들을 지적해 보면 다음과 같다.

무엇보다도 제9조 제1항에서 비공개사유를 열거적으로 규정하면서 이를 '~할 우려', '중대한 이익', '상당한 이유', '현저한 지장', '정당한 이익' 등과 같은 불확정법률개념을 지나치게 많이 사용하고 있다는 점이 문제점으로

72) 가령 시안이 ②에서 '외교관계를 해한다'는 것을 비공개사유로 삼은 것, ③ 사람의 생명 또는 신체의 안전에 관한 정보를 일괄적으로 비공개대상으로 삼은 것도 실은 문제가 있는 것으로 지적되었다. 이에 관하여는 강경근·김석준·홍준형, 앞의 책, 229이하와 정보공개법안 제7조를 참조.

지적된다. 비공개대상 정보로 규정된 이러한 '특별한' 정보 중 국가의 안전이나 범죄의 예방에 관한 대목 등은 적용범위가 광범위해 행정기관이 자의적으로 정보공개를 거부하는 '빌미'로 작용할 우려가 있을 뿐만 아니라 당해 공공기관의 입장에서는 이를 판단하기가 쉽지 않기 때문에, 이들이 정보공개청구에 미온적으로 대응하게끔 하는 요인이 될 수 있다.

> 제9조 제1항에 의한 비공개사유가 드러내고 있는 보다 심각한 문제점은 바로 관계부처 협의과정에서 그야말로 광활한 비공개사유들이 추가되었다는 데 있다. 즉 법은 제2호에서 종래 입법예고안에서 규정된 사유에다 통일에 관한 국가의 중대한 이익을 해할 우려가 있다고 인정되는 정보를, 제4호에서 진행중인 재판에 관련된 정보를, 그리고 공개될 경우 부동산 투기・매점매석 등으로 특정인에게 이익 또는 불이익을 줄 우려가 있다고 인정되는 정보를 비공개정보로 각각 추가했기 때문이다.[73] 문제는 추가된 비공개사유들이 결국 정보공개법을 포괄적인 비공개사유로 충만한 '정보비공개법'으로 만들 우려가 있다는 사실의 심각성에 있다.

물론 공개청구된 특정정보가 이러한 비공개대상에 해당되는지 여부는 결국 사법심사를 통해 판단되어야 할 문제이기는 하지만 법에서는 이를 최대한 명확히 한정하여 규정할 필요가 있다.

<미국 정보자유법(Freedom of Information Act: 5 U.S.C. § 552)상의 비공개사유>

1. 국가안전보장(national security) 관련정보:
   (A) 대통령 행정명령(Executive order)이 정한 기준에 따라 특별히 국방 또는 외교정책을 위하여 비밀로 유지되도록 승인되어 있고.
   (B) 사실상 그러한 행정명령에 의하여 적절히 분류되어 있는 정보
2. 기관내부의 정보(internal agency matters):

73) 당초 법안에는 통상, 재정, 금융관계에 관한 정보가 추가되었으나, 국회심의과정에서 삭제되었다.

오로지 기관의 내부적 인사규칙 및 관행에 관한 정보.

이는 실질적이고 정당한 공익에 의하여 당해 정보를 공개하는 것이 요구되지 않는다는 의미에서 다소간 사소한 기관내부의 사항, 그리고 조사권, 검사관, 감사관에 대한 기관내부적 지시 중 비밀조사의 기법 및 절차를 구성하는 것으로서 이를 공개함으로써 위법행위자들의 색출에 심각한 지장을 초래할 것으로 우려되는 정보

3. 다른 법령에 의해 공개가 금지된 정보:

법령(5 U.S.C. 552b 이외의 법령)에 의해 공개대상에서 특별히 면제된 정보로서, 당해 법령이

(A) 재량의 여지를 허용하지 않는 방식으로 그 사항이 공개되지 않도록 규정하거나,

(B) 공개되지 않아야 할 사항의 유형을 특정하고 있는 경우

4. 기업비밀 또는 영업상의 비공개정보:

정부기관 이외의 자로부터 정부기관에게 제출된 기업비밀 및 영업상의 비공개정보

5. 행정부내부에서의 의사결정과정에 관한 정보:

행정부내부에서 기관 간 또는 기관내부에서 작성된 비망록(memorandum) 또는 서신으로서 법에 의하여 당해 기관과 소송을 수행하는 관계에 있는 기관 이외의 당사자가 이용할 수 없도록 되어 있는 정보

6. 개인의 사생활에 관한 정보:

공개함으로써 개인의 사생활에 대한 명백히 불법적인 침해를 초래할 우려가 있는 인사기록 또는 의료기록 기타 그와 유사한 기록

7. 법집행을 위한 수사관련정보:

법집행 목적으로 수집된 수사기록으로서 공개함으로써 다음 각 호에 해당하는 결과를 초래할 우려가 있는 정보

(A) 집행절차에 대한 지장의 초래

(B) 개인의 공정한 재판 또는 공평한 재결을 받을 권리의 박탈

(C) 개인의 사생활에 대한 불법적 침해

(D) 비공개정보원(비밀정보원)의 동일성의 노출, 그리고 범죄수사과정에서

형사법집행기관 또는 적법하게 국가안전보장을 위한 정보수사활동을 수행하는 기관에 의해 수집된 기록의 경우, 오로지 비공개정보원에 의해 제공된 비공개정보의 노출

(E) 수사기법 및 절차의 노출

(F) 법집행기관에 종사하는 요원의 생명 또는 신체적 안전에 대한 위협

8. 금융기관의 정보:

금융기관을 규제 또는 감독할 책임이 있는 기관의 용도를 위하여 또는 그 기관을 대신하여 작성된 검사, 작업 또는 실태보고서들에 포함되어 있거나 그와 관련된 정보

9. 지리·지구물리에 관한 정보:

유정에 관련된 지도를 포함한 지리와 지구물리에 관한 정보 및 자료

위에서 살펴보았듯이 정보공개법 제9조 제1항은 지나치게 광범위한 비공개사유를 규정하고 있어 정보공개의 법적 확실성과 안정성을 확보하지 못하고 있다. 이는 결국 공공기관이 공개여부를 판단함에 있어 비공개사유의 광범성·불명확성으로 인해 직면할 문제들을 법원에게 전가하는 결과가 될 것이다. 그런 바람직하지 못한 결과를 회피하기 위해서라도 비공개사유는 대폭 제한되어야 하고 또 그 규정도 더욱 명확하고 엄격한 개념에 의거해야 할 것이다. 이와 관련하여 법 제9조 제1항에서 열거된 사유에 해당하는 경우에도 정보가 공개대상에서 제외되는 것은 필요한 최소한의 범위에 한한다는 일반적 제한규정을 두는 것을 대안으로 검토할 필요가 있다.

2.3 정보공개의 절차

정보공개의 절차는 일반적으로 정보공개의 청구, 정보공개여부의 결정, 정보의 공개 등으로 구성된다. 아울러 법은 정보의 전자적 공개와 즉시 또는 구술처리가 가능한 정보의 공개를 가능하도록 하는 규정들을 두고 있다.

<정보공개의 절차>

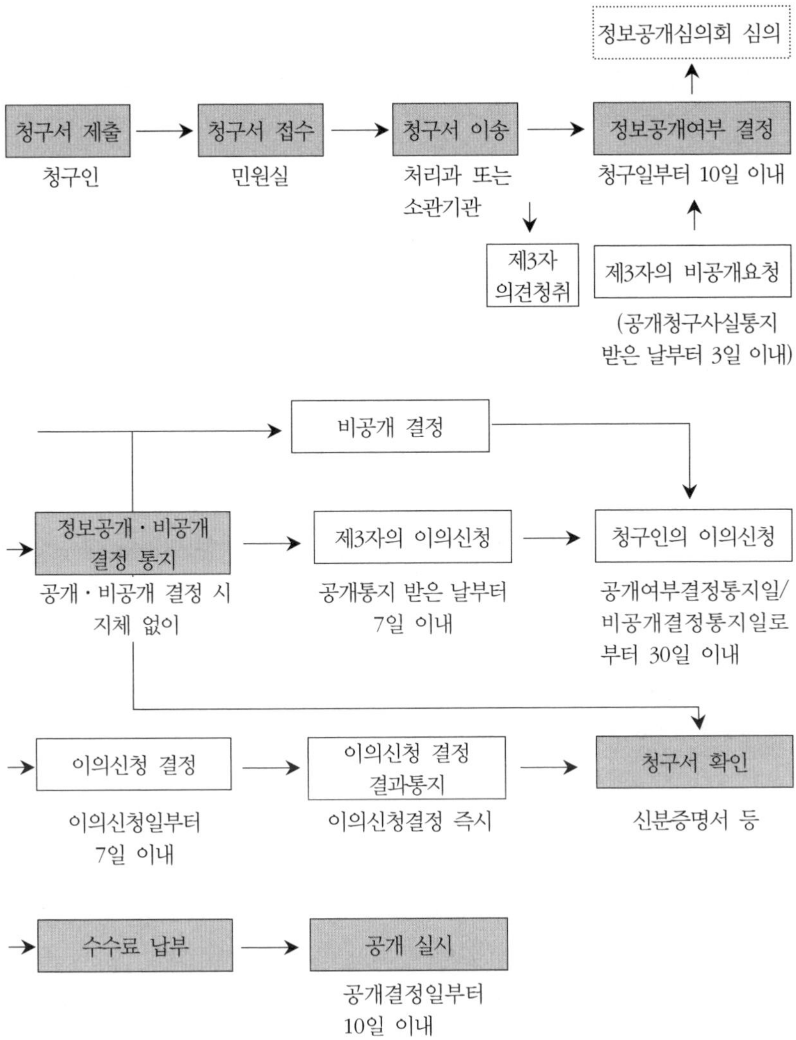

※환경부 정보공개업무편람(2007.12.), 73(http://www.open.go.kr)을 참조함.

2.3.1 정보공개의 청구

정보공개의 청구방법으로는 서면과 구술 두 가지가 있다. 법 제10조 제1항에 따르면, 정보의 공개를 청구하는 자(이하 "청구인"이라 한다)는 당해 정보를 보유하거나 관리하고 있는 공공기관에 대하여 다음 각 호의 사항을 기재한 정보공개청구서를 제출하거나 구술로써 정보의 공개를 청구할 수 있다.

1. 청구인의 이름 · 주민등록번호 · 주소 및 연락처(전화번호 · 전자우편주소 등을 말한다)
2. 공개를 청구하는 정보의 내용 및 공개방법

<공개청구 대상 정보의 특정 정도>

[1] 공공기관의 정보공개에 관한 법률 제10조 제1항 제2호는 정보의 공개를 청구하는 자는 정보공개청구서에 '공개를 청구하는 정보의 내용' 등을 기재할 것을 규정하고 있는바, 청구대상정보를 기재함에 있어서는 사회일반인의 관점에서 청구대상정보의 내용과 범위를 확정할 수 있을 정도로 특정함을 요한다.

[2] 정보비공개결정의 취소를 구하는 사건에 있어서, 만일 공개를 청구한 정보의 내용 중 너무 포괄적이거나 막연하여서 사회일반인의 관점에서 그 내용과 범위를 확정할 수 있을 정도로 특정되었다고 볼 수 없는 부분이 포함되어 있다면, 이를 심리하는 법원으로서는 마땅히 공공기관의 정보공개에 관한 법률 제20조 제2항의 규정에 따라 공공기관에게 그가 보유 · 관리하고 있는 공개청구정보를 제출하도록 하여 이를 비공개로 열람 · 심사하는 등의 방법으로 공개청구정보의 내용과 범위를 특정시켜야 하고, 나아가 위와 같은 방법으로도 특정이 불가능한 경우에는 특정되지 않은 부분과 나머지 부분을 분리할 수 있고 나머지 부분에 대한 비공개결정이 위법한 경우라고 하여도 정보공개의 청구 중 특정되지 않은 부분에 대한 비공개결정의 취소를 구하는 부분은 나머지 부분과 분리하여 이를 기각하여야 한다.

[3] 공공기관의 정보공개에 관한 법률에 따라 공개를 청구한 정보의 내용이

'대한주택공사의 특정 공공택지에 관한 수용가, 택지조성원가, 분양가, 건설원가 등 및 관련 자료 일체'인 경우, '관련 자료 일체' 부분은 그 내용과 범위가 정보공개청구 대상정보로서 특정되지 않았다고 한 사례.[74]

구술로써 정보의 공개를 청구하는 때에는 담당공무원 또는 담당임・직원(이하 "담당공무원 등"이라 한다)의 면전에서 진술하여야 하고, 담당공무원 등은 정보공개청구 조서를 작성하고 이에 청구인과 함께 기명날인하여야 한다(§ 10 ②).

그 밖에 정보공개의 청구방법에 관하여 필요한 사항은 국회규칙・대법원규칙・헌법재판소규칙・중앙선거관리위원회규칙 및 대통령령으로 정하도록 위임되어 있다(§ 10 ③).

<정보공개청구와 권리남용>

구 공공기관의 정보공개에 관한 법률(2004.1.29. 법률 제7127호로 전문 개정되기 전의 것)의 목적, 규정 내용 및 취지에 비추어 보면 정보공개청구의 목적에 특별한 제한이 없으므로, 오로지 상대방을 괴롭힐 목적으로 정보공개를 구하고 있다는 등의 특별한 사정이 없는 한 정보공개의 청구가 신의칙에 반하거나 권리남용에 해당한다고 볼 수 없다.[75]

<다수인에 의한 정보공개청구>

법은 다수인에 의한 정보공개청구에 관한 규정을 전혀 두지 않았다. 향후 정보공개제도의 이용이 활발해지고 또 국정에 관한 정보에 대한 국민의 수요가 급증할 것임을 고려할 때 이에 관한 규정을 두는 것이 필요하다. 가령 독일 환경정보공개법(UIG)은 제6조에서 동일내용의 정보의 공개신청이 있는 경우, 즉 신청인의 수가 50인을 초과하여 이들이 연명으로 서명하거나 또는 동일한 문안을 복사한 형태로 서명하여 제출한 신청에 대하여는 행정절차법 제17조

74) 대법원 2007.6.1. 선고 2007두2555 판결(정보비공개결정처분취소 공2007.7.1.(277), 995).

75) 대법원 2006.8.24. 선고 2004두2783 판결(정보공개거부처분취소 공2006.9.15.(258), 1621). 同旨 대법원 2004.9.23. 선고 2003두1370 판결.

및 제19조를 준용하여 대리인을 선정할 수 있도록 하고 50인을 넘는 신청인이 공동대리인의 선정을 요구한 경우 공공기관은 이러한 요구를 지역적 관례에 따라 공고할 수 있도록 한 것을 참고할 수 있을 것이다. 독일의 정보자유법(IFG)은 다수인절차(Massenverfahren)에 관하여 아무런 규정을 두지 않았기 때문에 행정절차법 제17조이하가 적용되며, 따라서 청구인이 스스로 대표자들 임명하지 않는 한 당해 행정청에서 행정절차법 제17조 제4항 및 제18조 제1항 제2문에 따라 직권으로 대표자를 위촉할 수 있게 된다.[76]

2.3.2 정보공개여부의 결정

(1) 정보공개여부 결정의 기간

청구인으로부터 정보공개를 청구받은 공공기관은 청구를 받은 날부터 15일 이내에 공개여부를 결정하여야 한다(§ 9 ①). 부득이한 사유로 15일 이내에 공개여부를 결정할 수 없는 때에는 그 기간의 만료일 다음날부터 기산하여 15일의 범위 내에서 공개여부 결정기간을 연장할 수 있으나, 이 경우 그 연장이유를 청구인에게 지체 없이 서면으로 통지하여야 한다(§ 9 ②). 정보공개를 청구한 날부터 30일 이내에 공공기관이 공개여부를 결정하지 아니한 때에는 비공개의 결정이 있는 것으로 본다(§ 9 ④).

종래 입법예고안은 1차 연장기간을 30일로 하고, 60일 이내에 공개여부결정의 통지가 없을 경우 이를 비공개결정으로 간주하고 있었다. 이에 대하여는 절차가 장기화될 우려가 있다는 점에서 비판이 제기되었다. 절차의 장기화는 현대정보사회에서 급속하고 대량적으로 유통되고 있는 정보의 특질에 비추어 볼 때 정보의 가치나 신선도를 떨어뜨려 정보공개제도를 유명무실화하는 방향으로 작용할 소지가 크다는 점에서 종래의 국무총리훈령과 입법예고안의 기초가 된 1994년의 총무처시안, 그리고 입법예고안 모두가 비판을 받았던 것이다. 이러한 비판을 고려하여, 법은 제9조 제2항에서 연장기간을 15일로 단축했고, 제9조 제4항에서 공개여부결정의 통지가 없을 경우 비공개결정으로 간주하기 위

---

76) Matthias Rossi, *Informationsfreiheitsgesetz, Handkommnentar*, Berlin: Nomos, 2006.

한 기간을 30일 이내로 단축한 것이다.[77]

(2) 제3자에 대한 통지 · 의견청취

정보공개청구를 받은 공공기관은 공개대상정보의 전부 또는 일부가 제3자와 관련이 있다고 인정되는 때에는 공개청구된 사실을 제3자에게 지체 없이 통지하여야 하며, 필요한 경우에는 그에 대한 의견을 청취할 수 있다(§ 9 ③). 이것은 공개청구된 정보를 공개할 경우 본인의 권익이나 사생활의 비밀을 침해할 우려가 있는 경우처럼 공개청구된 정보와 이해관계를 가지는 제3자의 권익을 보호하려는 데 취지를 둔 것이다. 그러나 제3자의 권익을 실질적으로 보호하려면 이처럼 공공기관의 임의적 판단에 따라 의견청취를 할 수 있도록 하는 데 그칠 것이 아니라 제3자에게 공개여부에 관한 결정을 내리기 전에 의견제출기회를 보장해 주는 것이 필요하다. 정보는 한번 알려지면 돌이킬 수 없게 되는 것이기 때문이다. 그러한 취지에서 법 제19조 제1항은 제9조 제3항의 규정에 의하여 공개청구된 사실을 통지받은 제3자는 통지받은 날부터 3일 이내에 당해 공공기관에 공개하지 아니할 것을 요청할 수 있도록 하고 있다.

(3) 정보공개심의회의 심의

법은 제12조에서 국가기관, 지방자치단체 및 정부투자기관관리기본법 제2조의 규정에 의한 정부투자기관(이하 "국가기관 등"이라 한다) 별로 제11조의 규정에 의한 정보공개여부를 심의하기 위하여 정보공개심의회(이하 "심의회"라 한다)를 설치 · 운영하도록 규정하고 있다(§ 12 ①). 심의회는 위원장 1인을 포함하여 5인 내지 7인의 위원으로 구성하며(§ 12 ②), 위원

77) 미국에서도 정보공개에 관한 결정에 일정한 시간적 제약을 부과한 규정들의 대부분은 정보공개를 주저하고(foot-dragging) 비밀주의적 타성에 안주한(secrecy minded) 관료들에게 공공기록이 공공재산이라는 사실을 확신시키기 위하여 단행된 1974년과 1976년의 법개정을 통해서 추가된 것이라고 한다(Gellhorn, Byse, and Strauss, *Administrative Law: Cases and Comments*, 7th ed., Meniola, NY: Foundation Press, 1979, 582).

장을 제외한 위원은 소속공무원, 임·직원 또는 외부전문가로 지명 또는 위촉하되, 그중 2분의 1은 당해 국가기관 등의 업무 또는 정보공개의 업무에 관한 지식을 가진 외부전문가로 위촉하여야 한다(§ 12 ③ 본문). 다만, 제9조 제1항 제2호 및 제4호에 해당하는 업무를 주로 하는 국가기관은 당해 국가기관의 장이 외부전문가의 위촉비율을 별도로 정하되, 최소한 1인 이상은 위촉하여야 한다(§ 12 ③ 단서). 심의회의 위원장은 위원과 같은 자격을 가진 자 중에서 국가기관 등의 장이 지명 또는 위촉한다(§ 12 ④). 정보누설 등의 금지 및 벌칙적용 시 공무원의제 조항(§ 23 ④·⑤)은 심의회의 위원에 대하여 이를 준용한다(§ 12 ⑤).

심의회의 운영 및 기능 등에 관하여 필요한 사항은 국회규칙·대법원규칙·헌법재판소규칙·중앙선거관리위원회규칙 및 대통령령으로 정하도록 위임하고 있다(§ 12 ⑥).

법은 제12조에서 정보공개심의회의 기능을 '정보공개여부에 대한 심의'라고만 규정할 뿐, 그 설치기관과의 관계에서 위원회가 어떤 지위를 갖는지 누구에게 책임을 지는지가 분명치 않다. 가령 '정보공개여부에 심의'의 결과가 어떻게 다루어질지, 그 법적 효력에 관하여도 아무런 규정이 없다.

정보공개여부에 대한 결정권을 정보공개를 청구받은 공공기관에게 부여하고 있는 제11조 제1항의 규정에 비추어 볼 때 심의회는 단순한 자문기관의 지위를 넘지 못하는 것으로 보인다. 정보공개여부에 관한 결정을 함에 있어 심의회의 심의는, 반드시 이를 거쳐야 한다는 명문의 규정이 없는 한, 필요적 심의절차라고 보기 어렵기 때문에, 그 결정권을 가진 공공기관은 심의회의 심의를 거치지 않고도 정보공개여부에 관한 결정을 할 수 있다고 해석할 여지를 배제할 수 없다.

2.3.3 정보의 공개

법 제11조는 '정보공개여부의 통지'라는 제하에 청구인에 대한 공개결정의 통지, 비공개결정의 통지 그리고 사본공개에 관한 규정을 두고 있다. 이 중

'공공기관은 제1항의 규정에 의하여 정보를 공개함에 있어, 당해 정보의 원본이 오손 또는 파손될 우려가 있거나 그밖에 상당한 이유가 있다고 인정될 때에는 당해 정보의 사본 등을 공개할 수 있다'는 제2항의 규정은 정보공개의 방법에 관한 것이라 할 수 있다. 한편 법은 입법예고안처럼 정보공개의 실시에 관하여 '공공기관은 제9조의 규정에 의하여 정보의 공개를 결정한 때에는 통지서에 의해 지정한 일시 · 장소에서 공개하여야 한다'는 규정을 두고 있지는 않지만, 제11조 제1항의 해석상 그와 같은 결과를 인정할 수 있을 것이다. 정보공개여부결정의 통지, 정보공개의 방법, 청구인의 의무 · 비용부담 등을 살펴보기로 한다.

(1) 정보공개여부 결정의 통지

공공기관은 제9조의 규정에 의하여 정보를 공개하기로 결정한 때에는 공개일시 · 공개장소 등을 명시하여 청구인에게 통지하여야 하며(§ 11 ①), 비공개결정, 즉 정보를 공개하지 않기로 결정한 때에는 그 내용을 청구인에게 지체 없이 서면으로 통지하여야 한다. 이 경우 비공개사유 · 불복방법 및 불복절차를 명시하여야 한다(§ 11 ③).

<공개거부처분과 처분이유의 제시>

[1] 공공기관의정보공개에관한법률 제1조, 제3조, 제6조는 국민의 알 권리를 보장하고 국정에 대한 국민의 참여와 국정운영의 투명성을 확보하기 위하여 공공기관이 보유 · 관리하는 정보를 모든 국민에게 원칙적으로 공개하도록 하고 있으므로, 국민으로부터 보유 · 관리하는 정보에 대한 공개를 요구받은 공공기관으로서는 같은 법 제7조 제1항 각 호에서 정하고 있는 비공개사유에 해당하지 않는 한 이를 공개하여야 할 것이고, 만일 이를 거부하는 경우라 할지라도 대상이 된 정보의 내용을 구체적으로 확인 · 검토하여 어느 부분이 어떠한 법익 또는 기본권과 충돌되어 같은 법 제7조 제1항 몇 호에서 정하고 있는 비공개사유에 해당하는지를 주장 · 입증하여야만 할 것이며, 그에 이르지 아니한 채 개괄적인 사유만을 들어 공개를 거부하

는 것은 허용되지 아니한다.

[2] 행정처분의 취소를 구하는 항고소송에 있어서, 처분청은 당초 처분의 근거로 삼은 사유와 기본적 사실관계가 동일성이 있다고 인정되는 한도 내에서만 다른 사유를 추가하거나 변경할 수 있고, 여기서 기본적 사실관계의 동일성 유무는 처분사유를 법률적으로 평가하기 이전의 구체적인 사실에 착안하여 그 기초인 사회적 사실관계가 기본적인 점에서 동일한지 여부에 따라 결정되며 이와 같이 기본적 사실관계와 동일성이 인정되지 않는 별개의 사실을 들어 처분사유로 주장하는 것이 허용되지 않는다고 해석하는 이유는 행정처분의 상대방의 방어권을 보장함으로써 실질적 법치주의를 구현하고 행정처분의 상대방에 대한 신뢰를 보호하고자 함에 그 취지가 있고, 추가 또는 변경된 사유가 당초의 처분 시 그 사유를 명기하지 않았을 뿐 처분 시에 이미 존재하고 있었고 당사자도 그 사실을 알고 있었다 하여 당초의 처분사유와 동일성이 있는 것이라 할 수 없다.

[3] 당초의 정보공개거부처분사유인 공공기관의정보공개에관한법률 제7조 제1항 제4호 및 제6호의 사유는 새로이 추가된 같은 항 제5호의 사유와 기본적 사실관계의 동일성이 없다고 한 사례.[78)]

정보공개결정 및 비공개결정의 법적 성질은 행정심판법 및 행정소송법, 행정절차법상의 '처분'에 해당한다. 물론 그 처분성을 명시한 규정은 없고, 위 조항들이 행정심판과 행정소송을 행정심판법과 행정소송법이 정하는 바에 따라 청구 · 제기할 수 있다고만 규정하고 있어 다툼의 대상이 된 결정이 행정심판법과 행정소송법이 정한 '처분'의 개념요건을 충족시켜야 한다는 해석도 가능하기 때문에, 처분성 여하를 둘러싸고 논란의 여지가 있었다. 그러나 '청구인이 정보공개와 관련하여 공공기관의 처분 또는 부작위로 인하여 법률상 이익의 침해를 받은 때'에는 행정심판법과 행정소송법이 정하는 바에 따라 각각 행정심판과 행정소송을 청구 · 제기할 수 있도록 한

78) 대법원 2003.12.11. 선고 2001두8827 판결(정보공개청구거부처분취소 집51(2)특, 438; 공 2004.1.15.(194), 153).

제17조 제1항 및 제18조 제1항의 규정에 비추어 볼 때, 법은 이들을 행정쟁송법상 '처분'에 해당하는 것으로 간주한 것이라고 풀이해야 할 것이다. 이렇게 보지 않는다면 행정심판청구권과 행정소송제기권을 인정한 이들 규정이 사실상 무의미하게 되어 버리고 말 것이기 때문이다. 대법원도 그러한 견지에서 다음 판례에서 보듯이 공개거부처분의 처분성을 의문시하지 않고 있고 또 그 공개거부처분을 받은 청구인에게 취소소송을 구할 법률상 이익을 인정하고 있다.

> 국민의 정보공개청구권은 법률상 보호되는 구체적인 권리이므로, 공공기관에 대하여 정보의 공개를 청구하였다가 공개거부처분을 받은 청구인은 행정소송을 통하여 그 공개거부처분의 취소를 구할 법률상의 이익이 있다.[79]

행정절차법 역시 행정심판법과 행정소송법에 의한 처분개념과 동일한 처분개념을 규정하고 있으므로, 이들 결정은 역시 행정절차법상 '처분'에 해당한다. 그렇지만 행정절차법에 대한 관계에서 정보공개법은 일종의 특별법적 지위를 가지는 것이기 때문에, 정보공개결정 및 비공개결정에 관한 한, 정보공개법이 우선적으로 적용되고 그 한도에서 행정절차법의 규정은 적용이 배제된다고 보아야 할 것이다.

(2) 정보공개의 방법

① 공개방법

법은 정보의 '공개'를 "공공기관이 이 법의 규정에 의하여 정보를 열람하게 하거나 그 사본・복제물을 교부하는 것 또는 전자정부구현을위한행정업무등의전자화촉진에관한법률 제2조 제7호의 규정에 의한 정보통신망(이하 "정보통신망"이라 한다)을 통하여 정보를 제공하는 것 등을 말한다."라고 정의하고 있다(§ 2 ii).[80] 이러한 '공개'의 개념은 현대 정보통신기술의 발

79) 대법원 2003.3.11. 선고 2001두6425 판결(행정정보비공개결정처분취소: 공2003.5.1.[177], 997).

전수준을 감안하여 최대한 확장된 것이라 할 수 있다. 개인용컴퓨터, 휴대용단말기, 그 밖의 다양한 유무선장치 등을 사용하여 정보통신망에 접속하고 이를 통해 공공데이터베이스에 접근하여 정보공개를 청구할 수 있게 된 이상, 이러한 요구에 응하여 정보를 공개하는 경우도 당연히 정보의 '공개'에 포함된다고 볼 수 있다.

정보공개법이 규정한 정보의 개념에 관한 정의에 비추어 볼 때 정보공개의 구체적 방법, 즉 어떠한 방법으로 정보를 공개할 것인지는 당해 공공기관의 재량에 맡겨져 있는 것으로 보인다. 정보공개청구권에 대응하는 공공기관의 정보공개는 기속행위인 데 비하여, 당해 공공기관이 열람, 사본 또는 복제물의 제공 중 어느 하나를 택할 수 있는 선택재량이 인정되고 있다.

② 사본 등의 공개

법 제13조 제3항은 "공공기관은 제1항의 규정에 의하여 정보를 공개함에 있어 당해 정보의 원본이 오손 또는 파손될 우려가 있거나 그 밖에 상당한 이유가 있다고 인정될 때에는 당해 정보의 사본·복제물을 공개할 수 있다."라고 규정하고 있다. 이와 관련하여 가령 직접 열람을 청구할 경우 이를 거부하고 사본이나 복제물만을 제공할 수 있는지가 문제될 수 있다.

먼저, 법 제13조 제3항의 규정을 반대해석하면 '당해 정보가 오손 또는 파손될 우려가 있거나 그 밖에 상당한 이유가 있다고 인정될 때'에만 사본의 공개가 허용되고 원칙적으로 원본을 공개하여야 한다는 결론이 나온다. 당해 정보가 오손 또는 파손될 우려가 있는 경우에는 그 사본의 공개가 불가피하겠지만, 정보의 공개는 원본 공개를 원칙으로 하며 또 그것이 정보공개법의 취지에 부합되는 해석이라 할 것이다. 무엇보다도 왜곡되지 않은

---

80) "정보통신망"이란 전기통신기본법 제2조 제2호의 규정에 의한 전기통신설비를 활용하거나 전기통신설비와 컴퓨터 및 컴퓨터의 이용기술을 활용하여 정보를 수집·가공·저장·검색·송신 또는 수신하는 정보통신체제를 말한다(전자정부구현을위한행정업무등의전자화촉진에관한법률 제2조 제7호). 한편, 전기통신기본법 제2조 제2호의 규정에 의한 "전기통신설비"란 전기통신을 하기 위한 기계·기구·선로 기타 전기통신에 필요한 설비를 말한다.

정확한 정보를 공개하는 것이 정보공개제도의 본연의 요청이기 때문이다. 그러한 맥락에서 볼 때 법이 '그 밖에 상당한 이유가 있다고 인정될 때'까지 사본의 공개를 허용한 것은 공공기관에게 지나치게 폭넓은 판단의 여지를 부여한 것이라는 점에서 문제가 있다.

> 이렇게 볼 때 법 제13조 제3항의 규정은 이를 '공공기관은 제1항의 규정에 의하여 정보를 공개함에 있어, 당해 정보가 오손 또는 파손 등의 우려가 있는 경우나 청구인이 명시적으로 수락한 경우를 제외하고는 원본을 공개해야 한다'는 방식으로 고치거나 '공공기관은 제1항의 규정에 의하여 정보를 공개함에 있어, 특별한 사정이 없는 한 청구인이 요구한 방법에 따라 정보를 공개하되, 당해 정보가 오손 또는 파손 등의 우려가 있는 경우에는 사본 등을 공개할 수 있다'는 내용으로 규정하는 것이 바람직하다.

반면, 공공기관이 직무상 작성 또는 취득하여 현재 보유·관리하고 있는 문서인 이상, 그것이 정본인지 부본인지 여부를 가리지 아니하고 그 상태대로 정보공개의 대상이 되며, 이는 원본공개의 원칙과 상치되지 아니한다. 여기서 말하는 원본공개란 정본의 공개를 의미하는 것이 아니라, '정보공개제도는 공공기관이 보유·관리하는 정보를 그 상태대로 공개하는 제도'라고 판시한 다음 대법원 판례에서 확인할 수 있는 바와 같이, '보유·관리하는 정보를 그 상태대로 공개하는 것'을 말한다.

> 정보공개제도는 공공기관이 보유·관리하는 정보를 그 상태대로 공개하는 제도로서 공개를 구하는 정보를 공공기관이 보유·관리하고 있을 상당한 개연성이 있다는 점에 대하여 원칙적으로 공개청구자에게 증명책임이 있다고 할 것이지만, 공개를 구하는 정보를 공공기관이 한때 보유·관리하였으나 후에 그 정보가 담긴 문서 등이 폐기되어 존재하지 않게 된 것이라면 그 정보를 더 이상 보유·관리하고 있지 아니하다는 점에 대한 증명책임은 공공기관에게 있다.

교도소직원회운영지침과 재소자자변물품공급규칙이 폐지되었다 하여 곧바로 교도소장이 그 정보가 담긴 문서들을 보관 · 관리하지 않고 있다고 단정할 수는 없다.[81)]

한편 대법원은 최근 공공기관의 정보공개에 관한 법률상 공개청구의 대상이 되는 정보란 공공기관이 직무상 작성 또는 취득하여 현재 보유 · 관리하고 있는 문서에 한정되는 것이기는 하나, 그 문서가 반드시 원본일 필요는 없다고 판시한 바 있으나, 이는 위에서 말한 원본공개의 원칙을 부정하는 것이 아니라 오히려 '공공기관이 보유 · 관리하는 정보를 그 상태대로 공개해야 한다는 취지'를 확인시켜 준 것으로서 오히려 위에서 말하는 원본공개의 원칙을 뒷받침하는 판례라고 볼 수 있다.

공공기관의 정보공개에 관한 법률상 공개청구의 대상이 되는 정보란 공공기관이 직무상 작성 또는 취득하여 현재 보유 · 관리하고 있는 문서에 한정되는 것이기는 하나, 그 문서가 반드시 원본일 필요는 없다. 원심이 인정한 사실관계와 기록에 의하면, 이 사건의 원고는 자신이 고소하였던 강간사건의 수사 결과 피고소인이 구속 구공판되었다는 통지만 받았을 뿐 공소장의 내용을 통지받지 못하였다는 이유로 피고에 대하여 공소사실의 내용을 알려 달라고 청구하고 있음을 인정할 수 있는바, 이러한 경우 자신이 보유 · 관리하는 공판카드에 공소장 부본을 편철하여 두고 있는 피고로서는 공소장 원본이 법원에 제출되었다는 이유를 들어서 스스로가 위 법률이 말하는 보유 · 관리를 하지 않고 있다고 주장할 수는 없다. 특히, 고소사건이 법원에 공소제기된 후 아직 사건기록이 법원에 제출되기 전까지의 기간 동안에는 고소인이 법원에 등사신청을 하더라도 법원으로서는 사건기록이 없는 탓에 등사신청인이 과연 고소인인지 여부를 확인할 수 없어서 등사를 해 줄 수 없으므로, 이런 경우에는 고소인이 검찰에 대하여 등사신청을 하여야 할 현실적인 필요성도 있다. 원심이 같은 취지로 피고의 주장을 배척한 것은 정당하고, 거기에 상고이유에서 주장하는 바

81) 대법원 2004.12.9. 선고 2003두12707 판결(정보공개거부처분취소: 공2005.1.15.(218), 119).

와 같은 위 법률에 관한 법리를 오해한 위법이 있다고 할 수 없다.[82)]

정보공개의 방법과 관련하여 또 하나 생각해야 할 문제는 정보의 존재형태나 분량에 관한 것이다. 내용이 방대하거나 무체계하게 보관되어 있거나 일목요연하게 정리되어 있지 않은 정보라든지 가령 환경이나 과학기술 관련정보, 기술적 안전에 관한 정보처럼 고도로 전문기술적인 수치나 평가기준들을 내용으로 하거나 그 밖의 이유로 평균인의 능력으로는 해득(解得) 곤란한 형태를 지닌 정보의 경우 공공기관은 단순히 그 열람을 허용함으로써 자기의 의무를 다했다고 생각할지 몰라도 정보공개를 청구한 평균적 시민(Normalbürger)의 입장에서는 정보의 내용을 알 수 없어 사실상 알 권리를 충족시킬 수 없게 되는 결과도 얼마든지 있을 수 있다. 실제로 정보공개제도가 시행되면 오히려 그러한 경우가 더 많이 발생할 가능성도 배제할 수 없다. 이러한 사정을 감안하여 청구인의 신청에 의해 당해 공공기관에게 과다한 비용과 노력을 요하지 않는 한 청구된 정보에 대한 교시(Auskunftserteilung), 즉 청구된 정보에 대한 요약·설명이나 안내를 요구할 수 있는 권리를 정보의 원본에 대한 열람권과 함께 부여하는 것이 바람직할 것이다. 물론 법은 제7조와 제8조에서 공공기관의 적극적 정보공개 노력의무와 목록작성·비치의무와 공개장소·시설의 확보의무를 규정하고 있으나 이들 규정만으로는 불충분하고 당사자의 선택에 의해 이를 요구할 수 있는 권리를 인정하는 것이 정보공개의 활성화를 위한 올바른 해결책이다.

③ 부분공개

법 제14조는 공개청구된 정보가 제9조 제1항 각호의 1(비공개사유)에 해당하는 부분과 공개가 가능한 부분이 혼합되어 있는 경우에는 공개청구의 취

82) 대법원 2006. 5. 25. 선고 2006두3049 판결(사건기록등사불허가처분취소: 공2006. 7. 1.(253), 1171).

지에 어긋나지 아니하는 범위 안에서 두 부분을 분리할 수 있는 때에는 제9조 제1항 각호의 1에 해당하는 부분을 제외하고 공개하여야 한다고 규정하고 있다. 이는 공개대상정보와 비공개정보가 섞여 있는 경우 일종의 '가분리행위(可分離行爲) 이론'(théorie de l'acte détachable) 또는 합리적으로 분리가능한 부분(reasonably segregable portion of a record)에 대한 공개를 규정한 미국 정보자유법 (b)와 유사한 견지에서 공개대상정보만을 공개하도록 한 것이다. 그러나 미국의 정보자유법(FOIA)의 예처럼,[83] 공개배제를 정당화하는 이유를 청구인에게 서면으로 소명하도록 하는 것이 바람직하다.

> 대법원은 이를 전제로 부분공개가 가능한데도 공개를 거부한 경우 법원은 거부처분 중 공개가 가능한 정보에 관한 부분만을 취소해야 한다고 판시하고 있다. 실례로, 지방자치단체의 업무추진비 세부항목별 집행내역 및 관련 증빙서류의 공개를 거부한 처분에 대해 제기된 취소소송에서 법원이 행정청의 정보공개거부처분의 위법 여부를 심리한 결과 공개를 거부한 정보에 비공개대상정보에 해당하는 부분과 공개가 가능한 부분이 혼합되어 있고 공개청구의 취지에 어긋나지 아니하는 범위 안에서 두 부분을 분리할 수 있음을 인정할 수 있을 때에는, 위 정보 중 공개가 가능한 부분을 특정하고 판결의 주문에 행정청의 위 거부처분 중 공개가 가능한 정보에 관한 부분만을 취소한다고 표시하여야 한다고 판시하였다:
>
> 법원이 행정기관의 정보공개거부처분의 위법 여부를 심리한 결과 공개를 거부한 정보에 비공개대상 정보에 해당하는 부분과 공개가 가능한 부분이 혼합되어 있고 공개청구의 취지에 어긋나지 아니하는 범위 안에서 두 부분을 분리할 수 있음을 인정할 수 있을 때에는 청구취지의 변경이 없더라도 공개가 가능한 정보에 관한 부분만의 일부취소를 명할 수 있다 할 것이고, <u>공개청구의 취지에 어긋나지 아니하는 범위 안에서 비공개대상 정보에 해당하는 부분과 공개가 가능한 부분을 분리할 수 있다고 함은, 이 두 부분이 물리적으로 분리가</u>

83) 5 USCA § 552 (a) (2).

능한 경우를 의미하는 것이 아니고 당해 정보의 공개방법 및 절차에 비추어 당해 정보에서 비공개대상 정보에 관련된 기술 등을 제외 내지 삭제하고 그 나머지 정보만을 공개하는 것이 가능하고 나머지 부분의 정보만으로도 공개의 가치가 있는 경우를 의미한다고 해석하여야 한다.[84]

대법원은 최근에도 '행정청이 공개를 거부한 정보 중 법인의 계좌번호, 개인의 주민등록번호, 계좌번호 등에 해당하는 정보를 제외한 나머지 부분의 정보를 공개하는 것이 타당하다고 하면서 판결 주문에서 정보공개거부처분 전부를 취소한 것은 위법하다'고 판시한 바 있다.[85]

④ 전자적 공개

개인용 컴퓨터 등으로 정보통신망을 통해 공공데이터베이스에 접근하여 정보를 획득하는 행위나 정보통신망을 통한 정보공개는 널리 허용되어야 하며 이를 법적으로 뒷받침해 줄 필요가 있다. 이러한 견지에서 2004년의 개정법은 정보의 전자적 공개에 관한 규정을 신설하였다.

구법에서는 '정보'의 개념정의와 관련하여 컴퓨터 등에 의해 처리되는 매체에 기록된 사항의 공개여하에 법이 아무런 규정을 두지 않고 있어 입법적 불비(不備)로 비판을 받았다. 미국에서는 1990년 미국변호사협회(Section of Administrative Law and Regulatory Practice, ABA)가 전자형태를 띤 정보공개에 관한 절차 및 정책에 대한 권고안을 제출하였다. 이 권고안은 연방정부기관들에게 정보가 전자적 형태로 유지되어 있다고 해서 정보자유법에 의한 접근이 축소되지 않도록 보장하기 위한 절차와 정책(procedures and policies to ensure that access to information under the Freedom of Information Act not be diminished by virtue of the fact that the information is maintained in electronic form)을 채택해야 한다고 권고하였다.

---

84) 대법원 2003.3.11. 선고 2001두6425 판결(행정정보비공개결정처분취소: 공2003.5.1.[177], 997). 同旨 대법원 2004.12.9. 선고 2003두12707 판결(정보공개거부처분취소: 공2005.1.15.(218), 119).

85) 대법원 2009.4.23. 선고 2009두2702 판결(정보공개거부처분취소 공보불게재).

즉, 연방정부기관들이 그 내용이나 성질을 불문하고 전자적 형태를 지닌 정보와 컴퓨터프로그램을 정보자유법의 “기록”개념에 포함시켜 공개대상으로 하고 청구된 포맷으로 전자정보를 공개하도록 하되, 이들이 이를 따르지 않을 경우에는 의회가 입법을 통하여 그러한 의무를 명시해야 한다는 것이었다.[86] 이러한 과정을 거쳐 후 미국에서는 1996년 정보자유법을 전면 개정하여 이를 전자정보자유법(EFOIA)으로 부르고 있다.[87]

법은 제15조 제1항에서 공공기관은 전자적 형태로 보유·관리하는 정보에 대하여 청구인이 전자적 형태로 공개하여 줄 것을 요청하는 경우에는 당해 정보의 성질상 현저히 곤란한 경우를 제외하고는 청구인의 요청에 응하여야 한다고 못 박고(§ 15 ①), 전자적 형태로 보유·관리하지 아니하는 정보에 대하여 청구인이 전자적 형태로 공개하여 줄 것을 요청한 경우에는 정상적인 업무수행에 현저한 지장을 초래하거나 당해 정보의 성질이 훼손될 우려가 없는 한 그 정보를 전자적 형태로 변환하여 공개할 수 있도록

86) American Bar Association, “Section of Administrative Law and Regulatory Practice,” Report to the House of Delegates, Recommendation, 1990; ABA Resolution adopted by the House of Delegates, August 12−13, 1991(Report No.109C). 이에 관하여는 Robert Vaughn, *Public Information Law & Policy*, Spring, 1995, Part 1 of 5, 184이하를 참조. 한편 시민공익소송단(Public Citizen Litigation Group)의 Patti Goldman은 정보자유법은 충분히 탄력적인 내용을 가지고 있기 때문에 전자정보에 대한 접근을 보장하기 위하여 정보자유법을 개정할 필요는 없다는 취지의 보고서를 제출한 바 있다. 한편 전자정보공개의 원칙에 관하여는 Executive Office of the President, Office of Management and Budget, Review Draft Electronic FOIA Principle(Memorandum for Interested Parties from Bruche McConnell, Government Information Working Group, Information Policy Committee, Information Infrastructure Task Force), November 18, 1994을 참조.

87) 1996년의 전자정보공개법(http://www.fas.org/irp/congress/1996_rpt/s104272.htm)은 1991년 11월 미국 상원의원 Patrick Leahy와 Hank Brown에 의해 처음 제안되어 수차의 청문회를 거쳐 1996년 5월 15일 최종적으로 의결되었고 같은 해 10월 2일 공포되었다(Public Law 104−231). 이에 관하여는 성낙인, 「미국의 전자정보자유법(EFOIA)과 운용현황」, 『미국헌법연구』 제9호, 미국헌법학회, 1998, 112−139; 명승환, 「미국의 전자정보공개법 제정과정의 교훈」(http://chunma.yeungnam.ac.kr/~j9516053/dc3.html) 등을 참조.

허용하고 있다(§ 15 ②). 그 밖에 정보의 전자적 형태의 공개 등에 관하여 필요한 사항은 이를 국회규칙·대법원규칙·헌법재판소규칙·중앙선거관리위원회규칙 및 대통령령으로 정하도록 위임하고 있다(§ 15 ③).

한편, 청구된 정보가 디지털화되어 유형적 문서의 형태를 띠지 않을 경우, 청구인이 행정전산망에 직접 접근하여 원하는 정보를 열람, 복사할 수 있도록 허용할 것인지가 문제된다. 청구된 정보가 디지털화되어 유형적 문서의 형태를 띠지 않을 경우, 청구인에게 출력된 자료를 제공하는 데에는 아무런 문제가 없다. 그러나 청구인에게 행정전산망이나 행정의 정보통신시스템에 접속할 수 있는 권한을 부여하는 것은 설사 극히 단기간이라도 정보공개법에 의한 정보공개의 범위를 넘어선다고 보아야 할 것이다. 입법론적으로도 그와 같은 직접 접속 및 열람을 허용하는 문제는 그럴 경우 당해 기관이나 제3자의 보다 우월한 이해관계와 충돌할 우려가 있기 때문에 신중을 기해 판단해야 할 것이다.[88]

⑤ 즉시처리가 가능한 정보의 공개

법은 제16조에서 다음 각 호의 1에 해당하는 정보로서 즉시 또는 구술처리가 가능한 정보에 대하여는 제11조의 규정에 의한 절차를 거치지 아니하고 공개하도록 강제하고 있다. 이는 정보공개제도의 취지에 비추어 공개대상 정보의 특성을 감안하여 일종의 신속처리절차(fast track)를 도입한 것이라고 이해된다.

1. 법령 등에 의하여 공개를 목적으로 작성된 정보
2. 일반국민에게 알리기 위하여 작성된 각종 홍보자료
3. 공개하기로 결정된 정보로서 공개에 오랜 시간이 걸리지 아니하는 정보
4. 그 밖에 공공기관의 장이 정하는 정보

88) 그러한 취지에서 독일의 환경정보법은 행정전산망에 대한 직접 접근을 허용하지 않는 것으로 이해되고 있다(Turiaux, "Das neue Umweltinformationsgesetz," *NJW*, 1994, 2322).

⑥ 대량정보공개의 특칙

법은 제13조 제2항에서 "공공기관은 공개대상정보의 양이 과다하여 정상적인 업무수행에 현저한 지장을 초래할 우려가 있는 경우에는 정보의 사본·복제물을 일정 기간별로 나누어 교부하거나 열람과 병행하여 교부할 수 있다"고 규정하고 있다. 이는 동시다발적이고 대량적인 정보공개의 청구로 행정이 마비될 우려가 있다는 점을 고려하여 특칙을 둔 것이라고 이해된다.

구법에서는 "정보공개청구의 대상이 이미 널리 알려진 사항이거나 청구량이 과다하여 정상적인 업무수행에 현저한 지장을 초래할 우려가 있는 경우에는 청구된 정보의 사본 또는 복제물의 교부를 제한할 수 있다"고 규정하고 있었다(§8 ②). 이 규정은 일견 정보공개 자체에 대한 제한가능성을 수권한 것으로 보이지만, 실은 정보공개 자체를 제한한다기보다는 정보공개의 청구에 관하여 일정한 제한을 가할 수 있도록 하는데 그 취지를 두고 있었다. 대법원은 이후 "공공기관은 공개대상정보의 양이 과다하여 정상적인 업무수행에 현저한 지장을 초래할 우려가 있는 경우에는 정보의 사본·복제물을 일정 기간별로 나누어 교부하거나 열람과 병행하여 교부할 수 있으나(제13조 제2항), 정보공개청구의 대상이 이미 널리 알려진 사항이거나 청구량이 과다하여 정상적인 업무수행에 현저한 지장을 초래할 우려가 있더라도 청구된 정보의 사본 또는 복제물의 교부를 제한할 수는 없다(2004.1.29. 법률 제7127호로 전문 개정되기 전의 정보공개법 제8조 제2항 참조)"고 판시함으로써[89] 그 조항을 실질적으로 무효화했다.

'공개대상정보의 양이 과다하여 정상적인 업무수행에 현저한 지장을 초래할 우려가 있는 경우'인지 여부에 대해서는 정보공개법이 천명한 정보공개의 원칙에 비추어 엄격히 판단해야 할 것이다. 또 그러한 요건이 충족되었다고 판단되어 정보의 사본·복제물을 일정 기간별로 나누어 교부하거나 열람과 병행하여 교부하는 경우에도, '정보의 공개를 청구하는 국민의

89) 대법원 2009.4.23. 선고 2009두2702 판결(정보공개거부처분취소 공보불게재).

권리가 존중될 수 있도록 이 법을 운영하도록' 한 제6조 제1항의 정신을 고려하여 청구인의 정보공개청구를 사실상 무용하게 만드는 결과가 되지 않게끔 가능한 한 제한을 최소화하면서 최대한으로 정보를 공개하는 방향으로 재량을 합리적으로 행사하여야 할 것이다. 이에 관하여는 명문의 규정은 없지만 공공기관별로 정보공개지침(guideline)을 작성하여 정보공개청구의 기준을 설정하되, 그 기준이 기관별로 들쭉날쭉해지는 것을 막기 위하여 총괄기관인 행정자치부에서 일반적인 지침을 작성·제시해 주는 것이 바람직할 것이다.

(3) 청구인의 의무: 비용부담

법은 정보공개에 따른 비용부담에 관하여 일종의 원인자책임원칙이라 할 수 있는 '청구인부담원칙'을 취하고 있다. 그러나 청구인이 부담하는 비용의 수준여하에 따라서는 정보공개제도의 이용률이 크게 달라질 수 있다는 점을 고려할 때 어디까지나 실비의 범위 안에서 청구인에게 비용을 부담시키는 것이 바람직하다. 이러한 이유에서 법은 "정보의 공개 및 우송 등에 소요되는 비용은 실비의 범위 안에서 청구인의 부담으로 한다."(§ 17 ①)라고 규정한 것이다. 여기서 '정보의 공개 및 우송 등'에 소요되는 비용을 청구인의 부담으로 한 규정은 그 문언상 정보공개를 거부하는 취지의 결정이나 부작위로 인한 의제거부결정이 있는 경우에는 청구인에게 비용을 부담시키지 않는다는 취지로 해석되어야 할 것이다. 만일 정보공개가 거부되는 경우에도 비용을 부담시킨다면 이는 정보공개제도의 이용률을 저하시키는 요인이 됨은 물론 비용의 액수로 정보공개에 대한 의욕을 꺾는 결과가 될 수도 있기 때문이다. 그렇다면 이러한 취지를 보다 명시적으로 규정하는 것이 법적 확실성의 견지에서 바람직하다.

공개를 청구하는 정보의 사용목적이 공공복리의 유지·증진을 위하여 필요하다고 인정되는 경우에는 제1항의 규정에 의한 비용을 감면할 수 있다(§ 17 ②).

정보공개의 비용 및 징수 등에 관하여 필요한 사항은 국회규칙 · 대법원 규칙 · 헌법재판소규칙 · 중앙선거관리위원회규칙 및 대통령령으로 정하도록 위임되어 있다(§ 17 ③).

3. 정보공개에 관한 불복구제절차

정보공개에 관한 불복구제절차는 공공기관 내 자체심사(자기통제: Selbstkontrolle)와 사법부에 의한 심사(제3자통제: Fremdkontrolle) 두 단계로 나뉜다. 법은 공개여부결정에 대한 구제절차를 크게 이의신청, 행정심판 및 행정소송의 세 가지 단계로 나누고 있는데, 이의신청은 자기통제에, 행정심판과 행정소송은 제3자통제에 각각 해당한다고 볼 수 있다.

정보공개법은 정보공개에 관한 불복구제에 관하여 종래 입법예고안보다도 훨씬 못 미치는 수준의 절차를 규정하는 데 그치고 있다.

법은 정보공개에 관한 불복구제절차에 관하여 당초 입법예고안이 포함하고 있었던 제4장의 정보공개위원회에 관한 조항(제14조-제19조)을 전면삭제하고 제16조 및 제17조에서 재판 이전 단계에서의 불복구제절차를 이의신청과 행정심판법에 의한 행정심판에 의하도록 했다. 이의신청기간에 관하여 법은 종래 입법예고안에서 비공개결정일로 부터 15일 이내에 하도록 했던 것을 제16조에서 30일 이내로 연장했고, 제18조(행정소송)에서 재판장에게 공개청구정보의 비공개로 열람 · 심사할 수 있는 권한을 부여했으며(제2항), 국가안전보장, 국방 또는 외교에 관한 정보의 비공개결정처분인 경우에는 공공기관이 그 정보에 대한 비밀지정의 절차, 비밀의 등급 · 종류 및 성질과 이를 비밀로 취급하게 된 실질적인 이유 및 공개가 불가능한 사유 등을 입증하는 때에는 당해 정보를 제출하지 않게 할 수 있다는 조항을 신설했다(제3항). 법은 또한 제19조에서 정보를 공개하지 아니할 것을 요청할 수 있는 제3자의 이의신청권을 부여하는 규정(제1항)과 함께, 청구인과 마찬가지로 행정심판, 행정소송을 제기할 수 있도록 하는 규정을 신설했다.

3.1 이의신청

이의신청은 정보공개에 관한 불복구제절차의 제1단계다. 법 제18조 제1항에 의하면, 청구인이 정보공개와 관련한 공공기관의 비공개 또는 부분공개의 결정에 대하여 불복이 있는 때에는 공공기관으로부터 정보공개여부의 결정통지를 받은 날 또는 제11조 제5항의 규정에 의한 비공개의 결정이 있는 것으로 보는 날부터 30일 이내에 당해 공공기관에 문서로 이의신청을 할 수 있다.

공공기관은 이의신청을 받은 날부터 7일 이내에 그 이의신청에 대하여 결정하고 그 결과를 청구인에게 지체 없이 문서로 통지하여야 한다(§ 18 ② 본문). 다만, 부득이한 사유로 정해진 기간 이내에 결정할 수 없는 때에는 그 기간의 만료일 다음날부터 기산하여 7일 이내의 범위에서 연장할 수 있으며, 연장사유를 청구인에게 통지하여야 한다(§ 18 ② 단서). 이의신청을 각하 또는 기각하는 결정을 한 때에는 청구인에게 행정심판 또는 행정소송을 제기할 수 있다는 취지를 제2항의 규정에 의한 결과통지와 함께 통지하여야 한다(§ 18 ③).

법이 청구인에게 정보의 공개와 관련한 결정에 대하여 당해 공공기관에 이의신청을 할 수 있도록 한 것은 극히 당연한 결과라 할 수 있다. 즉 이의신청은 이러한 규정이 없어도 의당 제기할 수 있는 제1차적 구제절차이기 때문이다.

3.2 행정심판

법은 제17조에서 정보공개에 대한 제2차적 구제절차로서 행정심판을 제기할 수 있도록 하고 있다. 즉, 청구인이 정보공개와 관련한 공공기관의 결정에 대하여 불복이 있는 때에는 행정심판법이 정하는 바에 따라 행정심판을 청구할 수 있다. 이 경우 국가기관 및 지방자치단체외의 공공기관의 결정에 대한 감독행정기관은 관계 중앙행정기관의 장 또는 지방자치단체의 장으로 한다(§ 19 ①).

청구인은 제18조의 규정에 의한 이의신청절차를 거치지 아니하고 행정심판을 청구할 수 있다(§ 19 ②). 이는 청구인에게 이의신청과 행정심판 중 선택권을 인정함으로써 1998년 3월 1일부터 폐지된 행정심판전치주의와 균형을 맞춘 결과라 할 수 있다.

행정심판위원회의 위원 중 정보공개여부결정에 관한 행정심판에 관여하는 위원은 재직 중은 물론 퇴직 후에도 그 직무상 알게 된 비밀을 누설하여서는 아니 되며, 형법 기타 법률의 벌칙적용에 있어서 이를 공무원으로 의제된다(§ 19 ③④).

법이 이처럼 공공기관 내 자체심사방법으로 행정심판법이 정하는 바에 따라 행정심판을 청구할 수 있도록 한 것은 그렇지 않아도 권리구제절차로서의 미비점, 운영상의 문제 등으로 인하여 비판을 받아 왔던 행정심판제도를 정보공개분쟁의 특수성을 고려하지 않은 채 그대로 적용시킨 것으로 비판되고 있다. 대법원의 이른바 '사법개혁안'에 따라 개정행정소송법이 1998년 3월 1일부터 행정심판을 임의절차화한 데에는 무엇보다도 그동안의 시행과정에서 그 권리구제절차로서의 기능이 실질적으로 발휘되지 못했다는 비판이 배경이었던 것으로 알려져 있다. 한편, 행정심판제도가 정보공개법상의 구제절차로서 얼마나 효과를 발휘할 수 있을지는 미지수다. 첫째, 중앙행정기관에 대한 행정심판의 경우 법제처장을 위원장으로 하는 국무총리행정심판위원회에서 심리의결하도록 되어 있어 사건부담이 늘고 있는데, 정보공개심판이 추가됨으로써 사건부담이 더욱 가중될 우려가 있다는 점, 둘째, 중앙행정기관이나 그 밖의 공공기관이 청구받은 정보의 공개여부결정을 국무총리행정심판위원회에서 전담하게 됨에 따라 발생할 수 있는 정보공개를 둘러싼 부처 간, 부처－기관 간, 기관상호 간의 갈등의 문제, 셋째, 정보공개를 둘러싼 분쟁의 경우 신중하고 경직된, 비교적 장기간의 절차를 필요로 하는 사법절차보다는 비용 및 기간 면에서 재판외적 절차가 훨씬 적합하다는 점을 고려할 때[90] 헌법 제107조 제3항에 따라 사법절차

90) 이에 관하여는 미국에 있어 정보공개법분쟁을 해결하기 위하여 정보옴부즈만제도의 도입

에 준하는 절차적 보장(물론 문자 그대로 준사법절차라고는 할 수 없을지라도)을 받고, 특히 최근의 법개정을 통하여 한층 더 강화시킨 행정심판제도보다는 절차적 유연성을 갖춘 분쟁해결수단이 요구된다는 점, 넷째, 정보공개에 관한 분쟁해결을 정보공개위원회나 옴부즈만제도에 맡기고 있는 주요외국의 입법례가 적지 않다는 점 등을 고려할 때, 정보공개법이 채용한 행정심판제도는 오히려 입법예고안의 정보공개심사청구제도보다도 훨씬 불충분한 것이라고 생각된다. 정보공개에 관한 분쟁에서는 신속한 결정과 비용의 저렴성이 요구될 뿐만 아니라 실체 면에서도 정보공개여부에 대한 관계제이익에 대한 고도의 비교형량이 요구되며 또 심판기관의 독립성보장이 보다 강화되어야 한다는 특수성을 가진다. 이와 같은 정보공개심판의 특수성을 고려하여 정보공개법에 특유한 새로운 불복절차를 강구할 필요가 있다. 가령 종래 입법예고안처럼 정보공개위원회를 설치하되 그 기구에 의한 심사청구제도를 개선·보완한 형태로 제도화하는 방안을 검토하여야 할 것이다. 물론 새로운 기구를 창설하는 데 따르는 비용이나 인력 면에서의 부담도 고려되어야 하겠지만, 가령 환경분쟁이나 언론관계분쟁의 경우 못지않게 정보공개분쟁을 독자적인 대체적 분쟁해결기구와 절차를 통해 해결해야 할 필요성이 있다는 사실을 부인할 수는 없을 것이다.

프랑스의 경우 1978년 7월 17일 법률 제753호(제1장 행정문서의 악세스의 자유에 관한 제1－13조)로 제정되어 1979년 7월 11일 법률 제587호(제8－10조)로 개정된 정보공개법은 행정정보의 공개거부에 대한 구제방법으로 '행정문서악세스위원회'(commission d'accès aux documents administratif)에 의한 구제절차와 행정소송에 의한 구제절차의 2단계를 인정하고 있는데, 전자 즉, 악세스위원회에 의한 구제는 특수한 행정심판의 유형이라고 볼 수 있다. 이 악세스위원회는 정보공개를 청구하였으나 거부당한 자가 불복신청을 한 경우, 소

을 주장하는 Mark H. Grunewald, "Administrative Mechanisms for Resolving Freedom of Information Act Disputes," Final Report submitted to the Administrative Conference of the United States, 1986을 참조.

관처분청에 권고하고, 정보공개법의 적용에 관한 모든 문제를 권한 있는 기관에 조언하거나 행정문서의 교부에 관한 법령의 개정을 제안하는 것 등을 주된 임무로 하고 있다. 악세스위원회는 '꽁세유데타'(Conseil d'Etat: 프랑스행정법원), 사법법원(파기원: Cour de cassation), 감사원(Cour de Comptes), 국민의회 및 상원 등의 지명으로 임명된 위원으로 구성되는데 임기는 3년이며 재임할 수 있다. 불복신청을 한 청구인은 악세스위원회에서 구제받지 못한 경우, 행정법원에 원처분에 대한 취소청구소송을 제기할 수 있고, 행정법원은 이에 대한 판결을 6개월 내에 선고하여야 한다.[91]

다만, 정보공개법이 불복구제절차로서 행정심판법에 의한 행정심판을 원용하고 있기 때문에 그 재결은 행정심판법에 따른 법적 구속력을 발휘하게 된다. 따라서 종래 입법예고안처럼 심사청구가 이유 있다고 인정하는 경우 위원회가 발하는 시정조치의 권고가 법적 구속력을 결여함에 따른 문제는 발생할 여지가 없다.

3.3 행정소송

행정소송은 정보공개에 관한 사법적 불복구제절차다. 물론 정보공개와 관련된 공공기관의 처분·부작위에 대하여 헌법재판소에 의한 헌법소원 등이 제기될 수도 있다. 그렇지만 행정소송은 통상적인 권리구제절차의 최종단계에 해당한다고 볼 수 있다. 법은 제20조에서 "청구인이 정보공개와 관련한 공공기관의 결정에 대하여 불복이 있는 때에는 행정소송법이 정하는 바에 따라 행정소송을 제기할 수 있다."라고 규정하고 있다(§ 20 ①). 대법원은 정보공개법의 목적, 규정 내용 및 취지 등에 비추어, 국민의 정보공개청구권은 법률상 보호되는 구체적인 권리이므로, 공공기관에 정보공개를 청구하였다가 공개거부처분을 받은 청구인은 행정소송을 통하여 그 공개거

91) 프랑스 제도에 관하여는 성낙인, 「알 권리와 프랑스 정보공개법」, 『월간고시』 1993.9.; 김석준·강경근·홍준형, 『열린 사회, 열린 정보』, 1993, 220이하를 참조; 프랑스 법률의 번역으로는 한국행정연구원, 『행정정보공개제도에 관한 연구』, 1992, 243－247을 참조.

부처분의 취소를 구할 법률상의 이익이 있다고 판시한 바 있다.[92]

행정소송이 제기된 경우 재판장은 필요하다고 인정되는 때에는 당사자를 참여시키지 아니하고 제출된 공개청구정보를 비공개로 열람·심사할 수 있으며(§ 20 ②), “행정소송의 대상이 제9조 제1항 제2호의 규정에 의한 정보 중 국가안전보장·국방 또는 외교에 관한 정보의 비공개결정처분인 경우에 공공기관이 그 정보에 대한 비밀지정의 절차, 비밀의 등급·종류 및 성질과 이를 비밀로 취급하게 된 실질적인 이유 및 공개를 하지 아니하는 사유 등을 입증하는 때에는 당해 정보를 제출하지 아니하게 할 수 있다(§ 20 ③).

<정보부존재의 입증책임>

정보공개제도는 공공기관이 보유·관리하는 정보를 그 상태대로 공개하는 제도로서 공개를 구하는 정보를 공공기관이 보유·관리하고 있을 상당한 개연성이 있다는 점에 대하여 원칙적으로 공개청구자에게 증명책임이 있다고 할 것이지만, 공개를 구하는 정보를 공공기관이 한때 보유·관리하였으나 후에 그 정보가 담긴 문서 등이 폐기되어 존재하지 않게 된 것이라면 그 정보를 더 이상 보유·관리하고 있지 아니하다는 점에 대한 증명책임은 공공기관에게 있다.[93]

현행 행정소송법에 의한 행정소송제도가 국민의 권리보호를 실효적으로 보장하기에 여러 가지 결함을 지닌 제도라는 인식이 팽배해 왔음을 고려할 때 법이 이에 대한 아무런 대안을 마련하지 않은 것도 역시 심각한 문제점이다. 여기서 행정소송제도의 문제점을 일일이 상론할 수는 없으나 그중 가장 중요한 결함 두 가지만을 지적한다면 가구제절차가 불비하다는 점과 행정상 이행소송이 인정되지 않고 있다는 점을 들 수 있다.

---

92) 대법원 2003.3.11. 선고 2001두6425 판결(행정정보비공개결정처분취소: 공2003.5.1.[177], 997).

93) 대법원 2004.12.9. 선고 2003두12707 판결(정보공개거부처분취소 공2005.1.15.(218), 119).

전자는 정보공개소송의 특수성에 비추어 특히 절실히 요구되는 제도인데 행정소송법은 이에 관한 효과적인 제도보장을 하지 못하고 있다. 현행법상 취소소송에 관하여 인정되고 있는 집행정지제도는 그 요건이 너무 엄격할 뿐만 아니라 비공개결정의 취소를 구하는 소송에 있어 집행정지결정이 있어도 비공개결정의 효력이나 집행, 절차의 속행을 정지한다는 것이 별반 의미를 가질 수 없고 이를 통해서 정보공개청구에 대한 적극적인 가처분과 같은 효과를 기대할 수 없다. 후자에 관해서는 정보공개소송은 결국 이행소송의 형태로 제기되고 또 허용되어야 그 본래적 목적을 달성할 수 있는 것인데 이러한 형태의 소송이 허용되지 않고 있다는 점을 지적하지 않을 수 없다. 결국 현행법상 허용되는 비공개결정(또는 법 제9조 제4항의 규정에 의해 의제된 비공개결정)에 대한 취소소송은 설령 그것이 인용된다 하더라도 그 효과는 행정소송법 제30조 제2항과 제34조에 의한 간접강제에 의해서만 뒷받침될 수 있을 뿐이다. 우선 비공개결정에 대한 취소소송의 인용판결이 확정되는데 걸리는 시간(상고기간)과 행정소송법 제34조 제1항에 의한 수소법원이 정하는 '상당한 기간'이 경과한 뒤에야 그러한 간접강제의 효력이 나타날 터인데 이때에는 정보공개가 이미 무의미해질 경우가 적지 않을 것이다. 또 정보보유기관이 새로운 이유를 들어 정보공개를 거부할 수 있으므로 그러한 경우 정보공개소송을 통한 정보공개에 관한 권리구제는 더욱더 지연될 가능성이 있다. 이러한 요인들은 결국 정보공개에 관한 권리구제에서 요구되는 신속성을 저해함으로써 정보공개소송이 오히려 정보공개에 관한 불복구제수단이기보다는 정보공개를 지연시키거나 시민의 정보공개 요구를 사보타지 하는 방편으로 악용될 우려를 낳게 된다.[94)]

따라서 정보공개에 관한 불복절차 중 정보공개소송은 현행 행정소송법에 맡길 것이 아니라 정보공개법의 차원에서 정보공개의 특수성을 고려한 특별한 규율을 행하고 그 밖의 사항에 관해서만 행정쟁송법의 보충적 적용

94) 또한 바로 그런 이유에서 정보공개에 관한 가처분제도의 도입이 검토될 필요가 있는 것이기도 하다.

을 인정하는 데 그쳐야 할 것이다.

3.4 제3자의 이의신청 등

법은 제19조에서 제3자의 이의신청권과 행정심판제기권, 그리고 일종의 '역(역)정보소송'(Reverse FOIA Suit) 내지 '정보보전소송'에 해당하는 행정소송을 제기할 수 있는 절차적 가능성을 열어 놓았다. 즉, 제11조 제3항의 규정에 의하여 공개청구된 사실을 통지받은 제3자는 통지받은 날부터 3일 이내에 당해 공공기관에 대하여 자신과 관련된 정보를 공개하지 아니할 것을 요청할 수 있고(§ 21 ①), 비공개요청에도 불구하고 공공기관이 공개결정을 하는 때에는 공개결정이유와 공개실시일을 명시하여 지체 없이 문서로 통지하여야 하며, 제3자는 당해 공공기관에 문서로 이의신청을 하거나 행정심판 또는 행정소송을 제기할 수 있다. 이 경우 이의신청은 통지를 받은 날부터 7일 이내에 하여야 한다(§ 21 ②). 공공기관은 제2항의 규정에 의한 공개결정일과 공개실시일의 사이에 최소한 30일의 간격을 두어야 한다(§ 21 ③).

정보공개법이 비밀유지법이 되어서는 안 된다는 것은 정보공개입법에서 고려되어야 할 근본적인 요구이지만 그렇다고 정보공개법이 비밀침해법이어서도 아니 된다. 이미 앞에서 본 바와 같이 정보공개의 취지에 비추어 보다 우월적인 법익을 보호하기 위하여 최소한의 불가피한 범위 내에서 비공개사유들이 시인되는 것이라면, 그러한 법익의 우월성이 인정되는 비공개정보에 대한 접근이 허용되어서는 아니 된다. 이러한 의미에서 정보공개법은 부수적으로 개인정보보호법과 함께 보호가치 있는 정보의 보호를 위한 법, 나아가 정보의 취득·보유·유통 등에 관한 통일적 법질서를 구축하기 위한 제도적 기초로서의 기능도 갖는다. 가령 국가의 안전에 관한 중대한 정보가 정보공개라는 명분하에 우리의 경쟁국이나 적대관계에 있는 단체에게 유출되는 것을 방치할 수는 없을 것이며 비공개로 해야 할 기업의 영업비밀이나 개인의 프라이버시에 관한 사실이 경쟁기업이나 상업적

이해관계를 지닌 단체·개인에게 함부로 누출되는 것을 내버려 둘 수도 없는 것이다.

이와 관련하여, 정보공개법 시행 이전의 사건에 관한 것이기는 하지만, 개인의 사생활의 비밀과 자유를 침해할 우려가 있다는 등의 이유로 재개발사업에 관한 정보공개청구를 배척한 다음 대법원 판례를 참조해 볼 필요가 있다:

원심은, 원고가 공개를 청구한 이 사건 자료 중 일부는 개인의 인적사항, 재산에 관한 내용이 포함되어 있어서 공개될 경우에는 타인의 사생활의 비밀과 자유를 침해할 우려가 있으며, 이 사건 자료의 분량이 합계 9,029매에 달하기 때문에 이를 원고에게 공개하기 위하여는 피고의 행정업무에 상당한 지장을 초래할 가능성이 있고, 이 사건 자료의 공개로 인하여 원고가 주장하는 바와 같은 공익이 실현된다고 볼 수도 없다는 이유를 들어 이 사건 자료의 공개청구를 거부하는 내용의 이 사건 처분의 취소를 구하는 원고의 청구를 배척하였는바, 기록과 관계 법령에 비추어 보면 이와 같은 원심의 사실인정 및 판단은 옳고, 거기에 상고이유로서 주장하는 바와 같은 위법이 있다고 할 수 없다.[95)]

주요 외국에서 정보공개법의 운영과정에서 역(역)정보소송 내지 정보보전소송의 필요성이 대두된 것도 바로 그와 같은 사정을 배경으로 한 것이다. 즉 정보보전소송은 1970년대 중반 이래로 미국에서 심각하게 대두된 문제였던 정부기관이 보유하고 있는 기업비밀이나 영업 관련 정보의 보호 문제에 대한 하나의 대안으로서 인정되었던 것이다. 따라서 정보공개법은 보호가치 있는 비밀이나 정보를 보호하기 위한 효과적인 방법을 마련하는 데 대해서도 노력을 아끼지 말아야 한다. 그러나 법은 제21조 제2항에서 제3자의 행정소송제기권을 규정하면서 이에 관한 규율을 구체화하지 않고 행정소송법에 맡겨 버리고 말았고, 그 결과 행정소송제도의 결함과 문제점

95) 대법원 1997.5.23. 선고 96누2439 판결(행정정보비공개결정처분취소: 공97.7.1.[37], 1888): 참조 대법원 1989.10.24. 선고 88누9312 판결(공1989, 1802); 1992.6.23. 선고 92추17 판결(공1992, 2287).

들이 이 경우에도 그대로 존속하게 되었다.

4. 정보공개제도의 관리

4.1 정보공개위원회의 설치

법은 제22조에서 정보공개에 관한 정책의 심의・조정기구로 대통령소속하에 정보공개위원회를 설치하도록 하였다. 정보공개위원회는 다음과 같은 사항을 심의・조정한다.

1. 정보공개에 관한 정책의 수립 및 제도개선에 관한 사항
2. 정보공개에 관한 기준수립에 관한 사항
3. 제24조 제2항 및 제3항의 규정에 의한 공공기관의 정보공개운영실태 평가 및 그 결과처리에 관한 사항
4. 그 밖에 정보공개에 관하여 대통령령이 정하는 사항

위원회는 위원장과 부위원장 각 1인을 포함한 9인의 위원으로 구성하며(§ 23 ①), 다음과 같은 자 중에서 임명 또는 위촉된다(§ 23 ② 제1문). 이 경우 위원장을 포함한 5인은 공무원이 아닌 자로 위촉하여야 한다(§ 23 ② 제2문).

1. 대통령령이 정하는 관계부처의 차관급 또는 고위공무원단에 속하는 일반직 공무원
2. 정보공개에 관하여 학식과 경험이 풍부한 자로서 대통령이 위촉하는 자
3. 시민단체(비영리민간단체지원법 제2조의 규정에 의한 민간단체를 말한다)에서 추천한 자로서 대통령이 위촉하는 자

위원장・부위원장 및 위원의 임기는 2년으로 하되, 연임할 수 있다(§ 23 ③). 다만, 공무원인 위원의 임기는 그 직위에 재직하는 기간으로 한다(§

23 ③).

위원장·부위원장 및 위원은 정보공개업무와 관련하여 알게 된 정보를 누설하거나 그 정보를 이용하여 본인 또는 타인에게 이익 또는 불이익을 주는 행위를 하여서는 아니 되며(§ 23 ④), 이들 중 공무원이 아닌 자는 형법 그 밖의 법률에 의한 벌칙적용에 있어서 이를 공무원으로 본다(§ 23 ⑤). 그 밖에 위원회의 구성 및 의결절차 등 위원회 운영에 관하여 필요한 사항은 대통령령으로 정하도록 되어 있다(§ 23 ⑥).

4.2 제도총괄 등

법은 제24조에서 행정안전부장관에게 이 법에 의한 정보공개제도의 정책 수립 및 제도개선사항 등에 관한 기획·총괄업무를 관장하는 제도총괄기능을 부여하고 있다(§ 24 ①). 행정안전부장관은 위원회가 정보공개제도의 효율적 운영을 위하여 필요하다고 요청하는 경우에는 공공기관(국회·법원·헌법재판소 및 중앙선거관리위원회를 제외한다)에 대하여 정보공개제도의 운영실태를 평가할 수 있고(§ 24 ②), 평가를 실시한 경우에는 그 결과를 위원회를 거쳐 국무회의에 보고한 후 이를 공개하여야 하며, 위원회가 개선이 필요하다고 권고한 사항에 대하여는 해당 공공기관에 시정요구 등의 조치를 취하여야 한다(§ 24 ③).

나아가 법은 제25조에서 국회사무총장·법원행정처장·헌법재판소사무처장·중앙선거관리위원회사무총장 및 행정안전부장관은 필요하다고 인정하는 경우에는 관계공공기관에 대하여 정보공개에 관한 자료의 제출 등의 협조를 요청할 수 있도록 규정하고 있다.

4.3 국회에의 보고

법은 제도총괄책임을 지는 행정안전부장관으로 하여금 전 연도의 정보공개 운영에 관한 보고서를 매년 정기국회 개회 전까지 국회에 제출하도록 하였다(§ 26 ①). 보고서 작성에 필요한 사항은 대통령령으로 정한다(§ 26 ②).

5. 정보공개법의 시행실태와 문제점

5.1 시행실태

시행초기에는 정보공개에 대한 인식이나 활용도가 매우 낮은 수준에 머물러 있었지만, 시간이 지나면서 정보공개제도가 점차 활성화되는 경향을 보이고 있다. 청구건수는 지난 1998년 2만 6,338건에 불과하던 것이 2004년에 10만 건(104,024건),[96] 2007년에 20만 건(235,230건) 이상 청구되었고, 2008년 29만 1,339건으로 큰 폭으로 증가한 것으로 나타났다.[97]

연도별 비공개 사유를 살펴보면 일정한 패턴이 나타나고 있다. 정보(자료)의 부존재로 인한 비공개 건수가 여전히 가장 많은 비중을 차지하고 있고, 개인의 사생활 보호와 법령상 보호되고 있는 정보에 대한 비공개 사례가 주종을 이루고 있다. 최근에는 법령상 비공개의 비중이 점차 증가하고 있는 것으로 나타났다.[98] 2008년의 비공개사유별 현황은 <표 1>에서 보

<표 1. 비공개사유별 현황>

구분	건수	비율(%)
법령상 비밀 · 비공개(제1호)	5,253	26
국방 등 국익침해(제2호)	98	–
국민의 생명 등 공익침해(제3호)	242	1
재판관련정보 등(제4호)	964	5
공정한 업무수행지장 등(제5호)	1,186	6
개인 사생활침해(제6호)	2,439	12
법인 등 영업상 비밀침해(제7호)	942	4
특정인의 이익 또는 불이익(제8호)	633	3
자료부존재	7,289	36
기타	1,366	7
계	20,412	100

행정안전부, 「2008년 정보공개 연차보고서」, 2009.8., 4

96) 2004년부터 국가기록원에 대한 (기록물) 공개청구건수를 제외하고 정보공개 건수를 집계하였다.

97) 행정안전부, 「2008년 정보공개 연차보고서」, 2009.8., 4(www.mopas.go.kr).

는 바와 같이, 자료부존재와 법령상 비공개, 개인 사생활침해 등의 순으로 되어 있다.

한편 연도별 불복 현황과 인용비율은 <표 2>에서 보는 바와 같다.

<표 2. 연도별 불복 건수 및 인용 비율>

단위: 건, ( ): %

구분		1998	1999	2000	2001	2002	2003	2004	2005	2006	2007	2008
이의신청	건 수	64	181	262	241	339	574	779	1,315	1,806	3,653	3,105
	인용률	(19)	(20)	(27)	(37)	(33)	(25)	(30)	(29)	(34)	(43)	(29)
행정심판	건 수	30	61	77	161	83	184	350	321	278	312	289
	인용률	(27)	(16)	(23)	(6)	(6)	(16)	(18)	(20)	(15)	(9)	(18)
행정소송	건 수	6	33	39	28	41	45	54	119	76	82	110
	인용률	(17)	(24)	(21)	(0)	(0)	(13)	(17)	(7)	(17)	(16)	(15)
계		100	275	378	430	463	803	1,183	1,755	2,160	4,047	3,504

행정안전부, 「2008년 정보공개 연차보고서」, 2009.8., 28

5.2 문제점

첫째, 정보 소재의 파악이 어렵고 공공기관의 기록, 문서 등 정보관리가 충실하고 투명하게 이루어지지 않고 있다. 그리하여 누가 어떠한 정보를 가지고 있는지를 잘 몰라 헤매는 경우가 많다. 정보공개법은 일반 국민이 공개대상정보를 쉽게 이용할 수 있도록 공공기관이 정보목록을 작성, 비치해 놓고 정보공개장소를 확보하도록 규정하고 있지만 여전히 정보 소재 파악이 쉽지 않은 실정이다. 공공기관의 정보관리수준이 미흡한 수준에 머무르고 있다는 점도 여전히 남아 있는 문제점이다.

둘째, 비공개정보의 범위 불명확으로 인하여 공개여부를 둘러싼 논란의 여지가 많고, 처리기간 경과, 비공개 사유 제시 불명확 등 구체적 부분에서 국민의 기대 수준에는 미흡하다.[99]

셋째, 정보공개여부에 대한 최종적인 판정은 행정심판이나 행정소송에

98) 행정안전부, 「2008년 정보공개 연차보고서」, 2009.8., 21.

99) 행정자치부, 「2003년도 중앙행정기관 정보공개운영실태 평가 결과」, 2004.3., 3.

의해 이루어지도록 되어 있으나, 그러한 행정쟁송절차 자체가 여전히 많은 문제점을 지니고 있어 권리구제의 실효를 거두기 어렵다. 예를 들면, 행정소송법상 의무이행소송이 인정되지 않는 등 여러 가지 권리구제의 애로가 있고, 또 공개거부결정에 대한 행정소송은 통상 장기간을 소요하고, 정작 소송에서 공공기관이 패소하더라도 또 다른 사유를 붙여 공개를 거부할 수 있으므로 또다시 소송을 제기해야 하는 문제가 있다. 또 패소해도 담당공무원에게 불이익이 전혀 없기 때문에 상당수 공무원들은 '일단 거부하고 보자'는 식으로 대응하는 실정이다.

제2절 행정조사

Ⅰ. 개설

행정기관이 임무를 수행하기 위해서는 여러 가지 정보·자료를 수집해야 한다. 행정조사는 이러한 정보·자료를 수집하는 행정보조적 활동으로서 통상 행정의 목적을 달성하기 위하여 그 준비단계에서 행해진다. 행정조사기본법은 '행정조사'를 "행정기관이 정책을 결정하거나 직무를 수행하는 데 필요한 정보나 자료를 수집하기 위하여 현장조사·문서열람·시료채취 등을 하거나 조사대상자에게 보고요구·자료제출요구 및 출석·진술요구를 행하는 활동"으로 정의하고 있다(§ 2 I).

행정조사는 일반적으로 권력적 조사작용으로 간주되고 있으나(다수설), 비권력적 행정조사의 존재를 부정할 수 없는 이상 강제성의 계기를 그 개념적 요소로 보아야 하는 것은 아니다.[100] 행정조사는 행정상 즉시강제와

100) 金南辰, 『行政法 I』, 법문사, 2000, 468; 洪井善, 『行政法原論(上)』, 박영사, 2009, 454.

는 달리 긴급성이 없고, 또 구체적 · 완결적 결과를 실현시키는 것이 아니라 행정작용(예: 조세부과)을 위한 준비적 · 보조적 수단으로서 직접적 실력행사에 의하지 않으며, 벌칙에 의하여 간접적으로 강제하는 방법에 의존한다는 점에서 구별된다. 행정조사는 현장조사, 문서열람이나 시료채취 등 사실행위인 경우가 많지만 후술하는 보고 · 자료제출의 요구(행정조사기본법 § 10)처럼 조사방법 또는 조사절차의 일환으로 행정행위를 포함하는 경우도 있을 수 있다.

현행법상 행정조사에 관한 일반법으로는 행정조사기본법이 있다. 이 법률은 "행정조사에 관한 기본원칙 · 행정조사의 방법 및 절차 등에 관한 공통적인 사항을 규정함으로써 행정의 공정성 · 투명성 및 효율성을 높이고, 국민의 권익을 보호함"을 목적으로 2007.5.17. 제정되었다(법률 제8482호).[101]

<행정조사기본법의 제정이유>

정책수립 등을 위하여 지금까지 행정기관이 실시하여 온 행정조사는 조사요건이 포괄적으로 되어 있고, 절차규정이 미흡하며, 조사활동에 대한 통제장치가 제대로 마련되어 있지 아니하여 조사의 투명성과 예측가능성이 낮아 조사대상이 되는 기업 등에게 적지 아니한 부담을 주어 왔다는 지적에 따라 행정조사에 관한 원칙 · 방법 및 절차 등에 관한 기본적인 사항을 정함으로써 절차적 정의를 실현하는 한편, 행정조사의 공정성 · 투명성 및 효율성을 확보함으로써 행정조사의 대상이 되는 기업 등에게 행정조사에 대한 부담을 덜어 주고 국민의 권익을 보호하려는 것임.

행정조사기본법은 "행정조사에 관하여 다른 법률에 특별한 규정이 있는 경우를 제외하고는 이 법으로 정하는 바에 따른다"고 규정함으로써 그 일반법적 지위를 분명히 하고 있다(§ 3 ①). 다만, 이 법은 다음 사항에 대해

101) 미국의 행정절차법(APA)은 행정조사는 법률이 정하는 경우에만 할 수 있다는 규정을 두고 있다(U.S.C. § 555 (c)).

서는 적용되지 아니한다(§ 3 ②).

1. 행정조사를 한다는 사실이나 조사내용이 공개될 경우 국가의 존립을 위태롭게 하거나 국가의 중대한 이익을 현저히 해칠 우려가 있는 국가안전보장 · 통일 및 외교에 관한 사항
2. 국방 및 안전에 관한 사항 중 다음 각 목의 어느 하나에 해당하는 사항
   가. 군사시설 · 군사기밀보호 또는 방위사업에 관한 사항
   나. 「병역법」 · 「향토예비군설치법」 · 「민방위기본법」 · 「비상대비자원 관리법」에 따른 징집 · 소집 · 동원 및 훈련에 관한 사항
3. 「공공기관의 정보공개에 관한 법률」 제4조 제3항의 정보에 관한 사항
4. 「근로기준법」 제101조에 따른 근로감독관의 직무에 관한 사항
5. 조세 · 형사 · 행형 및 보안처분에 관한 사항
6. 금융감독기관의 감독 · 검사 · 조사 및 감리에 관한 사항
7. 「독점규제 및 공정거래에 관한 법률」, 「표시 · 광고의 공정화에 관한 법률」, 「하도급거래 공정화에 관한 법률」, 「가맹사업거래의 공정화에 관한 법률」, 「방문판매 등에 관한 법률」, 「전자상거래 등에서의 소비자보호에 관한 법률」, 「약관의 규제에 관한 법률」 및 「할부거래에 관한 법률」에 따른 공정거래위원회의 법률위반행위 조사에 관한 사항

그러나 제4조(행정조사의 기본원칙), 제5조(행정조사의 근거) 및 제28조(정보통신수단을 통한 행정조사)는 위 적용제외사항에 대하여 그대로 적용한다(§ 3 ③).

한편, 행정조사기본법 외에 각각의 개별법에서 행정조사를 위한 법적 근거를 마련해 두고 있다. 그런 예로는 경찰관직무집행법(§ 3), 「공익사업을 위한 토지 등의 취득 및 보상에 관한 법률」(§§ 9－13), 「총포 · 도검 · 화약류 단속법」(§ 44), 「독점규제 및 공정거래에 관한 법률」(§§ 49), 「불공정무역행위 조사 및 산업피해구제에 관한 법률」(§ 27), 근로기준법(§ 29), 식품위생법 및 공중위생법 등이 있다.

Ⅱ. 행정조사의 법적 근거

행정조사는 권력적 조사활동으로서 침익적 효과를 갖는 경우가 일반적이므로 법률의 유보 원칙에 따라 법적 근거를 필요로 하는 것은 당연하다. 행정조사기본법도 제5조에서 행정조사의 근거에 간하여 "행정기관은 법령등에서 행정조사를 규정하고 있는 경우에 한하여 행정조사를 실시할 수 있다. 다만, 조사대상자의 자발적인 협조를 얻어 실시하는 행정조사의 경우에는 그러하지 아니하다."라고 규정하고 있다. 그러나 임의적 조사의 경우에도 그 임의성을 이유로 곧바로 법률의 유보를 배제할 것이 아니라 구체적 조사내용, 효과, 방법 등을 개별적으로 판단하여 그 법적 근거의 필요여부를 판단해야 할 것이다.

Ⅲ. 행정조사의 종류

행정조사는 그 강제성 유무에 따라 강제조사와 임의조사(예: 부동산소유현황 · 주민등록자료 전산화 등을 위한 조사)로, 조사대상에 따라 대인 · 대물 · 대가택조사로, 목적에 따라 개별적 조사(예: 식품위생법 § 48의 위해요소중점관리기준의 준수 여부 등에 관한 조사, 동 § 86 ②에 따른 식중독 관련 조사)와 일반적 조사(통계법에 의한 통계조사)로 나뉠 수 있다.

이 중 행정법적 의미를 지닌 조사로는 가령「독점규제 및 공정거래에 관한 법률」제49조 이하에 의하여 법위반사실이 있다고 인정할 때 공정거래위원회에게 직권으로 행하는 행정조사, 식품위생법 제22조에 의한 출입 · 검사 · 수거 등, 공중위생관리법 제9조에 의한 영업소 등에 대한 출입 · 검사 등을 들 수 있다. 이들은 모두 강제적 · 개별적 행정조사에 해당한다.

Ⅳ. 행정조사의 원칙과 한계

1. 행정조사의 원칙

행정조사기본법은 제4조에서 행정조사의 기본원칙을 다음과 같이 천명하고 있다.

> ① 행정조사는 조사목적을 달성하는 데 필요한 최소한의 범위 안에서 실시하여야 하며, 다른 목적 등을 위하여 조사권을 남용하여서는 아니 된다.
> ② 행정기관은 조사목적에 적합하도록 조사대상자를 선정하여 행정조사를 실시하여야 한다.
> ③ 행정기관은 유사하거나 동일한 사안에 대하여는 공동조사 등을 실시함으로써 행정조사가 중복되지 아니하도록 하여야 한다.
> ④ 행정조사는 법령 등의 위반에 대한 처벌보다는 법령 등을 준수하도록 유도하는 데 중점을 두어야 한다.
> ⑤ 다른 법률에 따르지 아니하고는 행정조사의 대상자 또는 행정조사의 내용을 공표하거나 직무상 알게 된 비밀을 누설하여서는 아니 된다.
> ⑥ 행정기관은 행정조사를 통하여 알게 된 정보를 다른 법률에 따라 내부에서 이용하거나 다른 기관에 제공하는 경우를 제외하고는 원래의 조사목적 이외의 용도로 이용하거나 타인에게 제공하여서는 아니 된다.

공공기관이 규제하는 영역이 확대됨에 따라 각종 행정기관이 기업 등을 대상으로 다양한 행정조사를 실시하고 있으나, 행정조사에 대한 기본원칙이 없어 행정편의에 따라 행정조사가 이루어지는 폐단이 있었다. 이러한 문제를 해소하기 위하여 행정조사기본법은 조사범위의 최소화, 조사목적의 적합성, 중복조사의 제한, 예방위주의 행정조사, 조사결과에 대한 이용제한 등 행정기관이 행정조사를 함에 있어 준수해야 할 기본적 사항을 규정하게 된 것이다. 이로써 행정편의에 따른 행정조사를 예방하고, 행정조사의 대상이 되는 기업 등의 부담이 크게 경감될 것으로 기대되고 있다.

2. 행정조사의 한계

2.1 행정조사의 일반적 한계

행정조사는 법령 및 행정법의 일반원리의 범위 내에서만 허용되며, 특히 임의적 행정조사라 할지라도 정보의 자유 또는 정보 자주결정권(Informationelles Selbstbestimmungsrecht)을 침해하는 경우에는 별도로 법률의 근거를 필요로 한다고 보아야만 할 것이다. 행정조사는 특히 조사의 목적, 조사기관의 조직법상의 목적 · 임무 · 소관사무 · 권한의 범위에 관한 규정, 그리고 비례 · 평등의 원칙, 부당결부금지의 원칙 및 신뢰보호의 원칙 등 행정법의 일반원칙에 의하여 구속을 받는다.

앞서 본 행정조사기본법 제4조 제5항 및 제6항에 규정된 원칙은 동시에 행정조사의 한계요인을 구성한다고 볼 수 있다. 즉, 다른 법률에 근거가 없는 한, 행정조사의 대상자 또는 행정조사의 내용을 공표하거나 직무상 알게 된 비밀을 누설하여서는 아니 되며, 행정기관은 행정조사를 통하여 알게 된 정보를 다른 법률에 따라 내부에서 이용하거나 다른 기관에 제공하는 경우를 제외하고는 원래의 조사목적 이외의 용도로 이용하거나 타인에게 제공하여서는 아니 된다. 특히 행정조사는 그 동기에 있어 정치적 보복이나 차별수단으로 남용되어서는 안 된다.

2.2 행정조사와 실력행사

행정조사과정에서 피조사자의 저항 · 방해가 있을 경우 이를 실력적으로 극복할 수 있는가가 문제된다. 이것은 권력적 행정조사의 경우에만 해당되는 문제다. 먼저 행정조사를 규율하는 각 개별법이 피조사자 또는 토지점유자의 인용의무(예: 「공익사업을 위한 토지 등의 취득 및 보상에 관한 법률」 § 11)를 규정하거나 피조사자 측의 거부 · 방해에 처벌이나 불이익처분 등 제재를 가하는 규정을 두고 있는 경우에는 그 범위 내에서 실력의 행사도 가능하다고 본다. 그러나 이러한 실력의 행사는 어디까지나 행정조사를 가능케 하는 범위 내에서 최소한에 그쳐야 한다.

이러한 한도를 넘어서 위법하게 실력을 행사하여 행정조사를 실시한 후 이를 기초로 후속행정처분을 단행하는 경우 그 행정조사의 위법이 후속행정처분에 승계되지는 않지만, 법령이 행정조사를 필수적 절차로 규정하는 경우에는 그러한 위법한 조사를 통하여 얻은 자료가 정당한 것이라 하여도 후속행정처분을 위법한 처분으로 만든다고 보아야 할 것이다.102)

Ⅴ. 행정조사의 방법

1. 개설

행정기관이 출석・자료제출 등을 요구하거나 현장조사를 하는 경우 조사의 사유・대상・내용 등을 사전에 통지하지 아니하여 자의적인 행정조사가 이루어지고 조사대상자도 행정조사의 내용을 예측하기 곤란하다는 문제가 있었다. 이에 법은 제9조 내지 법 제11조 및 법 제17조에서 행정조사방법을 구체화하고 행정조사의 사전통지 등을 규율하고 있다. 행정조사의 대상자에게 조사내용 등을 미리 통지하게 함으로써 행정조사의 투명성과 예측가능성이 높아지고, 조사대상자의 협력을 유도할 수 있어 행정조사의 효율성이 높아질 수 있을 것으로 기대된다.

행정조사기본법이 제공하는 조사방법으로는 출석・진술 요구, 보고・자료제출 요구, 현장조사, 시료채취, 자료 등의 영치, 공동조사 등이 있다.

102) 金南辰, 『行政法 I』, 470; 朴鈗炘, 『行政法講義(上)』, 610; 洪井善, 『行政法原論(上)』, 458.

2. 조사방법

2.1 출석 · 진술 요구

행정기관의 장이 조사대상자의 출석 · 진술을 요구하는 때에는 다음 사항이 기재된 출석요구서를 발송하여야 한다(§ 9 ①).

1. 일시와 장소
2. 출석요구의 취지
3. 출석하여 진술하여야 하는 내용
4. 제출자료
5. 출석거부에 대한 제재(근거 법령 및 조항 포함)
6. 그 밖에 당해 행정조사와 관련하여 필요한 사항

법은 조사대상자가 지정된 출석일시에 출석하는 경우 업무 또는 생활에 지장이 있는 때에는 그 편의를 고려하여 행정기관의 장에게 출석일시를 변경해 달라고 신청할 수 있도록 하고, 변경신청을 받은 행정기관의 장은 행정조사의 목적을 달성할 수 있는 범위 안에서 출석일시를 변경할 수 있도록 하였다(§ 9 ②).

또한 법은 조사대상자의 불편을 해소하기 위하여, 출석한 조사대상자가 출석요구서에 기재된 내용을 이행하지 아니하여 행정조사의 목적을 달성할 수 없는 경우를 제외하고는, 조사원은 조사대상자의 1회 출석으로 당해 조사를 종결하여야 한다고 규정하고 있다(§ 9 ③).

2.2 보고 · 자료제출의 요구

행정기관의 장은 조사대상자에게 조사사항에 대하여 보고를 요구하거나 장부 · 서류나 그 밖의 자료를 제출하도록 요구할 경우, 각각 보고내용, 제출사유, 보고 또는 제출거부에 대한 제재(근거 법령 및 조항 포함) 등을 포함한 일정한 사항이 기재된 보고요구서와 자료제출요구서를 발송하여야 한다

(§§ 10 ① ②).

보고·자료제출의 요구의 법적 성질은 사실행위를 요구하는 일종의 하명에 해당한다고 볼 경우가 많을 것이다.

법은 행정조사의 편의와 효율성을 도모하려는 견지에서 인터넷 등 정보통신망을 통한 조사의 길을 열어 놓았다. 이에 따라 행정기관의 장은 인터넷 등 정보통신망을 통하여 조사대상자로 하여금 자료의 제출 등을 하게 할 수 있으며(§ 28 ①), 정보통신망을 통하여 자료의 제출 등을 받은 경우에는 조사대상자의 신상이나 사업비밀 등이 유출되지 아니하도록 제도적·기술적 보안조치를 강구하여야 한다(§ 28 ②).

2.3 현장조사

조사원이 가택·사무실 또는 사업장 등에 출입하여 현장조사를 실시하는 경우에는 행정기관의 장은 다음 각 호의 사항이 기재된 현장출입조사서 또는 법령 등에서 현장조사 시 제시하도록 규정하고 있는 문서를 조사대상자에게 발송하여야 한다(§ 11 ①).

1. 조사목적
2. 조사기간과 장소
3. 조사원의 성명과 직위
4. 조사범위와 내용
5. 제출자료
6. 조사거부에 대한 제재(근거 법령 및 조항 포함)
7. 그 밖에 당해 행정조사와 관련하여 필요한 사항

현장조사는 해가 뜨기 전이나 해가 진 뒤에는 할 수 없다. 다만, 다음 어느 하나에 해당하는 경우에는 그러하지 아니하다(§ 11 ②).

1. 조사대상자(대리인 및 관리책임이 있는 자를 포함한다)가 동의한 경우

2. 사무실 또는 사업장 등의 업무시간에 행정조사를 실시하는 경우
3. 해가 뜬 후부터 해가 지기 전까지 행정조사를 실시하는 경우에는 조사목적의 달성이 불가능하거나 증거인멸로 인하여 조사대상자의 법령등의 위반 여부를 확인할 수 없는 경우

현장조사를 하는 조사원은 그 권한을 나타내는 증표를 지니고 이를 조사대상자에게 내보여야 한다(§ 11 ③).

2.4 시료채취

조사원이 조사목적의 달성을 위하여 시료채취를 하는 경우에는 그 시료의 소유자 및 관리자의 정상적인 경제활동을 방해하지 아니하는 범위 안에서 최소한도로 하여야 한다(§ 12 ①). 시료채취로 조사대상자에게 손실을 입힌 때에는 행정기관의 장은 대통령령으로 정하는 절차와 방법에 따라 그 손실을 보상하여야 한다(§ 12 ②).

2.5 자료 등의 영치

조사원이 현장조사 중에 자료・서류・물건 등을 영치하는 때에는 조사대상자 또는 그 대리인을 입회시켜야 한다(§ 13 ①). 조사원이 자료 등을 영치하는 경우에 조사대상자의 생활이나 영업이 사실상 불가능하게 될 우려가 있는 때에는 조사원은 자료 등을 사진으로 촬영하거나 사본을 작성하는 등의 방법으로 영치에 갈음할 수 있다. 다만, 증거인멸의 우려가 있는 자료 등을 영치하는 경우에는 그러하지 아니하다(§ 13 ②). 조사원이 영치를 완료한 때에는 영치조서 2부를 작성하여 입회인과 함께 서명날인하고 그중 1부를 입회인에게 교부하여야 한다(§ 13 ③).

행정기관의 장은 영치한 자료 등을 검토한 결과 당해 행정조사와 관련이 없다고 인정되거나 당해 행정조사의 목적의 달성 등으로 자료 등에 대한 영치의 필요성이 없게 된 경우에는 이를 즉시 반환하여야 한다(§ 13 ④).

2.6 공동조사

(1) 개설

여러 기관의 행정조사가 중첩되는 분야인데도 각 기관별로 별도의 행정조사가 이루어짐에 따라 중복조사로 인한 조사대상자의 부담이 가중되고 있어 문제가 되었다. 법은 이러한 문제를 해소하기 위하여 공동조사를 장려하고 중복조사를 제한하는 규정을 두어, 하나의 행정기관에서 유사한 업무분야에 대하여 동일한 조사대상자에게 각각 행정조사를 하는 경우와 서로 다른 행정기관이 동일한 조사대상자에게 각각 행정조사를 하는 경우로서 대통령령이 정하는 분야에 대하여는 공동조사를 실시하도록 하고, 위법행위가 의심되는 새로운 증거를 확보하는 경우를 제외하고는 동일한 사안으로 동일한 대상자에게 중복조사를 할 수 없도록 하였다(§§ 14－15). 이를 통해 공동조사를 활성화하고 중복조사를 규제함으로써 조사대상이 되는 기업 등의 부담을 경감시키려 한 것이다.

(2) 공동조사

행정기관의 장은 다음 각 호의 어느 하나에 해당하는 행정조사를 하는 경우에는 공동조사를 하여야 한다(§ 14 ①).

1. 당해 행정기관 내의 2 이상의 부서가 동일하거나 유사한 업무분야에 대하여 동일한 조사대상자에게 행정조사를 실시하는 경우
2. 서로 다른 행정기관이 대통령령으로 정하는 분야에 대하여 동일한 조사대상자에게 행정조사를 실시하는 경우

위와 같은 사항에 대하여 행정조사의 사전통지를 받은 조사대상자는 관계 행정기관의 장에게 공동조사를 실시하여 줄 것을 신청할 수 있다. 그 경우 조사대상자는 신청인의 성명 · 조사일시 · 신청이유 등이 기재된 공동조사신청서를 관계 행정기관의 장에게 제출하여야 하며(§ 14 ②), 공동조

사를 요청받은 행정기관의 장은 이에 응하여야 한다(§ 14 ③).

국무총리실장은 행정기관의 장이 제6조에 따라 제출한 행정조사운영계획의 내용을 검토한 후 관계 부처의 장에게 공동조사의 실시를 요청할 수 있다(§ 14 ④). 그 밖에 공동조사에 관하여 필요한 사항은 대통령령으로 정한다(§ 14 ⑤).

(3) 중복조사의 제한

제7조에 따라 정기조사 또는 수시조사를 실시한 행정기관의 장은 동일한 사안에 대하여 동일한 조사대상자를 재조사 하여서는 아니 된다. 다만, 당해 행정기관이 이미 조사를 받은 조사대상자에 대하여 위법행위가 의심되는 새로운 증거를 확보한 경우에는 그러하지 아니하다(§ 15 ①).

행정조사를 실시할 행정기관의 장은 행정조사를 실시하기 전에 다른 행정기관에서 동일한 조사대상자에게 동일하거나 유사한 사안에 대하여 행정조사를 실시하였는지 여부를 확인할 수 있다(§ 15 ②).

행정조사를 실시할 행정기관의 장이 제2항에 따른 사실을 확인하기 위하여 행정조사의 결과에 대한 자료를 요청하는 경우 요청받은 행정기관의 장은 특별한 사유가 없는 한 관련 자료를 제공하여야 한다(§ 15 ③).

Ⅵ. 행정조사의 절차

1. 행정조사기본법상 조사절차

행정조사기본법이 구체화하고 있는 조사절차는 다음과 같다.

1.1 개별조사계획의 수립

행정조사를 실시하고자 하는 행정기관의 장은 제17조에 따른 사전통지를 하기 전에 개별조사계획을 수립하여야 한다. 다만, 행정조사의 시급성으로 행정조사계획을 수립할 수 없는 경우에는 행정조사에 대한 결과보고서로 개별조사계획을 갈음할 수 있다(§ 16 ①).

개별조사계획에는 조사의 목적·종류·대상·방법 및 기간, 그 밖에 대통령령으로 정하는 사항이 포함되어야 한다(§ 16 ②).

1.2 사전통지

행정조사를 실시하고자 하는 행정기관의 장은 제9조에 따른 출석요구서, 제10조에 따른 보고요구서·자료제출요구서 및 제11조에 따른 현장출입조사서(이하 "출석요구서 등"이라 한다)를 조사개시 7일 전까지 조사대상자에게 서면으로 통지하여야 한다. 다만, 다음 각 호의 어느 하나에 해당하는 경우에는 행정조사의 개시와 동시에 출석요구서 등을 조사대상자에게 제시하거나 행정조사의 목적 등을 조사대상자에게 구두로 통지할 수 있다(§ 17 ①).

1. 행정조사를 실시하기 전에 관련 사항을 미리 통지하는 때에는 증거인멸 등으로 행정조사의 목적을 달성할 수 없다고 판단되는 경우
2. 「통계법」 제3조 제2호에 따른 지정통계의 작성을 위하여 조사하는 경우
3. 제5조 단서에 따라 조사대상자의 자발적인 협조를 얻어 실시하는 행정조사의 경우

행정기관의 장이 출석요구서 등을 조사대상자에게 발송하는 경우 출석요구서 등의 내용이 외부에 공개되지 아니하도록 필요한 조치를 하여야 한다(§ 17 ②).

1.3 행정조사의 대상자의 권익보호 절차

행정조사의 대상자가 조사 과정에서 자신의 권익을 보호할 수 있는 제도적

인 장치가 필요하다는 취지에서 행정조사기본법은 행정조사의 대상자에 대한 권익보호를 위한 조항을 두었다(§§ 18, 21－23).

출석요구를 받은 경우 조사일시에 대하여 연기신청 등을 할 수 있도록 하고 행정기관이 사전에 통지한 사항에 대하여 의견을 제출할 수 있도록 하는 한편, 행정조사가 진행되는 동안 행정조사의 대상자는 변호사 등을 입회시키거나 조사과정을 녹음 또는 녹화할 수 있도록 하였다. 특히 행정조사를 받는 동안 변호사 등을 입회할 수 있도록 함으로써 조사대상자의 권익 보호를 강화하고, 행정조사에 대한 의견제출 등의 기회를 부여함으로써 행정조사의 효율성과 신뢰성을 높이기 위한 것이다.

(1) 조사의 연기신청

출석요구서 등을 통지받은 자가 천재지변이나 그 밖에 대통령령으로 정하는 사유로 인하여 행정조사를 받을 수 없는 때에는 당해 행정조사를 연기하여 줄 것을 행정기관의 장에게 요청할 수 있다(§ 18 ①). 연기요청을 하고자 하는 자는 연기하고자 하는 기간과 사유가 포함된 연기신청서를 행정기관의 장에게 제출하여야 한다(§ 18 ②).

행정기관의 장은 행정조사의 연기요청을 받은 때에는 연기요청을 받은 날부터 7일 이내에 조사의 연기 여부를 결정하여 조사대상자에게 통지하여야 한다(§ 18 ③).

(2) 의견제출

조사대상자는 제17조에 따른 사전통지의 내용에 대하여 행정기관의 장에게 의견을 제출할 수 있다(§ 21 ①).

행정기관의 장은 제1항에 따라 조사대상자가 제출한 의견이 상당한 이유가 있다고 인정하는 경우에는 이를 행정조사에 반영하여야 한다(§ 21 ②).

(3) 조사원 교체신청

조사대상자는 조사원에게 공정한 행정조사를 기대하기 어려운 사정이 있다고 판단되는 경우에는 행정기관의 장에게 당해 조사원의 교체를 신청할 수 있다(§ 22 ①). 교체신청은 그 이유를 명시한 서면으로 행정기관의 장에게 하여야 한다(§ 22 ②).

교체신청을 받은 행정기관의 장은 즉시 이를 심사하여(§ 22 ③), 교체신청이 타당하다고 인정되는 경우에는 다른 조사원으로 하여금 행정조사를 하게 하여야 한다(§ 22 ④). 교체신청이 조사를 지연할 목적으로 한 것이거나 그 밖에 교체신청에 타당한 이유가 없다고 인정되는 때에는 그 신청을 기각하고 그 취지를 신청인에게 통지하여야 한다(§ 22 ⑤).

(4) 조사권 행사의 제한

조사원은 제9조부터 제11조까지에 따라 사전에 발송된 사항에 한하여 조사대상자를 조사하되, 사전통지한 사항과 관련된 추가적인 행정조사가 필요할 경우에는 조사대상자에게 추가조사의 필요성과 조사내용 등에 관한 사항을 서면이나 구두로 통보한 후 추가조사를 실시할 수 있다(§ 23 ①).

조사대상자는 법률 · 회계 등에 대하여 전문지식이 있는 관계 전문가로 하여금 행정조사를 받는 과정에 입회하게 하거나 의견을 진술하게 할 수 있다(§ 23 ②).

조사대상자와 조사원은 조사과정을 방해하지 아니하는 범위 안에서 행정조사의 과정을 녹음하거나 녹화할 수 있다. 이 경우 녹음 · 녹화의 범위 등은 상호 협의하여 정하여야 한다(§ 23 ③). 조사대상자와 조사원이 제3항에 따라 녹음이나 녹화를 하는 경우에는 사전에 이를 당해 행정기관의 장에게 통지하여야 한다(§ 23 ④).

1.4 제3자에 대한 보충조사

행정기관의 장은 조사대상자에 대한 조사만으로는 당해 행정조사의 목적을 달성할 수 없거나 조사대상이 되는 행위에 대한 사실 여부 등을 입증하는 데 과도한 비용 등이 소요되는 경우로서, 다른 법률에서 제3자에 대한 조사를 허용하고 있거나 제3자의 동의가 있는 경우에는 제3자에 대하여 보충조사를 할 수 있다(§ 19 ①).

행정기관의 장은 제1항에 따라 제3자에 대한 보충조사를 실시하는 경우에는 조사개시 7일 전까지 보충조사의 일시 · 장소 및 보충조사의 취지 등을 제3자에게 서면으로 통지하여야 한다(§ 19 ②).

행정기관의 장은 제3자에 대한 보충조사를 하기 전에 그 사실을 원래의 조사대상자에게 통지하여야 한다. 다만, 제3자에 대한 보충조사를 사전에 통지하여서는 조사목적을 달성할 수 없거나 조사목적의 달성이 현저히 곤란한 경우에는 제3자에 대한 조사결과를 확정하기 전에 그 사실을 통지하여야 한다(§ 19 ③).

원래의 조사대상자는 제3항에 따른 통지에 대하여 의견을 제출할 수 있다(§ 19 ④).

1.5 자발적 협조에 의한 행정조사

법은 제20조에서 자발적인 협조에 따라 실시하는 행정조사에 대하여 이를 거부할 수 있는 권리를 조사대상자에게 인정하고 있다. 이에 따르면, 행정기관의 장이 제5조 단서에 따라 조사대상자의 자발적인 협조를 얻어 행정조사를 실시하고자 하는 경우 조사대상자는 문서 · 전화 · 구두 등의 방법으로 당해 행정조사를 거부할 수 있다(§ 20 ①) 행정조사에 대하여 조사대상자가 조사에 응할 것인지에 대한 응답을 하지 아니하는 경우에는 법령등에 특별한 규정이 없는 한 그 조사를 거부한 것으로 본다(§ 20 ②).

조사거부자의 인적 사항 등에 관한 기초자료는 특정 개인을 식별할 수 없는 형태로 통계를 작성하는 경우에 한하여 이를 이용할 수 있다(§ 20 ③).

1.6 조사결과의 통지

행정기관의 장은 법령 등에 특별한 규정이 있는 경우를 제외하고는 행정조사의 결과를 확정한 날부터 7일 이내에 그 결과를 조사대상자에게 통지하여야 한다(§ 24).

2. 개별 관계법령상 행정조사절차

행정조사의 절차는 개별 관계법에 따라 다양하므로 이를 일률적으로 말할 수 없으나, 대개 다음과 같은 절차가 규정되는 것이 통례다.

(1) 증표의 소지・제시

행정조사에 관한 법령은 일반적으로 조사에 임하는 공무원으로 하여금 그 권한을 표시하는 증표를 휴대하고 피조사자에게 제시하도록 하고 있다(공익사업을 위한 토지 등의 취득 및 보상에 관한 법률」 § 13). 피조사자에게 수인의무를 부담시키기 위하여는 관계법령상 명문의 규정이 없더라도 이러한 증표제시가 필요하다고 볼 것이다.[103]

(2) 조사이유 등의 고지

관계법령들은 조사공무원이 조사의 동기와 내용, 즉 조사이유를 상대방에게 개별・구체적으로 고지하거나 승낙을 얻도록 규정하는 경우가 많다.

(3) 조사시간의 제한

행정조사는 합리적인 시간, 즉 원칙적으로 일출 시부터 일몰 시까지 또는 영업시간 내에 실시되어야 할 것이다.

---

103) 金東熙, 『行政法 I』, 429.

3. 행정조사와 영장주의

행정조사 또는 조사를 위한 출입·검사에 있어서도 주거의 수색이나 물건의 압수의 경우(헌법 § 16)와 같은 법관의 영장이 요구되는지가 문제된다. 이에 관하여는 적극·소극 양설이 대립되어 있으나, 이것은 일면 헌법상 영장주의의 기본정신과 타면 행정조사제도의 취지·조사목적의 달성 등을 고려하여 판단할 문제로서, 일률적으로 영장주의의 적용 여부를 말할 수는 없다. 이러한 견지에서 조사를 위한 출입이나 검사가 형사상 수색·압수 등과 동가치적인 개인이나 기업의 사적 보호영역에의 개입이라고 판단될 경우에는 영장이 요구된다고 보아야 할 것이며 그 밖의 경우에는 관계법상의 수권규정만으로도 가능하다고 보아야 할 것이다.

물론 ① 하나의 조치가 동시에 행정조사와 형사소추의 양 목적으로 행사되거나 조사가 형사소추로 이어지는 경우에는 영장이 요구되며, ② 그 밖의 경우에도 헌법상 영장주의의 취지, 즉 주거나 신체의 자유 등과 같은 기본권보장의 정신이 충분히 고려되는 방향에서 영장주의의 적용여부가 판단되어야 한다. 반면 조세범칙사건에 관하여 증거수집상 행하는 조사, 즉 세무사찰을 위하여는 조세범처벌절차법(§ 2)에 의하여 법원의 영장을 얻어 심문·수색 또는 압수를 할 수 있다.

Ⅶ. 행정조사에 대한 구제

행정조사에 대한 구제 역시 그 적법성여부를 기준으로 다음과 같이 구분하여 살펴보면 다음과 같다.

1. 적법한 행정조사에 대한 구제

권력적 행정조사의 경우 그것이 적법한 것임에도 그로 인하여 특정인에게 그 귀책사유 없이 특별한 손실이 발생한 때에는 이를 전보해 주어야 한다. 다만 이에 관한 일반법은 없고 개별법상 손실보상이 인정되는 근소한 예가 있을 뿐이다. 가령 도시계획법 제6조는 도시계획 또는 도시계획사업에 관한 조사를 출입에 대하여 행정청이나 도시계획사업시행자가 그 손실을 보상하도록 규정하고 있다.

2. 위법한 행정조사에 대한 구제

2.1 행정쟁송

권력적 행정조사의 처분성이 인정되는 이상 위법한 권력적 행정조사에 대하여는 행정쟁송을 통하여 이를 다툴 수 있다. 다만 조사가 이미 종료되어 버린 경우에는 전술한 즉시강제의 경우처럼 권리보호의 이익이 없게 되는 경우가 많다. 만일 위법한 권력적 행정조사가 실시되려 하는 단계에서는 이해당사자에게 예방적 부작위소송을 통하여 이를 저지할 수 있는 길이 열려야 할 것이나, 판례는 이를 부인하고 있다. 반면 비권력적 행정조사의 경우에는 그 처분성이 부정되어 항고쟁송을 통한 구제는 불가능하겠지만, 그렇다고 행정쟁송의 가능성을 일체 부정할 것이 아니라 가령 비권력적 행정조사의 중지를 구하는 당사자소송(이행소송)처럼 공법상 당사자소송을 통한 구제의 여지를 검토하여야 한다.

2.2 행정상 손해배상

위법한 행정조사로 인하여 신체 또는 재산상의 손해를 입었을 때에는 국가배상법에 의하여 국가 또는 당해 지방자치단체에 대하여 손해배상을 청구할 수 있음은 물론이다.

2.3 기타 구제수단

위법한 행정조사에 대하여도 즉시강제의 경우와 마찬가지로 정당방위의 법리에 따라 이에 저항하여도 형법상 공무집행방해죄를 구성하지 않고(형법 § 21) 또 민사상 손해배상책임을 발생시키지도 않는다(민법 § 761). 권력적 행정조사가 권력적 사실행위로서 처분성을 가진다 하더라도 이 경우 공정력을 인정할 여지는 없으므로 단순위법의 행정조사에 대한 정당방위를 부인하는 것[104]은 타당치 않다.

그 밖에도 청원, 직권취소 · 정지, 공무원의 형사상 · 공무원법상 책임추궁 역시 엄밀히 말해 구제수단은 아니지만, 위법한 행정조사에 대한 대항수단이 될 수 있을 것이다.

Ⅷ. 행정조사기본법에 의한 행정조사의 관리

1. 조사계획의 수립 및 조사대상의 선정

1.1 연도별 행정조사운영계획의 수립 및 제출

행정기관의 장은 매년 12월 말까지 다음 연도의 행정조사운영계획을 수립하여 국무총리실장에게 제출하여야 한다(§ 6 ① 본문). 다만, 행정조사운영계획을 제출해야 하는 행정기관의 구체적인 범위는 대통령령으로 정한다(§ 6 ① 단서).

행정기관의 장이 행정조사운영계획을 수립하는 때에는 제4조에 따른 행정조사의 기본원칙에 따라야 하며(§ 6 ②). 행정조사운영계획에는 조사의 종류 · 조사방법 · 공동조사 실시계획 · 중복조사 방지계획, 그 밖에 대통령령으로 정하는 사항이 포함되어야 한다(§ 6 ③). 국무총리실장은 행정기관의 장이 제출한 행정조사운영계획을 검토한 후 그에 대한 보완을 요청할

104) 李尙圭, 上, 507.

수 있다. 이 경우 행정기관의 장은 특별한 사정이 없는 한 이에 응하여야 한다(§ 6 ④).

1.2 조사의 주기

행정조사는 법령 등 또는 행정조사운영계획으로 정하는 바에 따라 정기적으로 실시함을 원칙으로 한다. 다만, 다음 각 호 중 어느 하나에 해당하는 경우에는 수시조사를 할 수 있다(§ 7).

1. 법률에서 수시조사를 규정하고 있는 경우
2. 법령 등의 위반에 대하여 혐의가 있는 경우
3. 다른 행정기관으로부터 법령 등의 위반에 관한 혐의를 통보 또는 이첩받은 경우
4. 법령 등의 위반에 대한 신고를 받거나 민원이 접수된 경우
5. 그 밖에 행정조사의 필요성이 인정되는 사항으로서 대통령령으로 정하는 경우

1.3 조사대상의 선정

행정기관의 장은 행정조사의 목적, 법령준수의 실적, 자율적인 준수를 위한 노력, 규모와 업종 등을 고려하여 명백하고 객관적인 기준에 따라 행정조사의 대상을 선정하여야 한다(§ 8 ①).

조사대상자는 조사대상 선정기준에 대한 열람을 행정기관의 장에게 신청할 수 있다(§ 8 ②). 행정기관의 장이 열람신청을 받은 때에는 다음 각 호의 어느 하나에 해당하는 경우를 제외하고 신청인이 조사대상 선정기준을 열람할 수 있도록 하여야 한다(§ 8 ③).

1. 행정기관이 당해 행정조사업무를 수행할 수 없을 정도로 조사활동에 지장을 초래하는 경우
2. 내부고발자 등 제3자에 대한 보호가 필요한 경우

행정조사 대상 선정기준의 열람방법이나 그 밖에 행정조사 대상 선정기준의 열람에 관하여 필요한 사항은 대통령령으로 정한다(§ 8 ④).

2. 자율관리체제의 구축 등

2.1 자율관리체제의 의의

행정조사기본법은 제25조 내지 제27조에서 자율신고제도의 도입 및 자율관리에 대한 혜택의 부여 등 자율관리체제의 구축에 관한 규정을 두고 있다. 정보통신기술의 비약적 발전으로 민간과 정부 간 정보유통이 가속화되고, 기업 등에 대한 감시체계가 고도화되어 규제의 준수에 대한 기업의 의식이 높아지고 있는 반면, 그동안 행정조사는 행정기관 주도로 이루어져 왔다. 이에 조사대상자가 조사내용을 스스로 신고하도록 하고, 신고한 조사내용에 대하여는 행정조사에 갈음할 수 있도록 하는 자율신고제도 등을 도입하고, 성실한 자율신고자에게는 행정조사를 감면해 주는 등 동기를 부여하는 자율관리체제를 구축하여 정보화 등 시대적 환경변화에 맞게 행정조사사항에 대한 자발적인 신고 등을 통해 조사대상자의 자율성을 신장함과 아울러 부담을 경감시키고자 한 것이다.

2.2 자율신고제도

행정기관의 장은 법령 등에서 규정하고 있는 조사사항을 조사대상자로 하여금 스스로 신고하도록 하는 제도를 운영할 수 있다(§ 25 ①). 행정기관의 장은 조사대상자가 신고한 내용이 거짓의 신고라고 인정할 만한 근거가 있거나 신고내용을 신뢰할 수 없는 경우를 제외하고는 그 신고내용을 행정조사에 갈음할 수 있다(§ 25 ②).

2.3 자율관리체제의 구축

법은 행정기관의 장으로 하여금 조사대상자가 자율적으로 행정조사사항을 신고·관리하고, 스스로 법령준수사항을 통제하도록 하는 체제, 즉 '자율관리체제'의 기준을 마련하여 고시할 수 있도록 하는 한편(§ 26 ①), 조사대상자나 조사대상자가 법령 등에 따라 설립하거나 자율적으로 설립한 단체 또는 협회는 그 같은 기준에 따라 자율관리체제를 구축하여 대통령령으로 정하는 절차와 방법에 따라 행정기관의 장에게 신고할 수 있도록 하였다(§ 26 ②).

국가와 지방자치단체는 행정사무의 효율적인 집행과 법령 등의 준수를 위하여 조사대상자의 자율관리체제 구축을 지원하여야 한다(§ 26 ③).

2.4 자율관리에 대한 혜택의 부여

법은 제27조에서 자율관리의 유인 제공 차원에서 혜택을 부여할 수 있도록 하였다. 행정기관의 장은 제25조에 따라 자율신고를 하는 자와 제26조에 따라 자율관리체제를 구축하고 자율관리체제의 기준을 준수한 자에 대하여는 법령 등으로 규정한 바에 따라 행정조사의 감면 또는 행정·세제상의 지원을 하는 등 필요한 혜택을 부여할 수 있다(§ 27).

3. 행정조사의 점검과 평가

법은 국무총리실장에게 행정조사의 점검과 평가에 관한 임무를 부여하고 있다. 이에 따르면, 국무총리실장은 행정조사의 효율성·투명성 및 예측가능성을 제고하기 위하여 각급 행정기관의 행정조사 실태, 공동조사 실시현황 및 중복조사 실시 여부 등을 확인·점검하여야 하며(§ 29 ①), 그 확인·점검결과를 평가하여 대통령령으로 정하는 절차와 방법에 따라 국무회의와 대통령에게 보고하여야 한다(§ 29 ②). 국무총리실장은 그와 같은 확인·점검을 위하여 각급 행정기관의 장에게 행정조사의 결과 및 공동조사의 현황 등에 관한 자료의 제출을 요구할 수 있다(§ 29 ③). 행정조사의 확인·점검 대상 행정기관과 행정조사의 확인·점검 및 평가절차에 관한 사항은 대통령령으로 정한다(§ 29 ④).

Ⅸ. 행정조사의 구체적 예

1. 공정거래법상 행정조사

「독점규제 및 공정거래에 관한 법률」(이하 '공정거래법'이라 함)은 제49조 이하에서 공정거래위원회에게 공정거래법의 규정 위반 혐의가 있다고 인정할 때 직권으로 필요한 조사를 할 수 있는 행정조사권을 부여하고 있다. 가령 상호출자제한기업집단 등의 지정에 필요한 사항이나 불공정거래행위, 기업결합제한의 위반사실 등에 관하여 조사를 하는 경우가 그 예라 할 수 있다. 공정거래위원회는 또한 공정거래법의 시행을 위하여 필요하다고 인정할 때에는 다음과 같은 처분을 할 수 있다(§ 50 ①).

① 당사자, 이해관계인 또는 참고인의 출석 및 의견의 청취
② 감정인의 지정 및 감정의 위촉
③ 사업자, 사업자단체 또는 이들의 임직원에 대하여 원가 및 경영상황에 관한 보고, 기타 필요한 자료나 물건의 제출을 명하거나 제출된 자료나 물건의 영치

그 밖에도 공정거래위원회는 이 법의 시행을 위하여 필요하다고 인정할 때에는 그 소속공무원[제65조(권한의 위임·위탁)의 규정에 의한 위임을 받은 기관의 소속공무원을 포함한다]으로 하여금 사업자 또는 사업자단체의 사무소 또는 사업장에 출입하여 업무 및 경영상황, 장부·서류, 전산자료·음성녹음자료·화상자료 그 밖에 대통령령이 정하는 자료나 물건을 조사하게 할 수 있으며, 대통령령이 정하는 바에 의하여 지정된

장소에서 당사자, 이해관계인 또는 참고인의 진술을 듣게 할 수 있다(§ 50 ②). 이러한 조사를 하는 공무원은 대통령령이 정하는 바에 따라 사업자, 사업자단체 또는 이들의 임직원에 대하여 조사에 필요한 자료나 물건의 제출을 명하거나 제출된 자료나 물건의 영치를 할 수 있다(§ 50 ③). 이때 조사공무원은 그 권한을 표시하는 증표를 관계인에게 제시하여야 한다(§ 50 ④).

공정거래위원회의 조사공무원은 이 법의 시행을 위하여 필요한 최소한의 범위 안에서 조사를 행하여야 하며, 다른 목적 등을 위하여 조사권을 남용하여서는 아니 된다(§ 50의2).

한편, 제50조 제1항 내지 제3항의 규정에 따라 공정거래위원회로부터 처분 또는 조사를 받게 된 사업자 또는 사업자단체가 천재 · 지변 그 밖에 대통령령이 정하는 사유로 인하여 처분을 이행하거나 조사를 받기가 곤란한 경우에는 대통령령이 정하는 바에 따라 공정거래위원회에 처분 또는 조사를 연기하여 줄 것을 신청할 수 있고(§ 50의3 ①), 공정거래위원회는 그러한 연기신청을 받은 때에는 그 사유를 검토하여 타당하다고 인정되는 경우에는 처분 또는 조사를 연기할 수 있다(§ 50의3 ②).

2. 무역위원회에 의한 행정조사

2.1 개설

「불공정무역행위 조사 및 산업피해구제에 관한 법률」 제27조에 따라 지식경제부에 설치된 무역위원회 역시 행정법상 중요한 의미를 지닌 행정조사권을 가지고 있다. 무역위원회는 불공정무역행위에 대한 조사 · 판정, 수입증가 · 덤핑 · 보조금 등으로 인한 국내산업 피해의 조사 · 판정, 산업경쟁력 영향조사 등에 관한 업무를 수행한다(§ 27 ①). 무역위원회에는 위와 같은 업무 및 국제무역제도에 관한 연구 등 무역위원회의 업무를 처리하기 위하여 사무기구를 두도록 되어 있다(§ 27 ②). 무역위원회의 권한 가운데 중요한 행정조사권한으로는 불공정무역행위의 조사, 특정물품의 수입증가에 의한 국내산업피해의 조사의 개시여부를 결정하고, 국내산업피해를 조사·판정하는 권한, 그 밖에 덤핑, 보조금 등으로 인한 국내산업피해조사 등에 관한 권한 등을 들 수 있다.

2.2 불공정무역행위에 대한 행정조사

무역위원회의 불공정무역행위에 대한 행정조사권은 다음과 같이 행사된다. 누구든지 불공정무역행위의 사실이 있다고 인정하면 이를 조사하여 줄 것을 불공정무역행위가 있었던 날부터 1년 이내에 무역위원회에 서면으로 신청할 수 있고(§ 5 ① ②), 무역위원회는 조사신청을 받으면 20일 이내에 조사의 개시 여부를 결정하여야 한다((§ 5 ③). 무역위원회는 조사를 개시하기로 결정하였을 때에는 그 결정일부터 6개월 이내에 조사를 끝내고 판정하여야 한다(§ 9 ①).

무역위원회는 다음 각 호의 어느 하나에 해당하는 사유가 있는 경우에는 위 조사에 따른 기간을 2개월의 범위에서 2회 연장할 수 있다(§ 9 ②).

1. 조사 중인 불공정무역행위와 관련하여 소송 또는 특허심판 등 관련 분쟁조정 절차가 진행 중인 경우
2. 신청인 또는 피신청인이 정당한 사유를 제시하여 그 기간의 연장을 신청한 경우
3. 그 밖에 조사 내용이 복잡하거나 당사자가 자료를 제출하지 아니하는 등 부득이한 사정으로 기간을 연장할 수밖에 없다고 인정하는 경우

무역위원회는 불공정무역행위에 대한 판정을 한 경우에는 지체 없이 당사자와 이해관계인에게 알려 주어야 한다(§ 9 ③).

그리고 무역위원회는 불공정무역행위의 혐의가 있어 이를 조사할 필요성이 있으면 직권으로 조사할 수 있다(§ 6).

무역위원회는 조사결과 법 제4조 제1항에 해당하는 불공정무역행위가

있다고 판정하면 지식경제부장관의 의견을 들어 해당 행위자에게 다음에 규정된 사항을 명할 수 있다(§ 10 ①).

1. 해당 물품 등의 수출・수입・판매・제조행위의 중지
2. 해당 물품 등의 반입배제 또는 폐기처분
3. 정정광고
4. 법 위반으로 무역위원회로부터 시정명령을 받은 사실의 공표
5. 그 밖에 불공정무역행위의 시정을 위하여 필요한 조치

무역위원회는 위의 시정조치를 이행하기 위하여 필요하다고 인정하면 관계 행정기관의 장에게 협조를 요청할 수 있다(§ 10 ②).

2.3. 특정물품의 수입증가에 의한 국내산업피해 조사

무역위원회가 가진 중요한 행정조사권한 중 또 하나는 특정물품의 수입증가에 의한 국내산업피해의 조사의 개시여부를 결정하고, 국내산업피해를 조사・판정하는 것이다. 즉 특정한 물품의 수입 증가로 같은 종류의 물품 또는 직접적인 경쟁관계에 있는 물품을 생산하는 국내산업이 심각한 피해를 입고 있거나 입을 우려가 있으면 해당 국내산업에 이해관계가 있는 자 또는 그 국내산업을 관장하는 관계 중앙행정기관의 장은 무역위원회에 해당 특정 물품의 수입이 국내산업에 미치는 피해를 조사하여 줄 것을 신청할 수 있고(§ 15), 무역위원회는 이러한 신청을 받으면 관계 중앙행정기관의 장의 의견을 들어 신청일부터 30일 이내에 조사의 개시 여부를 결정하고, 그 결과를 신청인과 관계 중앙행정기관의 장에게 알려야 한다(§ 16 ①).

무역위원회는 조사의 개시를 결정한 때에는 그 결정일부터 4개월 이내에 특정 물품의 수입이 해당 국내산업에 심각한 피해를 미치는지를 판정하여야 하며, 다만, 그 조사내용이 복잡하거나 신청인이 정당한 사유를 제시

하여 조사기간의 연장을 신청한 경우에는 2개월의 범위에서 그 기간을 연장할 수 있다(§ 16 ②).

조사결과, 국내산업이 심각한 피해를 입고 있거나 입을 우려가 있다고 판정하면 무역위원회는 판정일부터 1개월 이내에 다음 각 호 어느 하나에 해당하는 조치(이하 “세이프가드조치”라 한다) 및 그 기간을 결정하여 관계 중앙행정기관의 장에게 시행을 건의할 수 있다(§ 17 ①).

1. 관세율의 조정
2. 수입물품 수량의 제한

2.4 그 밖의 행정조사

그 밖에도 무역위원회는 덤핑으로 인한 산업피해조사(§ 23), 보조금 등으로 인한 산업피해 조사 · 판정(§ 24), 산업경쟁력 영향 등 조사(§ 25), 교역상대국의 국제무역규범 위반으로 인한 국내산업 피해의 조사(§ 25의2), 상계관세의 부과를 위한 산업피해의 조사 개시 결정, 보조금 등의 지급 사실의 조사, 국제무역에 관한 법규 · 제도 및 분쟁사례에 관한 조사 · 연구 등의 행정조사권한을 가지고 있다(§ 28).

3. 세무조사

3.1 의의

세무조사는 조세행정상의 목적을 달성하기 위한 행정조사의 일종이다. 가령 소득세법 제170조가 소득세에 관한 사무에 종사하는 공무원은 그 직무수행상 필요한 경우에는 납세의무자나 납세의무가 있다고 인정되는 자 등에 대하여 질문을 하거나 해당 장부 · 서류 또는 그 밖의 물건을 조사하거나 그 제출을 명할 수 있다고 규정한 것이 그러한 예다.

세법상 납세자는 원칙적으로 자기책임하에 적정한 세무신고를 하여야 하고 부과된 세액을 적기에 자진 납부하는 것이 조세의 부과 · 징수구조의 기본으로 되어 있다. 따라서 이상적인 조세행정에 있어 세무조사란 필요치 않으며 세무행정청의 활동은 주로 수납행위에 그치는 것이라 할 수 있다.[105] 그러나 신고의무의 불이행이나 신고내역의 불통일, 혼란에 따른 문제점, 조세포탈의 우려 등으로 인하여 과세관청이 세법상의 의무이행을 확보하기 위하여 납세자의 자력이나 재산상황, 신고내역과의 일치여부 등을 조사할 필요가 생기게 되며 이에 따라 행해지는 세무행정상의 조사가 바로 세무조사인 것이다.

현행법상 이러한 세무조사를 규정하고 있는 예로는 직접국세에 관한 질문조사권을 인정한 소득세법 제170조 · 동시행령 222조, 법인세법 제122조 · 동시행령 165조, 「상속세 및 증여세법」 제83조(금융재산 일괄조회), 제84조 · 동시행령 제86조, 자산재평가법 제31조, 그리고 간접국세와 관련된 질문검사권을 규정하는 부가가치세법 제35조 · 동시행령 제86조, 개별소비세법 제26조, 주세법 제52조, 인지세법 제11조, 증권거래세법 제17조가 있으며, 관세법이 세관공무원의 질문검사권(예: § 157, § 173 등)에 대해 규정하고 있다. 지방세에 관해서도 지방세법 제84조가 같은 취지의 규정을 두고 있다.

3.2 종류

현행법상 세무조사는 그 목적에 따라 ① 신고의 당부 및 경정(更正) · 부과결정 등 과세처분의 당부를 판단하기 위한 조사(실체세법상의 조사), ② 체납처분절차상 체납자의 재산파악을 위한 조사, ③ 심판청구의 심리를 위한 조사(국세기본법 § 76), 그리고 ④ 조세범칙사건에 있어 통고처분 또는 고발을 목적으로 한 증거수집상 행하는 조사(통칭 세무사찰) 등으로 나뉘고 있다. 이 중에서 특히 여기서 관심의 대상이 되는 것은 실체세법상의 조사로서 이것은 조세채무확정의 기초과정이라는 성격을 띠고 널리 행하여지고 일반납세자와 가장 밀접한 관련을 갖는 세무조사의 유형이다. 실체세법상

105) 李泰魯, 『租稅法概論』, 박영사, 1987, 131.

의 세무조사는 경정 또는 결정처분의 전제가 되는 사실행위로서 과세표준 또는 세액이 경제적 활동 또는 경제적 상태의 진정한 내용에 따라 계산되어 있는가 하는 사실인정과 세법이 적확하게 적용되어 있는가 하는 법률적 판단의 양 측면을 갖는다.

세무조사는 또 그 임의성여하에 따라 임의조사와 강제조사로 나눌 수 있다. 실체세법상 질문검사는 이를 실력으로 강제할 수 없다는 점에서 통상 임의조사라고 불린다. 그러나 정당한 사유 없는 질문조사의 거부는 조세범처벌법 제13조 제9호에 따라 처벌을 받게 되므로,[106] 이를 임의조사라 부르는 것은 적절치 못하다. 따라서 이러한 실체세법상 질문검사는 이를 간접강제를 수반하는 임의조사 또는 간접강제조사라고 부르고,[107] 임의조사란 오로지 순수한 의미의 비강제적 조사만을 의미하는 것으로 새겨야 할 것이다. 한편 실체세법상 질문검사의 거부를 처벌하는 것은, 묵비권에 관한 헌법 제12조 제2항은 오로지 '형사상 자기에게 불리한 진술의 강요'를 금하는 것이지 행정적 목적에 의한 질문검사를 금하는 것은 아니므로, 위헌이라고는 볼 수 없다는 것이 일반적이다. 이를 거꾸로 보면 조세범수사의 목적 같은 형사상 목적으로 실체세법상의 조사권을 행사하여서는 아니 된다는 것을 의미하며 또 마찬가지의 이유에서 실체세법상의 질문검사권의 행사로 얻어진 자료는 적어도 범칙사건의 소추에 있어서는 적법하게 수집된 증거라 할 수 없다는 결과가 된다.[108]

반면 임의조사, 즉 순수한 의미에서의 임의조사는 상대방에게 조사에 응할 의무나 수인의무를 부담시키지 않으며 또 처벌 등의 문제를 발생시키지 않는다는 점에서 임의성 · 비권력성을 지니는 세무조사의 유형이다. 그러나 이러한 임의조사라 할지라도 피조사자에게 간접적으로 또는 사실상 불이익을 주는 것이기 때문에 이를 법적으로 근거지우는 문제가 제기되지 않을

106) 이 조항은 稅務에 從事하는 公務員의 質問에 對하여 虛僞의 陳述을 하거나 그 職務執行을 拒否 또는 忌避한 者를 50萬원以下의 罰金 또는 科料에 處하도록 규정하고 있다.

107) 李泰魯, 같은 책, 133 각주 1을 참조.

108) 李泰魯, 같은 책, 133.

수 없다. 이에 관하여는 공법상 계약 또는 행정지도에 의하여 임의조사의 법적 근거를 찾고자 하는 시도들이 나타나고 있다. 논란의 여지가 있지만 조사의 상대방이 사실상 불이익을 받을 가능성이 짙은데도 그러한 계약을 의도하였다고 보는 것은 너무나 부자연스러운 의제라는 점에서 이를 행정지도의 한 태양으로 보고 거기서 그 정당성을 구하는 것이 통설적인 견해라고 할 수 있다.[109] 다만 앞에서 본 것처럼 행정지도 중에서도 억제적 조치가 결부된 경우는 법률의 근거를 요한다고 보아야 할 것이며, 또 행정지도가 비록 구체적인 작용법적 근거가 없는 경우에도 조직법상의 근거만에 의하여 허용되는 것이라 할지라도, 공행정 일반에 인정되는 일정한 법규상·조리상 제약을 받는다는 데 대하여는 의문의 여지가 없다. 이렇게 본다면 임의조사 역시 행정지도 일반과 마찬가지로 임의조사는 비례·평등의 원칙 등 행정법상의 일반원칙, 행복추구권·주거의 자유나 사생활의 자유·정보자결권과 같은 기본권에 의해 제한을 받게 된다.

3.3 조사권의 내용

세무조사에 있어 세무공무원이 갖는 조사권의 내용은 각개의 조세종목에 따라 한결같지 아니하다. 그러나 대체로 다음과 같은 범주에 해당하는 자에 대하여 필요에 따라 질문을 하거나 관계서류·장부 기타 물건을 검사할 수 있는 것이 일반적이다(소득세법 § 170 ①; 법인세법 § 122).

1. 납세의무자 또는 납세의무가 있다고 인정되는 자
2. 원천징수의무자
3. 납세조합
4. 지급명세서 제출의무자
5. 제156조 및 제156조의3부터 제156조의5까지의 규정에 따른 원천징수의무자
6. 「국세기본법」 제82조에 따른 납세관리인
7. 제1호에서 규정하는 자와 거래가 있다고 인정되는 자

109) 이에 관하여는 李泰魯, 같은 책, 135를 참조.

8. 납세의무자가 조직한 동업조합과 이에 준하는 단체
9. 기부금영수증을 발급하는 자

'납세의무자'란 확정신고서를 제출하여 납세의무가 일단 확정된 자이며 '납세의무자가 있다고 인정되는 자'는 이른바 추상적 납세의무자로서 확정신고서를 제출하지 않고 있으나 객관적으로 보아 실질적으로 납세의무를 진다고 합리적으로 추정되는 자를 말한다. 납세의무의 추정은 업자단체에 대한 자문, 전년도소득 및 동업자소득의 대비를 포함하여 당해 행정기관에서 수집한 자료에 의한 부내조사 등에 의하여 합리적으로 인정될 경우를 말하는 것이며 결코 세무공무원의 주관적 판단에 따라 질문검사권을 행사하거나 만연히 흠을 잡는 의도로 세무조사를 하는 것은 허용되지 않는다. 자료제출제도는 제3자로 하여금 자료를 제공받아 납세의무자의 소득파악에 활용하려는 것이므로 질문검사의 범위도 제출된 자료의 내용이 정당치 않다고 인정되거나 제출의무자가 제출을 게을리 했을 경우에 한정되어야 할 것이다.[110)]

3.4 조사의 방법 · 절차

(1) 조사의 방법

세무조사는 그 방법 · 범위에 따라 대내적 조사(部內調査 또는 卓上調査)와 대외적 조사(部外調査 또는 實地調査)로 나뉘는데 후자, 즉 대외적 조사의 방법으로는 비단 질문, 검사뿐만 아니라 탐문조사, 입회조사, 공부의 열람 등의 조사기법이 활용되고 있다.

세무조사에 있어 질문은 조사상의 의문점에 대하여 상대방의 해명을 요구하는 행위이며 구술 · 서면의 형식을 가리지 않는다. 검사의 대상은 '장부 · 서류 기타 물건'이다. 장부나 서류는 사업에 관한 것에 한하며, 사업주 개인이나 법인임원의 가계부, 사생활상의 서류 등은 검사의 대상이 아니다.

---

110) 李泰魯, 같은 책, 136–137.

기타의 물건이란 비단 장부・서류에 준하는 물건뿐만 아니라, 재고자산, 공장・창고 등을 포함한 고정자산도 포함된다는 것이 일반적 견해다. 조사는 조사의 목적, 조사할 사항, 신고내용, 장부의 기장 및 보존상황, 상대방의 사업형태 등 구체적 사정을 감안하여 객관적인 필요성이 있다고 판단될 경우 그리고 필요한 범위 내에서만 실시될 수 있으며, 포괄적으로 거래선・납품처 일체의 주소・성명을 밝힐 것을 요구하는 따위의 조사는 허용될 수 없으며 또 이를 거부하였다고 하여 처벌되지도 않는다.

질문검사권은 원칙적으로 사후조사를 위한 제도이며 수시부과의 목적으로 또는 확정신고기한 전에 허용될 수 없다. 다만 수시부과결정은 관계법의 규정(예: 소득세법 제82조)에 의하여 허용된 경우에 한하여 그에 따라 실시될 수 있으며,[111] 중간예납 감액신청의 경우 이론의 여지는 있으나, 개인중간예납추계액신고(소득세법 § 65)가 제출된 후에는 감액신청의 타당성을 검토하여 신청에 대한 처분을 하기 위하여 필요한 범위에 한하여 질문검사권의 행사를 인정하여도 무방하다고 본다.

(2) 조사의 절차

실체세법상의 조사는 범칙수사가 아니고 어디까지나 상대방의 동의를 얻어 실시하는 절차이며 또 그 목적달성여부를 상대방의 협력에 전적으로 의존한다. 따라서 일방적으로 조사관청에게만 일시・장소 등에 관한 선택재량을 인정하는 것은 영업의 자유나 사생활보호의 견지에서 온당치 못하다. 이러한 이유에서 명문의 규정이 없더라도 질문검사의 일시・장소・대상 등에 관한 사전통지가 필요한 것으로 보는 것이 타당하다. 가령 세무사가

---

111) 소득세법 제82조 제1항은 수시부과결정에 대하여 거주자가 다음 각 호의 어느 하나에 해당하면 관할세무서장 또는 지방국세청장은 수시로 그 거주자에 대한 소득세를 부과(이하 "수시부과"라 한다)할 수 있다고 규정하고 있다:

1. 사업부진이나 그 밖의 사유로 장기간 휴업 또는 폐업 상태에 있는 때로서 소득세를 逋脫할 우려가 있다고 인정되는 경우
2. 그 밖에 조세를 포탈할 우려가 있다고 인정되는 상당한 이유가 있는 경우

납세자 등을 대리하여 작성한 신고서·신청서·청구서에 관하여 조사할 필요가 있다고 인정되면 세무공무원이 그 세무사에게 조사의 일시·장소를 통지하도록 한 세무사법의 규정(§ 10)과 비교할 때 이러한 사전통지는 더욱 필요한 절차라 할 수 있다. 다만 자료의 변조·은닉의 우려가 있거나 긴급을 요하는 경우에는 이 사전절차를 생략할 수 있게 하는 입법조치가 취해져야 할 것이다.

일반적으로 조사에 임하는 세무공무원은 검사원증을 피조사자에게 제시하도록 되어 있다. 또 조사공무원은 조사의 동기와 내용, 즉 조사이유를 상대방에게 개별·구체적으로 고지하여 승낙을 얻어야 한다. 한편 세무조사를 위한 출입·검사에 있어서도 주거의 수색이나 물건의 압수의 경우(헌법 § 16)와 같은 법관의 영장이 요구되는지가 문제된다. 이에 관하여는 적극·소극 양 설이 대립되어 있으나, 이것은 일면 헌법상 영장주의의 기본정신과 타면 세무행정의 원활한 수행을 고려하여 판단할 문제로서, 일률적으로 영장주의의 적용 여부를 말할 수는 없다. 이러한 견지에서 세무조사를 위한 출입이나 검사가 형사상 수색·압수와 동가치적인 개인이나 기업의 사적 보호영역에의 개입이라고 판단될 경우에는 영장이 요구된다고 보아야 할 것이며 그 밖의 경우에는 관계법상의 수권규정만으로도 가능하다고 보아야 할 것이다. 물론 ① 하나의 조치가 동시에 행정조사와 형사소추의 양 목적으로 행사되는 경우에는 영장이 요구되며, ② 그 밖의 경우에도 헌법상 영장주의의 취지, 즉 주거나 신체의 자유 등과 같은 기본권보장의 정신이 충분히 고려되는 방향에서 영장주의의 적용여부가 판단되어야 한다. 반면 조세범칙사건에 관하여 증거수집상 행하는 조사, 즉 세무사찰을 위하여는 조세범처벌절차법(§ 3)에 의하여 법원의 영장을 얻어 심문·수색 또는 압수를 할 수 있다.

3.5 조사권의 한계

임의적 세무조사라 할지라도 그로부터 정보의 자유 또는 정보에 대한 자주

결정권을 침해하는 결과가 발생한다면, 이를 법률의 근거 없이는 허용되지 않는 것으로 보아야만 할 것이다. 세무조사 역시 관계법규, 특히 조직법상의 목적 · 임무 · 소관사무 · 권한의 범위에 관한 규정, 그리고 비례 · 평등의 원칙, 부당결부금지의 원칙 및 신뢰보호의 원칙 등 행정법의 일반원칙에 의하여 구속을 받는다. 이와 관련하여 특히 문제되는 경우로는 조사권의 남용을 들 수 있는데 질문검사권의 행사가 정치적 보복이나 차별의 수단으로 악용되어서는 안 될 것이다.

제3절 개인정보의 보호

Ⅰ. 정보사회와 개인정보의 보호

정보사회는 유비쿼터스의 비전을 약속하며 비약적 발전을 거듭하고 있지만, 동시에 유비쿼터스 위험의 전례 없는 증대를 수반하고 있다. 1791년 영국 철학자 제러미 벤담(Jeremy Bentham)이 제안한 판옵티콘(Panopticon)의 설계는 유비쿼터스 정보감옥의 표상이 되었다.[112] 이미 오래전에 올더스 헉슬리가 보았던 '위대한 신세계'의 '빅브라더'는 이제 보이지 않는 다수의 무법자들이 되어 사회 전체와 그 속에서 살아가는 개개인의 생활 모두를 동시에 유비쿼터스로 들여다보며 통제할 수 있게 되었다. 유비쿼터스 정보사회가 이미 '명백하고 현존하는 위험'으로 다가와 삶을 위협하고 있는 상황이다. 위험이 증대되고 그 위험 예방 및 제거의 기술적 · 정책적 곤란성이 커지면 커질수록 국가정책 차원에서의 대응도 절실

112) 미셸 푸코(Foucault 1926~84)는 정보인권을 침해할 소지가 있는 정부의 컴퓨터 통신망과 데이터베이스를 판옵티콘(Panopticon)에 비유했다.

해졌다.

그와 같은 상황에서 개인정보의 보호는 유비쿼터스 정보사회·전자정부가 수반하는 시민에 대한 영향과 위협에 대처하기 위해 시민에게 보장되어야 할 일종의 권리장전(Bill of Rights)의 의미를 가지게 되었다. 정보통신기술의 비약적 발전, 인터넷의 확산, 방송통신융합, 스마트 융복합화의 진전 등으로 말미암아 개인정보·프라이버시 침해에 대한 대응책 마련을 더 이상 미룰 수 없는 상황이 되었다. 전례 없이 증가된 개인정보와 프라이버시 침해 위험이 자칫 사회적 퇴보를 초래할 우려마저 제기되는 실정이다. 강력한 정보권을 법적으로 보장 또는 개선하는 것이 정보사회가 가져오는 진보와 변화에 대처하는 필수불가결한 요소라고 지적된 이유도 바로 거기에 있다.[113] 물론 포스너(Posner)가 적절히 지적하였듯이, 프라이버시는 사적으로는 훌륭한 가치일지 모르지만 간혹 사회적으로는 악이 될 수도 있고, 정보의 은폐와 왜곡을 가능케 함으로써 사회적 비용을 초래할 수도 있다.[114] 또 개리 막스(Gary Marx)의 지적처럼 극단적인 프라이버시의 보호가 오히려 유해할 수도 있고, 무제한적인 프라이버시가 무제한적인 선이 되는 경우도 거의 없지만,[115] 알랜 웨스틴(Alan Westin)의 말처럼 프라이버시가 현대국가에서의 자유의 심장부에 위치하고 있다는 것도 부인할 수 없는 사실이다. 즉, 개인정보의 보호는 민주적 거버넌스의 중심 요소이자 인본주의적 가치를 대표한다.[116]

---

113) Thomas B. Riley, "The Information Society: The Role of Information in the Emerging Global E-Government, E-Governance and E-Democracy Environments," 2003(http://www.electronicgov.net/pubs/research_papers/tracking03/IntlTrackingReporttApr03no3.pdf), 8.

114) Richard A. Posner, *Overcoming Law*, 1995, 531, 536; *The Economics of Justice*, 1981, 231.

115) Gary T. Marx, "Privacy and Technology," 1999 (http://web.mit.edu/gtmarx/www/privantt.html), 6.

116) Paul Schwartz, "Privacy and Participation: Personal Information and Public Sector Regulation in the United States," *80 Iowa L. Rev.* 553,1995; Spiros Simitis, "Reviewing

Ⅱ. 개인정보 보호의 헌법적 근거와 개인정보보호법제

정보주체의 개인정보에 대한 자주통제권의 적극적 발현형태로서 개인정보 열람·정정청구권을 보장하는 것은 헌법이 기본권보장을 위해 준비한 권리장전의 핵심적 요구다. 그런 뜻에서 정보사회에서 실존인격의 존엄과 자유민주체제의 근간이 총체적으로 훼손될 가능성을 사전에 차단하기 위해 절대적으로 필요한 최소한의 헌법적 보장장치이자 가장 핵심적인 기본권 중의 하나로 개인정보자기결정권을 확립시키고자 하는 이론적 시도도 그런 의미에서 충분한 정당성을 가진다.[117)]

개인정보보호법 또는 프라이버시보호법은 정보공개법과 목적상의 상위(相違)에 의해 특징적으로 구별된다. 후자가 알 권리를 보장하기 위해 공개를 원칙으로 하고 비공개를 예외로 하는 데 비해 전자는 개인정보 또는 프라이버시 보호를 위한 비공개를 원칙으로 하고 공개를 예외로 삼기 때문이다. 그러나 양자는 모두 정보의 자유로운 흐름과 정보에 있어 공익과 사익의 조화를 확보함으로써 정보사회에 있어 개방된 정부와 인격의 자유발현을 보장하는 데 공동보조를 취하는 제도라고 할 수 있다.[118)] 개별적 정보공개청구권은 개인정보의 보호 또는 프라이버시의 보호와 연관되며, 특히 공공기관이 보유하는 정보에 대한 자유 접근과 공공기관이 보유하는 개인정보에 대한 자주적 통제라는 두 가지 서로 대립되는 목표는 개인의 자기정보 열람·정정권에서 합류점을 발견한다.

Privacy in an Information Society," *135 U. Pa. L. Rev.* 707, 1987; Alan Westin, *Privacy and Freedom*, 1967, 23－26 등을 참조.

117) 이인호, 「정보사회와 개인정보자기결정권」, 『중앙법학』 창간호, 중앙법학회, 1999, 62－67; 김종철, 「헌법적기본권으로서의 개인정보통제권의 재구성을 위한 시론」, 『인터넷법률』 제4호, 2001, 법무부, 23－44 등.

118) 프라이버시보호법과 정보공개법의 관계에 관해서는 예컨대, 卞在玉, 「정보공개 및 사생활 보호에 관한 미국의 법제」, 한국공법학회 제25회 학술발표회 발표문, 1992.2., 12이하; 李埈炯, 「情報公開와 프라이버시」, 『한국행정학보』 제25권 제1호, 1991.5., 281이하를 참조.

이와 같이 개인의 정보자기결정권을 핵심으로 하는 개인정보의 보호가 헌법적 요구라면 이를 구현하는 것은 당연한 입법권자의 책무이며, 만일 입법권자가 이를 제대로 보장하지 않는다면 위헌적 입법부작위라는 헌법적 책임을 면하기 어려울 것이다. 1994년 초 제정된 「공공기관의 개인정보보호에 관한 법률」은 바로 그와 같은 헌법상 입법의무를 이행한 결과라고 볼 수 있었다.[119)]

그러나 이후 예상을 넘는 속도와 양상으로 정보사회가 진전됨에 따라 개인정보 문제가 다시금 사회적 · 정책적 현안으로 대두되었다. 정보사회의 고도화와 개인정보의 경제적 가치 증대로 사회 모든 영역에 걸쳐 개인정보의 수집과 이용이 보편화되고 있음에도 불구하고, 국가사회 전반을 규율하는 개인정보 보호원칙과 개인정보 처리기준이 마련되지 않아 개인정보 보호의 사각지대가 발생하였기 때문이다. 더욱이 개인정보의 유출 · 오용 · 남용 등 개인정보 침해 사례 등 국민의 프라이버시 침해는 물론 명의도용, 전화사기 등 정신적 · 금전적 피해를 초래하는 일이 빈발하였다. 특히 2000년대 들어 정부가 전자정부 구축작업을 강력하게 추진해 감에 따라 전자정부에 있어 개인정보 침해가능성에 대한 우려가 가중되기 시작했고 그 과정에서 개인정보 보호 문제의 중요성이 더욱더 심각하게 부각되었다.

사실 행정업무의 전자적 처리를 위한 기본원칙 · 절차 및 추진방법 등을 규정함으로써 전자정부의 구현을 위한 사업을 촉진시키기 위하여 2001년 3월 28일 제정되어 같은 해 7월 1일부터 시행된 「전자정부 구현을 위한 행정업무등의 전자화 촉진에 관한 법률」(법률 제6439호)도 제12조에서 '개인정보보호의 원칙'이란 표제 하에 "행정기관이 보유 · 관리하는 개인정보는 법령이

119) 현실적으로 이 법률의 제정은, 물론 전술한 정보사회종합대책의 법령정비안의 내용으로 계획되었던 것이지만, 무엇보다도 공공기관이 보유한 개인정보의 남용가능성이 제14대 국회의원선거운동과정에서 불거져 비판여론이 빗발쳤던 것을 배경으로 하고 있다. 이에 관해서는 拙稿, 「情報公開請求權과 情報公開法」, 『법과 사회』 제6호, 98이하를 참조.

정하는 경우를 제외하고는 당사자의 의사에 반하여 사용되어서는 아니 된다."라고 규정하고 있었고 이를 승계한 전자정부법 역시 개인정보 보호를 위한 여러 조항들을 두었다. 실례로 제4조 제1항 제4호에서 '전자정부의 원칙'의 하나로 개인정보 및 사생활의 보호를 포함시켰고, 같은 조 제4항에서는 "행정기관 등이 보유·관리하는 개인정보는 법령에서 정하는 경우를 제외하고는 당사자의 의사에 반하여 사용되어서는 아니 된다."라는 규정을 두었다. 나아가 전자정부법은 제42조 제1항에서 이용기관이 공동이용센터를 통하여 개인정보가 포함된 행정정보를 공동이용할 때에는 정보주체의 사전동의를 받도록 하고, 제43조 제1항에서는 공동이용센터를 통하여 공동이용한 행정정보 중 본인에 관한 행정정보에 대한 정보주체의 열람청구권을 인정하였다. 그러나 이와 같은 전자정부법 수준에서의 개인정보 보호에 대한 배려만으로는 개인정보에 대한 포괄적 안전판 마련에 대한 사회적 요구를 충족시킬 수 없었다.

이와 같은 배경에서 공공부문과 민간부문을 망라하여 국제 수준에 부합하는 개인정보 처리원칙 등을 수립하고 개인정보 침해로 인한 피해 구제를 강화한 공백 없는 포괄적 개인정보보호법의 제정이 절실히 요청되었다. 개인정보보호법은 10년 이상의 논의와 수년간의 입법과정을 거쳐 2011년 3월 11일 국회 본회의를 통과함으로써 마침내 제정을 보게 되었다. 이로써 종래 공공부문에서 개인정보를 보호해 왔던 「공공기관의 개인정보보호에 관한 법률」은 폐지되었다.

<개인정보보호법 제정의 경과>

정부는 2008년 11월 28일 개인정보보호법안(1802369)을 국회에 제출하였다. 여야 국회의원 역시 법안을 발의하였다. 그러나 정부안은 2년이 넘도록 정부와 야당 등의 이견으로 2년이 넘도록 통과되지 못하고 있었다. 그러던 중 정부·여당과 야당 간 협상을 통해 개인정보보호법안(위원회 대안)에 대한 합의가 이루어졌다. 국회 행정안전위원회는 정부 제출 개인정보보호법안과 이혜훈 의원, 변재일 의원 대표발의 각 개인정보보호법안, 그 밖의 공공기관의 개인정

보보호에 관한 법률 일부개정법률안을 모두 통합 조정한 위원회 대안을 제안하기로 의결하였고, 해를 넘겨 2011년 3월 11일 국회 본회의를 통과하였다. 그 주요골자는 다음과 같다.

첫째, 개인정보 보호법안의 적용대상을 공공·민간부문의 모든 개인정보처리자로 확대하고,

둘째, 개인정보 보호 기본계획, 법령 및 제도개선 등 개인정보에 관한 주요사항을 심의·의결하기 위하여 대통령 소속으로 위원장 1명, 상임위원 1명을 포함한 15명 이내의 위원으로 구성하는 개인정보보호위원회를 설치하며, 셋째, 개인정보의 수집, 이용, 제공 등 단계별 보호기준을 마련하고 개인정보처리자의 안전조치의무를 규정하며,

넷째, 개인정보 영향평가제도, 집단분쟁조정제도, 단체소송제도 등을 도입하였다.[120)]

개인정보의 보호와 이를 구현하기 위한 입법적 실천은 유비쿼터스 시대 정보사회와 전자정부의 마그나카르트타를 정초하는 의미를 가진다는 점에서 크게 환영할 만한 일이다. 새로 제정된 「개인정보보호법」은 종전의 「공공기관의 개인정보보호에 관한 법률」이나 「정보통신망 이용촉진 및 정보보호 등에 관한 법률」에 비해 정보주체의 권리 보장 확충·강화, 집단분쟁조정 및 개인정보단체소송 제도의 도입, 추진체계의 강화 등 많은 부분에서 주목할 만한 제도개선을 가져온 입법적 성과로서 우리나라 개인정보보호의 수준을 획기적으로 높일 수 있는 제도적 기반을 구축한 것으로 평가된다.

현행법상 개인정보의 보호를 위한 법제 현황을 일별해 보면 <표 3>과 같다.

---

120) 제294회 국회 행정안전위원회회의록 제3호(2010.9.30.) http://likms.assembly.go.kr/kms_data/record/data2/294/pdf/294dh0003b.PDF, 7.

<표 3. 우리나라 개인정보 보호 체계>

	분야	주요 법률	그 밖의 개인정보 관련법	그 밖의 비밀준수규정
헌법	공공행정	공공기관의 개인정보보호에 관한 법률	공공기관의 정보공개에 관한 법률 전자정부법, 주민등록법, 가족관계의 등록 등에 관한 법률 국정감사 및 조사에 관한 법률, 통계법 등	변호사법 법무사법 세무사법 관세사법 공인노무사법 외국환거래법 공증인법 은행법 근로기준법 노동위원회법 직업안정법 공인중개사의 업무 및 부동산신고 거래에 관한 법률 형법 제317조 등
	정보통신	정보통신망 이용촉진 및 정보보호 등에 관한 법률	통신비밀보호법 위치정보의 보호 및 이용 등에 관한 법률 국가정보화기본법, 정보통신기반보호법	
	금융신용	신용정보의 이용 및 보호에 관한 법률	금융실명거래 및 비밀보장에 관한 법률 방문판매 등에 관한 법률 전자상거래 등에서의 소비자보호에 관한 법률 전자거래기본법, 보험업법, 증권거래법 등	
	의료	보건의료기본법, 의료법	장기 등 이식에 관한 법률 생명윤리 및 안전에 관한 법률 인체조직안전 및 관리 등에 관한 법률	
	교육	교육기본법	초중등교육법 교육정보시스템의 운영 등에 관한 규칙 등	

Ⅲ. 개인정보보호법에 의한 개인정보의 보호

1. 의의

구 「공공기관의 개인정보보호에 관한 법률」을 대치하여 제정된 「개인정보보호법」은 정보의 자유와 알 권리의 보호를 위한 가장 주목되는 입법적 성과이다. 총 9개 장과 75개 조항 및 부칙 7개 조항으로 구성된 이 법률은 '개인정보의 수집 · 유출 · 오용 · 남용으로부터 사생활의 비밀 등을 보호함으로써 국민의 권리와 이익을 증진하고, 나아가 개인의 존엄과 가치를 구현하기 위하여 개인정보 처리에 관한 사항을 규정함'을 목적으로 천명하고 있다. 「개인정보보호법」(이하 "법"이라 한다)은 개인정보에 관한 일반법이다.

여기서 '개인정보'란 '살아 있는 개인에 관한 정보로서 성명, 주민등록번호 및 영상 등을 통하여 개인을 알아볼 수 있는 정보(해당 정보만으로는 특정 개인을 알아볼 수 없더라도 다른 정보와 쉽게 결합하여 알아볼 수 있는 것을 포함한다)'를 말한다(§ 2 i).[121] 개인정보의 보호에 관하여는 「정보통신망 이용촉진 및 정보보호 등에 관한 법률」, 「신용정보의 이용 및 보호에 관한 법률」 등 다른 법률에 특별한 규정이 있는 경우를 제외하고는 이 법에서 정하는 바에 따르도록 되어 있다(§ 6).

2. 적용범위

개인정보보호법은 그 인적 적용범위를 공공·민간 부문을 가리지 아니하고 개인정보처리자 일반으로 확장하고 있다(§ 2 v). 즉, 공공기관뿐만 아니라 비영리단체 등 업무상 개인정보파일을 운용하기 위하여 개인정보를 처리하는 자는 모두 이 법에 따른 개인정보 보호규정을 준수하도록 하고, 전자적으로 처리되는 개인정보 외에 수기(手記) 문서까지 개인정보의 보호범위에 포함시키고 있다. 그동안 개인정보 보호 관련 법률 적용을 받지 않았던 사각지대를 해소하여 국가사회 전반의 개인정보 보호수준을 제고하려는 취지에 따른 것이다.

이 법의 주된 수범자는 '개인정보처리자'다. 개인정보처리자란 업무를 목적으로 개인정보파일을 운용하기 위하여 스스로 또는 다른 사람을 통하여 개인정보를 처리하는 공공기관, 법인, 단체 및 개인 등을 말한다(§ 2 v). 여기서 개인정보의 '처리'란 개인정보의 수집, 생성, 기록, 저장, 보유, 가공, 편집, 검색, 출력, 정정(訂正), 복구, 이용, 제공, 공개, 파기(破棄), 그 밖에 이와 유사한 행위를 말하며(§ 2 ii), '개인정보파일'이란 개인정보를 쉽게 검

121) 개인정보의 개념 정의는 종래 용어를 순화시킨 것을 제외하면 구 「공공기관의 개인정보보호에 관한 법률」 제2조 제2호와 대동소이하다.

색할 수 있도록 일정한 규칙에 따라 체계적으로 배열하거나 구성한 개인정보의 집합물(集合物)을 말한다(§ 2 iv). 그리고 '공공기관'이란 다음과 같은 기관들을 말한다(§ 2 vi).

가. 국회, 법원, 헌법재판소, 중앙선거관리위원회의 행정사무를 처리하는 기관, 중앙행정기관(대통령 소속 기관과 국무총리 소속 기관을 포함한다) 및 그 소속 기관, 지방자치단체

나. 그 밖의 국가기관 및 공공단체 중 대통령령으로 정하는 기관

한편 법은 보칙에서 일정한 사항에 관하여 법의 적용을 배제하는 조항을 두고 있다. 이에 따르면, 첫째, 다음 어느 하나에 해당하는 개인정보에 관하여는 제3장부터 제7장까지의 조항, 즉, 제3장 개인정보의 처리, 제4장 개인정보의 안전한 관리, 제5장 정보주체의 권리 보장, 제6장 개인정보 분쟁조정위원회, 제7장 개인정보 단체소송에 관한 조항들을 적용하지 아니한다(§ 58 ①).

1. 공공기관이 처리하는 개인정보 중 「통계법」에 따라 수집되는 개인정보
2. 국가안전보장과 관련된 정보 분석을 목적으로 수집 또는 제공 요청되는 개인정보
3. 공중위생 등 공공의 안전과 안녕을 위하여 긴급히 필요한 경우로서 일시적으로 처리되는 개인정보
4. 언론, 종교단체, 정당이 각각 취재·보도, 선교, 선거 입후보자 추천 등 고유 목적을 달성하기 위하여 수집·이용하는 개인정보

그러나 개인정보처리자는 위 각 호에 따라 개인정보를 처리하는 경우에도 그 목적을 위하여 필요한 범위에서 최소한의 기간에 최소한의 개인정보만을 처리하여야 하며, 개인정보의 안전한 관리를 위하여 필요한 기술적·관리적 및 물리적 보호조치, 개인정보의 처리에 관한 고충처리, 그 밖에 개

인정보의 적절한 처리를 위하여 필요한 조치를 마련하여야 한다(§ 58 ④).

둘째, 법 제25조 제1항 각 호에 따라 공개된 장소에 영상정보처리기기를 설치·운영하여 처리되는 개인정보에 대하여는 제15조·제22조·제27조 제1항 및 제2항, 제34조 및 제37조의 적용이 배제된다(§ 58 ②).

끝으로, 개인정보처리자가 동창회, 동호회 등 친목 도모를 위한 단체를 운영하기 위하여 개인정보를 처리하는 경우에는 제15조·제30조, 제31조를 적용하지 아니한다(§ 58 ③).

한편, 이 법은 공포 후 6월이 경과한 날부터 시행하되, 주민등록번호를 사용하지 아니하고도 회원 가입 방법을 제공해야 할 의무의 부과 및 그 위반에 대한 벌칙에 관한 조항들(제24조 제2항 및 제75조 제2항 제5호)은 공포 후 1년이 경과한 날부터 시행하도록 되어 있다.

3. 개인정보 보호의 원칙

개인정보보호법은 제3조에서 개인정보 보호의 원칙을 천명하고 있다.[122] OECD 개인정보보호 8원칙을 참조하여 만들어진 이 원칙들은 개인정보 보호에 관한 일반법적 지위에서 모든 분야에서의 개인정보 보호를 향도하는 효력을 가진다는 점에서 각별한 의미가 있다.

<OECD 개인정보보호 8원칙>

정보통신기술의 비약적 발전에 따라 개인정보 보호를 위한 국제적 통일규범 형성을 위한 노력이 전개되었고 그 과정에서 나온 OECD의 개인정보보호 8원칙은 가장 선도적이고 두드러진 성과였다.[123] OECD 위원회는 1980년 9월에 "프라이버시보호와 개인정보의 국가 간 유통에 관한 가이드라인(Guidelines

122) 이 조항은 구 「공공기관의 개인정보보호에 관한 법률」의 제3조의2(2007년 5월 17일 개정 법률에서 신설된 조항)에 비해, 다음에 보는 OECD 개인정보보호 8원칙의 내용을 더 충실히 반영하여 확대하였다.

123) 현대호, 『인터넷상의 정보보호에 관한 법제연구』, 한국법제연구원, 2000, 29pp.

on the Protection of Privacy and Transborder Flows of Personal Information)"을 채택하여 개인정보의 보호와 유통에 관한 국제적 기준을 제시하였다.[124] 이 OECD 지침은 '개인정보 보호'와 '정보의 자유로운 유통'이라는 서로 상충하는 목표를 조화시키려는 의도,[125] 즉, 회원국들 간 전자상거래 촉진을 위해 개인정보의 보호가 선행되어야 하지만, 과도한 개인정보보호가 회원국의 경제발전에 역기능으로 작용하지 않도록 해야 한다는 취지에서 제정되었다.[126] OECD가 제시한 가이드라인의 8개 원칙은 다음과 같다:[127]

① 수집제한의 원칙(Collection limitation principle): 개인정보는 정보주체가 인식 또는 동의를 거쳐 합법적인 방법으로 수집되어야 한다.

② 데이터 품질의 원칙(Data quality principle): 수집되는 개인정보는 그 사용목적을 위해 필요한 만큼 정확한 것이어야 한다.

③ 목적 구체화의 원칙(Purpose specification principle): 개인정보의 수집 목적은 사전에 구체적으로 정해져 있어야 한다.

④ 이용제한의 원칙(Use limitation principle): 정보주체의 동의가 있거나 합법적인 근거가 있는 경우를 제외하고 다른 목적으로 이용되거나 공개되어서는 안 된다.

⑤ 안전성 확보의 원칙(Security safeguards principle): 개인정보는 침해의 위험으로부터 합리적인 보안장치에 의해 보호되어야 한다.

⑥ 공개의 원칙(Openness principle): 모집된 개인정보의 존재 및 관리에 관한 정책은 일반적으로 공개되어야 하고 그 관리자의 신상 또한 즉시 확인 및 공개되어야 한다.

---

124) http://www.it.ojp.gov/documents/OECD_FIPs.pdf. 2010년은 이 지침의 30주년이 되는 해다. 그간의 성과에 관해서는 http://www.oecd.org/document/35/0,3343,en_2649_34255_44488739_1_1_1_1,00.html을 참조.

125) Raymond Wacks, *Personal Information*, Clarendon Press, 1989, 207.

126) Marc Retenberg, *The Privacy Law Sourcebook 2002: United States Law, International Law, and Recent Developments*, Electronic Privacy Information Center, 2002, 325.

127) 이에 관해서는 홍준형 외, 『개인정보보호법제 정비를 위한 기본법 제정방안 연구』, 한국전산원, 2004.10.29., 66이하를 참조.

⑦ 개인 참여의 원칙(Individual participation principle): 정보주체는 ⓐ 데이터관리자(data controller)로부터 직접 또는 그 밖의 다른 방법으로 그가 자신에 관한 데이터를 갖고 있는지를 확인할 수 있는 권리, ⓑ 자신에 관한 데이터를, 상당한 시간 안에 과도하지 않은 비용으로 합리적인 방법에 따라 그리고 자신이 용이하게 알 수 있는 형태로, 전달받을 수 있는 권리, ⓒ 위와 같은 권리에 따른 요구가 거부되는 경우 그 이유를 제시 받을 수 있는 권리, 그리고 그와 같은 거부결정에 이의를 제기하여 다툴 수 있는 권리, ⓓ 자신에 관한 데이터에 이의를 제기할 수 있는 권리, 그리고 그러한 이의제기가 성공할 경우 자신에 관한 데이터를 삭제·정정·보완·수정할 수 있는 권리가 부여되어야 한다.

⑧ 책임의 원칙(Accountability principle): 정보관리자는 위에서 설명된 원칙들에 영향을 주는 조치들에 뒤따르는 책임을 져야 한다.

<EU 개인정보보호 지침>

개인정보보호에 관한 국제 규범과 관련하여 EU 데이터보호 지침(E.U. Data Protection Directive: 95/46/EC)이 주목된다.[128] EU 지침은 OECD 가이드라인과는 달리, 적용범위를 기본적으로 자동화된 수단에 의한 개인정보의 처리에 한정하고 민감한 개인정보의 수집을 원칙적으로 금지하며, 독립적 개인정보보호기구를 설립하여 개인정보처리를 관리·감독하도록 하고 개인정보의 제3국 이전에 엄격한 제한을 가하는 등 차이를 보이지만, OECD 가이드라인의 개인정보보호 8원칙의 내용을 대부분 수용하고 있다. 특히 EU 지침은 제25조에서 회원국 외 제3국이 동 지침에서 정한 적절한 개인정보보호 수준을 갖추지 못한 경우에는 개인정보를 해당 국가에 이전하지 못하도록 하고 있어 '프라이버시 라운드(Privacy Round)'라 불리며 사실상 무역장벽과 같은 영향을 미치고 있다. 1995년 EU 지침이 등장한 후, 각국은 이 지침에 부합하는 수준의 개인정보보호 대책을 마련하여 EU로부터 개인정보를 이전해도 무방한 국가로 승인을 받고자 노력하였다. 일례로 미국은 EU와의 협의를 위해 '세이프하버원칙

128) 회원국들의 지침 이행현황에 대해서는 Status of implementation of Directive 95/46 on the Protection of Individuals with regard to the Processing of Personal Data (http://ec.europa.eu/justice/policies/privacy/law/ implementation_en.htm)를 참조.

(Safe Harbor Principles)'을 제정하기도 하였다.129) EU 개인정보보호지침의 주요내용은 아래와 같다:130)

<EU 개인정보보호지침의 개요>

적용범위	· 물적 범위: 자동처리되는 개인정보 및 구조화된 파일링시스템에 포함되는 개인정보 · 인적 범위: 자연인의 개인정보
적용제외 영역	· 국가안보, 공공의 안전 및 방위를 위한 개인정보 처리 · 형사법 영역에서의 개인정보 처리 · 서신왕래와 같은 지극히 개인적이고 사적인 목적의 개인정보 처리 · 언론보도, 문학, 예술적 표현을 위한 개인정보 처리
정보처리자의 의무	· 공정하고 적법한 개인정보의 처리 · 정보처리목적은 명확하고 합법적이어야 하며 정보의 수집 시 결정되어야 하고 수집과 더불어 처리목적이 명시되어야 함 · 처리되고 있는 정보와 처리목적 사이에 적절성과 관련성, 비례성 유지 · 개인정보의 정확성과 최신성 확보 · 기술적, 조직적 보안조치 확보 · 감독기구에 정보처리에 대하여 고지
정보주체의 권리	· 정보처리의 전반적인 사항에 대하여 통지받을 권리 · 정보처리에 대하여 협의할 권리 · 자신의 개인정보에 대해 수정을 요구할 권리 · 특정 상황에서의 개인정보 처리에 대하여 반대할 권리
제3국 정보이전 금지	· 적절한 보호수준을 갖추지 않은 제3국으로의 개인정보 이전 금지; 단, 보호대상자가 정보이전에 동의한 경우, 정보대상자의 중대한 이익의 보호를 위해 필요한 전송인 경우 등 일정한 경우 예외 인정
독립기구의 설치	· 각 회원국이 채택한 규정의 적용에 대한 감시를 책임지며, 조사권, 개입권, 소송권 등 권한을 가진 독립적인 개인정보보호기구의 설치

3.1 처리목적 명확성 및 수집 · 이용 제한의 원칙

개인정보처리자는 개인정보의 처리 목적을 명확하게 하여야 하고 그 목적

129) 세이프하버원칙에 대해서는 황종성 외, 「전자정부시대 개인정보보호법제 정립방안 연구」(정부혁신지방분권위원회 · 한국전산원), 2004.12.31., 56, 64-65를 참조.

130) 홍준형 외, 「개인정보보호법제 정비를 위한 기본법 제정방안 연구」, 한국전산원, 2004.10.29., 68이하; 방동희 · 김현경, 『개인정보보호의 법적쟁점과 해결과제』, 정보화정책 이슈 04-정책-11(한국전산원), 2004.8., 19이하; http://eur-lex.europa.eu/LexUriServ/LexUriServ.do?uri=CELEX:31995L0046:en:HTML 등을 참조.

에 필요한 범위 내에서 최소한의 개인정보만을 적법하고 정당하게 수집하여야 한다(§ 3 ①). 또한 개인정보처리자는 개인정보의 처리 목적에 필요한 범위에서 적합하게 개인정보를 처리하여야 하며, 그 목적 외의 용도로 활용해서는 아니된다(§ 3 ②).

이는 OECD 8원칙 중 '목적 구체화' 원칙(Purpose specification principle), '수집제한' 원칙(Collection limitation principle) 및 '이용제한'의 원칙(Use limitation principle)의 내용을 반영한 것이다.

3.2 정확성 · 완전성 · 최신성 보장의 원칙

개인정보처리자는 개인정보의 처리 목적에 필요한 범위에서 개인정보의 정확성, 완전성 및 최신성이 보장되도록 하여야 한다(§ 3 ③). 이는 OECD 8원칙 중 '데이터 품질' 원칙(Data quality principle)의 내용을 반영한 것이다.

3.3 안전성 원칙

개인정보처리자는 개인정보의 처리 방법 및 종류 등에 따라 정보주체의 권리가 침해받을 가능성과 그 위험 정도를 고려하여 개인정보를 안전하게 관리하여야 한다(§ 3 ④). 이는 OECD 8원칙 중 '안전성 확보'의 원칙(Security safeguards principle)의 내용을 반영한 것으로 이해된다.

3.4 공개 및 정보주체 권리보장의 원칙

개인정보처리자는 개인정보 처리방침 등 개인정보의 처리에 관한 사항을 공개하여야 하며, 열람청구권 등 정보주체의 권리를 보장하여야 한다(§ 3 ⑤). 이는 OECD 8원칙 중 '공개'의 원칙(Openness principle)과 '개인 참여'의 원칙(Individual participation principle)의 내용을 반영한 것이다. 특히 '개인 참여'의 원칙은, 정보주체에게 ① 데이터관리자(data controller)로부터 직접 또는 그 밖의 다른 방법으로 그가 자신에 관한 데이터를 갖고 있는지를 확인할 수 있는 권리, ② 자신에 관한 데이터를, 상당한 시간 안에 과도하지 않은 비용으로 합리적인 방법에 따라 그리고 자신이 용이하게 알 수 있는 형태로, 전달받을 수 있는 권리, ③ 위와 같은 권리에 따른 요구가 거부되는 경우 그 이유를 제시 받을 수 있는 권리, 그리고 그와 같은 거부결정에 이의를 제기하여 다툴 수 있는 권리, ④ 자신에 관한 데이터에 이의를 제기할 수 있는 권리, 그리고 그러한 이의제기가 성공할 경우 자신에 관한 데이터를 삭제 · 정정 · 보완 · 수정할 수 있는 권리가 인정되어야 한다는 내용으로 되어 있는데, 이러한 내용이 충실히 반영되어야 할 것이다.

3.5 사생활 침해 최소화의 원칙

개인정보처리자는 정보주체의 사생활 침해를 최소화하는 방법으로 개인정보를 처리하여야 한다(§ 3 ⑥). 개인정보를 처리함에 있어 정보주체의 사생활 침해가 초래될 경우 가능한 한 그 침해를 최소화하는 방법을 택해야 한다는 것은 개인정보 보호의 관점에서 볼 때 극히 당연한 요구라 할 수 있다. 법이 이러한 사생활 침해 최소화를 개인정보 보호의 원칙으로 명시한 것은 OECD 8원칙보다 진일보한 내용이다. 법은 나아가 '개인정보처리자는 개인정보의 익명처리가 가능한 경우에는 익명에 의하여 처리될 수 있도록 하여야 한다'고 규정하고 있는데(§ 3 ⑦) 이 역시 같은 맥락에서 비롯된 원칙이라고 볼 수 있다.

3.6 책임의 원칙

개인정보처리자는 이 법 및 관계 법령에서 규정하고 있는 책임과 의무를 준수하고 실천함으로써 정보주체의 신뢰를 얻기 위하여 노력하여야 한다(§ 3 ⑧). 이는 OECD 8원칙 중 '책임'의 원칙(Accountability principle)의 내용을 좀 더 구체화하여 반영한 것이다.

4. 정보주체의 권리와 국가 등의 책무

4.1 정보주체의 권리

법은 제4조에서 정보주체의 권리를 명시하고 있다. '정보주체'의 개념은 제2조에서 정의되어 있는데, '처리되는 정보에 의하여 알아볼 수 있는 사람으로서 그 정보의 주체가 되는 사람'을 말한다(§ 2 iii). 법 제4조에 따르면, 정보주체는 자신의 개인정보 처리와 관련하여 다음과 같은 권리를 가진다.

1. 개인정보의 처리에 관한 정보를 제공받을 권리
2. 개인정보의 처리에 관한 동의 여부, 동의 범위 등을 선택하고 결정할 권리
3. 개인정보의 처리 여부를 확인하고 개인정보에 대하여 열람(사본의 발급을 포함한다. 이하 같다)을 요구할 권리
4. 개인정보의 처리 정지, 정정 · 삭제 및 파기를 요구할 권리
5. 개인정보의 처리로 인하여 발생한 피해를 신속하고 공정한 절차에 따라 구제받을 권리

이들 권리는 '정보주체의 권리보장'에 관한 제5장(§§ 35~39)에서 더욱 구체화되고 있다.

4.2 국가 · 지방자치단체의 책무

법은 제5조에서 국가와 지방자치단체에게 개인정보보호의 책무를 부과하고 있다. 이에 따르면, 첫째 국가와 지방자치단체는 개인정보의 목적 외 수집, 오용 · 남용 및 무분별한 감시 · 추적 등에 따른 폐해를 방지하여 인간의 존엄과 개인의 사생활 보호를 도모하기 위한 시책을 강구하여야 하며(§ 5 ①), 둘째, 제4조에 따른 정보주체의 권리를 보호하기 위하여 법령의 개선 등 필요한 시책을 마련하여야 한다(§ 5 ②). 셋째, 국가와 지방자치단체는 개인정보의 처리에 관한 불합리한 사회적 관행을 개선하기 위하여 개인정보처리자의 자율적인 개인정보 보호활동을 존중하고 촉진 · 지원하여야

한다(§ 5 ③). 끝으로 국가와 지방자치단체는 개인정보의 처리에 관한 법령 또는 조례를 제정하거나 개정하는 경우에는 이 법의 목적에 부합되도록 하여야 한다(§ 5 ④).

5. 개인정보보호기구 및 개인정보 보호정책의 수립 · 추진 등

5.1 개인정보보호기구

(1) 개인정보보호위원회의 설치

법은 제7조와 제8조에서 개인정보 보호 정책의 추진체계로서 '개인정보보호위원회'라는 심의 · 의결기구를 설치하도록 하고 있다. 개인정보보호위원회를 어디에 설치할 것인지, 독립성을 어떻게 보장할 것인지 등 추진체계를 둘러싼 이견이 그동안 개인정보보호법의 입법을 지연시킨 가장 중요한 요인이었다고 할 수 있다. 특히 국회 입법과정에서 재연된 이 논란은 개인정보 보호에 관한 사항을 심의 · 의결하기 위하여 대통령 소속으로 개인정보보호위원회(이하 "보호위원회"라 한다)를 두도록 함으로써 타결되었다. 이에 따라 개인정보 보호 기본계획, 법령 및 제도 개선 등 개인정보에 관한 주요 사항을 심의 · 의결하기 위하여 대통령 소속으로 위원장 1명, 상임위원 1명을 포함한 15명 이내의 위원으로 구성하는 개인정보보호위원회를 설치하도록 하고, 개인정보보호위원회에 사무국을 설치하도록 하였다. 이를 통해 개인정보 보호 정책에 관한 의사결정의 신중성 · 전문성 · 객관성을 기할 수 있을 것으로 기대되고 있다.

보호위원회는 그 권한에 속하는 업무를 독립하여 수행하며(§ 7 ①), 위원장 1명, 상임위원 1명을 포함한 15명 이내의 위원으로 구성하되, 상임위원은 정무직 공무원으로 임명한다(§ 7 ②). 위원장은 위원 중에서 공무원이 아닌 사람으로 대통령이 위촉하고(§ 7 ③), 위원은 다음 어느 하나에 해당하는 사람을 대통령이 임명하거나 위촉한다(§ 7 ④ 전단). 이 경우 위원 중 5명은 국회가 선출하는 자를, 5명은 대법원장이 지명하는 자를 각각 임명하거나 위촉한다(§ 7 ④ 후단).

1. 개인정보 보호와 관련된 시민사회단체 또는 소비자단체로부터 추천을 받은 사람
2. 개인정보처리자로 구성된 사업자단체로부터 추천을 받은 사람
3. 그 밖에 개인정보에 관한 학식과 경험이 풍부한 사람

위원장과 위원의 임기는 3년으로 하되, 1차에 한하여 연임할 수 있다(§ 7 ⑤).

보호위원회의 회의는 위원장이 필요하다고 인정하거나 재적위원 4분의 1 이상의 요구가 있는 경우에 위원장이 소집한다(§ 7 ⑥). 보호위원회는 재적위원 과반수의 출석과 출석위원 과반수의 찬성으로 의결한다(§ 7 ⑦).

보호위원회의 사무를 지원하기 위하여 보호위원회에 사무국을 둔다(§ 7 ⑧). 보호위원회의 조직과 운영에 필요한 사항은 대통령령으로 정한다(§ 7 ⑨).

(2) 개인정보보호위원회의 기능

보호위원회의 기능은 다음과 같은 사항을 심의 · 의결하는 것이다(§ 8 ①).

1. 기본계획 및 시행계획
2. 개인정보 보호와 관련된 정책, 제도 및 법령의 개선에 관한 사항
3. 개인정보의 처리에 관한 공공기관 간의 의견조정에 관한 사항
4. 개인정보 보호에 관한 법령의 해석 · 운용에 관한 사항
5. 제18조 제2항 제5호에 따른 개인정보의 이용 · 제공에 관한 사항
6. 제33조 제3항에 따른 영향평가 결과에 관한 사항
7. 제61조 제1항에 따른 의견제시에 관한 사항
8. 제64조 제4항에 따른 조치의 권고에 관한 사항
9. 제66조에 따른 처리 결과의 공표에 관한 사항

10. 제67조 제1항에 따른 연차보고서의 작성·제출에 관한 사항
11. 개인정보 보호와 관련하여 대통령 또는 보호위원회의 위원장 또는 위원 2명 이상이 회의에 부치는 사항
12. 그 밖에 이 법 또는 다른 법령에 따라 보호위원회가 심의·의결하는 사항

보호위원회는 위에 열거된 사항을 심의·의결하기 위하여 필요하면 관계 공무원, 개인정보 보호에 관한 전문 지식이 있는 사람이나 시민사회단체 및 관련 사업자로부터 의견을 들을 수 있고, 관계기관 등에 대하여 자료 등의 제출을 요구할 수 있다(§ 8 ②).

5.2 개인정보 보호 기본계획의 수립 · 시행 등

법은 제9조에서 개인정보의 보호와 정보주체의 권익 보장을 위하여 행정안전부장관이 3년마다 개인정보 보호 기본계획(이하 "기본계획"이라 한다)을 수립하여 시행하도록 하고 있다. 행정안전부장관은 기본계획을 관계 중앙행정기관의 장과 협의 하에 작성하여 보호위원회에 제출하고, 보호위원회의 심의·의결을 거쳐 시행하여야 한다(§ 9 ①).

기본계획에는 다음 각 호의 사항이 포함되어야 한다(§ 9 ②).

1. 개인정보 보호의 기본목표와 추진방향
2. 개인정보 보호와 관련된 제도 및 법령의 개선
3. 개인정보 침해 방지를 위한 대책
4. 개인정보 보호 자율규제의 활성화
5. 개인정보 보호 교육·홍보의 활성화
6. 개인정보 보호를 위한 전문인력의 양성
7. 그 밖에 개인정보 보호를 위하여 필요한 사항

국회, 법원, 헌법재판소, 중앙선거관리위원회는 해당 기관(그 소속 기관을 포함한다)의 개인정보 보호를 위한 기본계획을 수립·시행할 수 있다(§

9 ③).

이러한 기본계획에 따라 중앙행정기관의 장은 매년 개인정보 보호를 위한 시행계획을 작성하여 보호위원회에 제출하고, 보호위원회의 심의 · 의결을 거쳐 시행하여야 한다(§ 10 ①). 시행계획의 수립 · 시행에 필요한 사항은 대통령령으로 정한다(§ 10 ②).

행정안전부장관은 기본계획을 효율적으로 수립 · 추진하기 위하여 개인정보처리자, 관계 중앙행정기관의 장, 지방자치단체의 장 및 관계 단체 등에 개인정보처리자의 법규 준수 현황과 개인정보 관리 실태 등에 관한 자료의 제출이나 의견의 진술 등을 요구할 수 있다(§ 11 ①). 중앙행정기관의 장은 시행계획을 효율적으로 수립 · 추진하기 위하여 소관 분야의 개인정보처리자에게 동일한 내용의 자료제출 등을 요구할 수 있다(§ 11 ②). 자료제출 등을 요구받은 자는 특별한 사정이 없으면 이에 따라야 한다(§ 11 ③). 자료제출 등의 범위와 방법 등 필요한 사항은 대통령령으로 정한다(§ 11 ④).

5.3 개인정보 보호지침

법은 제12조에서 행정안전부장관으로 하여금 개인정보 보호지침을 제정하여 확산시킬 수 있도록 하였다. 즉, 행정안전부장관은 개인정보의 처리에 관한 기준, 개인정보 침해의 유형 및 예방조치 등에 관한 표준 개인정보 보호지침(이하 "표준지침"이라 한다)을 정하여 개인정보처리자에게 그 준수를 권장할 수 있다(§ 12 ①).

중앙행정기관의 장은 표준지침에 따라 소관 분야의 개인정보 처리와 관련한 개인정보 보호지침을 정하여 개인정보처리자에게 그 준수를 권장할 수 있다(§ 12 ②).

국회, 법원, 헌법재판소 및 중앙선거관리위원회는 해당 기관(그 소속 기관을 포함한다)의 개인정보 보호지침을 정하여 시행할 수 있다(§ 12 ③).

5.4 자율규제의 촉진 및 지원

법은 개인정보보호를 위한 자율규제를 촉진하고 지원하기 위하여 행정안전부장관에게 개인정보처리자의 자율적인 개인정보 보호활동을 촉진하고 지원하기 위하여 다음에 열거된 바에 따라 필요한 시책을 마련하도록 의무를 부과하고 있다(§ 13).

1. 개인정보 보호에 관한 교육・홍보
2. 개인정보 보호와 관련된 기관・단체의 육성 및 지원
3. 개인정보 보호 인증마크의 도입・시행 지원
4. 개인정보처리자의 자율적인 규약의 제정・시행 지원
5. 그 밖에 개인정보처리자의 자율적 개인정보 보호활동을 지원하기 위하여 필요한 사항

5.5 국제협력

법은 국제협력을 촉진하려는 취지에서 정부에게 국제적 환경에서의 개인정보 보호 수준을 향상시키기 위하여 필요한 시책과(§ 14 ①), 개인정보 국외 이전으로 인하여 정보주체의 권리가 침해되지 아니하도록 관련 시책을 마련하여야 할 책무를 부여하였다(§ 14 ②).

6. 개인정보의 처리

6.1 개설

법은 개인정보의 수집, 이용, 제공, 파기에 이르는 각 단계별로 개인정보처리자가 준수하여야 할 처리기준을 구체적으로 규정하여 개인정보가 그 처리과정에서부터 잘 보호될 수 있도록 배려하고 있다. 이에 따라 개인정보를 수집, 이용하거나 제3자에게 제공할 경우에는 정보주체의 동의 등을 얻어야 하고, 개인정보의 수집・이용 목적의 달성 등으로 불필요하게 된 때에는 지체 없이 개인정보를 파기하도록 되어 있다. 그 내용을 살펴보면 다

음과 같다.

6.2 개인정보의 수집 · 이용, 제공 등

(1) 개인정보의 수집 · 이용

개인정보처리자는 다음 각 호의 어느 하나에 해당하는 경우에는 개인정보를 수집할 수 있으며 그 수집 목적의 범위에서 이용할 수 있다(§ 15 ①).

1. 정보주체의 동의를 받은 경우
2. 법률에 특별한 규정이 있거나 법령상 의무를 준수하기 위하여 불가피한 경우
3. 공공기관이 법령 등에서 정하는 소관 업무의 수행을 위하여 불가피한 경우
4. 정보주체와의 계약의 체결 및 이행을 위하여 불가피하게 필요한 경우
5. 정보주체 또는 그 법정대리인이 의사표시를 할 수 없는 상태에 있거나 주소불명 등으로 사전 동의를 받을 수 없는 경우로서 명백히 정보주체 또는 제3자의 급박한 생명, 신체, 재산의 이익을 위하여 필요하다고 인정되는 경우
6. 개인정보처리자의 정당한 이익을 달성하기 위하여 필요한 경우로서 명백하게 정보주체의 권리보다 우선하는 경우. 이 경우 개인정보처리자의 정당한 이익과 상당한 관련이 있고 합리적인 범위를 초과하지 아니하는 경우에 한한다.

개인정보처리자는 제1항 제1호에 따른 동의를 받을 때에는 다음 각 호의 사항을 정보주체에게 알려야 한다(§ 15 ② 전단). 다음 각 호의 어느 하나의 사항을 변경하는 경우에도 이를 알리고 동의를 받아야 한다(§ 15 ② 후단).

1. 개인정보의 수집 · 이용 목적
2. 수집하려는 개인정보의 항목
3. 개인정보의 보유 및 이용 기간

4. 동의를 거부할 권리가 있다는 사실 및 동의 거부에 따른 불이익이 있는 경우에는 그 불이익의 내용

(2) 개인정보의 수집 제한

법은 개인정보의 수집을 비례원칙의 한 요소인 필요최소한의 원칙에 의해 제한하고 있다. 즉, 개인정보처리자는 제15조 제1항 각 호의 어느 하나에 해당하여 개인정보를 수집하는 경우에는 그 목적에 필요한 최소한의 개인정보를 수집하여야 한다(§ 16 ① 전단). 이 경우 최소한의 개인정보 수집이라는 입증책임은 개인정보처리자가 부담한다(§ 16 ① 후단).

개인정보처리자는 정보주체가 필요한 최소한의 정보 외의 개인정보 수집에 동의하지 아니한다는 이유로 정보주체에게 재화 또는 서비스의 제공을 거부하여서는 아니 된다(§ 16 ②).

(3) 개인정보의 제공

개인정보처리자는 다음 각 호의 어느 하나에 해당되는 경우에는 정보주체의 개인정보를 제3자에게 제공(공유를 포함한다. 이하 같다)할 수 있다(§ 17 ①).

1. 정보주체의 동의를 받은 경우
2. 제15조 제1항 제2호 · 제3호 및 제5호에 따라 개인정보를 수집한 목적 범위에서 개인정보를 제공하는 경우

개인정보처리자는 제1항 제1호에 따른 동의를 받을 때에는 다음 각 호의 사항을 정보주체에게 알려야 한다(§ 17 ② 전단). 다음 각 호의 어느 하나의 사항을 변경하는 경우에도 이를 알리고 동의를 받아야 한다(§ 17 ② 후단).

1. 개인정보를 제공받는 자
2. 개인정보를 제공받는 자의 개인정보 이용 목적
3. 제공하는 개인정보의 항목
4. 개인정보를 제공받는 자의 개인정보 보유 및 이용 기간
5. 동의를 거부할 권리가 있다는 사실 및 동의 거부에 따른 불이익이 있는 경우에는 그 불이익의 내용

개인정보처리자가 개인정보를 국외의 제3자에게 제공할 때에는 제2항 각 호에 따른 사항을 정보주체에게 알리고 동의를 받아야 하며, 이 법을 위반하는 내용으로 개인정보의 국외 이전에 관한 계약을 체결해서는 아니 된다(§ 17 ③).

(4) 개인정보의 이용·제공 제한

개인정보처리자는 개인정보를 제15조 제1항에 따른 범위를 초과하여 이용하거나 제17조 제1항 및 제3항에 따른 범위를 초과하여 제3자에게 제공해서는 아니 된다(§ 18 ①).

제1항에도 불구하고 개인정보처리자는 다음 각 호의 어느 하나에 해당하는 경우에는 정보주체 또는 제3자의 이익을 부당하게 침해할 우려가 있을 때를 제외하고는 개인정보를 목적 외의 용도로 이용하거나 이를 제3자에게 제공할 수 있다(§ 18 ② 전단). 다만, 제5호부터 제9호까지의 경우는 공공기관의 경우로 한정한다(§ 18 ② 후단).

1. 정보주체로부터 별도의 동의를 받은 경우
2. 다른 법률에 특별한 규정이 있는 경우
3. 정보주체 또는 그 법정대리인이 의사표시를 할 수 없는 상태에 있거나 주소불명 등으로 사전 동의를 받을 수 없는 경우로서 명백히 정보주체 또는 제3자의 급박한 생명, 신체, 재산의 이익을 위하여 필요하다고 인정되는 경우
4. 통계작성 및 학술연구 등의 목적을 위하여 필요한 경우로서 특정 개인을 알

아볼 수 없는 형태로 개인정보를 제공하는 경우

5. 개인정보를 목적 외의 용도로 이용하거나 이를 제3자에게 제공하지 아니하면 다른 법률에서 정하는 소관 업무를 수행할 수 없는 경우로서 보호위원회의 심의·의결을 거친 경우
6. 조약, 그 밖의 국제협정의 이행을 위하여 외국정부 또는 국제기구에 제공하기 위하여 필요한 경우
7. 범죄의 수사와 공소의 제기 및 유지를 위하여 필요한 경우
8. 법원의 재판업무 수행을 위하여 필요한 경우
9. 형(刑) 및 감호, 보호처분의 집행을 위하여 필요한 경우

개인정보처리자는 제2항 제1호에 따른 동의를 받을 때에는 다음 각 호의 사항을 정보주체에게 알려야 한다(§ 18 ③ 전단). 다음 각 호의 어느 하나의 사항을 변경하는 경우에도 이를 알리고 동의를 받아야 한다(§ 18 ③ 후단).

1. 개인정보를 제공받는 자
2. 개인정보의 이용 목적(제공 시에는 제공받는 자의 이용 목적을 말한다)
3. 이용 또는 제공하는 개인정보의 항목
4. 개인정보의 보유 및 이용 기간(제공 시에는 제공받는 자의 보유 및 이용 기간을 말한다)
5. 동의를 거부할 권리가 있다는 사실 및 동의 거부에 따른 불이익이 있는 경우에는 그 불이익의 내용

공공기관은 제2항 제2호부터 제6호까지, 제8호 및 제9호에 따라 개인정보를 목적 외의 용도로 이용하거나 이를 제3자에게 제공하는 경우에는 그 이용 또는 제공의 법적 근거, 목적 및 범위 등에 관하여 필요한 사항을 행정안전부령으로 정하는 바에 따라 관보 또는 인터넷 홈페이지 등에 게재하여야 한다(§ 18 ④).

개인정보처리자는 제2항 각 호의 어느 하나의 경우에 해당하여 개인정보를 목적 외의 용도로 제3자에게 제공하는 경우에는 개인정보를 제공받는 자에게 이용 목적, 이용 방법, 그 밖에 필요한 사항에 대하여 제한을 하거나, 개인정보의 안전성 확보를 위하여 필요한 조치를 마련하도록 요청하여야 한다(§ 18 ⑤ 전단). 이 경우 요청을 받은 자는 개인정보의 안전성 확보를 위하여 필요한 조치를 하여야 한다(§ 18 ⑤ 후단).

(5) 개인정보를 제공받은 자의 이용 · 제공 제한

개인정보처리자로부터 개인정보를 제공받은 자는 다음 각 호의 어느 하나에 해당하는 경우를 제외하고는 개인정보를 제공받은 목적 외의 용도로 이용하거나 이를 제3자에게 제공해서는 아니 된다(§ 19).

1. 정보주체로부터 별도의 동의를 받은 경우
2. 다른 법률에 특별한 규정이 있는 경우

판례

구「공공기관의 개인정보보호에 관한 법률」제11조는 '개인정보의 처리를 행하는 공공기관의 직원이나 직원이었던 자 또는 공공기관으로부터 개인정보의 처리업무를 위탁받아 그 업무에 종사하거나 종사하였던 자는 직무상 알게 된 개인정보를 누설 또는 권한 없이 처리하거나 타인의 이용에 제공하는 등 부당한 목적을 위하여 사용하여서는 아니 된다'고 규정하여 개인정보취급자의 의무를 강화한 바 있었다(§ 11).

그러나 판례는 이 조항을 엄격하게 제한적으로 해석하였다: 법 제11조는 "개인정보의 처리를 행하는 공공기관의 직원이나 직원이었던 자 또는 공공기관으로부터 개인정보의 처리업무를 위탁받아 그 업무에 종사하거나 종사하였던 자는 직무상 알게 된 개인정보를 누설 또는 권한 없이 처리하거나 타인의 이용에 제공하는 등 부당한 목적을 위하여 사용하여서는 아니 된다."라고 규정하고 있고, 법 제23조 제2항은 "제11조의 규정을 위반하여 개인정보를 누설 또는 권한 없이 처리하거나 타인의 이용에 제공하는 등 부당한 목적으로 사용한 자는 3년 이하의 징역 또는 1,000만 원 이하의 벌금에 처한다."라고 규정하고 있는바, 문리해석상 법 제11조의 '개인정보의 처리를 행하는'이라는 문언과 '공공기관의'라는 문언이 함께 '직원이나 직원이었던 자'를 수식하는 것으로 해석하여야 할 것이고, 한편 법 제11조는 개인정보의 처리를 행하는 공공기관의 직원 등이 직무상 알게 된 개인정보를 누설하는 등의 행위를 하는 것을 금지하고 있을 뿐 그러한 자로부터 개인정보를 건네받은 타인이 그 개인정보를 이용하는 행위를 금지하는 것은 아니므로, 결국 법 제23조 제2항은 개인정보의 처리를 행하는 직원 등이 개인정보를 누설하거나 타인에게 이를 이용하게 하는 행위를 처벌할 뿐이고, 개인정보를 건네받은 타인이 이를 이용하는 행위는 위 규정조항에 해당되지 않는다고 볼 것이다.[131]

(6) 정보주체 이외로부터 수집한 개인정보의 수집출처 등 고지

개인정보처리자가 정보주체 이외로부터 수집한 개인정보를 처리하는 때에는 정보주체의 요구가 있으면 즉시 다음 각 호의 모든 사항을 정보주체에게 알려야 한다(§ 20 ①).

1. 개인정보의 수집 출처
2. 개인정보의 처리 목적
3. 제37조에 따른 개인정보 처리의 정지를 요구할 권리가 있다는 사실

제1항은 다음 각 호의 어느 하나에 해당하는 경우에는 적용하지 아니한다(§ 20 ② 본문). 다만, 이 법에 따른 정보주체의 권리보다 명백히 우선하는 경우에 한한다(§ 20 ② 단서).

131) 대법원 2006.12.7. 선고 2006도6966 판결(공직선거법위반 · 공공기관의개인정보보호에관한법률위반 공2007.1.15.(266),159).

1. 고지를 요구하는 대상이 되는 개인정보가 제32조 제2항 각 호의 어느 하나에 해당하는 개인정보 파일에 포함되어 있는 경우
2. 고지로 인하여 다른 사람의 생명·신체를 해할 우려가 있거나 다른 사람의 재산과 그 밖의 이익을 부당하게 침해할 우려가 있는 경우

(7) 개인정보의 파기

기간 경과, 처리 목적 달성 등 개인정보를 더 이상 보유해야 할 이유가 없게 된 경우에도 계속 개인정보를 보유하게 됨에 따라 개인정보의 오·남용이나 침해가 발생하는 경우가 적지 않다. 이러한 문제점에 대한 우려를 불식시킬 수 있으려면 개인정보처리자에게 파기의무를 부과하거나 정보주체에게 파기를 요구할 수 있는 권리를 부여하는 방안이 필요하다. 법은 여기서 일단 개인정보처리자에게 파기의무를 부과하는 방법을 택했다. 정보주체에게 제35조에 따른 자신의 개인정보 열람청구권과 제36조에 따른 개인정보 정정·삭제 요구권을 인정하고 있기 때문에[132] 양자는 서로 상응하는 의미를 가진다고 볼 수 있을 것이다.

개인정보처리자는 보유기간의 경과, 개인정보의 처리 목적 달성 등 그 개인정보가 불필요하게 되었을 때에는, 다른 법령에 따라 보존해야 하는 경우를 제외하고는, 지체 없이 그 개인정보를 파기하여야 한다(§ 21 ①). 개인정보처리자가 개인정보를 파기할 때에는 복구 또는 재생되지 아니하도록 조치하여야 한다(§ 21 ②).

개인정보처리자가 제1항 단서에 따라 개인정보를 파기하지 아니하고 보존해야 하는 경우에는 해당 개인정보 또는 개인정보파일을 다른 개인정보와 분리해서 저장·관리하여야 한다(§ 21 ③).

개인정보의 파기방법 및 절차 등에 필요한 사항은 대통령령으로 정한다(§ 21 ④).

---

132) 개인정보 삭제요구권에도 예외가 있다. 즉, 다른 법령에 그 개인정보가 수집 대상으로 명시되어 있는 경우에는 그 삭제를 요구할 수 없다(§ 36 ① 단서).

(8) 동의를 받는 방법

개인정보처리자는 이 법에 따른 개인정보의 처리에 대하여 정보주체(제5항에 따른 법정대리인을 포함한다. 이하 이 조에서 같다)의 동의를 받을 때에는 각각의 동의 사항을 구분하여 정보주체가 이를 명확하게 인지할 수 있도록 알리고 각각 동의를 받아야 한다(§ 22 ①).

개인정보처리자는 제15조 제1항 제1호, 제17조 제1항 제1호, 제23조 제1호 및 제24조 제1항 제1호에 따라 개인정보의 처리에 대하여 정보주체의 동의를 받을 때에는 정보주체와의 계약 체결 등을 위하여 정보주체의 동의 없이 처리할 수 있는 개인정보와 정보주체의 동의가 필요한 개인정보를 구분하여야 한다(§ 22 ② 전단). 이 경우 동의 없이 처리할 수 있는 개인정보라는 입증책임은 개인정보처리자가 부담한다(§ 22 ② 후단).

개인정보처리자는 정보주체에게 재화나 서비스를 홍보하거나 판매를 권유하기 위하여 개인정보의 처리에 대한 동의를 받으려는 때에는 정보주체가 이를 명확하게 인지할 수 있도록 알리고 동의를 받아야 한다(§ 22 ③).

개인정보처리자는 정보주체가 제2항에 따라 선택적으로 동의할 수 있는 사항을 동의하지 아니하거나 제3항 및 제18조 제2항 제1호에 따른 동의를 하지 아니한다는 이유로 정보주체에게 재화 또는 서비스의 제공을 거부하여서는 아니 된다(§ 22 ④).

개인정보처리자는 만 14세 미만 아동의 개인정보를 처리하기 위하여 이 법에 따른 동의를 받아야 할 때에는 그 법정대리인의 동의를 받아야 한다(§ 22 ⑤ 전단). 이 경우 법정대리인의 동의를 받기 위하여 필요한 최소한의 정보는 법정대리인의 동의 없이 해당 아동으로부터 직접 수집할 수 있다(§ 22 ⑤ 후단).

제1항부터 제5항까지에서 규정한 사항 외에 정보주체의 동의를 받는 세부적인 방법 및 제5항에 따른 최소한의 정보의 내용에 관하여 필요한 사항은 개인정보의 수집매체 등을 고려하여 대통령령으로 정하도록 위임되어 있다(§ 22 ⑥).

6.3 개인정보의 처리 제한

(1) 개설

법은 개인정보의 처리 제한에 관하여 민감정보의 처리 제한, 고유식별정보의 처리제한 강화, 영상정보처리기기의 설치・운영 제한 등을 규정하고 있다.

(2) 민감정보의 처리 제한

개인정보 중에서도 특히 그 처리를 제한해야 할 필요성이 큰 경우가 민감정보라 할 수 있다. 그러한 견지에서 법은 민감정보의 처리를 비교적 엄격하게 제한하고 있다. 즉, 개인정보처리자는 사상・신념, 노동조합・정당의 가입・탈퇴, 정치적 견해, 건강, 성생활 등에 관한 정보, 그 밖에 정보주체의 사생활을 현저히 침해할 우려가 있는 개인정보로서 대통령령으로 정하는 정보(이하 "민감정보"라 한다)를 처리해서는 아니 된다(§ 23 본문). 다만, 다음 각 호의 어느 하나에 해당하는 경우에는 그러하지 아니하다(§ 23 단서).

1. 정보주체에게 제15조 제2항 각 호 또는 제17조 제2항 각 호의 사항을 알리고 다른 개인정보의 처리에 대한 동의와 별도로 동의를 받은 경우
2. 법령에서 민감정보의 처리를 요구하거나 허용하는 경우

(3) 고유식별정보의 처리제한 강화

그동안 주민등록번호의 오・남용과 그로 인한 피해사례가 끊이지 않았다. 그 원인으로 주민등록번호의 오・남용을 가능케 한 소프트웨어나 해킹 등뿐만 아니라 주민등록번호 같은 고유식별정보를 무분별하게 널리 사용해 온 기존의 관행에도 문제가 있다는 지적이 많았다. 이에 법은 주민등록번호의 광범위한 사용 관행을 제한함으로써 주민등록번호 오・남용을 방지하고, 고유식별정보에 대한 보호를 한층 강화하기 위하여 주민등록번호 등 고유식별정보의 처리제한을 대폭 강화하였다. 이에 따라 주민등록번호 등

법령에 의하여 개인을 고유하게 구별하기 위해 부여된 고유식별정보는 원칙적으로 처리가 금지되며, 별도의 동의를 얻거나 법령에 의한 경우 등에 한하여 제한적으로 예외가 인정되게 되었다. 한편, 대통령령으로 정하는 개인정보처리자에게 홈페이지 회원가입 등 일정한 경우 주민등록번호 외의 방법을 반드시 제공하도록 의무화하고 있다.

고유식별정보의 처리 제한의 내용을 좀 더 살펴보면 다음과 같다.

개인정보처리자는 다음 각 호의 경우를 제외하고는 법령에 따라 개인을 고유하게 구별하기 위하여 부여된 식별정보로서 대통령령으로 정하는 정보(이하 "고유식별정보"라 한다)를 처리할 수 없다(§ 24 ①).

1. 정보주체에게 제15조 제2항 각 호 또는 제17조 제2항 각 호의 사항을 알리고 다른 개인정보의 처리에 대한 동의와 별도로 동의를 받은 경우
2. 법령에서 구체적으로 고유식별정보의 처리를 요구하거나 허용하는 경우

대통령령으로 정하는 기준에 해당하는 개인정보처리자는 정보주체가 인터넷 홈페이지를 통하여 회원으로 가입할 경우 주민등록번호를 사용하지 아니하고도 회원으로 가입할 수 있는 방법을 제공하여야 한다(§ 24 ②).

개인정보처리자가 제1항 각 호에 따라 고유식별정보를 처리하는 경우에는 그 고유식별정보가 분실·도난·유출·변조 또는 훼손되지 아니하도록 대통령령으로 정하는 바에 따라 암호화 등 안전성 확보에 필요한 조치를 하여야 한다(§ 24 ③).

행정안전부장관은 제2항에 따른 방법의 제공을 지원하기 위하여 관계 법령의 정비, 계획의 수립, 필요한 시설 및 시스템의 구축 등 제반 조치를 마련할 수 있다(§ 24 ④).

(4) 영상정보처리기기의 설치·운영 제한

그동안 CCTV 등 영상정보처리기기[133]의 무분별한 설치·사용에 따른 개

인의 프라이버시 침해 등 많은 부작용과 이에 따른 우려와 논란이 끊임없이 제기되었다. 이러한 배경에서 법은 영상정보처리기기의 설치·운영 근거를 구체화함으로써 폐쇄회로 텔레비전 등 영상정보처리기기의 무분별한 설치를 방지하여 개인영상정보 보호를 강화하고자 하였다. 이에 따라 영상정보처리기기 운영자는 일반적으로 공개된 장소에 범죄예방 등 특정 목적으로만 영상정보처리기기를 설치할 수 있게 되었다.

먼저, 법은 영상정보처리기기의 설치·운영을 제한하고 있다. 누구든지 다음 각 호의 경우를 제외하고는 공개된 장소에 영상정보처리기기를 설치·운영해서는 아니 된다(§ 25 ①).

1. 법령에서 구체적으로 허용하고 있는 경우
2. 범죄의 예방 및 수사를 위하여 필요한 경우
3. 시설안전 및 화재 예방을 위하여 필요한 경우
4. 교통단속을 위하여 필요한 경우
5. 교통정보의 수집·분석 및 제공을 위하여 필요한 경우

둘째, 누구든지 불특정 다수가 이용하는 목욕실, 화장실, 발한실(發汗室), 탈의실 등 개인의 사생활을 현저히 침해할 우려가 있는 장소의 내부를 볼 수 있도록 영상정보처리기기를 설치·운영해서는 아니 된다(§ 25 ② 본문). 다만, 교도소, 정신보건 시설 등 법령에 근거하여 사람을 구금하거나 보호하는 시설로서 대통령령으로 정하는 시설에 대하여는 그러하지 아니하다(§ 25 ② 단서).

셋째, 법은 제1항 각 호에 따라 영상정보처리기기를 설치·운영하려는 공공기관의 장과 제2항 단서에 따라 영상정보처리기기를 설치·운영하려는 자에게 공청회·설명회의 개최 등 대통령령으로 정하는 절차를 거쳐 관

133) "영상정보처리기기"란 일정한 공간에 지속적으로 설치되어 사람 또는 사물의 영상 등을 촬영하거나 이를 유·무선망을 통하여 전송하는 장치로서 대통령령으로 정하는 장치를 말한다(§ 2 vii).

계 전문가 및 이해관계인의 의견을 수렴할 의무를 부과하고 있다(§ 25 ③).

넷째, 법은 영상정보처리기기운영자에게 그 안전성 등을 확보하기 위한 각종 의무를 부과하고 있다. 이에 따라 영상정보처리기기운영자는 정보주체가 쉽게 인식할 수 있도록 대통령령으로 정하는 바에 따라 안내판 설치 등 필요한 조치를 하여야 한다(§ 25 ④ 본문).[134] 아울러 영상정보처리기기운영자는 영상정보처리기기의 설치 목적과 다른 목적으로 영상정보처리기기를 임의로 조작하거나 다른 곳을 비춰서는 아니 되며, 녹음기능은 사용할 수 없다(§ 25 ⑤). 그 밖에도 영상정보처리기기운영자는 개인정보가 분실·도난·유출·변조 또는 훼손되지 아니하도록 제29조에 따라 안전성 확보에 필요한 조치를 하여야 하며(§ 25 ⑥), 대통령령으로 정하는 바에 따라 영상정보처리기기 운영·관리 방침을 마련하여야 한다(§ 25 ⑦ 전단).[135]

다섯째, 영상정보처리기기운영자는 영상정보처리기기의 설치·운영에 관한 사무를 위탁할 수 있다(§ 25 ⑧ 전단). 다만, 공공기관이 영상정보처리기기 설치·운영에 관한 사무를 위탁하는 경우에는 대통령령으로 정하는 절차 및 요건에 따라야 한다(§ 25 ⑧ 후단).

(5) 업무위탁에 따른 개인정보의 처리 제한

개인정보처리자가 제3자에게 개인정보의 처리 업무를 위탁하는 경우에는 다음 각 호의 내용이 포함된 문서에 의하여야 한다(§ 26 ①).

1. 위탁업무 수행 목적 외 개인정보의 처리 금지에 관한 사항
2. 개인정보의 기술적·관리적 보호조치에 관한 사항
3. 그 밖에 개인정보의 안전한 관리를 위하여 대통령령으로 정한 사항

134) 다만, 대통령령으로 정하는 시설에 대하여는 그러하지 아니하다(§ 25 ④ 단서).
135) 그 경우 제30조에 따른 개인정보 처리방침을 정하지 아니할 수 있다(§ 25 ⑦ 후단).

이 경우 개인정보의 처리 업무를 위탁하는 개인정보처리자(이하 "위탁자"라 한다)는 위탁하는 업무의 내용과 개인정보 처리 업무를 위탁받아 처리하는 자(이하 "수탁자"라 한다)를 정보주체가 언제든지 쉽게 확인할 수 있도록 대통령령으로 정하는 방법에 따라 공개하여야 한다(§ 26 ②).

위탁자가 재화 또는 서비스를 홍보하거나 판매를 권유하는 업무를 위탁하는 경우에는 대통령령으로 정하는 방법에 따라 위탁하는 업무의 내용과 수탁자를 정보주체에게 알려야 한다(§ 26 ③ 전단). 위탁하는 업무의 내용이나 수탁자가 변경된 경우에도 또한 같다(§ 26 ③ 후단).

위탁자는 업무 위탁으로 인하여 정보주체의 개인정보가 분실·도난·유출·변조 또는 훼손되지 아니하도록 수탁자를 교육하고, 처리 현황 점검 등 대통령령으로 정하는 바에 따라 수탁자가 개인정보를 안전하게 처리하는지를 감독하여야 한다(§ 26 ④).

수탁자는 개인정보처리자로부터 위탁받은 해당 업무 범위를 초과하여 개인정보를 이용하거나 제3자에게 제공해서는 아니 된다(§ 26 ⑤).

수탁자가 위탁받은 업무와 관련하여 개인정보를 처리하는 과정에서 이 법을 위반하여 발생한 손해배상책임에 대하여는 수탁자를 개인정보처리자의 소속 직원으로 본다(§ 26 ⑥).

수탁자에 관하여는 제15조부터 제25조까지, 제27조부터 제31조까지, 제33조부터 제38조까지 및 제59조를 준용한다(§ 26 ⑦).

(6) 영업양도 등에 따른 개인정보의 이전 제한

법은 영업양도 등에 따른 개인정보의 이전을 제한하는 규정을 두고 있다. 이에 따르면, 개인정보처리자는 영업의 전부 또는 일부의 양도·합병 등으로 개인정보를 다른 사람에게 이전하는 경우에는 미리 다음 각 호의 사항을 대통령령으로 정하는 방법에 따라 해당 정보주체에게 알려야 한다(§ 27 ①).

1. 개인정보를 이전하려는 사실

2. 개인정보를 이전받는 자(이하 "영업양수자 등"이라 한다)의 성명(법인의 경우에는 법인의 명칭을 말한다), 주소, 전화번호 및 그 밖의 연락처
3. 정보주체가 개인정보의 이전을 원하지 아니하는 경우 조치할 수 있는 방법 및 절차

영업양수자 등은 개인정보를 이전받았을 때에는 지체 없이 그 사실을 대통령령으로 정하는 방법에 따라 정보주체에게 알려야 한다(§ 27 ② 전단). 다만, 개인정보처리자가 제1항에 따라 그 이전 사실을 이미 알린 경우에는 그러하지 아니하다(§ 27 ② 후단).

영업양수자 등은 영업의 양도・합병 등으로 개인정보를 이전받은 경우에는 이전 당시의 본래 목적으로만 개인정보를 이용하거나 제3자에게 제공할 수 있다(§ 27 ③ 전단). 이 경우 영업양수자 등은 개인정보처리자로 본다(§ 27 ③ 전단).

(7) 개인정보취급자에 대한 감독

법은 개인정보취급자에 대한 감독에 관한 규정을 두고 있다. 즉, 개인정보처리자는 개인정보를 처리함에 있어서 개인정보가 안전하게 관리될 수 있도록 임직원, 파견근로자, 시간제근로자 등 개인정보처리자의 지휘・감독을 받아 개인정보를 처리하는 자(이하 "개인정보취급자"라 한다)에 대하여 적절한 관리・감독을 행하여야 한다(§ 28 ①). 개인정보처리자는 개인정보의 적정한 취급을 보장하기 위하여 개인정보취급자에게 정기적으로 필요한 교육을 실시하여야 한다(§ 28 ②).

7. 개인정보의 안전한 관리

7.1 개설

법은 개인정보의 안전성 확보의 긴절함을 감안하여 개인정보의 안전한 관

리를 위한 규정을 크게 강화하였다.

7.2 개인정보처리자의 안전조치의무

법은 개인정보처리자에게 개인정보가 분실 · 도난 · 유출 · 변조 또는 훼손되지 아니하도록 내부 관리계획 수립, 접속기록 보관 등 대통령령으로 정하는 바에 따라 안전성 확보에 필요한 기술적 · 관리적 및 물리적 조치를 할 의무를 부과하였다(§ 29 ①).

7.3 개인정보 처리방침의 수립 · 공개

법은 개인정보처리자로 하여금 개인정보 처리방침을 수립하도록 의무화하고 이를 공개하도록 하였다. 즉, 개인정보처리자는 다음과 같은 사항이 포함된 개인정보의 처리 방침(이하 "개인정보 처리방침"이라 한다)을 정하여야 하며, 이 경우 공공기관은 법 제32조에 따라 등록대상이 되는 개인정보파일에 대하여 개인정보 처리방침을 정하도록 되어 있다(§ 30 ①).

1. 개인정보의 처리 목적
2. 개인정보의 처리 및 보유 기간
3. 개인정보의 제3자 제공에 관한 사항(해당되는 경우에만 정한다)
4. 개인정보처리의 위탁에 관한 사항(해당되는 경우에만 정한다)
5. 정보주체의 권리 · 의무 및 그 행사방법에 관한 사항
6. 그 밖에 개인정보의 처리에 관하여 대통령령으로 정한 사항

개인정보처리자가 개인정보 처리방침을 수립하거나 변경하는 경우에는 정보주체가 쉽게 확인할 수 있도록 대통령령으로 정하는 방법에 따라 공개하여야 한다(§ 30 ②).

개인정보처리방침의 내용과 개인정보처리자와 정보주체 간에 체결한 계약의 내용이 다른 경우에는 정보주체에게 유리한 것을 적용한다(§ 30 ③).

행정안전부장관은 개인정보 처리방침의 작성지침을 정하여 개인정보처

리자에게 그 준수를 권장할 수 있다(§ 30 ④).

7.4 개인정보 보호책임자의 지정

법은 개인정보처리자에게 개인정보의 처리에 관한 업무를 총괄해서 책임질 개인정보 보호책임자를 지정하도록 의무를 부과하고 있다(§ 31 ①). 개인정보 보호책임자가 수행하는 업무는 다음과 같다(§ 31 ②).

1. 개인정보 보호 계획의 수립 및 시행
2. 개인정보 처리 실태 및 관행의 정기적인 조사 및 개선
3. 개인정보 처리와 관련한 불만의 처리 및 피해 구제
4. 개인정보 유출 및 오·남용 방지를 위한 내부통제시스템의 구축
5. 개인정보 보호 교육 계획의 수립 및 시행
6. 개인정보파일의 보호 및 관리·감독
7. 그 밖에 개인정보의 적절한 처리를 위하여 대통령령으로 정한 업무

개인정보 보호책임자는 제2항 각 호의 업무를 수행함에 있어서 필요한 경우 개인정보의 처리 현황, 처리 체계 등에 대하여 수시로 조사하거나 관계 당사자로부터 보고를 받을 수 있다(§ 31 ③).

개인정보 보호책임자는 개인정보 보호와 관련하여 이 법 및 다른 관계 법령의 위반 사실을 알게 된 경우에는 즉시 개선조치를 해야 하며, 필요하면 소속 기관 또는 단체의 장에게 개선조치를 보고하여야 한다(§ 31 ④).

개인정보처리자는 개인정보 보호책임자가 제2항 각 호의 업무를 수행함에 있어서 정당한 이유 없이 불이익을 주거나 받게 하여서는 아니 된다(§ 31 ⑤).

개인정보 보호책임자의 지정요건, 업무, 자격요건, 그 밖에 필요한 사항은 대통령령으로 정한다(§ 31 ⑥).

7.5 개인정보파일의 등록 및 공개

공공기관의 장이 개인정보파일을 운용하는 경우에는 다음 사항을 행정안전부장관에게 등록하여야 한다. 등록한 사항이 변경된 경우에도 또한 같다(§ 32 ①).

1. 개인정보파일의 명칭
2. 개인정보파일의 운영 근거 및 목적
3. 개인정보파일에 기록되는 개인정보의 항목
4. 개인정보의 처리방법
5. 개인정보의 보유기간
6. 개인정보를 통상적 또는 반복적으로 제공하는 경우에는 그 제공받는 자
7. 그 밖에 대통령령으로 정하는 사항

다음 중 어느 하나에 해당하는 개인정보파일에 대하여는 제1항을 적용하지 아니한다(§ 32 ②).

1. 국가 안전, 외교상 비밀, 그 밖에 국가의 중대한 이익에 관한 사항을 기록한 개인정보파일
2. 범죄의 수사, 공소의 제기 및 유지, 형 및 감호의 집행, 교정처분, 보호처분, 보안관찰처분과 출입국관리에 관한 사항을 기록한 개인정보파일
3. 「조세범처벌법」에 따른 범칙행위 조사 및 「관세법」에 따른 범칙행위 조사에 관한 사항을 기록한 개인정보파일
4. 공공기관의 내부적 업무처리만을 위하여 사용되는 개인정보파일
5. 다른 법령에 의하여 비밀로 분류된 개인정보파일

행정안전부장관은 필요하면 개인정보파일의 등록사항과 그 내용을 검토하여 해당 공공기관의 장에게 개선을 권고할 수 있다(§ 32 ③).

행정안전부장관은 개인정보파일의 등록 현황을 누구든지 쉽게 열람할

수 있도록 공개하여야 하며(§ 32 ④), 그 등록과 공개의 방법, 범위 및 절차에 관하여 필요한 사항은 대통령령으로 정한다(§ 32 ⑤).

국회, 법원, 헌법재판소, 중앙선거관리위원회(그 소속 기관을 포함한다)의 개인정보파일 등록 및 공개에 관하여는 국회규칙, 대법원규칙, 헌법재판소규칙 및 중앙선거관리위원회규칙으로 정한다(§ 32 ⑥).

7.6 개인정보 영향평가

개인정보 영향평가제도는 "정부기관이 수행하는 각종정보화 사업이 개인의 정보보호에 끼치는 잠재적 혹은 실질적인 영향을 평가하고 이런 영향을 감소할 수 있는 방식을 평가하는 것"을 말한다.[136] 그중 프라이버시 영향평가제도는 새로 도입되는 정보정책과 컴퓨터 시스템, 새로운 정보수집 프로그램 등이 개인의 정보보호에 얼마나 영향을 끼치는가를 평가하여 정부기관에 의한 개인의 프라이버시 침해 가능성을 최소화 및 예방하는 것을 의미한다. 개인정보 침해로 인한 피해는 원상회복 등 사후 권리구제가 어려우므로 영향평가를 실시하여 미리 위험요인을 분석하고 이를 조기에 제거할 수 있도록 함으로서 개인정보 유출 및 오·남용 등의 피해를 효과적으로 예방할 수 있다. 이러한 배경에서 법은 제33조에서 개인정보 영향평가제도를 도입하였다. 법은 개인정보처리자는 개인정보파일의 구축·확대 등이 개인정보 보호에 영향을 미칠 우려가 크다고 판단될 경우 자율적으로 영향평가를 수행할 수 있도록 하는 한편, 공공기관은 정보주체의 권리침해 우려가 큰 일정한 사유에 해당될 때에는 반드시 영향평가를 수행하도록 의무화하고 있다.

개인정보보호법이 도입한 영향평가제도는 캐나다와 미국 등의 입법례를 참조한 것이다. 캐나다는 최초로 프라이버시 영향평가제도를 도입한 나라이

136) Privacy and E-Government: Privacy Impact Assessments and Privacy Commissioners-Two Mechanisms for Protecting Privacy to Promote Citizen Trust Online, in Global Internet Policy Initiative, 2003.5., 3.

다.[137] 캐나다는 프라이버시와 관련된 내용이 포함된 모든 연방정부기관의 프로그램과 서비스에 대해 정보영향평가를 의무화 하고 있다.[138] 캐나다 프라이버시 영향평가의 특징은 프로그램의 설계와 개선과정에서 프라이버시와 관련된 문제를 확인하고 해결하기 위한 일관된 분석틀(framework)을 제공하는 데 있다. 캐나다에서 프라이버시 영향평가 제도를 도입하게 된 배경은 다음과 같다. ① 정부기관은 당해 기관이 제공하는 프로그램 및 서비스의 구상, 분석, 고안, 개발, 시행 및 사후 검토에 이르기까지 전 과정에 걸쳐 개인정보의 수집, 이용 및 공개 등과 관련하여 프라이버시법 및 프라이버시 보호 원칙을 준수하고 있음을 명백히 밝힐 책임이 있다. ② 정부기관은 또한 개인정보의 수집이유, 이용 및 공개방법 등에 관하여 일반 국민과 지속적으로 의견을 교환해야 하며, 신규 프로그램 및 서비스를 제공하는 경우에는 동 프로그램 및 서비스가 프라이버시에 미치는 영향 및 그 해결방안에 대해 설명할 책임이 있다. ③ 따라서, 프라이버시 영향평가 정책 및 지침을 발표 및 시행함으로써 정부의 프로그램이나 서비스의 구상에서부터 시행에 이르기까지 모든 단계에 걸쳐 프라이버시가 보호되도록 하고, 프라이버시 문제에 대한 프로그램 관리자 및 기타 관계자의 책임을 명확히 하고, 프라이버시에 대한 이해를 바탕으로 철저한 검증을 거쳐 정책이나 시스템 등을 도입할 수 있도록 정책결정자에 대하여 필요한 정보를 제공하고, 사업추진 후에 프라이버시 보호를 이유로 사업을 중단하거나 변경하는 위험을 감소시키고, 정부기관이 이용하는 개인정보와 관련된 업무절차 및 흐름을 문서화하여 일반 국민과의 대화를 위한 기초 자료로 활용하고, 프라이버시위원회 및 일반 국민에 대하여 프라이버시 침해 가능성이 있는 신규 또는 변경된 프로그램 및 서비스 계획에 대한 정보를 제공하여 프라이버시 보호에 관한 인식을 고취시킬 필요가 있다는 것이다.[139]

---

137) Privacy and E－Government: Privacy Impact Assessments and Privacy Commissioners-Two Mechanisms for Protecting Privacy to Promote Citizen Trust Online, in Global Internet Policy Initiative, 2003.5., 7.

138) 캐나다 프라이버시 영향평가제도의 배경과 내용은 http://www.tbs-sct.gc.ca/pubs_pol/ciopubs/pia-pefr/paip-pefr1_e.asp#preface를 참조

139) http://www.tbs-sct.gc.ca/pubs_pol/ciopubs/pia-pefr/paip-pefr1_e.asp#preface, 재인용 구병문, 「프라이버시 영향평가제도의 국내법적 도입방안: 공공부문을 중심으로」, 제3회

미국은 각종 전자정부 사업을 추진하는 과정에서 당해 사업이 프라이버시에 미치는 영향을 사전에 조사함으로써 전자정부사업에 따른 국가기관에 의한 프라이버시 침해를 최소화하고자 2002년 전자정부법에서 프라이버시영향평가제도(Privacy Impact Assessment, PIA)를 법제화하였다.[140] 미국의 프라이버시영향평가는 ① 신원확인이 가능한 정보를 수집, 유지, 관리 또는 유포하기 위해 정보기술을 개발하거나 조달하는 경우, ② 정보기술을 이용하여 수집, 유지, 관리 또는 유포될 정보를 새로이 수집하는 경우, ③ 연방정부기관, 그 대행기관 또는 직원을 제외한 10인 이상의 자에 대하여 신원확인에 관한 문제가 제기되거나 신원에 관한 보고의무가 부과되는 경우에 특정 개인에 대하여 물리적 또는 온라인 접속을 허용하는 신원확인이 가능한 여하한 정보 등을 새로이 수집하는 경우에 적용된다. 위와 같은 대상에 대해 평가대상이 되는 정보체계의 규모, 당해 체계에서 신원확인을 가능하게 하는 정보의 민감성, 당해 정보의 무단공개로 초래되는 위험에 관하여 평가하게 되는데, 평가결과는 가능한 범위에서 공개토록 되어 있다. 다만 공개하는 경우에도 보안상 이유로 또는 프라이버시 영향 평가에 포함되어 있는 민감한 정보나 개인정보를 보호하기 위하여 공개에 관한 사항을 변경하거나 공개자체를 배제할 수 있도록 하였다.[141]

공공기관의 장은 대통령령으로 정하는 기준에 해당하는 개인정보파일의 운용으로 인하여 정보주체의 개인정보 침해가 우려되는 경우에는 그 위험요인의 분석과 개선 사항 도출을 위한 평가(이하 "영향평가"라 한다)를 하고 그 결과를 행정안전부장관에게 제출하여야 한다(§ 33 ① 전단). 이 경우 공공기관의 장은 영향평가를 행정안전부장관이 지정하는 기관(이하 "평가기관"이라 한다) 중에서 의뢰하여야 한다(§ 33 ① 후단).

개인정보보호 정책 포럼 자료, 2004.6., 7-8.

140) 구병문, 「캐나다 및 미국의 프라이버시 영향평가제도 분석과 국내전자정부 법제로의 도입 방향 검토」, 『정보화정책』 10권 3호, 2003, 213-214.

141) 이에 관해서는 홍준형 외, 『개인정보보호법제 정비를 위한 기본법 제정방안 연구』, 한국전산원, 2004.10.29., 114이하를 참조.

영향평가를 하는 경우에는 다음 각 호의 사항을 고려하여야 한다(§ 33 ②).

1. 처리하는 개인정보의 수
2. 개인정보의 제3자 제공 여부
3. 정보주체의 권리를 해할 가능성 및 그 위험 정도
4. 그 밖에 대통령령으로 정한 사항

행정안전부장관은 제출받은 영향평가 결과에 대하여 보호위원회의 심의 · 의결을 거쳐 의견을 제시할 수 있다(§ 33 ③).

공공기관의 장은 영향평가를 한 개인정보파일을 제32조 제1항에 따라 등록할 때에는 영향평가 결과를 함께 첨부하여야 한다(§ 33 ④).

행정안전부장관은 영향평가의 활성화를 위하여 관계 전문가의 육성, 영향평가 기준의 개발 · 보급 등 필요한 조치를 마련하여야 한다(§ 33 ⑤).

평가기관의 지정기준 및 지정취소, 평가기준, 영향평가의 방법 · 절차 등에 관하여 필요한 사항은 대통령령으로 정한다(§ 33 ⑥).

국회, 법원, 헌법재판소, 중앙선거관리위원회(그 소속 기관을 포함한다)의 영향평가에 관한 사항은 국회규칙, 대법원규칙, 헌법재판소규칙 및 중앙선거관리위원회규칙으로 정하는 바에 따른다(§ 33 ⑦).

법은 공공기관 외의 개인정보처리자에 대해서도 개인정보파일 운용으로 인하여 정보주체의 개인정보 침해가 우려되는 경우에는 영향평가를 하기 위하여 적극 노력하여야 한다고 촉구하는 규정을 두고 있다(§ 33 ⑧).

7.7 개인정보 유출사실의 통지 · 신고 제도 도입

개인정보 유출로 인한 피해의 확산 방지를 위해서는 그 사실을 미리 신속하게 통지하여 이에 대한 인식과 경계심을 공유하고 대책을 강구할 수 있도록 하는 것이 무엇보다도 중요하다. 이러한 견지에서 법은 개인정보처리자가 개인정보 유출 사실을 인지하였을 경우에는 지체 없이 해당 정보주체에게 관련 사실을 통지하고, 일정 규모 이상의 개인정보가 유출된 때에는 전문기관에 신고하도록 하는 한편, 피해의 최소화를 위해 필요한 조치를 하도록 하였다.

개인정보처리자는 개인정보가 유출되었음을 알게 되었을 때에는 지체 없이 해당 정보주체에게 다음 각 호의 사실을 알려야 한다(§ 34 ①).

1. 유출된 개인정보의 항목
2. 유출된 시점과 그 경위
3. 유출로 인하여 발생할 수 있는 피해를 최소화하기 위하여 정보주체가 할 수 있는 방법 등에 관한 정보
4. 개인정보처리자의 대응조치 및 피해 구제절차
5. 정보주체에게 피해가 발생한 경우 신고 등을 접수할 수 있는 담당부서 및 연락처

개인정보처리자는 개인정보가 유출된 경우 그 피해를 최소화하기 위한 대책을 마련하고 필요한 조치를 하여야 한다(§ 33 ②).

개인정보처리자는 대통령령으로 정한 규모 이상의 개인정보가 유출된 경우에는 제1항에 따른 통지 및 제2항에 따른 조치 결과를 지체 없이 행정안전부장관 또는 대통령령이 정하는 전문기관에 신고하여야 한다(§ 33 ③ 전단). 이 경우 행정안전부장관 또는 대통령령이 정하는 전문기관은 피해 확산방지, 피해 복구 등을 위한 기술을 지원할 수 있다(§ 33 ③ 후단).

개인정보 유출사실 통지의 시기, 방법 및 절차 등에 관하여 필요한 사항은 대통령령으로 정하도록 위임되어 있다(§ 33 ④).

8. 정보주체의 권리 보장

8.1 개설

법은 정보주체의 권리를 종전에 비해 대폭 강화하여 보장하고 있다. 법 제35조부터 제39조까지 다섯 개 조항을 두어 정보주체에게 개인정보의 열람청구권, 정정·삭제 청구권, 처리정지 요구권 등을 부여하고, 그 권리행사 방법 등을 규정하고 있다. 이는 정보주체의 권리를 명확히 규정함으로써 정보주체가 용이하게 개인정보에 대한 자기통제권을 실현할 수 있도록 하기 위한 것이다.

이와 같이 개인정보보호법이 정보주체의 권리를 확충하여 보장한 것은 주목할 만한 점이다. 개인정보에 대한 정보주체의 액세스를 통해 자기결정권을 행사할 수 있도록 함으로써 정보주체가 개인정보의 유통에 법적 영향력을 행사할 수 있게 되기 때문이다. 개인정보보호법이 보장하고 있는 정보주체의 권리를 좀 더 상세히 살펴보면 다음과 같다.

8.2 개인정보의 열람

(1) 정보주체의 개인정보 열람청구권

법은 정보주체에게 개인정보의 열람청구권을 부여하고 있다. 정보주체는 개인정보처리자가 처리하는 자신의 개인정보에 대한 열람을 해당 개인정보처리자에게 요구할 수 있다(§ 35 ①).

제1항에도 불구하고 정보주체가 자신의 개인정보에 대한 열람을 공공기관에 요구하고자 할 때에는 공공기관에 직접 열람을 요구하거나 대통령령이 정하는 바에 따라 행정안전부장관을 통하여 열람을 요구할 수 있다(§ 35 ②).

개인정보처리자는 제1항 및 제2항에 따른 열람을 요구받았을 때에는 대통령령으로 정하는 기간 내에 정보주체가 해당 개인정보를 열람할 수 있도록 하여야 한다(§ 35 ③ 전단). 이 경우 해당 기간 내에 열람할 수 없는 정당한 사유가 있을 때에는 정보주체에게 그 사유를 알리고 열람을 연기할 수 있고, 그 사유가 소멸하면 지체 없이 열람하게 하여야 한다(§ 35 ③ 후단).

(2) 개인정보의 열람제한

법은 정보주체의 개인정보 열람청구권을 보장하면서도 그 열람 제한 또는 거절 사유를 열거하고 있다. 이에 따르면, 개인정보처리자는 다음 중 어느 하나에 해당하는 경우에는 정보주체에게 그 사유를 알리고 열람을 제한하거나 거절할 수 있다(§ 35 ④).

1. 법률에 따라 열람이 금지되거나 제한되는 경우
2. 다른 사람의 생명·신체를 해할 우려가 있거나 다른 사람의 재산과 그 밖의 이익을 부당하게 침해할 우려가 있는 경우
3. 공공기관이 다음 각 목의 어느 하나에 해당하는 업무를 수행할 때 중대한 지장을 초래하는 경우
   가. 조세의 부과·징수 또는 환급에 관한 업무
   나. 「초·중등교육법」 및 「고등교육법」에 따른 각 급 학교, 「평생교육법」에 따른 평생교육시설, 그 밖의 다른 법률에 따라 설치된 고등교육기관에서의 성적 평가 또는 입학자 선발에 관한 업무
   다. 학력·기능 및 채용에 관한 시험, 자격 심사에 관한 업무
   라. 보상금·급부금 산정 등에 대하여 진행 중인 평가 또는 판단에 관한 업무
   마. 다른 법률에 따라 진행 중인 감사 및 조사에 관한 업무

위와 같은 열람 요구, 열람 제한, 통지 등의 방법 및 절차에 관하여 필요한 사항은 대통령령으로 정한다(§ 35 ⑤).

8.3 개인정보의 정정 · 삭제

법 제35조에 따라 자신의 개인정보를 열람한 정보주체는 개인정보처리자

에게 그 개인정보의 정정 또는 삭제를 요구할 수 있는 권리를 가진다(§ 36 ① 본문). 다만, 다른 법령에 그 개인정보가 수집 대상으로 명시되어 있는 경우에는 그 삭제를 요구할 수 없다(§ 36 ① 단서). 개인정보처리자는 정보주체의 요구가 그러한 경우에 해당될 때에는 지체 없이 그 내용을 정보주체에게 알려야 한다(§ 36 ④).

개인정보처리자가 정보주체로부터 개인정보의 정정 또는 삭제 요구를 받았을 때에는 그에 관하여 다른 법령에 특별한 절차가 규정되어 있는 경우를 제외하고는 지체 없이 그 개인정보를 조사하여 정보주체의 요구에 따라 정정·삭제 등 필요한 조치를 한 후 그 결과를 정보주체에게 알려야 한다(§ 36 ②).

개인정보처리자가 개인정보를 삭제할 때에는 복구 또는 재생되지 아니하도록 조치하여야 하며(§ 36 ③), 조사를 할 때 필요하면 해당 정보주체에게 정정·삭제 요구사항의 확인에 필요한 증거자료를 제출하게 할 수 있다(§ 36 ⑤).

제1항·제2항 및 제4항에 따른 정정 또는 삭제 요구, 통지 방법 및 절차 등에 필요한 사항은 대통령령으로 정한다(§ 36 ⑥).

8.4 개인정보의 처리정지 등

법은 정보주체의 권리 목록에 개인정보 처리정지 요구권을 추가함으로써 정보주체의 권리보장을 진일보시켰다. 이에 따라 정보주체는 개인정보처리자에 대하여 자신의 개인정보 처리의 정지를 요구할 수 있다(§ 37 ① 후단). 이 경우 공공기관에 대하여는 제32조에 따라 등록 대상이 되는 개인정보파일 중 자신의 개인정보에 대한 처리의 정지를 요구할 수 있다(§ 37 ① 후단).

개인정보처리자는 그러한 처리 정지 요구를 받았을 때에는 지체 없이 정보주체의 요구에 따라 개인정보 처리의 전부를 정지하거나 일부를 정지하여야 한다(§ 37 ② 본문). 다만, 다음 각 호의 어느 하나에 해당하는 경우에는 정보주체의 처리정지 요구를 거절할 수 있다(§ 37 ② 단서).

1. 법률에 특별한 규정이 있거나 법령상 의무를 준수하기 위하여 불가피한 경우
2. 다른 사람의 생명・신체를 해할 우려가 있거나 다른 사람의 재산과 그 밖의 이익을 부당하게 침해할 우려가 있는 경우
3. 공공기관이 개인정보를 처리하지 아니하면 다른 법률에서 정하는 소관 업무를 수행할 수 없는 경우
4. 개인정보를 처리하지 아니하면 정보주체와 약정한 서비스를 제공하지 못하는 등 계약의 이행이 곤란한 경우로서 정보주체가 그 계약의 해지 의사를 명확하게 밝히지 아니한 경우

개인정보처리자는 제2항 단서에 따라 처리정지 요구를 거절하였을 때에는 정보주체에게 지체 없이 그 사유를 알려야 한다(§ 37 ③).

개인정보처리자는 정보주체의 요구에 따라 처리가 정지된 개인정보에 대하여 지체 없이 해당 개인정보의 파기 등 필요한 조치를 하여야 한다(§ 37 ④).

위와 같은 처리정지의 요구, 처리정지의 거절, 통지 등의 방법 및 절차에 필요한 사항은 대통령령으로 정하도록 위임되어 있다(§ 37 ⑤).

8.5 권리행사의 방법과 절차

정보주체는 법 제35조에 따른 열람, 제36조에 따른 정정・삭제, 제37조에 따른 처리정지 등의 요구(이하 "열람 등 요구"라 한다)를 문서 등 대통령령이 정하는 방법・절차에 따라 대리인에게 하게 할 수 있다(§ 38 ①). 만 14세 미만 아동의 법정대리인은 개인정보처리자에게 그 아동의 개인정보 열람 등 요구를 할 수 있다(§ 38 ②).

법은 개인정보처리자가 열람 등의 요구를 하는 자에게 대통령령으로 정하는 바에 따라 수수료와 우송료(사본의 우송을 청구하는 경우에 한한다)를 청구할 수 있도록 하는 한편(§ 38 ③), 정보주체가 열람 등 요구를 할

수 있는 구체적인 방법과 절차를 마련하고, 이를 정보주체가 알 수 있도록 공개하여야 한다고 규정하고 있다(§ 38 ④).

개인정보처리자는 정보주체가 열람 등 요구에 대한 거절 등 조치에 대하여 불복이 있는 경우 이의를 제기할 수 있도록 필요한 절차를 마련하고 안내하여야 한다(§ 38 ⑤).

8.6 손해배상책임

정보주체는 개인정보처리자가 이 법을 위반한 행위로 손해를 입으면 개인정보처리자에게 손해배상을 청구할 수 있다(§ 39 ① 전단). 이 경우 그 개인정보처리자는 고의 또는 과실이 없음을 입증하지 아니하면 책임을 면할 수 없다(§ 39 ① 후단).

개인정보처리자가 이 법에 따른 의무를 준수하고 상당한 주의와 감독을 게을리 하지 아니한 경우에는 개인정보의 분실·도난·유출·변조 또는 훼손으로 인한 손해배상책임을 감경받을 수 있다(§ 39 ②).

9. 개인정보보호에 관한 금지 · 제도개선, 시정조치 등

9.1 개설

개인정보보호법은 그 밖에도 공공부문에서의 개인보호정책의 추진·관리를 위해 금지행위, 비밀유지, 제도개선 등에 관한 사항들을 규율하고 있다. 이를 간략히 살펴보면 다음과 같다.

9.2 금지행위

개인정보를 처리하거나 처리하였던 자는 다음 각 호의 어느 하나에 해당하는 행위를 해서는 아니 된다(§ 59).

1. 거짓이나 그 밖의 부정한 수단이나 방법으로 개인정보를 취득하거나 처리에

관한 동의를 받는 행위

2. 업무상 알게 된 개인정보를 누설하거나 권한 없이 다른 사람이 이용하도록 제공하는 행위
3. 정당한 권한 없이 또는 허용된 권한을 초과하여 다른 사람의 개인정보를 훼손, 멸실, 변경, 위조 또는 유출하는 행위

9.3 비밀유지 등

다음 각 호의 업무에 종사하거나 종사하였던 자는 직무상 알게 된 비밀을 다른 사람에게 누설하거나 직무상 목적 외의 용도로 이용해서는 아니 된다(§ 60 본문). 다만, 다른 법률에 특별한 규정이 있는 경우에는 그러하지 아니하다(§ 60 단서).

1. 제8조에 따른 보호위원회의 업무
2. 제33조에 따른 영향평가 업무
3. 제40조에 따른 분쟁조정위원회의 분쟁조정 업무

9.4. 의견제시 및 개선권고

법은 개인정보 보호에 관한 제도개선을 위하여 행정안전부장관에게 개인정보 보호에 영향을 미치는 내용이 포함된 법령이나 조례에 대하여 필요하다고 인정하면 보호위원회의 심의·의결을 거쳐 관계기관에 의견을 제시할 수 있는 권한을 부여하고 있다(§ 61 ①).

아울러 행정안전부장관은 개인정보 보호를 위하여 필요하다고 인정하면 개인정보처리자에게 개인정보 처리 실태의 개선을 권고할 수 있고, 그 이 경우 권고를 받은 개인정보처리자는 이를 이행하기 위하여 성실하게 노력하여야 하며, 그 조치 결과를 행정안전부장관에게 알려야 한다(§ 61 ②).

이러한 권고권은 관계 중앙행정기관의 장에게도 주어져 있다. 즉, 관계 중앙행정기관의 장은 개인정보 보호를 위하여 필요하다고 인정하면 소관법률에 따라 개인정보처리자에게 개인정보 처리 실태의 개선을 권고할 수 있

고, 그 경우 권고를 받은 개인정보처리자는 이를 이행하기 위하여 성실하게 노력하여야 하며, 그 조치 결과를 관계 중앙행정기관의 장에게 알려야 한다(§ 61 ③).

법은 중앙행정기관, 지방자치단체, 국회, 법원, 헌법재판소, 중앙선거관리위원회에게도 그 소속 기관 및 소관 공공기관에 대하여 개인정보 보호에 관한 의견을 제시하거나 지도 · 점검을 할 수 있도록 수권하고 있다(§ 61 ④).

9.5 개인정보침해사실의 신고 등

개인정보 침해사실을 신고하고 상담할 수 있는 창구를 마련하여 정보주체의 신속한 권리구제와 고충처리를 가능케 하려는 취지로 법은 개인정보 침해 신고와 개인정보 침해신고센터의 설치 · 운영에 관한 규정을 두고 있다. 즉, 법 제62조에 따르면, 개인정보처리자가 개인정보를 처리할 때 개인정보에 관한 권리 또는 이익을 침해받은 사람은 행정안전부장관에게 그 침해사실을 신고할 수 있다(§ 62 ①). 행정안전부장관은 이 같은 신고의 접수 · 처리 등에 관한 업무를 효율적으로 수행하기 위하여 대통령령으로 정하는 바에 따라 전문기관을 지정할 수 있고, 그 경우 전문기관은 개인정보침해 신고센터(이하 "신고센터"라 한다)를 설치 · 운영하여야 한다(§ 62 ②). 신고센터는 다음과 같은 업무를 수행한다(§ 62 ③).

1. 개인정보 처리와 관련한 신고의 접수 · 상담
2. 사실의 조사 · 확인 및 관계자의 의견 청취
3. 제1호 및 제2호에 따른 업무에 딸린 업무

행정안전부장관은 제3항 제2호의 사실 조사 · 확인 등의 업무를 효율적으로 하기 위하여 필요하면 「국가공무원법」 제32조의4에 따라 소속 공무원을 제2항에 따른 전문기관에 파견할 수 있다(§ 62 ④).

9.6 자료제출 요구 및 검사

행정안전부장관은 법 제63조에 따라 개인정보처리자에게 다음 중 어느 하나에 해당하는 경우에는 관계 물품·서류 등 자료를 제출하게 할 수 있다(§ 63 ①).

1. 이 법을 위반하는 사항을 발견하거나 혐의가 있음을 알게 된 경우
2. 이 법 위반에 대한 신고를 받거나 민원이 접수된 경우
3. 그 밖에 정보주체의 개인정보 보호를 위하여 필요한 경우로서 대통령령으로 정하는 경우

행정안전부장관은 개인정보처리자가 그와 같은 자료를 제출하지 아니하거나 이 법을 위반한 사실이 있다고 인정되면 소속 공무원으로 하여금 개인정보처리자의 사무소나 사업장에 출입하여 업무 상황, 장부 또는 서류 등을 검사하게 할 수 있다(§ 63 ② 전단). 이 경우 검사를 하는 공무원은 그 권한을 나타내는 증표를 지니고 관계인에게 내보여야 한다(§ 63 ② 후단). 관계 중앙행정기관의 장도 소관법률에 따라 개인정보처리자에게 그와 같은 자료제출을 요구하거나 위와 같은 검사를 할 수 있도록 규정되어 있다(§ 63 ③).

행정안전부장관과 관계 중앙행정기관의 장은 개인정보처리자로부터 제출받거나 수집한 서류·자료 등을 이 법에 따른 경우를 제외하고는 제3자에게 제공하거나 일반에게 공개하여서는 아니 되며(§ 63 ④), 정보통신망을 통하여 자료의 제출 등을 받은 경우나 수집한 자료 등을 전자화한 경우에는 개인정보·영업비밀 등이 유출되지 아니하도록 제도적·기술적 보완조치를 하여야 한다(§ 63 ⑤).

9.7. 시정조치 등

행정안전부장관은 개인정보가 침해되었다고 판단할 상당한 근거가 있고 이를 방치할 경우 회복하기 어려운 피해가 발생할 우려가 있다고 인정되면

이 법을 위반한 자(중앙행정기관, 지방자치단체, 국회, 법원, 헌법재판소, 중앙선거관리위원회는 제외한다)에 대하여 다음 어느 하나에 해당하는 조치를 명할 수 있다(§ 64 ①).

1. 개인정보 침해행위의 중지
2. 개인정보처리의 일시적인 정지
3. 그 밖에 개인정보의 보호 및 침해 방지를 위하여 필요한 조치

법은 위와 같은 시정조치 등을 할 수 있는 권한을 행정안전부장관 외에도 관계 중앙행정기관의 장, 지방자치단체, 국회, 법원, 헌법재판소, 중앙선거관리위원회에게도 부여하는 한편 보호위원회에게 이들 기관에 대한 조치발동 권고권을 주고 있다.

먼저, 관계 중앙행정기관의 장은 개인정보가 침해되었다고 판단할 상당한 근거가 있고 이를 방치할 경우 회복하기 어려운 피해가 발생할 우려가 있다고 인정되면 소관법률에 따라 개인정보처리자에 대하여 위와 같은 조치를 명할 수 있다(§ 64 ②).

지방자치단체, 국회, 법원, 헌법재판소, 중앙선거관리위원회도 그 소속기관 및 소관 공공기관이 이 법을 위반하였을 때에는 위와 같은 조치를 명할 수 있다(§ 64 ③).

보호위원회는 중앙행정기관, 지방자치단체, 국회, 법원, 헌법재판소, 중앙선거관리위원회가 이 법을 위반하였을 때에는 해당 기관의 장에게 위와 같은 조치를 하도록 권고할 수 있다(§ 64 ④ 전단). 이 경우 권고를 받은 기관은 특별한 사유가 없으면 이를 존중하여야 한다(§ 64 ④ 후단).

9.8 고발 및 징계권고

행정안전부장관은 개인정보처리자에게 이 법 등 개인정보 보호와 관련된 법규의 위반에 따른 범죄혐의가 있다고 인정될 만한 상당한 이유가 있을

때에는 관할 수사기관에 그 내용을 고발할 수 있다(§ 65 ①).

행정안전부장관은 이 법 등 개인정보 보호와 관련된 법규의 위반행위가 있다고 인정될 만한 상당한 이유가 있을 때에는 책임이 있는 자를 징계할 것을 그 소속 기관·단체 등의 장에게 권고할 수 있다(§ 65 ② 전단). 이 경우 권고를 받은 사람은 이를 존중하여야 하며 그 결과를 행정안전부장관에게 통보하여야 한다(§ 65 ② 후단).

관계 중앙행정기관의 장은 소관법률에 따라 개인정보처리자에 대하여 제1항에 따른 고발을 하거나 소속 기관·단체 등의 장에게 제2항에 따른 징계권고를 할 수 있다(§ 65 ③ 전단). 이 경우 제2항에 따른 권고를 받은 사람은 이를 존중하여야 하며 그 결과를 관계 중앙행정기관의 장에게 통보하여야 한다(§ 65 ③ 후단).

9.9 결과의 공표

행정안전부장관은 제61조에 따른 개선권고, 제64조에 따른 시정조치 명령, 제65조에 따른 고발 또는 징계권고 및 제75조에 따른 과태료 부과의 내용 및 결과에 대하여 보호위원회의 심의·의결을 거쳐 공표할 수 있다(§ 66 ①). 관계 중앙행정기관의 장도 소관법률에 따라 그와 동일한 공표를 할 수 있다(§ 66 ②). 공표의 방법, 기준 및 절차 등은 대통령령으로 정한다(§ 66 ③).

9.10 연차보고

보호위원회는 관계기관 등으로부터 필요한 자료를 제출받아 매년 개인정보 보호시책의 수립 및 시행에 관한 보고서를 작성하여 정기국회 개회 전까지 국회에 제출(정보통신망에 의한 제출을 포함한다)하여야 한다(§ 67 ①). 보고서에는 다음 각 호의 내용이 포함되어야 한다(§ 67 ②).

1. 정보주체의 권리침해 및 그 구제현황

2. 개인정보처리에 관한 실태조사 등의 결과
3. 개인정보 보호시책의 추진현황 및 실적
4. 개인정보 관련 해외의 입법 및 정책 동향
5. 그 밖에 개인정보 보호시책에 관하여 공개 또는 보고하여야 할 사항

9.11 권한의 위임 · 위탁

이 법에 따른 행정안전부장관 또는 관계 중앙행정기관의 장의 권한은 그 일부를 대통령령으로 정하는 바에 따라 특별시장, 광역시장, 도지사, 특별자치도지사 또는 대통령령으로 정하는 전문기관에 위임하거나 위탁할 수 있다(§ 68 ①). 이에 따라 행정안전부장관 또는 관계 중앙행정기관의 장의 권한을 위임 또는 위탁받은 기관은 위임 또는 위탁받은 업무의 처리 결과를 행정안전부장관 또는 관계 중앙행정기관의 장에게 통보하여야 한다(§ 68 ②).

행정안전부장관은 전문기관에 권한의 일부를 위임하거나 위탁하는 경우 해당 전문기관의 업무 수행을 위하여 필요한 경비를 출연할 수 있다(§ 68 ③).

10. 벌칙

그 밖에도 법은 제9장에 처벌규정을 두어 개인정보보호법의 실효성을 뒷받침하고 있다. 법은 우선, 공공기관의 개인정보 처리업무를 방해할 목적으로 공공기관에서 처리하고 있는 개인정보를 변경하거나 말소하여 공공기관의 업무 수행의 중단 · 마비 등 심각한 지장을 초래한 자는 10년 이하의 징역 또는 1억 원 이하의 벌금에 처하도록 하는 한편(§ 70),[142] 제71조 내지 제

142) 일례로 경찰공무원이 갑을 위증죄로 고소하면서 수사과정에서 취득한 갑과 을 사이의 통화내역을 첨부하여 제출한 행위는, 공공기관의 개인정보보호에 관한 법률 위반죄에 해당한다고 한 판례가 있다. 대법원 2008.10.23. 선고 2008도5526 판결(공공기관의개인정보보호에관한법률위반).

73조에 그보다 완화된 벌칙을 각각 정해 두고 있다.

예: 다음 중 어느 하나에 해당하는 자는 5년 이하의 징역 또는 5천만 원 이하의 벌금에 처한다(§ 71).

1. 제17조 제1항 제2호에 해당하지 아니함에도 같은 항 제1호를 위반하여 정보주체의 동의를 받지 아니하고 개인정보를 제3자에게 제공한 자 및 그 사정을 알고 개인정보를 제공받은 자
2. 제18조 제1항 · 제2항, 제19조, 제26조 제5항 또는 제27조 제3항을 위반하여 개인정보를 이용하거나 제3자에게 제공한 자 및 그 사정을 알면서도 영리 또는 부정한 목적으로 개인정보를 제공받은 자
3. 제23조를 위반하여 민감정보를 처리한 자
4. 제24조 제1항을 위반하여 고유식별정보를 처리한 자
5. 제59조 제2호를 위반하여 업무상 알게 된 개인정보를 누설하거나 권한 없이 다른 사람이 이용하도록 제공한 자 및 그 사정을 알면서도 영리 또는 부정한 목적으로 개인정보를 제공받은 자
6. 제59조 제3호를 위반하여 다른 사람의 개인정보를 훼손, 멸실, 변경, 위조 또는 유출한 자

법은 제74조에 양벌규정을 두어 법인의 대표자나 법인 또는 개인의 대리인, 사용인, 그 밖의 종업원이 그 법인 또는 개인의 업무에 관하여 제70조에 해당하는 위반행위를 하면 그 행위자를 벌하는 외에 그 법인 또는 개인을 7천만 원 이하의 벌금에 처하되, 다만, 법인 또는 개인이 그 위반행위를 방지하기 위하여 해당 업무에 관하여 상당한 주의와 감독을 게을리 하지 아니한 경우에는 예외를 인정하였다(§ 74 ①). 이 양벌조항의 취지는 제71조부터 제73조까지의 어느 하나에 해당하는 위반행위에 대해서도 마찬가지로 관철되고 있다. 즉, 법인의 대표자나 법인 또는 개인의 대리인, 사용인, 그 밖의 종업원이 그 법인 또는 개인의 업무에 관하여 제71조부터 제73조까지의 어느 하나에 해당하는 위반행위를 하면 그 행위자를 벌하는 외에

그 법인 또는 개인에게도 해당 조문의 벌금형을 과(科)하며, 다만, 법인 또는 개인이 그 위반행위를 방지하기 위하여 해당 업무에 관하여 상당한 주의와 감독을 게을리 하지 아니한 경우에는 그러하지 아니하다(§ 74 ②).

법은 제75조에서 일정한 법위반행위에 대하여 과태료를 부과하도록 하고 있다. 가령 제15조 제1항을 위반하여 개인정보를 수집한 자, 제22조 제5항을 위반하여 법정대리인의 동의를 받지 아니한 자, 제25조 제2항을 위반하여 영상정보처리기기를 설치 · 운영한 자에게 5천만 원 이하의 과태료를 부과하도록 하고 있다(§ 75 ①). 법 제75조 제1항부터 제3항까지의 규정에 따른 과태료는 대통령령으로 정하는 바에 따라 행정안전부장관과 관계 중앙행정기관의 장이 부과 · 징수한다. 이 경우 관계 중앙행정기관의 장은 소관 분야의 개인정보처리자에게 과태료를 부과 · 징수한다(§ 75 ④).

한편, 법은 개인정보보호법에 의한 벌칙 적용과 관련하여 행정안전부장관 또는 관계 중앙행정기관의 장의 권한을 위탁한 업무에 종사하는 관계기관의 임직원은 「형법」 제129조부터 제132조까지를 적용할 때에는 공무원으로 본다는 의제규정을 두고 있다(§ 69).

Ⅳ. 개인정보의 침해와 권리구제

1. 개설

「개인정보보호법」은 개인정보에 관한 일반법으로서, 공공 · 민간 부문을 가리지 아니하고 개인정보처리자 일반을 대상으로 하여 적용된다(§ 2 v). 즉, 공공기관뿐만 아니라 비영리단체 등 업무상 개인정보파일을 운용하기 위하여 개인정보를 처리하는 자는 모두 이 법에 따른 개인정보 보호규정을 준수하여야 한다. 이러한 입법취지가 개인정보 보호의 사각지대 해소에 있다는 점은 이미 지적한 바와 같다. 이와 같이 「개인정보보호법」이 공공 ·

민간 부문에 모두 적용되지만, 엄연히 공·사법 구별이 이루어지고 있기 때문에 개인정보 침해에 대한 권리구제방법도 그 법영역이 어디인지에 따라 달라질 수밖에 없다. 즉, 개인정보처리자가 공공기관인지 그 밖의 법인, 단체 및 개인 등인지에 따라 행정소송법에 의한 행정소송 또는 민사소송법에 의한 민사소송으로 권리구제/분쟁해결 방법을 달리하게 된다.

한편, 법은 개인정보처리자의 개인정보의 수집·이용·제공 등에 대한 준법정신과 경각심을 높이고, 동일·유사 개인정보 소송에 따른 사회적 비용을 절감하려는 취지에서 개인정보 단체소송제도를 도입하였다. 개인정보 단체소송은 그 상대방, 즉 개인정보처리자가 공공기관인 경우에는 행정소송으로, 그렇지 아니한 경우에는 민사소송으로 제기될 수 있다.

끝으로, 개인정보 관련 분쟁은 종종 다수의 개인이 관련되는 경우가 많고 공공기관이나 대기업 등 개인이 감당하기 어려운 상대방과의 관계에서 벌어지는 경우가 빈번하다. 그와 같은 상황에서 개인이 직접 법원에 소송을 제기하여 분쟁을 해결할 수 있는 길도 있고 또 그러한 분쟁해결방법도 널리 허용되어야 할 것이다. 하지만 소송은 종종 많은 비용과 시간을 소요하는 경우가 많고 더욱이 개인정보 관련 분쟁의 특성상 형식적이고 다소 경직된 법원의 재판절차보다는 당사자 간 협상이나 조정 등의 방법이 유연하고 실용적인 분쟁해결을 가져오는 경우가 많기 때문에 ADR, 즉 대체적 분쟁해결의 길을 열어 주는 것이 필요하다. 이러한 견지에서 법은 제6장에서 개인정보 분쟁조정위원회와 분쟁조정절차에 대한 규정을 두고 있다. 이는 종래 「정보통신망 이용촉진 및 정보보호 등에 관한 법률」에 따른 개인정보 분쟁조정제도와 비교할 때 기존의 분쟁조정제도의 틀을 그대로 승계한 것이지만,[143] 당사자가 수락한 조정안에 재판상 화해와 동일한 효력을 부여하고(§ 47 ⑤), 개인정보 피해 사례들이 대부분 대량·소액 사건인 점

143) 부칙 제3조는 개인정보 분쟁조정위원회에 관한 경과조치로, 이 법 시행 당시 종전의 「정보통신망 이용촉진 및 정보보호 등에 관한 법률」에 따른 개인정보 분쟁조정위원회의 행위나 개인정보 분쟁조정위원회에 대한 행위는 그에 해당하는 이 법에 따른 개인정보 분쟁조정위원회의 행위나 개인정보 분쟁조정위원회에 대한 행위로 본다고 규정하고 있다.

을 고려하여 집단분쟁조정절차를 도입하는 등(§ 49) 진일보한 제도 개선이라고 평가된다. 개인정보 분쟁조정절차는 당사자의 법적 지위 여하를 불문하고 공공·민간 부문에 모두 적용된다.

먼저 개인정보 분쟁조정제도를 살펴본 후, 개인정보 단체소송, 그리고 개인정보 침해에 대한 행정쟁송·국가배상 등의 문제를 검토해 보기로 한다.

2. 개인정보 분쟁조정

2.1 개인정보 분쟁조정위원회

(1) 개인정보 분쟁조정위원회의 설치 및 구성

법은 개인정보에 관한 분쟁의 조정(調停)을 위하여 개인정보 분쟁조정위원회(이하 "분쟁조정위원회"라 한다)를 설치하도록 하고 있다(§ 40 ①).

분쟁조정위원회는 위원장 1명을 포함한 20명 이내의 위원으로 구성하며, 그중 1명은 상임위원으로 한다(§ 40 ②). 위원은 다음 각 호의 어느 하나에 해당하는 사람 중에서 행정안전부장관이 임명하거나 위촉한다(§ 40 ③).

1. 개인정보 보호업무를 관장하는 중앙행정기관의 고위공무원단에 속하는 공무원 또는 이에 상당하는 공공부문 및 관련 단체의 직에 재직하고 있거나 재직하였던 사람으로서 개인정보 보호업무의 경험이 있는 사람
2. 대학이나 공인된 연구기관에서 부교수 이상 또는 이에 상당하는 직에 재직하고 있거나 재직하였던 사람
3. 판사·검사 또는 변호사로 재직하고 있거나 재직하였던 사람
4. 개인정보 보호와 관련된 시민사회단체 또는 소비자단체로부터 추천을 받은 사람
5. 개인정보처리자로 구성된 사업자단체의 임원으로 재직하고 있거나 재직하였던 사람

위원장은 위원 중에서 공무원이 아닌 사람으로 행정안전부장관이 임명

한다(§ 40 ④). 위원장과 위원의 임기는 2년으로 하되, 1차에 한하여 연임할 수 있다(§ 40 ⑤ 본문). 다만, 제3항 제1호에 따라 임명된 공무원인 위원은 그 직에 재직하는 동안 재임한다(§ 40 ⑤ 단서).

분쟁조정위원회는 분쟁조정 업무를 효율적으로 수행하기 위하여 필요하면 대통령령으로 정하는 바에 따라 조정사건의 분야별로 5명 이내의 위원으로 구성되는 조정부를 둘 수 있다(§ 40 ⑥ 전단). 이 경우 조정부가 분쟁조정위원회에서 위임받아 의결한 사항은 분쟁조정위원회에서 의결한 것으로 본다(§ 40 ⑥ 후단).

분쟁조정위원회 또는 조정부는 재적위원 과반수의 출석으로 개의하며 출석위원 과반수의 찬성으로 의결한다(§ 40 ⑦).

행정안전부장관은 분쟁조정위원회 사무국 운영 등 업무를 지원하기 위하여 대통령령으로 정하는 바에 따라 전문기관을 지정할 수 있다(§ 40 ⑧). 그 밖에 분쟁조정위원회 운영에 필요한 사항은 대통령령으로 정하도록 위임되어 있다(§ 40 ⑨).

(2) 위원의 신분보장

위원은 자격정지 이상의 형을 선고받거나 심신상의 장애로 직무를 수행할 수 없는 경우를 제외하고는 그의 의사에 반하여 면직되거나 해촉되지 아니한다(§ 41).

(3) 위원의 제척 · 기피 · 회피

분쟁조정위원회의 위원은 다음 각 호의 어느 하나에 해당하는 경우에는 제43조 제1항에 따라 분쟁조정위원회에 신청된 분쟁조정사건(이하 이 조에서 "사건"이라 한다)의 심의 · 의결에서 제척(除斥)된다(§ 42 ①).

1. 위원 또는 그 배우자나 배우자였던 자가 그 사건의 당사자가 되거나 그 사건에 관하여 공동의 권리자 또는 의무자의 관계에 있는 경우

2. 위원이 그 사건의 당사자와 친족이거나 친족이었던 경우
3. 위원이 그 사건에 관하여 증언, 감정, 법률자문을 한 경우
4. 위원이 그 사건에 관하여 당사자의 대리인으로서 관여하거나 관여하였던 경우

당사자는 위원에게 공정한 심의·의결을 기대하기 어려운 사정이 있으면 위원장에게 기피신청을 할 수 있다(§ 42 ② 전단). 이 경우 위원장은 기피신청에 대하여 분쟁조정위원회의 의결을 거치지 아니하고 결정한다(§ 42 ② 후단).

위원이 제1항 또는 제2항의 사유에 해당하는 경우에는 스스로 그 사건의 심의·의결에서 회피할 수 있다(§ 42 ③).

2.2 분쟁조정의 절차

(1) 조정의 신청 등

개인정보와 관련한 분쟁의 조정을 원하는 자는 분쟁조정위원회에 분쟁조정을 신청할 수 있다(§ 43 ①).

분쟁조정위원회는 당사자 일방으로부터 분쟁조정 신청을 받았을 때에는 그 신청내용을 상대방에게 알려야 한다(§ 43 ②). 공공기관이 분쟁조정의 통지를 받은 경우에는 특별한 사유가 없으면 분쟁조정에 응하여야 한다(§ 43 ③).

(2) 처리기간

분쟁조정위원회는 제43조 제1항에 따른 분쟁조정 신청을 받은 날부터 60일 이내에 이를 심사하여 조정안을 작성하여야 한다(§ 44 ① 본문). 다만, 부득이한 사정이 있는 경우에는 분쟁조정위원회의 의결로 처리기간을 연장할 수 있고(§ 44 ① 단서), 처리기간을 연장한 경우 분쟁조정위원회는 기간연장의 사유와 그 밖의 기간 연장에 관한 사항을 신청인에게 알려야

한다(§ 44 ②).

(3) 자료의 요청 등

분쟁조정위원회는 분쟁조정 신청을 받았을 때에는 해당 분쟁의 조정을 위하여 필요한 자료를 분쟁당사자에게 요청할 수 있다(§ 45 ① 전단). 이 경우 분쟁당사자는 정당한 사유가 없으면 요청에 따라야 한다(§ 45 ① 후단).

분쟁조정위원회는 필요하다고 인정하면 분쟁당사자나 참고인을 위원회에 출석하도록 하여 그 의견을 들을 수 있다(§ 45 ②).

(4) 조정 전 합의 권고

분쟁조정위원회는 분쟁조정 신청을 받았을 때에는 당사자에게 그 내용을 제시하고 조정 전 합의를 권고할 수 있다(§ 46).

(5) 분쟁의 조정

분쟁조정위원회는 다음 어느 하나의 사항을 포함하여 조정안을 작성할 수 있다(§ 47 ①).

1. 조사 대상 침해행위의 중지
2. 원상회복, 손해배상, 그 밖에 필요한 구제조치
3. 같거나 비슷한 침해의 재발을 방지하기 위하여 필요한 조치

분쟁조정위원회는 위에 따라 조정안을 작성하면 지체 없이 각 당사자에게 제시하여야 하며(§ 47 ②), 조정안을 제시받은 당사자가 제시받은 날로부터 15일 이내에 수락 여부를 알리지 아니하면 조정을 거부한 것으로 본다(§ 47 ③).

당사자가 조정내용을 수락한 경우 분쟁조정위원회는 조정서를 작성하고, 분쟁조정위원회의 위원장과 각 당사자가 기명날인하여야 한다(§ 47 ④).

이와 같이 당사자가 수락함으로써 합의된 조정의 내용은 재판상 화해와 동일한 효력을 갖는다(§ 47 ⑤). 이와 같이 조정결정에 확정판결과 동일한 효력을 부여함으로써 소송에 비해 간이 분쟁조정절차로 분쟁을 신속하게 종식시킬 수 있는 길이 열리게 된 것은 사실이다. 반면 조정을 수락하면 그 내용이 확정판결과 같은 효력을 가지게 되기 때문에 당사자로 하여금 상대적으로 조정 수락을 주저하게 만드는 요인으로 작용할 여지도 없지 않다.

(6) 조정의 거부 및 중지

분쟁조정위원회는 분쟁의 성질상 분쟁조정위원회에서 조정하는 것이 적합하지 아니하다고 인정하거나 부정한 목적으로 조정이 신청되었다고 인정하는 경우에는 그 조정을 거부할 수 있다(§ 48 ① 전단). 이 경우 조정거부의 사유 등을 신청인에게 알려야 한다(§ 48 ① 후단).

분쟁조정위원회는 신청된 조정사건에 대한 처리절차를 진행하던 중에 한 쪽 당사자가 소를 제기하면 그 조정의 처리를 중지하고 이를 당사자에게 알려야 한다(§ 48 ②).

2.3 집단분쟁조정

법은 개인정보에 대한 피해가 대부분 대량·소액 사건인 점을 고려하여 집단분쟁조정제도를 도입하였다. 이에 따라 국가 및 지방자치단체, 개인정보보호단체 및 기관, 정보주체, 개인정보처리자는 정보주체의 피해 또는 권리침해가 다수의 정보주체에게 같거나 비슷한 유형으로 발생하는 경우로서 대통령령으로 정하는 사건에 대하여는 분쟁조정위원회에 일괄적인 분쟁조정(이하 "집단분쟁조정"이라 한다)을 의뢰 또는 신청할 수 있다(§ 49 ①).

집단분쟁조정을 의뢰받거나 신청받은 분쟁조정위원회는 그 의결로써 집단분쟁조정의 절차를 개시할 수 있다(§ 49 ②). 이 경우 분쟁조정위원회는 대통령령으로 정하는 기간 동안 그 절차의 개시를 공고하여야 하며(§ 49 ② 후단), 집단분쟁조정의 당사자가 아닌 정보주체 또는 개인정보처리자로부터 그 분쟁조정의 당사자에 추가로 포함될 수 있도록 하는 신청을 받을 수 있다(§ 49 ③).

분쟁조정위원회는 그 의결로써 집단분쟁조정의 당사자 중에서 공동의 이익을 대표하기에 가장 적합한 1인 또는 수인을 대표당사자로 선임할 수 있다(§ 49 ④).

분쟁조정위원회는 개인정보처리자가 분쟁조정위원회의 집단분쟁조정의 내용을 수락한 경우에는 집단분쟁조정의 당사자가 아닌 자로서 피해를 입은 정보주체에 대한 보상계획서를 작성하여 분쟁조정위원회에 제출하도록 권고할 수 있다(§ 49 ⑤).

제48조 제2항에도 불구하고 분쟁조정위원회는 집단분쟁조정의 당사자인 다수의 정보주체 중 일부의 정보주체가 법원에 소를 제기한 경우에는 그 절차를 중지하지 아니하고, 소를 제기한 일부의 정보주체를 그 절차에서 제외한다(§ 49 ⑥).

집단분쟁조정의 기간은 제2항에 따른 공고가 종료된 날의 다음 날부터 60일 이내로 하되, 부득이한 사정이 있는 경우에는 분쟁조정위원회의 의결로 처리기간을 연장할 수 있다(§ 49 ⑦).

집단분쟁조정의 절차 등에 관하여 필요한 사항은 대통령령으로 위임되어 있다(§ 49 ⑧).

2.4. 조정방법 등

법은 제43조부터 제49조까지의 규정에서 정한 것 외에 분쟁의 조정방법, 조정절차 및 조정업무의 처리 등에 필요한 사항은 이를 대통령령으로 정하도록 위임하고 있다(§ 50 ①). 또한 분쟁조정위원회의 운영 및 분쟁조정 절차에 관하여 이 법에서 규정하지 아니한 사항에 대하여는 「민사조정법」을 준용하도록 하였다(§ 50 ②).

3. 개인정보 단체소송

3.1 단체소송의 도입

개인정보보호법이 가져온 또 하나의 혁신은 단체소송의 도입이다. 단체소송 도입의 취지는 앞서 지적한 바와 같이 개인정보처리자의 준법정신과 경각심을 높이고, 동일 · 유사 개인정보 소송에 따른 사회적 비용을 절감하는 데 있다. 무엇보다도 단체소송을 통해 개인정보를 침해당해도 조직화되어 있지 못해 제대로 소송을 통한 권익구제를 받을 수 없었던 다수의 개인 피해자들이 큰 도움을 받을 수 있을 것이다. 그러나 단체소송은 자칫 남발의 소지가 없지 않고 단체소송이 남발되는 것은 사회 전체의 입장에서도 결코 소망스러운 일이라고 할 수 없다. 그런 이유에서 개인정보 단체소송을 허용하더라도 그 남용방지책을 함께 강구할 필요가 있다. 그런 이유에서 법은 단체소송 남발을 막기 위해 단체소송 전에 반드시 집단분쟁조정제도를 거치도록 하고 단체소송의 대상을 권리침해행위의 중단 · 정지 청구소송으로 제한하고 있다.

3.2. 단체소송의 제기권자 등

단체소송제도를 도입하면서 법은 제51조에서 단체소송을 제기할 수 있는 단체의 범위를 제한하고 있다. 즉, 다음 중 어느 하나에 해당하는 단체는 개인정보처리자가 제49조에 따른 집단분쟁 조정을 거부하거나 집단분쟁조정의 결과를 수락하지 아니한 경우 법원에 권리침해 행위의 금지 · 중지를 구하는 소송(이하 "단체소송"이라 한다)을 제기할 수 있다(§ 51).

1. 「소비자기본법」 제29조에 따라 공정거래위원회에 등록한 소비자단체로서 다음 각 목의 요건을 모두 갖춘 단체

   가. 정관에 따라 상시적으로 정보주체의 권익증진을 주된 목적으로 하는 단체일 것

나. 단체의 정회원수가 1천 명 이상일 것

다. 「소비자기본법」 제29조에 따른 등록 후 3년이 경과하였을 것

2. 「비영리민간단체 지원법」 제2조에 따른 비영리민간단체로서 다음 각 목의 요건을 모두 갖춘 단체

가. 법률상 또는 사실상 동일한 침해를 입은 100인 이상의 정보주체로부터 단체소송의 제기를 요청받을 것

나. 정관에 개인정보 보호를 단체의 목적으로 명시한 후 최근 3년 이상 이를 위한 활동실적이 있을 것

다. 단체의 상시 구성원수가 5천 명 이상일 것

라. 중앙행정기관에 등록되어 있을 것

소비자단체의 경우 정회원수가 1천 명 이상이어야 하고, 비영리민간단체의 경우 단체의 상시 구성원수가 5천 명 이상이어야 하는 등 자격요건이 매우 엄격하게 한정되어 있어 대형 소비자단체나 비영리민간단체 말고는 단체소송을 제기할 여지가 없으리라고 전망된다. 제도 도입에 따른 부작용을 우려한 결과라고 생각되지만, 개인정보 피해의 다수인관련성 등을 고려하여 모처럼 단체소송을 도입하는 마당에 오히려 제도의 이용률이라는 측면도 고려했어야 하지 않았을까 하는 의문이 든다.

3.3 전속관할

단체소송의 소는 피고의 주된 사무소 또는 영업소가 있는 곳, 주된 사무소나 영업소가 없는 경우에는 주된 업무담당자의 주소가 있는 곳의 지방법원 본원 합의부의 관할에 전속하도록 되어 있다(§ 52 ①). 외국사업자의 경우 대한민국에 있는 이들의 주된 사무소 · 영업소 또는 업무담당자의 주소에 따라 관할을 정한다(§ 52 ②).

3.4 소송대리인의 선임

법은 단체소송의 원활한 수행을 위하여 소송대리인의 선임을 의무화하고

있다. 단체소송의 원고는 변호사를 소송대리인으로 선임하여야 한다(§ 53). 이로써 개인정보보호를 위한 단체소송에서 이른바 '본인소송'은 배제되는 결과가 되었다.

3.5 소송허가신청

단체소송을 제기하는 단체는 소장과 함께 다음 사항을 기재한 소송허가신청서를 법원에 제출하여야 한다(§ 54 ①).

1. 원고 및 그 소송대리인
2. 피고
3. 정보주체의 침해된 권리의 내용

소송허가신청서에는 다음과 같은 자료를 첨부하여야 한다(§ 54 ②).

1. 소제기단체가 제1조 각 호의 어느 하나에 해당하는 요건을 갖추고 있음을 소명하는 자료
2. 개인정보처리자가 조정을 거부하였거나 조정결과를 수락하지 아니하였음을 증명하는 서류

3.6 소송허가요건 등

법원은 다음 요건을 모두 갖춘 경우에 한하여 결정으로 단체소송을 허가한다(§ 55 ①).

1. 개인정보처리자가 분쟁조정위원회의 조정을 거부하거나 조정결과를 수락하지 아니하였을 것
2. 제54조에 따른 소송허가신청서의 기재사항에 흠결이 없을 것

단체소송을 허가하거나 불허가하는 결정에 대하여는 즉시 항고할 수 있

다(§ 53 ②).

3.7. 확정판결의 효력

법은 원고의 청구를 기각하는 판결이 확정된 경우 이와 동일한 사안에 관하여는 제51조에 따른 다른 단체는 단체소송을 제기할 수 없도록 함으로써(§ 56 본문), 무용무익하게 여러 단체들이 소송을 반복하여 제기하여 분쟁을 확산 · 장기화시킬 여지를 배제하고자 하였다. 그러나 동일한 사안이라 하더라도 판결 확정 후 신빙성 있는 새로운 증거가 나타나는 등 중대한 사정변경이 있다면 다른 단체의 단체소송 제기권을 배제하는 것이 온당치 않다는 견지에서 예외를 인정할 필요가 있다. 그런 이유로 법은 다음과 같은 예외사유를 인정하고 있다(§ 56 단서).

1. 판결이 확정된 후 그 사안과 관련하여 국가 · 지방자치단체 또는 국가 · 지방자치단체가 설립한 기관에 의하여 새로운 증거가 나타난 경우
2. 기각판결이 원고의 고의로 인한 것임이 밝혀진 경우

3.8 민사소송법의 적용 등

단체소송에 관하여 특별한 규정이 없는 경우에는 민사소송법이 보충적으로 적용된다(§ 57 ①). 법 제55조에 따른 단체소송의 허가결정이 있는 경우에는 민사집행법 제4편의 규정에 따른 보전처분을 할 수 있다(§ 57 ②). 단체소송의 절차에 관하여 필요한 사항은 대법원규칙으로 정하도록 위임되어 있다(§ 57 ③).

4. 행정쟁송 · 국가배상

4.1 개설

공공기관에 의한 개인정보의 침해에 대해서는 일반적으로 행정심판 · 행정

소송과 국가배상·손실보상으로 대표되는 행정구제수단을 통하여 권리구제를 받을 수 있다. 그러나 공공기관에 의한 개인정보의 침해는 그 양상이 극히 다양하고 은밀하게 이루어지는 경우가 많기 때문에 기술적으로나 법적으로 포착하기가 쉽지 않다. 따라서 이들 통상적인 행정구제수단 외에 다양한 비공식적 구제수단을 활용할 수 있도록 하는 것이 바람직하다. 특히 국민권익위원회에 의한 고충처리, 감사원법(제43조 이하)에 의한 감사원 심사청구 등과 같은 현행법제도는 물론 정보보호의 특수성을 충분히 살릴 수 있는 정보보호 옴부즈만 같은 제도의 도입 등 입법적 해결책이 필요하다. 여기서는 공공기관에 의한 개인정보 침해에 대한 구제수단으로 행정쟁송과 국가배상을 검토해 보기로 한다.

4.2 행정쟁송에 의한 구제

개인정보보호법상 각종 보호규범들을 위반한 행정청의 조치가 행해졌거나 행해질 경우 그로 인해 법률상 이익을 침해받거나 침해받을 우려가 있는 사인(私人)은 일반 행정쟁송법에 의해 주어진 쟁송수단을 통해 권리구제를 받을 수 있음은 물론이다. 특히 문제가 되는 것은 개인정보보호법이 제35조－제37조에서 정보주체에게 보장한 개인정보 열람, 정정·삭제, 처리정지 등의 요구를 할 경우, 이를 어떤 쟁송수단을 통해 행사할 수 있느냐 하는 것이다. 주지하는 바와 같이 이들 권리를 행사했음에도 불구하고 당해 행정청이 열람이나 정정신청 등을 거부하거나 부작위로 응답하지 아니하는 경우 행정심판법에 의한 행정심판이나 행정소송법에 의한 행정소송을 제기할 수 있는지 여부가 문제될 것이다.

특히 행정심판의 경우 그 대상이 처분 또는 부작위에 국한되어 있기 때문에 그러한 거부나 부작위가 행정심판법상 처분 또는 부작위에 해당하는 경우에만 행정심판이 허용되므로, 처분성 또는 부작위 해당 여부가 중요한 쟁점으로 제기될 수 있다. 정보주체가 개인정보보호법 제35조－제37조에 따라 개인정보의 열람, 정정·삭제 요구, 처리정지 등을 요구한 경우 이를 거부하거나 아무런 응답을 하지 아니한 경우, 행정심판법상 처분 또는 부작위에 해당하는지 여부가 문제될 수 있다. 법이 명시적으로 그와 같은 정보주체의 권리를 보장하고 있는 이상 이를 시인하지 않을 수 없을 것이다. 이렇게 볼 때, 그러한 처분에 대하여 행정심판법에 의한 행정심판을 제기할 수 있다는 것은 의문의 여지가 없다. 고려될 수 있는 행정심판유형은 주로 의무이행심판이나 거부처분에 대한 취소심판이 될 것이다. 그러나 개인정보보호와 관련하여 권리구제의 긴급성이 요구되는 경우가 많음에도 불구하고 효과적인 가구제수단이 마련되어 있지 않은 것이 문제다. 거부나 부작위의 집행정지란 의미가 없기 때문에 집행정지의 여지가 없기 때문이다.

마찬가지로 행정소송법상 열람 · 정정 등의 거부에 대한 취소소송이나 부작위에 대한 부작위위법확인소송을 제기할 수 있을 것이고, 가구제의 경우 행정심판의 경우와 마찬가지로 거부나 부작위의 집행정지란 의미가 없기 때문에 가처분의 가능성여부가 문제될 것이다. 적극적 처분에 대한 취소소송 이외의 경우 이를 긍정하는 취지의 판례가 있으나,[144] 열람 · 정정 등 신청의 거부나 부작위에 대한 소송에 있어 가처분을 인정할지는 확실하지 않다.

그 밖의 경우, 개인정보의 안전성확보, 개인정보의 이용 · 제공의 제한 등과 같은 개인정보보호법의 각종 보호법규 또는 금지규정을 위반한 행정청의 조치에 대하여는 행정심판법이나 행정소송법상 처분성을 인정하기 어려운 경우가 많기 때문에 상대적으로 비처분적 행정조치에 대한 권리구제수단인 공법상 당사자소송과 같은 소송유형을 이용해야 할 경우가 많을 것으로 판단된다.

144) 서울특별시의회의 의장 · 부의장의 당선결정을 가처분으로 정지하여 그 직권행사를 저지한 경우(서울고법 1958.9.20. 선고 4191행신60 결정); 전입학자에 대한 등교거부처분을 가처분으로 정지시켜 학생들의 등교를 계속할 수 있도록 한 사례(서울고법 1964.11.9. 선고 64부90 결정).

4.3 국가배상에 의한 구제

행정청이 직무집행에 당하여 개인정보보호법에 위반하여 사인(私人)에게 손해를 입힌 경우에는 국가배상법이 정하는 바에 의하여 손해배상을 청구할 수 있다. 그 위법성의 연원으로는 제3조 개인정보 보호 원칙, 제18조 개인정보의 이용 · 제공 제한, 제29조 개인정보처리자의 안전조치의무 등을 꼽을 수 있을 것이다. 특히 제18조 제2항은 일정한 범주의 사유를 열거하면서 그에 해당하는 경우에는 정보주체 또는 제3자의 이익을 부당하게 침해할 우려가 있을 때를 제외하고는 개인정보를 목적 외의 용도로 이용하거나 이를 제3자에게 제공할 수 있다고 규정하고 있는데, 이 규정의 해석 · 적용을 둘러싸고 분쟁이 생길 여지가 있다. 그 위법성이 인정될 경우 국가배상법상의 손해배상책임이 인정될 가능성이 클 것으로 생각된다.

<구 국군보안사령부의 민간인 사찰이 불법행위를 구성한다고 한 사례>

헌법 제10조 및 제17조의 규정은 개인의 사생활 활동이 타인으로부터 침해되거나 사생활이 함부로 공개되지 아니할 소극적인 권리는 물론, 오늘날 고도로 정보화된 현대사회에서 자신에 대한 정보를 자율적으로 통제할 수 있는 적극적인 권리까지도 보장하려는 데에 그 취지가 있는 것으로 해석되는바, 구 국군보안사령부가 군과 관련된 첩보 수집, 특정한 군사법원 관할 범죄의 수사 등 법령에 규정된 직무범위를 벗어나 민간인들을 대상으로 평소의 동향을 감시, 파악할 목적으로 지속적으로 개인의 집회 · 결사에 관한 활동이나 사생활에 관한 정보를 미행, 망원 활용, 탐문채집 등의 방법으로 비밀리에 수집, 관리하였다면, 이는 헌법에 의하여 보장된 기본권을 침해한 것으로서 불법행위를 구성한다고 하지 않을 수 없다.145)

<수사기관이나 수사담당공무원의 피의사실 공표와 국가배상>

"형법 제126조가 검찰, 경찰 기타 범죄 수사에 관한 직무를 행하는 자 또는 이를 감독하거나 보조하는 자가 그 직무를 행함에 당하여 지득한 피의사실을

145) 대법원 1998.7.24. 선고 96다42789 판결(손해배상(기) (마)상고기각).

공판청구 전에 공표하는 것을 범죄로 규정하고 있는 점, 헌법 제27조 제4항이 형사피고인에 대하여 무죄추정 원칙을 규정하고 있는 점과 아울러 직접 수사를 담당한 수사기관이나 수사담당 공무원의 발표에 대하여는 국민들이 그 공표된 사실이 진실한 것으로 강하게 신뢰하리라는 점 등을 고려한다면 직접 수사를 담당한 수사기관이나 수사담당 공무원이 피의사실을 공표하는 경우에는 공표하는 사실이 의심의 여지없이 확실히 진실이라고 믿을 만한 객관적이고 타당한 확증과 근거가 있는 경우가 아니라면 그러한 상당한 이유가 있다고 할 수 없다.[146)]

Ⅴ. 개인정보의 보호를 위한 그 밖의 법제

1. 전자정부법

1.1 전자정부와 개인정보

전자정부란 '정보기술을 활용하여 행정기관 및 공공기관의 업무를 전자화하여 행정기관 등의 상호 간의 행정업무 및 국민에 대한 행정업무를 효율적으로 수행하는 정부'를 말한다(전자정부법 § 2 i). 개인정보는 이러한 전자정부와 긴장관계에 설 개연성이 가장 높은 문제영역의 하나다. 전자정부에 있어 개인정보 문제는 언제라도 핫이슈가 될 수 있는 잠재적인 위험요인이다. 전자정부의 핵심적 성공요인이 정보기술 기반의 행정업무 효율화에 있고 그중에서도 특히 정보의 공동이용에 있다면 정보의 공동이용이 부딪히는 가장 중요한 제약요인이 바로 개인정보 보호 문제이기 때문이다. 그런 의미에서 효과적인 개인정보의 보호가 또한 전자정부 성공의 요체이기도 하다.

그와 같은 인식에서 전자정부법[147)]은 일찍부터 개인정보 보호를 위한

146) 대법원 1998.7.14. 선고 96다17257 판결(손해배상(기) (타)상고기각).

147) "행정업무의 전자적 처리를 위한 기본원칙, 절차 및 추진방법 등을 규정함으로써 전자정부

조항들을 두었다.148) '전자정부의 원칙'의 하나로 개인정보 및 사생활의 보호를 포함시킨 제4조 제1항 제4호, "행정기관 등이 보유・관리하는 개인정보는 법령에서 정하는 경우를 제외하고는 당사자의 의사에 반하여 사용되어서는 아니 된다."라고 규정한 같은 조 제4항, 개인정보가 포함된 행정정보의 공동이용 시 정보주체의 사전동의를 받도록 한 제42조 제1항, 공동이용한 행정정보 중 본인에 관한 행정정보에 대한 정보주체의 열람청구권을 인정한 제43조 제1항 등이 그러한 예다.

1.2 전자정부의 원칙으로서 개인정보 보호

전자정부법은 제4조에서 행정기관 등이 전자정부의 구현・운영 및 발전을 추진할 때 우선적으로 고려하고 필요한 대책을 강구해야 할 '전자정부의 원칙'을 다음과 같이 천명하였다.

1. 대민서비스의 전자화 및 국민편익의 증진
2. 행정업무의 혁신 및 생산성・효율성의 향상
3. 정보시스템의 안전성・신뢰성의 확보
4. 개인정보 및 사생활의 보호
5. 행정정보의 공개 및 공동이용의 확대

를 효율적으로 구현하고, 행정의 생산성, 투명성 및 민주성을 높여 국민의 삶의 질을 향상시키는 것"을 목적으로 제정된 전자정부법은 2008년 2월 정부조직의 개편에 따라 분산되었던 전자정부 관련기능을 통합하여 체계적으로 규정하고, 정보기술의 혁신 및 융합 등 정보사회의 새로운 흐름을 반영하여 효율적으로 전자정부를 구현・발전시킴으로써 대국민 전자정부서비스를 보다 효율적으로 제공하며 행정의 생산성을 향상시키기 위한 제도적인 기반을 마련한다는 취지에서 2010.2.4. 전부개정되었다(2010.5.5.).

148) 전자정부법의 효시이자 현행 전자정부법의 전신인 「전자정부 구현을 위한 행정업무등의 전자화 촉진에 관한 법률」(법률 제6439호)도 제12조에서 '개인정보보호의 원칙'이란 표제 하에 "행정기관이 보유・관리하는 개인정보는 법령이 정하는 경우를 제외하고는 당사자의 의사에 반하여 사용되어서는 아니 된다."라고 규정하고 있었다. 이 법률은 행정업무의 전자적 처리를 위한 기본원칙・절차 및 추진방법 등을 규정함으로써 전자정부의 구현을 위한 사업을 촉진시키기 위하여 2001년 3월 28일 제정되어 같은 해 7월 1일부터 시행되었다.

6. 중복투자의 방지 및 상호운용성 증진

이 중 제4조 제1항 제4호에서 개인정보 및 사생활의 보호를 '전자정부의 원칙'의 하나로 부각시킨 점은 전자정부법이 개인정보 보호에 대하여 가지는 관심과 의지를 엿볼 수 있게 해 주는 점이다. 전자정부법은 이에 머무르지 않고 같은 조 제4항에서 "행정기관 등이 보유·관리하는 개인정보는 법령에서 정하는 경우를 제외하고는 당사자의 의사에 반하여 사용되어서는 아니 된다."라고 규정함으로써 전자정부에 있어 개인정보의 사용을 제한하고 있다.

1.3 행정정보의 공동이용과 개인정보 보호

행정정보의 공동이용은 전자정보의 가장 핵심적인 성공요인(critical success factor)이지만 개인정보에 대한 관계에서는 가장 큰 위협요인이기도 하다. 그 점을 인식하여 전자정부법은 제42조 제1항에서 이용기관이 공동이용센터를 통하여 개인정보가 포함된 행정정보를 공동이용할 때에는 정보주체의 사전동의를 받도록 하고, 제43조 제1항에서는 공동이용센터를 통하여 공동이용한 행정정보 중 본인에 관한 행정정보에 대한 정보주체의 열람청구권을 인정하였다.

(1) 정보주체의 사전동의

이용기관이 공동이용센터를 통하여 개인정보가 포함된 행정정보를 공동이용할 때에는 「개인정보 보호법」 제2조 제3호의 정보주체가 다음 사항을 알 수 있도록 정보주체의 사전동의를 받아야 한다(§ 42 ① 전단). 이 경우 「개인정보 보호법」 제18조 제2항 제1호 및 제19조 제1호는 적용하지 아니한다(§ 42 ① 후단).

1. 공동이용의 목적

2. 공동이용 대상 행정정보 및 이용범위
3. 공동이용 대상 이용기관의 명칭

제1항에도 불구하고 이용기관이 다음 각 호의 어느 하나에 해당하는 경우로서 정보주체의 사전동의를 받을 수 없거나 동의를 받는 것이 부적절하다고 인정되면 이용기관은 그 행정정보를 공동이용한 후 국회규칙, 대법원규칙, 헌법재판소규칙, 중앙선거관리위원회규칙 및 대통령령으로 정하는 바에 따라 제1항 각 호의 사항을 정보주체가 알 수 있도록 하여야 한다(§ 42 ② 본문). 다만, 제3호에 해당하여 이용기관이 범죄수사를 위하여 행정정보를 공동이용한 경우에는 그 사건에 관하여 공소를 제기한 날 또는 입건이나 공소제기를 하지 아니하는 처분(기소중지 결정은 제외한다)을 한 날 이후에 알 수 있도록 하여야 한다(§ 42 ② 단서).

1. 정보주체의 생명 또는 신체를 보호하기 위하여 긴급하게 공동이용할 필요가 있는 경우
2. 법령에 따라 정보주체에게 의무를 부과하거나 권리·이익을 취소·철회하는 업무를 수행하기 위하여 공동이용이 불가피한 경우
3. 법령을 위반한 정보주체에 대한 조사 또는 처벌 등 제재와 관련된 업무를 수행하기 위하여 공동이용이 불가피한 경우
4. 그 밖에 법령에서 정하는 업무를 수행함에 있어서 정보주체의 사전동의를 받는 것이 그 업무 또는 정보의 성질에 비추어 현저히 부적합하다고 인정되는 경우로서 대통령령으로 정하는 경우

행정안전부장관은 제2항에 따라 정보주체의 사전동의 없이 공동이용할 수 있는 업무와 행정정보의 구체적인 범위를 대통령령으로 정하는 바에 따라 공개하여야 한다(§ 42 ③).

(2) 정보주체의 열람청구권

정보주체는 공동이용센터를 통하여 공동이용한 행정정보 중 본인에 관한 행정정보에 대하여 다음 사항에 대한 열람을 행정안전부장관 또는 해당 이용기관의 장에게 신청할 수 있다(§ 43 ①).

1. 이용기관
2. 공동이용의 목적
3. 공동이용한 행정정보의 종류
4. 공동이용한 시기
5. 해당 행정정보를 공동이용할 수 있는 법적 근거

행정안전부장관 및 이용기관의 장은 정보주체의 신청을 받았을 때에는 정당한 사유가 없으면 신청한 날부터 10일 이내에 그 정보주체에게 위 제1항 각 호의 사항을 통보하여야 하며(§ 43 ② 전단), 10일 이내에 통보할 수 없는 정당한 사유가 있을 때에는 그 사유가 소멸하였을 때에 지체 없이 통보하여야 한다(§ 43 ② 후단).

제2항의 경우 이용기관이 범죄수사를 위하여 행정정보를 공동이용한 경우에는 그 사건에 관하여 공소를 제기한 날 또는 입건이나 공소제기를 하지 아니하는 처분(기소중지 결정은 제외한다)을 한 날부터 30일 이내에 그 정보주체에게 통보하여야 한다(§ 43 ③).

정보주체는 이용기관이 제2항에 따른 통보를 하지 아니하면 이용기관이 공동이용한 행정정보 중 본인에 관한 제1항 각 호의 사항에 대한 열람을 행정안전부장관에게 직접 신청할 수 있다(§ 43 ④).

이와 같은 정보 열람 절차 등에 관하여 필요한 사항은 대통령령으로 정한다(§ 43 ⑤).

행정안전부장관은 대통령령으로 정하는 바에 따라 공동이용센터를 통하여 공동이용한 행정정보의 명칭, 공동이용 횟수 등의 기록을 유지·관리하고 공개하여야 한다(§ 43 ⑥).

1.4 전자정부서비스 개발 · 제공 시 개인정보 활용의 금지

전자정부법은 제21조 제1항에서 전자정부서비스 이용 활성화를 위한 민간 참여 및 활용의 문호를 개방하는 한편, 제2항에서는 행정기관 등의 장이 개인 및 기업, 단체 등이 전자정부서비스에서 제공하는 일부 기술이나 공공성이 큰 행정정보 등을 활용하여 새로운 서비스를 개발 · 제공할 수 있도록 필요한 지원을 할 수 있도록 하였다. 그러나 같은 항에서 '행정정보'에서 개인정보를 제외시킴으로써 개인정보에 관한 한 행정기관 등에 의한 활용보다는 보호에 중점을 두고 있음을 분명히 하고 있다.

2. 통신비밀보호법

프라이버시 보호와 관련하여 제정된 통신비밀보호법도 개인정보보호를 위한 중요한 법적 수단이 되고 있다. 통신비밀보호법은 제3조에서 "누구든지 이 법과 형사소송법 또는 군사법원법의 규정에 의하지 아니하고는 우편물의 검열 · 전기통신의 감청[149] 또는 통신사실확인자료의 제공을 하거나 공개되지 아니한 타인 간의 대화를 녹음 또는 청취하지 못한다."라고 규정하는 한편, 제5조 이하에서 통신제한조치(우편물의 검열과 전기통신의 감청)를 그 목적에 따라 범죄수사를 위한 경우와 국가안보를 위한 경우로 구분하여 절차에 차등을 두어, 전자의 경우에는 지방법원판사의 허가를, 후자의 경우(통신의 일방 또는 쌍방당사자가 내국인인 때)에는 고등법원 수석부장판사의 허가를 받도록 하고 있다.[150] 다만 적대국이나 적대

149) "감청"(監聽)이란 '전기통신에 대하여 당사자의 동의 없이 전자장치 · 기계장치 등을 사용하여 통신의 음향 · 문언 · 부호 · 영상을 청취 · 공독(共讀)하여 그 내용을 지득 또는 채록하거나 전기통신의 송 · 수신을 방해하는 것'을 말한다(통신비밀보호법 § 2 vii).

150) 다만, 군용전기통신법 제2조의 규정에 의한 군용전기통신(작전수행을 위한 전기통신에 한한다)에 대해서는 그러하지 아니하다(§ 7 ① i).

단체에 속한 구성원의 통신에 대하여는 판사의 허가 없이 대통령의 승인만으로도 통신제한조치를 취할 수 있도록 하였다(§ 7 ① ii).

그 밖에도 법은 불법검열에 의한 우편물의 내용과 불법감청에 의한 전기통신내용의 증거사용을 금하고 있고(§ 4), 통신제한조치 등으로 취득한 내용의 비공개 · 누설금지(§ 11), 통신제한조치로 취득한 자료의 사용제한(§ 12)[151] 등에 관한 규정을 두고 있다. 또한 범죄수사를 위한 통신사실 확인자료제공의 절차(§ 13), 국회의 통제(§ 15) 등에 관한 규정을 두고 있다.

이 법이 국가안보목적의 도청에 관한 약간의 쟁점을 제외하고 비교적 어려움 없이 여야합의로 제정된 데에는 1992년 대통령선거당시 물의를 빚은 '부산복집사건'이란 수치스러운 배경이 있다. 그러나 '통신 및 대화의 비밀과 자유에 대한 제한의 대상을 한정하고 이를 엄격한 법적 절차를 거치도록 함으로써 통신비밀을 보호하고 통신의 자유를 신장하기 위하여' 통신비밀보호법이 제정된 것 자체는 역시 정보기관이나 수사기관에 의한 '안보남용'에 제동을 가할 수 있는 법적 근거가 마련되었다는 점에서 긍정적인 평가를 받을 수 있다. 이로써 종래 수사기관이 정권안보를 목적으로 전기통신의 감청이나 우편물의 검열 등을 통해 자행해 왔던 인권침해의 관행에 법적 통제를 가할 수 있게 되었다.

151) 이에 따르면 제9조의 규정에 의한 통신제한조치의 집행으로 인하여 취득된 우편물 또는 그 내용과 전기통신의 내용은 다음의 경우 외에는 사용할 수 없도록 되어 있다.
1. 통신제한조치의 목적이 된 제5조 제1항의 규정된 범죄나 이와 관련되는 범죄를 수사 · 소추하거나 그 범죄를 예방하기 위하여 사용하는 경우
2. 제1호의 범죄로 인한 징계절차에 사용하는 경우
3. 통신의 당사자가 제기하는 손해배상소송에서 사용하는 경우
4. 기타 다른 법률의 규정에 의하여 사용하는 경우

판례

<불법 감청 등에 관여하지 않은 언론기관의 보도에 의한 통신비밀 공개행위의 정당행위 여부>

불법 감청·녹음 등에 관여하지 아니한 언론기관이 그 통신 또는 대화의 내용이 불법 감청·녹음 등에 의하여 수집된 것이라는 사정을 알면서도 그것이 공적인 관심사항에 해당한다고 판단하여 이를 보도하여 공개하는 행위가 형법 제20조의 정당행위로서 위법성이 조각된다고 하려면, 적어도 다음과 같은 요건을 충족할 것이 요구된다.

첫째, 그 보도의 목적이 불법 감청·녹음 등의 범죄가 저질러졌다는 사실 자체를 고발하기 위한 것으로 그 과정에서 불가피하게 통신 또는 대화의 내용을 공개할 수밖에 없는 경우이거나, 불법 감청·녹음 등에 의하여 수집된 통신 또는 대화의 내용이 이를 공개하지 아니하면 공중의 생명·신체·재산 기타 공익에 대한 중대한 침해가 발생할 가능성이 현저한 경우 등과 같이 비상한 공적 관심의 대상이 되는 경우에 해당하여야 한다. 국가기관 등이 불법 감청·녹음 등과 같은 범죄를 저질렀다면 그러한 사실을 취재하고 보도하는 것은 언론기관 본연의 사명이라 할 것이고, 통신비밀보호법 자체에 의하더라도 '국가안보를 위협하는 음모행위, 직접적인 사망이나 심각한 상해의 위험을 야기할 수 있는 범죄 또는 조직범죄 등 중대한 범죄의 계획이나 실행 등 긴박한 상황'에 있는 때에는 예외적으로 법원의 허가 없이 긴급통신제한조치를 할 수 있도록 허용하고 있으므로(제8조), 이러한 예외적인 상황 아래에서는 개인 간의 통신 또는 대화의 내용을 공개하는 것이 허용된다.

둘째, 언론기관이 불법 감청·녹음 등의 결과물을 취득함에 있어 위법한 방법을 사용하거나 적극적·주도적으로 관여하여서는 아니 된다.

셋째, 그 보도가 불법 감청·녹음 등의 사실을 고발하거나 비상한 공적 관심사항을 알리기 위한 목적을 달성하는 데 필요한 부분에 한정되는 등 통신비밀의 침해를 최소화하는 방법으로 이루어져야 한다.

넷째, 언론이 그 내용을 보도함으로써 얻어지는 이익 및 가치가 통신비밀의 보호에 의하여 달성되는 이익 및 가치를 초과하여야 한다. 여기서 그 이익의 비교·형량은, 불법 감청·녹음된 타인 간의 통신 또는 대화가 이루어진 경위와 목적, 통신 또는 대화의 내용, 통신 또는 대화 당사자의 지위 내지 공적 인물로서의 성격, 불법 감청·녹음 등의 주체와 그러한 행위의 동기 및 경위, 언론기관이 그 불법 감청·녹음 등의 결과물을 취득하게 된 경위와 보도의 목적, 보도의 내용 및 그 보도로 인하여 침해되는 이익 등 제반 사정을 종합적으로 고려하여 정하여야 한다.[152]

152) 대법원 2011.3.17. 선고 2006도8839 전원합의체판결(통신비밀보호법위반(나) 상고기각). 이것은 방송사 기자인 피고인이 이 사건 도청자료를 공개한 행위는 위와 같은 요건을 갖추지 못하여 형법 제20조 소정의 정당행위에 해당하지 않는다고 한 사례다. 위 다수의견에 대해서는 불법 감청·녹음 등에 관여하지 않은 언론기관이 이를 보도하여 공개하는 경우에 있어서, "그 보도를 통하여 공개되는 통신비밀의 내용이 중대한 공공의 이익과 관련되어 공중의 정당한 관심과 여론의 형성을 요구할 만한 중요성을 갖고 있고, 언론기관이 범죄행위나 선량한 풍속 기타 사회질서에 반하는 위법한 방법에 의하여 통신비밀을 취득한 경우에 해당하지 않으며, 보도의 방법에서도 공적 관심사항의 범위에 한정함으로써 그 상당성을 잃지 않는 등 그 내용을 보도하여 얻어지는 이익 및 가치가 통신비밀의 보호에 의하여 달성되는 이익 및 가치를 초과한다고 평가할 수 있는 경우에는" 형법 제20조의 정당행위로서 이를 처벌의 대상으로 삼을 수 없다고 보아야 하므로 피고인의 대화내용 공개행위는 정당행위에 해당한다는 취지의 반대의견(대법관 박시환, 대법관 김지형, 대법관 이홍훈, 대법관 전수안, 대법관 이인복)이 있다.

제5장

행정규제개혁을 위한 법제도

제 1 절 규제개혁과 행정규제기본법 • 361
제 2 절 행정규제기본법의 법체계적 지위 • 363
Ⅰ. 기본법으로서 행정규제기본법 • 363
Ⅱ. 행정규제에 관한 다른 법령과의 관계 • 365
제 3 절 행정규제기본법의 내용 • 371
Ⅰ. 행정규제의 개념 • 371
Ⅱ. 행정규제의 기본원칙 • 373
Ⅲ. 규제개혁의 추진 • 377

제1절 규제개혁과 행정규제기본법

규제완화 또는 규제개혁은 그동안 역대정권의 주요 국정현안이었다. 그러나 5·6공화국과 문민정부를 거쳐 줄기차게 규제완화작업이 추진되었고, 또 사실 적지 않은 성과가 있었음에도 불구하고 규제완화의 효과가 피부에 와 닿는 것이 되지 못하고 규제의 총량이 크게 줄지 않았다는 비판[1)]이 끊이지 않았다. 이러한 배경에서 보다 체계적이고 종합적인 규제개혁을 추진하기 위한 법적 토대를 구축하기 위하여 제정된 것이 「행정규제기본법」(1997.8.22. 법률 제5368호)이다. 이 법률은 종래 「행정규제 및 민원사무기본법」에 규정되어 있던 행정규제에 관한 조항들을 확대재생산하는 한편, 보다 근본적인 규제개혁을 추진하기 위한 강력한 규제개혁기구의 설치, 규

---

1) 그러한 평가는 행정규제기본법의 소관부처인 총무처와 규제개혁추진회의에서도 지배적이었던 것으로 보인다. 실제로 <규제개혁기본법 제정을 위한 공청회>에서의 발제문(동 공청회자료집, 1997.5.12.), 서울대학교 행정대학원 제51회 국가정책과정세미나 <규제개혁: 어떻게 추진해야 하나?>에서의 총무처기획관리실장의 발제문, 최병선 교수의 발제문 및 그곳에 인용된 기존연구의 성과(동 세미나자료집, 1997.6.13.) 등을 통하여 그러한 사실을 엿볼 수 있다.

제영향분석, 규제일몰제 및 규제정비종합계획을 통한 체계적인 규제정비 등을 도입하는 등 규제개혁의 새로운 틀을 구축하였다.

> 「행정규제기본법」의 제정은 그 자매 격으로 함께 국회를 통과한 「민원사무처리에 관한 법률」 그리고 1996년 말 제정되어 1998년 초부터 시행된 행정절차법과 함께 종래의 「행정규제 및 민원사무기본법」을 삼중분열시키는 결과를 가져왔다.2)

행정규제기본법은 근본적이고 체계적인 규제개혁의 법제도적 틀을 마련해야 한다는 전례 없이 단호한 입법의지에서 나온 법개혁의 소산이지만, 입법추진과정에서 입법의 필요성, 법제정시기의 적절성, 규제개혁기구와 수단의 내용 등 많은 쟁점들을 둘러싸고 논란이 있었던 것도 사실이다. 따라서 행정규제기본법이 과연 규제개혁의 기본법으로서 그동안 제기되었던 문제들을 일소하고 본격적인 규제개혁의 추진을 가능케 할 법적 견인차로서 기능할 수 있을 것인지는 앞으로 예의주시해야 할 문제다. 먼저 행정규제기본법의 성격·법체계적 지위와 주요내용을 소개한 후 그것이 지닌 문제점을 검토해 보기로 한다.

2) 이것은 「행정규제 및 민원사무기본법」의 잡종적 성격에 따른 문제점의 해소방안으로서 필자가 그동안 주장해 온 바와 부합되는 결과다. 이에 관하여는 拙稿, 「「행정규제 및 민원사무기본법」의 의의와 문제점」, 『韓國行政硏究』 제3권 제3호(韓國行政硏究院, 1994), 134-159, 특히 155-156을 참조.

제2절 행정규제기본법의 법체계적 지위

Ⅰ. 기본법으로서 행정규제기본법

행정규제기본법은 '기본법'의 형식을 취하고 있다.[3] 이는 무엇보다도 '행정규제에 관한 기본적인 사항을 규정하여 불필요한 행정규제를 폐지하고 비효율적인 행정규제의 신설을 억제함으로써 사회·경제활동의 자율과 창의를 촉진하여 국민의 삶의 질을 높이고 국가경쟁력이 지속적으로 향상되도록 함을 목적으로 한다'는 법목적에 비추어 그 법체계적 위상을 고양시킨 결과라고 이해된다. 그러나 기본법의 법적 성질은 그리 분명하지 않다. 먼저 기본법을 '초법률'(Supergesetz)[4] 또는 "같은 법률이면서 다른 법률의 상위에 위치하는 법"[5]으로 이해할 수 있을 것인지는 극히 회의적이다. 형식적으로 동등한 효력을 갖는 법률 상호간에는 특별법우선의 원칙(*lex-specialis*-Regel), 신법우선의 원칙(*lex-posterior*-Regel)에 의해 그 적용상의 우열(Anwendungsvorrang)을 결정하지만,[6] 그 효력상의 우열(Geltungs-vorrang)에 관하여는 이렇다 할 법원칙이 존재하지 않는다.[7] 형식적으로

3) 기본법의 법체계상 지위에 관해서는 조정찬, 「법령상호간의 체계에 관한 연구」, 『법제』 통권 제268호, 1989, 19이하; 박영도, 「기본법의 법제상의 위치」, 『법제연구』, 통권 제5호, 1993, 276이하; 小早川光郎, 「行政政策過程と"基本法"」, 『國際化時代の行政と法』(成田頼明先生横浜国立大学退官記念), 1993/2000, 59를 참조. 기본법이란 관념의 용례에 관해서는 조정찬, 같은 글, 17이하와 박영도, 같은 글, 274-275을 참조.

4) Rüdiger Breuer, "Selbstbindung des Gesetzgebers durch Programm und Plangesetz," *DVBl*, 1970, 101.

5) 김철용, 「행정규제와 민원고충처리」, 『고시계』 1994.5., 89.

6) Hartmut Maurer, *Allgemeines Verwaltungsrecht*, 14.Aufl., 2002, § 4 Rn.37.

7) 한편 이에 관하여 마우러는 일반추상적인 법률이 그것을 집행하는 법률에 우선한다고 적고 있으나(Maurer, *Allgemeines Verwaltungsrecht*, 17. Aufl., 2009, § 4 Rn.47), 이에 관하여는 논란이 있다(Püttner, "Unterschiedliche Rang der Gesetze?," *DÖV*, 1970, 322ff.;

동등한 효력을 지닌 복수의 법률 간에 그 기본법이란 명칭, 기본법으로서의 내용에 비추어 효력의 우열이 인정될 수 있는가에 관하여는 물론 입법권자의 의사를 중시하여 법률해석의 차원에서 그 우월성을 인정하려는 입장도 있을 수 있겠으나,[8] 헌법상 제한적으로 인정된 국법형식의 하나인 법률에 관해 일반 법률과 구별되는 기본법이라는 새로운 법형식의 범주를 창설하는 결과를 입법권자의 의사나 규율내용의 특수성만을 가지고 인정할 수 있을지는 극히 의문이다.[9] 또 어떤 법률에 기본법이란 명칭을 부여할 것인지에 관하여 확립된 기준이 없고 또 입법의 실제상으로도 그때그때 기본시책이나 계획, 프로그램, 대강, 기본조직 등을 규정하는 법률에 '기본법'이란 명칭을 붙여 왔을 뿐, 이렇다 할 통일적인 기준이나 근거가 존재하지 않는 이상, 이 '기본법'이란 법률유형에 일반적으로 특수한 법적 효력을 부여하는 것은 사실상 곤란하다는 점도 고려에 넣어야 한다.[10] 이렇게 볼 때 행정규제기본법이 제정되었다 하더라도 그것이 추후의 개별 규제법과 관련하여 입법권을 제한한다든가 그것을 구체화하기 위한 세부법, 즉 개별규제법에 대해 형식적으로 우월한 효력을 갖는다고는 할 수 없다. 그러나 행정규제기본법은 기존 규제법 전반을 포괄하면서 또 향후 규제입법을 향도하는 일종의 '정책법'(policy law)에 해당하는 것이라고 이해할 수 있을 것이다. 그것은 법해석론 차원에서는 기존 개별 규제법의 해석·운용의 지침으로 작용하며 또 입법정책론 차원에서는 장래의 입법에 대한 입법의 방향을

Maurer, in: *Festschrift für Obermayer*, 1986, 101f.).

8) 遠藤博也, 앞의 글, 1976, 70.

9) 박영도, 앞의 글, 1993, 280.

10) 현행법상 '기본법'이란 명칭을 가진 법률은 적지 않다. 가령 건설산업기본법, 고용정책기본법, 관광기본법, 국세기본법, 기금관리기본법, 농업기본법, 민방위기본법, 사회보장기본법, 여성발전기본법, 영상진흥기본법, 자격기본법, 전기통신기본법, 정보화촉진기본법, 정부투자기관관리기본법, 중소기업기본법, 직업훈련기본법, 청소년기본법, 해양개발기본법, 행정규제기본법, 환경정책기본법 등을 들 수 있다. 이들 대부분은 기존의 관계법을 체계적으로 정비하거나 장차 세부입법을 위한 토대를 마련하려는 입법정책상의 목적에서 나온 것들이라 할 수 있다.

제시하고 유도하는 입법형성의 거점이 된다고 볼 수 있다.

Ⅱ. 행정규제에 관한 다른 법령과의 관계

행정규제기본법(이하 "법"이라 함)은 제3조 제1항에서 "규제에 관하여 다른 법률에 특별한 규정이 있는 경우를 제외하고는 이 법이 정하는 바에 따른다"고 규정하고 있다. 다만, 다음 각 호의 어느 하나에 해당하는 관한 사항은 이 법의 적용범위에서 배제되어 있다(§ 3 ② 및 동항 각 호).

1. 국회, 법원, 헌법재판소, 선거관리위원회 및 감사원이 하는 사무
2. 형사(刑事), 행형(行刑) 및 보안처분에 관한 사무
3. 「국가정보원법」에 따른 정보·보안 업무에 관한 사항
4. 「병역법」, 「통합방위법」, 「향토예비군설치법」, 「민방위기본법」, 「비상대비자원 관리법」 및 「재난 및 안전관리기본법」에 규정된 징집·소집·동원·훈련에 관한 사항
5. 군사시설, 군사기밀 보호 및 방위사업에 관한 사항
6. 조세(租稅)의 종목·세율·부과 및 징수에 관한 사항

이러한 규정에 비추어 볼 때 행정규제기본법이 행정규제에 관한 일반법의 지위를 가진다는 것은 분명하다. 그러나 구체적으로 이 법이 다른 행정규제나 행정절차에 관한 법령과 어떠한 관계를 맺고 있는지는 명백하지 않다. 특히 문제가 되는 것은 「기업규제완화에 관한 특별조치법」 및 각종 단행법의 행정규제 관련 규정, 행정절차법 등과의 관계다.

1. 기업규제완화법과의 관계

행정규제기본법은 전술한 바와 같이 규제개혁을 위한 일반법으로서 제정되

었다. 이 점에서 이미 국가경쟁력을 강화하기 위하여 기업에 관한 경제행정규제를 완화한다는 취지에서 제정, 시행되고 있는 「기업활동 규제완화에 관한 특별조치법」(법률 제9980호, 2010.1.27., 일부개정: 이하 '기업규제완화법'이라 한다)과의 관계가 문제된다. 양자의 관계에 관하여 학계에서는 별반 논의가 이루어지지 않고 있으나, 일단 후자가 전자에 대하여 특별법적 지위를 갖는다고 보는 것이 타당할 것이다. 후자가 특별법적 지위를 갖는다는 것은 적용상 전자가 후자에 우선한다는 것을 의미한다(*lex specialis derogat legi generali*). 그러나 전자가 기본법으로서의 성격을 갖는 이상 후자를 이에 적합하게 해석 · 적용해 나가는 것이 그 입법취지에 부합하는 결과가 될 것이다.[11] 바로 그러한 이유에서 양자의 관계를 단순한 일반법-특별법의 관계로만 보기는 어렵다. 실제로 기업규제완화법 제3조는 "이 법은 행정규제를 정하고 있는 다른 법령(행정규제기본법을 제외한다)의 규정에 우선하여 적용한다. 다만, 다른 법령의 개정으로 이 법의 규정에 의하여 완화된 행정규제 내용보다 그 규제내용이 더 완화되는 경우에는 그 법령이 정하는 바에 의한다."라고 규정하고 있다. 따라서 기업규제완화법은 행정규제기본법에 대해서는 우선 적용되지 아니한다는 결과, 즉 기업활동에 대한 규제에 관하여도 행정규제기본법의 규정들이 우선 적용될 수 있다는 결과가 되었고 따라서 법적용에 있어 양자 간의 상호관계가 불명확하게 될 우려가 있었다. 이것은 특히 기업규제완화법에 의한 기업활동규제심의위원회와 행정규제기본법에 의한 규제개혁위원회 간의 역할관계의 조정 문제로 연결되었다.[12] 또한 규제개혁 또는 규제완화의 대상과 관련하여 두

11) 菊井康郎, 「基本法の法制上のっけ」, 『法律時報』 1973.6., 15.

12) 당초 입법을 추진하는 과정에서 기업활동규제심의위원회와 규제개혁위원회 간의 관계에 대하여 논란이 있었는데 현행 규제개혁관련 추진기구의 다원화, 업무중첩 등으로 규제개혁의 효율성이 저하되고 일관성이 결여되었다는 이유로 새로운 규제개혁위원회로 업무를 통합시켜야 한다는 주장이 제기되었으나, 기업활동과 관련된 전문분야의 규제완화를 추진하고 기업의 의견을 수렴할 수 있는 창구로서 기업활동규제심의위원회의 존재이유를 주장하는 재계를 포함한 일부 전문가들의 의견을 고려하여 기업활동규제심의위원회를 존속시키되, 양자의 관할을 위와 같이 조정한 것으로 알려지고 있다(박용환, 「행정규제기본법의 제

법률이 '행정규제'의 개념을 애매하게 정의하고 있어 법체계상 양자의 관계를 설정하는 데 적지 않은 곤란을 초래하였다.[13] 기업규제완화법은 '행정규제'를 "국가, 지방자치단체 또는 법령에 의하여 행정권한을 행사하거나 행정권한을 위임 또는 위탁받은 법인 · 단체 또는 개인이 특정한 행정목적의 실현을 위하여 기업활동에 직접 또는 간접적으로 개입하는 것"(§ 2 ii)이라고 정의하는 데 비하여, 행정규제기본법은 이를 '국가나 지방자치단체가 특정한 행정 목적을 실현하기 위하여 국민(국내법을 적용받는 외국인을 포함한다)의 권리를 제한하거나 의무를 부과하는 것으로서 법령 등이나 조례 · 규칙에 규정되는 사항'이라고 정의하고 있다(§ 2 ① i). 이 두 개의 조항을 비교해 보면 우선 두 법률이 입각하고 있는 행정규제의 정의가 동일하지 않다는 사실을 쉽게 알 수 있다. 즉, 기업규제완화법의 '특정한 행정목적의 실현을 위하여 기업활동에 직접 또는 간접적으로 개입하는 것'이란 개념이 '국민의 권리를 제한하거나 의무를 부과하는 것으로서 법령 등 또는 조례 · 규칙에 규정되는 사항'이라고 규정한 행정규제기본법보다 넓게 설정되어 있다. 기업규제완화법상 행정규제는 '기업활동에 직접 또는 간접적으로 개입하는 것'이기 때문에 그 개입유형에 직접적 · 명령통제적 규제 외에도 간접적 · 경제유인적 규제가 포함될 여지가 있다.

물론 기업규제완화법상의 행정규제는 '기업활동에 대한 것'이라는 점에서 행정규제기본법의 그것보다는 제한적인 것이라고 볼 수 있다. 만일 행정규제기본법은 행정규제 일반을, 기업규제완화법은 기업에 대한 행정규제를 각각 적용대상으로 삼는다고 본다면 양자를 무리 없이 일반법－특별법의 관계에 서는 것으로 볼 수 있었을 것이다. 그러나 이러한 관계설정은 양자가 입각하고 있는 행정규제의 개념이 동일할 경우에만 자연스럽게(?) 이루어질 수 있는 것인데, 앞에서 본 바와 같이 양자가 정의하고 있는 '행정

정방향과 현황」(서울대학교 행정대학원 제51회 국가정책과정세미나 <규제개혁: 어떻게 추진해야 하나?> 발제문), 19).

13) 이상규, 「행정규제의 완화」, 『인권과 정의』 210호, 1994.2., 99.

규제'의 개념이 상이하고, 또 기업규제완화법의 그것이, 규제의 대상을 기업활동에 국한시키고 있다는 점을 제외하고는, 행정규제기본법의 그것보다 더 폭넓은 것이기 때문에, 구체적인 사안에 있어 어느 법을 적용할 것인지를 판단하는 데 해석상의 혼란이 초래될 우려가 있다. 또한 기업활동에 대한 행정규제의 경우 경제유인적 규제까지 규제개혁 또는 규제완화의 대상이 되는 데 비하여, 그 밖의 행정규제의 경우에는 경제유인적 규제가 규제개혁의 대상에서 배제됨으로써 법적용상의 형평이 저해될 우려도 없지 않다. 굳이 양자의 관계를 조화적으로 설정해 본다면 규제대상 면에서 행정규제기본법은 행정규제 일반을, 기업규제완화법은 기업활동에 대한 행정규제만을 대상으로 한다고 보아 그 한도 내에서만 전자가 후자에 대하여 일반법적 지위를 가지는 것이라고 보겠지만, 그 경우 '기업활동'의 범위를 어디까지로 볼 것인지가 반드시 명확하지 않다는 점이 관건문제로 대두된다. 물론 이에 관하여는 사법부의 판례형성을 통하여 어느 방향으로든 구체적인 결론이 내려져야 할 것이다. 그러나 규제개혁을 추진하는 과정에서 그러한 개념정의상 불일치, 해석상 불확실성으로 인하여 규제개혁의 대상과 적용법조를 판단하는 데 혼선이 생겨 규제개혁의 효율성을 떨어뜨릴 우려가 있다는 점에서 두 법률 간에 행정규제의 개념에 관한 조율이 필요하다고 생각한다.

2. 개별 규제법과의 관계

행정규제기본법은 행정규제에 관한 그 밖의 개별법에 대하여 일반법 · 기본법의 지위에 서게 된다. 따라서 이미 앞에서 본 바와 같이 행정규제기본법은 각 개별법상의 기존규제에 관하여는 그 해석 · 적용의 지침이자 법제정비 · 개선의 준거로서 작용할 것이고, 신설규제에 관하여는 입법정책적 방향과 한계를 부과하는 입법기준이 될 것이다.

행정규제기본법차원에서 규제개혁을 위한 법적 토대가 구축되었다 하더라도 그것이 각 개별규제법이나 분야별 규제정책의 차원에서 반영되지 않으면 규제개혁은 관철될 수 없을 것이다. 행정규제기본법이 추구하고 있는 기존규제의 정비도 그것이 입법기관인 국회 차원에서 심도 있게 논의되어야만 실현될 수 있는 문제다. 따라서 행정규제기본법의 성패는 실은 입법부가 입법과정에서 그 규제개혁의 정신과 원칙을 얼마나 충실하게 지켜 나가느냐에 달려 있다고 할 수 있다. 정부의 규제정책을 심의·조정하고 규제의 심사·정비 등에 관한 사항을 종합적으로 추진하기 위하여 대통령 소속으로 설치된 규제개혁위원회의 역할은 어디까지나 입법보조적인 것에 불과하다. 물론 행정규제의 대부분이 사실상 정부 부문에서 유래되는 것인 이상, 규제개혁의 초점을 정부의 규제정책에 맞춘 것은 현실적인 선택이다. 그러나 규제개혁의 핵심은 입법적 수준에 있는 것이므로 가령 여소야대의 상황이 벌어질 경우, 규제개혁위원회의 역할은 매우 불안정한 것이 될 수도 있다. 아무튼 국회가 행정규제기본법을 제정하면서 부과한 자기 자신의 입법에 대한 입법 정책적 한계를 준수할 것인지 여부에 따라 그 입법권의 소산인 법률의 성패가 달라진다는 아이러니컬한 결과가 된 것이다. 결국 문제는 국회의 입법능력이나 의지로 환원되는 것이지만, 과연 국회가 그러한 역할을 얼마나 적극적으로 수행할 것인지 주목되지 않을 수 없다.

3. 행정절차법과의 관계

종래 「행정규제 및 민원사무기본법」은 각각 규제기본법, 민원사무 등에 관한 행정절차법, 고충민원처리에 관한 행정구제법에 해당하는 3원적 성질을 가진 잡종법이었다. 1996년 말 행정절차법이 제정됨에 따라 불가불 동법과 행정절차법의 중복을 회피하기 위한 법제정비의 필요성이 대두되었고 그 결과 「행정규제 및 민원사무기본법」에서 행정규제에 관한 부분을 분리하여 행정규제기본법으로 독립시키는 한편, 행정절차와 관련된 규정들을 떼어내고, 민원사무에 관한 부분을 독립시켜 「민원사무처리에 관한 법률」을 제정하는 내용으로 법제정비작업이 이루어졌다.

행정규제기본법과 행정절차법은 서로 상이한 입법적 차원을 가지는 것이라고 보아야 할 것이다. 물론 규제개혁이 행정적 수준에서 추진되는 한도 내에서는 행정절차법과의 관계가 문제될 수 있다. 이 경우에는 일단 행정절차법이 일반법적 지위를 가진다고 보아야 할 것이다. 따라서 행정규제기본법상 의견수렴에 관한 제9조나 의견제출에 관한 제17조 같은 규정들은 행정절차법의 관계규정에 우선하여 적용되겠지만, 가령 제9조에 의하여 규제의 신설 · 강화 시 거쳐야 할 의견수렴의 방법으로 제시된 공청회, 행정상 입법예고 등에 관하여는 행정규제기본법에 특별한 규정이 없는 이상, 행정절차법의 관계규정이 일반법으로서 적용되어야 할 것이다. 다만, 제17조에 의한 기존규제의 정비(폐지 · 개선)에 대한 의견제출의 경우, 제2항에서 의견제출의 방법 및 절차에 관하여 필요한 사항을 대통령령에 위임하고 있으므로 그 한도 내에서 행정절차법의 적용은 배제된다고 보아야 할 것이다.

4. 지방자치단체의 규제개혁조례와의 관계

행정규제기본법은 지방자치단체에게 이 법에서 정하는 취지에 따라 조례 · 규칙에 규정된 규제의 등록 및 공표(公表), 규제의 신설이나 강화에 대한 심사, 기존규제의 정비, 규제심사기구의 설치 등에 필요한 조치를 취하도록 의무를 부과하고 있다(§ 3 ③). 법이 지방자치단체의 행정규제에 대하여는 이 법이 정하는 취지에 따라 규제심사절차를 정하고 규제심사기구를 설치 · 운영하도록 한 것은 '근거리행정'이 이루어지는 지방자치 차원에서도 규제개혁이 추진될 수 있도록 배려한 것으로 이해된다. 따라서 지방자치단체에게는 행정규제기본법의 취지에 따른 제약 외에는 상당히 포괄적인 조례입법권의 위임이 이루어진 것으로 해석된다. 그러나 기존의 조례 · 규칙에 의한 규제를 신설 · 강화하는 경우에는 지방자치법 제15조 단서의 제약에 따라 법률의 위임이 있어야 하기 때문에, 법률의 위임이 없으면 아예 그러한 규제를 신설·강화할 여지가 없는 반면, 위임이 있는 경우에는 기존 규제를 신설·강화하는 것은 어디까지나 모법이 정한 범위 내에 제한될 뿐이다. 만일 지방자치단체가 지방자치수준에서 행정규제기본법에 해당하는 규제개혁조례를 제정하는 경우 그 조례에 의하여 이미 다른 개별 법률의 위임을 받아 제정된 조례·규칙에 의한 규제를 개혁할 수 있을 것인지 여부에 관하여는 논란의 여지가 남아 있다.

제3절 행정규제기본법의 내용

Ⅰ. 행정규제의 개념

행정규제기본법은 '행정규제'의 개념을 애매하고 포괄적으로 정의하고 있다. 이에 따르면 "행정규제"(이하 "규제"라 한다)라 함은 "국가 또는 지방자치단체가 특정한 행정목적을 실현하기 위하여 국민(국내법을 적용받는 외국인을 포함한다)의 권리를 제한하거나 의무를 부과하는 것으로서 법령등이나 조례·규칙에 규정되는 사항"을 말한다. 이와 같이 행정규제의 개념은 행정법학에서 말하는 '침익적 행정작용' 전부를 포괄하는 셈이다. 이는 지나치게 광범위한 동시에 협소한 개념규정이라 할 수 있다.

먼저 과연 이와 같은 개념규정이 규제완화와 관련하여 논의되고 있는 '정부규제' 또는 '행정규제'의 핵심을 그 목적, 대상 및 태양 등과 관련하여 적확히 포착할 수 있게 해 주는지 의문이다.[14] 물론 규제의 개념에 관한

14) 가령 행정목적의 달성을 위한 형벌법규(행정형벌법규)는 그것이 국민의 권리를 제한하고 의무를 부과하는 것일지라도 행정규제의 개념에서 제외된다고 보는 것이 마땅하다. 규제의

한 통일된 견해가 존재하지 않으며[15] 규제프로그램의 다양성 때문에 규제일반의 개념을 정립하는 것이 불가능하다는 이유에서 그 개념정의를 무용한 것으로 보는 견해[16]가 있는 것도 사실이다. 또 그 점을 고려할 때, 행정규제기본법이 그 기본법으로서의 성격에 비추어 '기업에 대한 행정규제'보다는 넓은 '일반적 행정규제'의 개념에 입각할 필요가 있었을 것이라는 점도 충분히 이해할 수 있다. 그러나 지나치게 넓은 정의는 유용한 정의가 될 수 없다. 앞으로 법 시행과정에서의 경험을 바탕으로 규제개혁의 대상이 되는 행정규제의 범위를 보다 명확한 기준에 의해 한정하는 작업이 뒤따라야 할 것이다.

다른 한편에 있어 행정규제기본법이 행정규제를 국가 또는 지방자치단체가 특정한 행정목적의 실현을 위하여 '국민의 권리를 제한하거나 의무를 부과하는 것'으로만 정의하고 있는 것은 규제가 비단 행정법학에서 말하는 '권력작용'뿐만 아니라 행정지도, 보조금지급 등 '비권력적 작용'을 통해 수행되고 있다는 현실[17]을 도외시한 지나치게 편협한 태도라 하지 않을 수 없다. 규제 중에는 권력적 수단, 즉 명령통제방식이 아니라 경제적 유인(시장경제적 인센티브)에 의존하는 '경제적 규제'의 성질을 띤 것들이 적지 않고, 이들은 법형식상 비권력적 작용에 해당한다. 현실적으로 이러한 경제적 규제가 명령통제적 규제 못지않은 사회적 영향을 미치고 있음은 그동안의 체험을 통하여 쉽사리 인식할 수 있는 바이다.

요컨대 행정규제기본법이 행정규제의 개념을 그 목적과 행위성질에 착안하여 '특정한 행정목적의 실현을 위하여 국민의 권리를 제한하거나 의무를 부과하는 것'으로 정의하는 것은 '특정한 행정목적'의 다양성이란 측면

개념에 관하여는 일반적으로 김유환, 「미국행정법에서의 규제법규해석과 규제재량통제: 한국적 상황에의 응용의 모색」, 서울대학교 박사학위논문, 1991, 59이하를 참조.

15) 최영규, 「영업규제의 법제와 그 수단에 관한 연구: 규제행정론적 관점에서」, 서울대학교 박사학위논문, 1993, 11이하.

16) 가령 Stephen Breyer, *Regulation and Its Reform*, 1982, 4－5.

17) 김유환, 앞의 글, 1991, 62.

에서는 지나치게 광범위하고 모호할 뿐만 아니라 '침익적 행위'란 측면에서는 간접적 · 시장유인적 규제의 경우를 배제하고 있어 지나치게 편협한 개념규정이라고 비판될 수 있다.[18)]

Ⅱ. 행정규제의 기본원칙

행정규제기본법은 행정규제에 관한 기본원칙으로서 규제법정주의(§ 4)와 규제의 원칙(§ 5)에 관한 두 개의 규정을 두고 있다.

1. 행정규제법정주의

행정규제기본법은 제4조 제1항에서 "규제는 법률에 근거하여야 하며, 그 내용은 알기 쉬운 용어로 구체적이고 명확하게 규정되어야 한다"고 규정하고 있다. 앞서 본 바와 같이 '행정규제'를 '국가 또는 지방자치단체가 특정한 행정목적의 실현을 위하여 국민의 권리를 제한하거나 의무를 부과하는 것'으로 이해하는 이상 행정규제가 법률에 근거하여야 한다는 것은 법치행정의 원리의 한 요구인 '법률의 유보'원칙에 따른 당연한 결과라 할 수 있다. 따라서 이 규정은 법치행정의 원리를 선언적으로 확인한 것에 지나지 않는다.[19)] 다만, 종래 고질화되었던 규제의 과잉, 남용이라는 현실에 분명한 법적 한계를 부과하려는 취지를 가진 것이라는 점에서 나름대로 의의를 찾아볼 수 있을 것이다. 행정규제의 내용이 구체적이고 명확하여야 한다는

18) 同旨 이상규, 「행정규제의 완화」, 『인권과 정의』 210호, 1994.2., 100. 여기서 이상규 변호사는 종전의 「행정규제 및 민원사무기본법」과 관련하여 "행정주체가 일정한 행정목적을 위하여 개인의 권리를 제한하거나 의무를 부과하는 작용은 규제작용뿐만 아니라 경찰목적을 위한 것에서부터 … 매우 다양한 것임에도 불구하고 이를 간과한 채 행정규제의 개념을 애매하게 규정한 것은 이해할 수 없는 일"이라고 서술한 바 있다.

19) 이상규, 위의 글, 99.

것 또한 법률의 유보원칙으로부터 나오는 제약이라 할 수 있다.

규제법정주의의 규범적 의미는 기본적으로 두 가지 측면에서 살펴볼 수 있다. 그것은 첫째, 소극적인 면에서 실제로 행정규제를 담당하는 행정청에 대해 법률에 근거하지 않고서는 행정규제를 할 수 없도록 하는 금지명령으로서의 구속력을 가진다. 이러한 의미에서 법 제4조 제3항은 “행정기관은 법률에 근거하지 아니한 규제로 국민의 권리를 제한하거나 의무를 부과할 수 없다”고 재천명한 것이다. 둘째, 적극적인 면에서 이 원칙은 입법권자에 대해서도 행정규제의 근거가 되는 법률을 제정·개정함에 있어 내용을 구체적이고 명확하게 규정해야 할 규범적 요구를 담고 있다. 특히 후자의 측면은 행정규제기본법의 기본법으로서의 성격과 불가분의 관련을 맺고 있다. 만일 법률에 의거하지 않은 행정규제는 법치행정의 원리까지 가지 않더라도 의문의 여지없이 행정규제기본법 제4조 제1항 전단을 위반한 것으로 위법이란 평가를 면치 못할 것이다. 반면 행정규제의 근거법률이 행정규제기본법 제4조 제1항 전단의 명확성 및 구체성의 요건 중 어느 하나를 충족시키지 못하는 경우에는 그것은 결국 ‘법률에 위반한 법률’이라는 것이 된다. 따라서 “같은 법률이면서 다른 법률의 상위에 위치하는 법”인 기본법의 관념이 동원되지 않으면 행정규제기본법 제4조 제1항 후단은 규범적으로 무의미하게 되는 것이다. 그러나 이와 같이 이 법을 기본법이라 해서 “같은 법률이면서 다른 법률의 상위에 위치하는 법”으로 이해할 수 있는지는 극히 회의적이므로 행정규제기본법 제4조가 갖는 의미는 고작 입법정책적 방향의 제시 또는 행정에 대한 법치행정의 원리의 강조에 불과한 것이 되며, 결국 문제해결의 관건은 법 제4조의 규범적 척추라 할 수 있는 헌법원리와의 관계에서 법률의 위헌여부에 귀착되게 된다.

행정규제기본법이 천명한 규제법정주의와 관련하여 가장 주목되어야 할 쟁점은 위임입법의 원칙에 대한 예외와 관련하여 제기된다. 법은 제4조 제2항에서 “규제는 법률에 직접 규정하되, 규제의 세부적인 내용은 법률 또는 상위법령(上位法令)에서 구체적으로 범위를 정하여 위임한 바에 따라 대통령령・총리령・부령 또는 조례・규칙으로 정할 수 있다. 다만, 법령에서 전문적・기술적 사항이나 경미한 사항으로서 업무의 성질상 위임이 불가피한 사항에 관하여 구체적으로 범위를 정하여 위임한 경우에는 고시 등으로 정할 수 있다."라고 규정하고 있다. 여기서 본문의 규정은 헌법상 위임입법의 원칙을 규제에 관하여 재확인한 것에 불과하므로 문제가 없다. 그러나 단서 조항은 위헌 논란을 불러일으킬 공산이 크다. 왜냐하면 동 단서 조항이 "법령이 전문적・기술적 사항이나 경미한 사항으로서 업무의 성질상 위임이 불가피한 사항에 관하여 구체적으로 범위를 정하여 위임한 경우에는 고시 등으로 정할 수 있다"고 함으로써 법률도 아니고 '법령'에 의하여, 그것도 일반적으로 헌법상 법규명령의 형식에 해당하지 않는 고시 등에 대하여 법규적 효력을 부여할 수 있다고 규정했기 때문이다.

행정규칙의 성질을 가지는 고시[20] 등이 법령의 수권에 의하여 발령된 경우 법규로서 대국민적 구속력을 가질 수 있는가 하는 것은 논란되고 있다. 대법원의 판례 가운데 법률보충적인 행정규칙이 성립할 수 있음을 시인하면서 그러한 행정규칙이나 규정이 당해법령의 위임한계를 벗어나지 아니하는 한 이들과 결합하여 대외적인 구속력이 있는 법규명령으로서 효력을 가질 수 있음을 인정한 것이 적지 않게 나와 있으나, 이는 어디까지나 예외적인 사례에 불과한 것으로 이해되었다.

> 소득세법시행령 제170조 제4항 제2호에 의하여 투기거래를 규정한 재산제세조사사무처리규정(국세청훈령 제980호)은 그 형식은 행정규칙으로 되어 있으나 위 시행령의 규정을 보완하는 기능을 가지면서 그와 결합하여 법규명령과 같은 효력(대외적인 구속력)을 가지는 것[21]

---

20) 물론 같은 고시라는 명칭을 가진 것이라 하더라도 그 법적 성질은 일반처분, 준법률행위적 행정행위(통지), 행정규칙, 법규명령 등 다양하게 판단될 수 있다.

21) 대법원 1989.11.14. 선고 89누5676판결. 참고로 소득세법은 원칙으로 기준시가에 의해 산정된 양도차익을 기준으로 과세할 수 있게 하면서 실지거래가에 의한 법정과세요건은 대통령령에 위임, 이에 기해 제정된 시행령이 과세요건의 일부만을 규정하고, 지역에 따라

고시 · 훈령 등 행정규칙의 형식으로 제정되었으나 법률보충적인 내용을 지닌 규정, 즉 '형식의 부족'이 있는 규정[22]을 법규명령으로 볼 것인지 행정규칙으로 볼 것인지에 관하여 적극설과 소극설이 대립되고 있다. 생각건대, 이러한 규정은 내용상 법률 또는 상위법령의 구체적 위임에 기하여 제정되는 것이므로 실질적으로 법규보충적 의미를 지니며 따라서 이를 그 실질에 따라 법규명령으로 보아야 할 것이다. 판례 역시 동일한 입장에 서 있다.[23] 그러나 법 제4조 제2항 단서가 그러한 '형식과 내용의 불일치'에 따른 불가피한 결과를 일반화했다는 데 문제가 있다. 과연 이 문제에 대한 입법적 수용을 정당화할 만한 이론적 합의가 있다고 볼 수 있을까? 또한

정하는 일정규모이상의 거래 또는 국세청장이 지정하는 실체법상 과세요건을 다시 국세청장에게 위임함으로써 국세청장이 훈령으로 재산제세조사사무처리규정을 정할 수 있도록 하고 있다. 이 판결에 대하여 이를 규범구체화적 행정규칙의 개념을 받아들인 것이라고 보려는 견해가 표명되고 있으나(김남진, 『행정법의 기본문제』, 1992, 847이하), 여기서 문제된 국세청훈령이 시행령과 결합하여 대외적 구속력을 갖는다고 한 것은, 그에 관한 대법원의 종전의 판례에 비추어 볼 때, 당해 훈령이 실질적으로는 위임명령에 해당한다는 것을 전제로 한 것임을 간과한 것이라는 취지의 반론이 제기되고 있음은 앞에서 본 바와 같다(박윤흔, 『행정법강의(상)』, 2000, 248－249). 한편 이와 관련하여 최정일, 「법규범구체화 행정규칙의 법적 성질 및 효력」, 『판례월보』 264호, 34이하; 「독일에서의 행정규칙의 법적 성질 및 효력: 특히 규범구체화행정규칙을 중심으로」, 서울대학교 법학박사학위논문, 1995, 46이하는 ① 독일의 경우 법규범구체화행정규칙은 기술법 · 환경법 분야에 국한해 보는 것이 일반적이며, ② 설령 세법에 대하여 법규범구체화행정규칙을 인정한다고 하더라도 동 규정은 전문적 사실이해, 민주적 · 정치적 정당성의 절차적 전제조건이 미흡하여 법규범구체화의 수권이 있다고 보기 어렵고, ③ 법규범구체화행정규칙을 지지하는 오쎈뷜(Ossenbühl) 교수도 세법분야에 대하여는 "사실조사에 관한 행정규칙" 중 "간소화규칙"(Vereinfachungsanweisungen)과 "세법상의 평가준칙"(steuerliche Bewertungsrichtlinie)으로 분류하고 있다는 이유에서 위 대법원판례가 동 규정을 법규범구체화행정규칙으로 인정한 것은 아니라고 하면서도, 그렇다고 이를 법규명령으로 볼 수는 없으며 법형식 그대로 행정규칙으로 보아야 한다고 한다.

22) 그 예로는 가령 「물가안정에 관한」 법률 제2조에 의하여 긴요물품 등의 가격 또는 최고가액을 고시하는 경우 또는 대외무역법 제19조에 의한 지식경제부장관의 전략물자고시 등을 들 수 있다.

23) 박윤흔, 『행정법강의(상)』, 248－249.

행정규제기본법이 이러한 예외조항을 통하여 행정규칙의 법규적 효력에 관한 입법적 해결책을 제시할 수 있는 정당성이 있다고 할 수 있을까?

2. 행정규제의 원칙

법은 제5조 제1항에서 "국가 또는 지방자치단체는 국민의 자유와 창의를 존중하고, 규제를 정하는 경우에도 그 본질적 내용을 침해하지 아니하도록 하여야 하며", 제3항에서 "규제의 대상과 수단은 규제의 목적 실현에 필요한 최소한의 범위 안에서 가장 효과적인 방법으로 객관성 · 투명성 및 공정성이 확보되도록 설정되어야 한다."라고 규정하고 있다. 이는, 비록 헌법이 부과한 기본권제한의 한계인 본질적 내용의 불가침원칙과 비례원칙을 재확인한 데 불과하지만, 이를 명시함으로써 규제의 법적 한계가 실효적으로 준수되어야 한다는 기대를 분명히 했다. 다만, 제5조 제2항에서 "국가 또는 지방자치단체가 규제를 정할 때에는 국민의 생명 · 인권 · 보건 및 환경 등의 보호와 식품 · 의약품의 안전을 위한 실효성 있는 규제가 되도록 하여야 한다."라고 규정한 것은 중요한 의미가 있다. 종종 규제완화의 대상으로 간주되어 온 생명 · 보건 · 환경, 식품 · 의약품의 안전 등을 보호하기 위한 실효적인 '사회적 규제'를 행해야 할 국가와 지방자치단체의 책무를 규정하고 있기 때문이다. 그러나 이 경우에도 이미 앞에서 규제법정주의와 관련하여 본 바와 같은 규제원칙조항의 규범적 한계가 뒤따르기 때문에 그러한 책무가 얼마나 실효적으로 이루어질지는 미지수라 할 수밖에 없다.

Ⅲ. 규제개혁의 추진

행정규제기본법은 그동안 규제개혁방안으로 제시되었던 갖가지 정책수단들을 최대한으로 수용했다는 점에서 보기 드문 진취성을 보이고 있다. 그

중에서 가장 두드러지게 나타나는 특징 중 하나가 규제심사제를 도입한 점이다. 물론 종래의 「행정규제 및 민원사무기본법」도 제6조에서 행정규제심사제를 도입한 바 있으나, 행정규제기본법은 거기서 한 걸음 더 나아가 규제개혁위원회라는 민관합동기구를 설치하고 이를 통하여 규제정비종합계획에 의한 체계적인 규제정비작업을 추진하도록 하고 규제영향분석(Regulatory Impact Analysis, RIA)제도와 규제일몰제 등을 도입하여 본격적이고 과학적인 규제심사 및 정비제도를 구축하였다. 행정규제기본법에 의한 규제개혁의 추진체제는 크게 다음 다섯 가지 측면에서 살펴볼 수 있다. 첫째, 규제의 효과적인 관리와 투명성의 확보를 위하여 규제개혁위원회에 모든 규제를 등록하도록 하고 그 목록을 공표하도록 하였고, 둘째, 규제심사 및 정비의 추진기구로서 규제개혁위원회를 설치하여 그 지위와 권한을 확보하였으며, 셋째, 규제의 신설・강화에 대하여 규제영향분석을 의무화하고 규제일몰제를 도입하는 등 규제심사제도를 도입했고, 넷째, 기존규제를 정비하기 위하여 규제심사 및 규제정비종합계획을 통한 체계적으로 규제정비를 추진하도록 했으며, 끝으로 규제개혁의 실효성을 확보하기 위하여 규제개혁의 추진상황을 정기적으로 점검・평가해 나가도록 함으로써 규제개혁의 사후관리를 위한 제도적 수단을 강구했다는 점이 그것이다.

1. 규제의 등록・공표제

규제정비작업은 무엇보다도 규제의 현황에 대한 정보를 확보하는 데서 출발한다. 그러한 견지에서 법은 제6조에서 중앙행정기관의 장에게 소관 규제의 명칭・내용・근거・처리기관 등을 규제개혁위원회에 등록하도록 의무화하는 한편, 위원회에게 등록된 규제사무목록을 작성하여 공표하도록 규정하고 있다(§ 6 ① ②). 나아가 법은 위원회에게 직권으로 조사하여 등록되지 아니한 규제가 있는 경우에는 관계 중앙행정기관의 장에게 지체 없이 이를 위원회에 등록하게 하거나 당해 규제를 폐지하는 법령 등의 정비계획을 제출하도록 요구하도록 하였다. 이를 통하여 규제의 총량관리와 투명성을 확보할 수 있을 것으로 기대되고 있다.[24]

2. 규제개혁위원회

2.1 설치

법은 제4장에서 정부의 규제정책을 심의·조정하고 규제의 심사·정비 등에 관한 사항을 종합적으로 추진할 규제개혁의 추진기구로 규제개혁위원회를 대통령 소속으로 설치하도록 하였다(§ 23). 법이 규제개혁의 견인차로서 규제개혁위원회를 대통령 소속으로 둔 것은 그 담당기능의 중요성과 추진력의 확보를 고려한 결과라고 설명되고 있다.[25]

> 당초 입법추진과정에서 규제개혁추진기구의 위상과 권한을 둘러싸고, 대통령소속하에 심의·의결기구로서 규제개혁위원회를 설치하려는 정부안에 대하여 독립된 중앙행정기관으로서 감사원이나 공정거래위원회와 유사한 '규제심사원' 또는 '규제심사위원회'를 설치해야 한다는 전경련, 신한국당 등의 대안이 대립되었으나, '국무회의의 국정심의권을 침해하는 등 국가의사결정체계의 혼란을 초래할 우려'가 있고, 또 "작은 정부"의 이념에도 맞지 않아 국민의 지지를 확보하기 곤란하다는 등의 이유로 채택되지 않았다.[26] 당초의 정부안은 대통령소속하에 민간인들로만 구성된 심의·의결기구로서 규제개혁위원회를 설치하려는 것이었으나, 이 역시 입법추진과정에서 수정되어 규제정책의 심의·조정 및 규제심사 등의 권한을 가지는 민관합동기구로서 규제개혁위원회를 설치하도록 한 것이다.

---

24) 박용환, 앞의 글, 9.

25) 김범일, 「규제개혁기본법시안의 기본방향과 주요내용」, 『규제개혁기본법제정을 위한 공청회 자료집』, 1997.5.12., 20.

26) 박용환, 앞의 글, 15-17.

2.2 권한 · 기능

앞에서 본 바와 같이 규제개혁위원회의 지위는 당초 정부안에서는 심의 · 의결기구로 설정되었으나, 입법추진과정에서 심의 · 조정기구로 낙착되었다. 이에 따라 규제개혁위원회는 다음과 같은 사항을 심의 · 조정할 수 있는 권한을 가지게 되었다(§ 24).

1. 규제정책의 기본방향과 규제제도의 연구 · 발전에 관한 사항
2. 규제의 신설 · 강화 등에 대한 심사에 관한 사항
3. 기존규제의 심사, 규제정비종합계획의 수립 · 시행에 관한 사항
4. 규제의 등록 · 공표에 관한 사항
5. 규제개선에 관한 의견수렴 및 처리에 관한 사항
6. 각급 행정기관의 규제개선실태에 대한 점검 · 평가에 관한 사항
7. 그 밖에 위원장이 위원회의 심의 · 조정이 필요하다고 인정하는 사항

2.3 구성 및 위원의 신분보장

규제개혁위원회는 위원장 2인을 포함한 20인 이상 25인 이하의 위원으로 구성되는 민관합동 합의제행정기구다. 위원회의 위원장은 국무총리와 학식과 경험이 풍부한 자 중에서 대통령이 위촉하는 사람이 되며, 위원은 학식과 경험이 풍부한 자 중에서 대통령이 위촉하는 사람과 대통령령으로 정하는 공무원으로 구성하되 비공무원위원이 전체위원의 과반수가 되어야 한다(§ 25). 이처럼 위원회를 국무총리와 민간인을 공동위원장으로 하는 민관합동기구로 한 것은 민간의 참신한 개혁구상과 강력한 집행력을 도모하기 위한 것이라고 설명되고 있다.[27] 법은 위원에 대하여 공무원 아닌 위원의 경우 1차에 한하여 연임 가능한 2년의 임기를 보장하는 한편, 위원 전원에 대하여 금고 이상의 형의 선고를 받은 경우와 장기간의 심신쇠약으로 직무를 수행할 수 없게 된 경우 외에는 본인의 의사에 반하여 면직되지 않도록 신분을 보장하고 있다(§ 25 ⑤ · § 27).

27) 박용환, 앞의 글, 17; 김범일, 앞의 글, 20.

2.4 위원회의 회의 · 지원기관 · 조사권 등

위원회의 회의는 재적위원 과반수의 찬성으로 의결하도록 되어 있다(§ 26). 법은 위원회에 분과위원회, 전문위원 및 조사요원, 전문성을 갖춘 사무기구를 두고 전문연구기관을 지정할 수 있도록 하는 한편(§ 28 · § 29, § 31), 위원회가 그 기능을 수행함에 있어 필요하다고 인정할 때에는 관계 행정기관에 대한 설명 또는 자료 · 서류 등의 제출요구, 이해관계인 · 참고인 또는 관계 공무원의 출석 및 의견진술의 요구, 그리고 관계 행정기관 등에 대한 현지조사를 할 수 있는 권한을 부여함으로써 위원회의 업무추진력이 확보되도록 하였다(§ 30 ①). 반면 관계 행정기관의 장에게 규제의 심사 등과 관련하여 소속 공무원 또는 관계 전문가로 하여금 위원회에 출석하여 그 의견을 진술하게 하거나 필요한 자료를 제출할 수 있도록 하여 규제심사 등에 관계행정기관의 의견이 반영될 수 있는 통로를 확보해 주고 있다(§ 30 ②).

3. 신설규제 등의 심사

법은 규제의 신설 또는 강화에 대한 규제영향분석 및 규제심사제도를 도입하였다. 즉 규제의 신설 또는 강화(규제 존속기간 연장을 포함) 시 행정기관에게 규제영향분석과 규제도입의 타당성에 대한 자체심사를 의무화하고, 규제개혁위원회가 그 적정성을 심사하여 필요한 경우 개선권고 등의 조치를 할 수 있도록 규정하고 있다(§ 7). 한편, 규제의 신설 · 강화 시 계속하여 존속시켜야 할 명백한 사유가 없는 규제는 존속기한을 설정하여 그 법령 등에 규정하도록 하는 규제일몰제를 도입하였다(§ 8).

3.1 규제영향분석

법은 미국식 규제영향분석(RIA)[28]을 제도화하였다. "규제영향분석"이란

28) 규제영향평가제에 관한 개략적 설명으로는 이성우, 「정부규제의 개혁을 위한 제도와 정책수

"규제로 인하여 국민의 일상생활과 사회·경제·행정 등에 미치는 여러 가지 영향을 객관적이고 과학적인 방법을 사용하여 미리 예측·분석함으로써 규제의 타당성을 판단하는 기준을 제시하는 것"이라고 정의되고 있다(§ 2 ① v). 법은 제7조에서 중앙행정기관의 장으로 하여금 규제를 신설 또는 강화(규제의 기한연장을 포함)하고자 할 때에는 다음 사항을 종합적으로 고려하여 규제영향분석을 하고 규제영향분석서를 작성하도록 의무화하였다.

1. 규제의 신설 또는 강화의 필요성
2. 규제목적의 실현가능성
3. 규제외 대체수단의 존재 및 기존규제와의 중복여부
4. 규제의 시행에 따라 규제를 받는 집단 및 국민이 부담하여야 할 비용과 편익의 비교분석
5. 경쟁제한적 요소의 포함여부
6. 규제내용의 객관성과 명료성
7. 규제의 신설 또는 강화에 따른 행정기구·인력 및 예산의 소요
8. 관련 민원사무의 구비서류·처리절차 등의 적정여부

법은 규제영향분석에 대한 의견수렴을 확대한다는 취지에서 입법예고기간 동안 규제영향분석서를 공표하도록 하여 이해관계자 등이 규제영향분석서에 대한 의견을 제출할 수 있도록 하였다. 즉, 중앙행정기관의 장은 위와 같은 규제영향분석서를 입법예고기간 동안 국민에게 공표하여야 하고, 제출된 의견을 검토하여 규제영향분석서를 보완하며, 의견을 제출한 자에게 제출된 의견의 처리결과를 통지하여야 한다(§ 7 ②).

단: 미국의 예를 중심으로」, 『한국행정연구』, 1992년 여름호(제1권 2호), 한국행정연구원, 79이하; Bruff, "Presidential Management of Agency-Rulemaking," *57 Geo. Wash. L. Rev.* 533, 1989; Aman, Jr. & Mayton, *Administrative Law*, West Publishing, 1993, 565–567 등을 참조.

중앙행정기관의 장은 규제영향분석의 결과를 기초로 규제의 대상·범위·방법 등을 정하고 그 타당성에 대하여 자체심사를 하여야 하며, 이 경우 관계전문가 등의 의견을 충분히 수렴하여 심사에 반영하여야 한다. 이를 통해 규제영향분석의 결과를 규제심사에 연계시킨 것이다(§ 7 ③).[29] 규제영향분석의 방법·절차와 규제영향분석서의 작성지침 및 공표방법 등에 관하여 필요한 사항은 대통령령으로 정하도록 위임되어 있다(§ 7 ④).

3.2 규제일몰제

법은 제8조 제1항에서 규제의 신설·강화 시 계속하여 존속시켜야 할 명백한 사유가 없는 규제는 존속기한을 설정하여 그 법령 등에 규정하도록 함으로써 이미 미국 등에서 활용해 온 일몰규제방식(sunset regulation)을 도입하였다. 이에 따르면 규제의 존속기한은 규제의 목적을 달성하기 위하여 필요한 최소한의 기간 내에서 설정되어야 하며, 그 기간은 원칙적으로 5년을 초과할 수 없다(§ 8 ②). 중앙행정기관의 장은 규제의 존속기한을 연장할 필요가 있는 때에는 당해 규제의 존속기한의 6개월 전까지 제10조에 따라 위원회에 심사를 요청하여야 하며, 위원회는 법 제12조 및 제13조에 따른 심사 시 필요하다고 인정하면 관계 중앙행정기관의 장에게 그 규제의 존속기한을 설정할 것을 권고할 수 있다(§ 8 ③ ④). 중앙행정기관의 장은 법률에 규정된 규제의 존속기한을 연장할 필요가 있는 때에는 그 규제의 존속기한 3개월 전까지 규제의 존속기한 연장을 내용으로 하는 개정안을 국회에 제출하여야 한다(§ 8 ⑤).

3.3 의견수렴

법은 중앙행정기관의 장이 규제를 신설 또는 강화하고자 하는 경우 공청회, 행정상 입법예고 등의 방법으로 행정기관·민간단체·이해관계인·연구

---

29) 제7조 제4항은 규제영향분석의 방법·절차와 규제영향분석서의 작성지침 등에 관하여 필요한 사항을 대통령령에 위임하고 있다.

기관 · 전문가 등의 의견을 충분히 수렴하도록 의무화하고 있다(§ 9). 그러나 의견수렴의 방법은 '공청회, 행정상 입법예고 등'으로 예시적으로 열거되어 있을 뿐 구체화되어 있지는 않다. 따라서 이 조항만으로 특정한 방식의 의견수렴이 의무화된 것이라고 보거나 특정한 방식에 의한 의견제출의 기회를 부여해 달라는 관계인의 청구권이 인정된 것이라고 보기는 어렵지 않을까 생각한다. 그렇지만 어떠한 방식에 의하든지 위 규정에서 열거된 관계인의 충분한 의견수렴이 기속규정의 형식으로 의무화되어 있는 이상, 이들의 의견수렴을 거치지 않는다면 위법임을 면할 수 없다는 결과가 된다고 본다. 시행령 제8조는 중앙행정기관의 장이 법 제9조의 규정에 의하여 공청회를 개최하거나 행정상 입법예고를 하는 경우에는 행정절차법이 정하는 절차에 따라야 한다고 규정하고 있다.

3.4 규제심사의 절차

(1) 심사요청

규제의 신설 · 강화에 대한 위원회에 의한 규제심사의 절차는 중앙행정기관의 장이 위원회에 심사를 요청함으로써 개시된다(§ 10 ①). 따라서 규제의 신설 · 강화에 대한 규제심사는 중앙행정기관의 장의 요청이 있을 때에만 개시되는 행정내부적 절차라고 할 수 있다. 다만 중앙행정기관의 장이 규제의 신설 · 강화하고자 하는 경우 반드시 자체심사를 거쳐 위원회에 심사요청을 해야 하도록 되어 있으므로, 심사요청을 하지 아니하고 규제를 신설 또는 강화하는 경우에는 위법임을 면치 못한다. 이러한 결과는 위원회의 규제심사를 받지 아니하고 규제를 신설 또는 강화해서는 아니 된다고 규정하는 법 제16조 제1항에 의하여 뒷받침되고 있다. 규제신설 또는 강화안이 법령안을 포함하는 경우 그 법령안에 대하여는 법제처에 법령안 심사를 요청하기 전에 위원회에 심사요청을 하여야 한다(§ 10 ① 후단). 중앙행정기관의 장이 위원회에 심사를 요청하는 때에는 규제안에 다음의 사항을 첨부하여 제출하도록 되어 있다(§ 10 ②).

1. 제7조 제1항에 따른 규제영향분석서
2. 제7조 제3항에 따른 자체심사의견
3. 제9조에 따른 행정기관・이해관계인 등의 제출의견 요지

규제심사의 요청을 받은 경우 위원회는 해당 법령에 대한 규제정비계획을 제출하게 할 수 있다(§ 10 ③).

(2) 예비심사

위원회는 심사를 요청받은 날부터 10일 이내에 당해 규제가 국민의 일상생활 및 사회・경제활동에 미치는 파급효과를 고려하여 제12조에 따른 심사를 받아야 할 규제("중요규제")인지 여부를 결정하고 그 결과를 지체 없이 관계 중앙행정기관의 장에게 통보하여야 한다(§ 10 ① ③). 위원회가 중요규제가 아니라고 결정한 규제는 위원회의 심사를 받은 것으로 보며 따라서 규제심사절차를 거칠 필요가 없다(§ 10 ②). 이처럼 법이 예비심사를 통하여 "중요규제"에 해당하지 아니하는 규제에 대하여 규제심사를 면제한 것은 규제심사절차로 인한 규제의 지연, 행정효율의 저해 등을 고려하여 '중요하지 않은' 규제에 대하여는 규제심사를 면제하고 '중요한' 규제를 중점적으로 심사할 수 있도록 하려는데 그 취지가 있는 것으로 이해된다. 이러한 심사면제의 기준을 실체적 요건규정에서 명시하지 않고 절차규정에서 규정한 것에 대하여는 입법기술적인 측면에서 적절치 못한 것이라고 평가되지만, 그러한 심사면제 및 이를 판정하기 위한 예비심사절차를 둔 것 자체를 탓할 수는 없을 것이다. 그러나 여기서 관건이 되는 것은 예비심사를 통과요건인 '중요한' 규제가 과연 무엇이냐 하는 것이다. 이것은 그 범위를 어떻게 정하느냐에 따라 규제심사제도 전체의 의미가 달라질 수 있는 중요한 문제다.

시행령 차원에서 이에 관한 세부적 기준을 정할 수 있도록 하는 명시적인 위임규정은 없다. 다만 법 제33조에서 "이 법에 정한 것 외에 위원회의

조직 · 운영 등에 관하여 필요한 사항은 대통령령으로 정한다"고 규정하고 있기는 하지만, 이것을 심사대상이 되는 규제와 심사에서 면제되는 규제의 범위를 정할 수 있는 입법위임의 근거로 볼 수 있을지는 매우 의심스럽다. 결국 무엇이 '중요한' 규제인가는 전적으로 규제개혁위원회의 판단에 맡겨져 있으며 위원회가 일정한 내부기준을 정하여 면제여부를 결정해 나가는 수밖에 없을 것이다.

(3) 심사

심사는 규제심사의 가장 핵심적인 본체에 해당하는 단계다. 위원회는 예비심사의 결과 중요규제라고 결정한 규제에 대하여 관계 중앙행정기관의 자체심사가 신뢰할 수 있는 자료와 근거에 의하여 적절한 절차에 따라 적정하게 이루어졌는지 여부를 심사하여야 한다(§ 12 ②).

위원회는 심사와 관련하여 제10조 제2항 각 호의 첨부서류 중 보완이 필요한 사항에 대하여는 관계 중앙행정기관의 장에게 그 보완을 요구할 수 있다(§ 12 ③). 심사는 심사요청을 받은 날부터 45일 이내에 완료하여야 하며, 다만, 심사기간의 연장이 불가피한 경우에는 위원회의 결정으로 한 차례에 한하여 15일을 넘지 아니하는 범위 내에서 심사기간을 연장할 수 있다. 심사를 마치면 위원회는 지체 없이 그 결과를 관계 중앙행정기관의 장에게 통보하여야 한다(§ 12 ① ④).

(4) 긴급심사

긴급하게 규제를 신설 또는 강화하여야 할 특별한 사유가 있는 경우 법은 제7조 · 제8조 제3항 · 제9조 및 제10조의 절차를 거치지 아니하고 직접 위원회에 심사를 요청할 수 있도록 하였다. 따라서 그러한 경우 중앙행정기관의 장은 규제영향분석 · 자체심사, 존속기간 연장 시 사전심사요청, 의견수렴 그리고 제10조의 규정에 의한 절차를 거치지 아니하고 그 사유를 제시하여 심사를 요청할 수 있고(§ 13 ①), 위원회는 심사 요청된 규제의 긴급성이 인정된다고 결정하면 심사를 요청받은 날부터 20일 이내에 규제의 신설 또는 강화의 타당성을 심사하고 그 결과를 관계 중앙행정기관의 장에게 통보하여야 한다. 이 경우 관계 중앙행정기관의 장은 위원회의 심사결과를 통보를 받은 날부터 60일 이내에 위원회에 규제영향분석서를 제출하여야 한다(§ 13 ②). 이처럼 법이 긴급심사절차를 규정한 것은 규제심사로 인하여 생길 수 있는 절차지연의 효과를 고려한 결과라고 이해된다. 오늘날과 같은 급변하는 행정환경에서 규제의 종류나 내용에 따라서는 상당한 기간을 소요하는 규제심사절차를 거침으로써 규제의 적기를 놓쳐 회복할 수 없는 결과를 초래하게 되는 경우가 있을 수 있다. 또한 규제심사절차로 인하여 법령상의 기한, 헌법재판소나 법원의 결정에 따른 의무 등을 준수하기 곤란해지는 경우도 있을 수 있다.[30] 이와 같이 긴급하게 규제를 신설・강화해야 할 특별한 사정이 있는 경우 곧바로 규제심사를 받되 사후에 규제영향분석서를 제출하도록 함으로써 그러한 폐단에 대처하려는 것이 긴급심사절차의 취지라 할 수 있다.

긴급심사요청에 대하여 위원회가 그 규제의 긴급성을 인정하지 아니하는 결정을 내린 때에는 중앙행정기관의 장은 제7조 내지 제10조의 규정에 의한 규제심사절차를 밟아야 하며, 위원회는 심사를 요청받은 날부터 10일 이내에 관계 중앙행정기관의 장에게 그러한 절차를 거치도록 요구할 수 있

30) 참고로 미국의 경우 1981년의 행정명령 12291은 규제의 심사가 법령이나 법원의 명령에 의해 부과된 기한의 준수와 상충될 경우에는 절차를 아예 면제하는 규정을 두고 있었으나(Executive Order 12291 Section 8(a)(2), 3 C.F.R. Pt.127(1981), reprinted in 5 U.S.C.A. § 601 at 434), 이후 1993년 이를 대체한 행정명령 제12866호 Section 6 (a)(3)(D)는 "긴급한 사정이 있거나 행정기관이 법률에 의하여 통상적인 심사절차보다 더 신속하게 행동하도록 의무화되어 있는 경우 당해 행정기관은 가능한 한 신속하게 그 사실을 '정보및규제사무처'(OIRA)에게 통지하여야 하며, 현실적으로 가능한 범위 내에서 본조의 (a)(3)(B) 및 (C)에 따른 조치를 행한다. 법령이나 판결에 의해 부과된 기한에 따라야 하는 규제조치들에 대하여 당해 행정기관은 현실적으로 가능한 범위 내에서 규칙제정일정을 OIRA가 본조 (b)(2) 내지 (4)의 규정에 따라 그 심사에 충분한 시간을 할애할 수 있도록 조정하여야 한다."라고 규정하고 있다.

다(§ 13 ③).

(5) 개선권고

심사의 결과 위원회는 필요하다고 인정하는 경우 관계 중앙행정기관의 장에게 당해 규제의 신설 또는 강화를 철회하거나 개선하도록 권고할 수 있다(§ 14 ①). 위원회는 '필요하다고 인정하는' 경우라는 폭넓은 범위에서 재량에 의하여 이 권한을 행사할 수 있으나, 그것은 어디까지나 규제의 신설이나 강화를 철회하거나 개선하라는 권고적 권한에 지나지 않는다. 다만 법은 제14조 제2항에서 이러한 권고를 받은 관계 중앙행정기관의 장은 특별한 사유가 없는 한 이에 따라야 하며, 그 처리결과를 대통령령이 정하는 바에 따라 위원회에 제출하도록 하였고, 또한 법제처장에게 신설 또는 강화되는 규제를 포함하는 법령안의 심사를 요청할 때, 그리고 법령안을 국무회의에 상정하는 경우 당해 규제에 대한 위원회의 심사의견을 첨부하도록 함으로써 그 실효성을 확보하고자 시도하고 있다(§ 16 ②).

(6) 재심사

규제심사절차에 의하여 1차적으로 영향을 받는 자는 당해 규제의 소관부서일 것이다. 따라서 규제심사의 결과에 관하여 소관부서에게 의견을 제출할 기회를 부여하는 것이 필요하다는 견지에서 법은 규제심사절차가 종료된 후 중앙행정기관의 장에게 위원회의 심사결과에 이의가 있거나 위원회의 권고대로 조치하기가 곤란하다고 판단되는 특별한 사정이 있는 경우 대통령령이 정하는 바에 따라 위원회에 재심사를 요청할 수 있도록 하였다(§ 15 ①). 위원회는 이러한 재심사요청이 있는 경우에는 재심사를 요청받은 날부터 15일 이내에 재심사를 완료하고 그 결과를 관계 중앙행정기관의 장에게 통보하여야 하며(§ 15 ②), 이에 대하여는 개선권고에 관한 제14조의 규정이 준용된다(§ 15 ③).

<규제신설·강화 시 규제심사의 절차흐름>

규제신설·강화의 입안 →	긴급심사요청(§ 13) §§ 7, 8 ③, 9, 10의 규정에 의한 절차생략
↓	
중앙행정기관의 규제영향분석 자체심사(§ 7)	▷규제영향분석의 결과를 기초로 규제의 대상·범위·방법 등을 정하고 그 타당성에 대한 자체심사를 실시 ▷관계전문가의 의견을 수렴하여 반영 ▷규제의 존속기간 명시(§ 8 ①②)·기간연장심사요청(§ 8 ③)
↓	
의견수렴(§ 9)	▷공청회, 행정상 입법예고 등의 방법 ▷행정기관·민간단체·이해관계인·연구기관·전문가 등에게 의견제출 기회를 부여하고 의견을 충분히 수렴
↓	
규제개혁위원회에 대한 심사요청 (§ 10)	▷자체영향분석서, 자체심사의견·행정기관·이해관계인 등의 제출의견 요지를 첨부하여 규제안을 제출 ▷법령안의 경우 법제처의 법령안심사요청 이전에 심사요청
↓	
예비심사 심사(§§ 11－12) 심사결과의 통보 (§ 12 ④)	▷'중요규제'여부에 대한 결정 ▷'중요규제'에 대하여는 45일 내에 심사완료 ▷첨부서류보완요구(§ 12 ③) ▷존속기간설정요구(§ 8 ④) ▷심사결과의 통보
↓	
개선권고(§ 14 ①) 권고의 이행 및 처리결과의 제출 (§ 14 ②)	▷당해 중앙행정기관의 장에게 규제의 신설 또는 강화의 철회 또는 개선 권고 ▷특별한 사유가 없는 한 권고이행 ▷처리결과의 제출
↓	
재심사(§ 15 ①) 15일 이내에 재심사 완료 심사결과 개선권고 등(§ 14)	▷중앙행정기관의 장이 심사결과에 이의가 있거나 권고대로 조치 곤란한 경우 신청 ▷재심사 후 신설·강화의 철회·개선 권고 ▷특별한 사유가 없는 한 권고이행 ▷처리결과의 제출

4. 기존규제의 정비

행정규제기본법의 또 다른 핵심은 기존규제의 정비(폐지 또는 개선)를 추구하고 있다는 데 있다. 규제의 신설이나 강화에 대해서는 앞서 살펴본 바와 같이 규제심사제라는 빗장을 걸어 놓았으나, 그동안 무분별하게 양산되어 국민의 자유와 창의를 제약해 왔던 각종 비효율적인 규제를 종합적으로 일관되게 폐지 · 정비해 나가지 않으면 규제개혁의 성과를 기대할 수 없다. 법은 이러한 견지에서 규제정비종합계획, 규제심사제 등과 같은 기존규제의 정비를 위한 법적 수단을 강구하고 있는 것이다.

기존규제를 정비하기 위한 방법으로는 크게 ① 국민으로부터 의견을 제출받아 정비하는 방안, ② 행정기관 스스로가 정비계획을 수립하여 정비하도록 하는 방안, 그리고 ③ 규제개혁위원회에서 매년 중점추진분야를 선정하여 규제를 정비하는 방안 등 세 가지가 있을 수 있다.[31] 이들 중 ②와 ③은 규제정비계획과정을 통하여 서로 연계되고 있으며, ①은 규제개혁위원회의 기존규제에 대한 규제심사제에 연계되어 규제개혁위원회가 총괄기능을 수행하도록 되어 있으므로, 규제개혁위원회에 의한 규제정비부터 살펴보기로 한다.

4.1 규제개혁위원회에 의한 규제정비

(1) 규제정비종합계획의 수립 · 시행

법은 위원회로 하여금 매년 중점추진분야와 정비과제를 선정하여 기존규제에 대한 정비지침을 마련한 후 국무회의의 심의를 거쳐 각 중앙행정기관에 통보하도록 하는 한편, 중앙행정기관이 제출한 규제정비계획을 기초로 정부의 규제정비종합계획을 수립하여 국무회의의 심의와 대통령의 승인을 거쳐 시행하도록 함으로써 기존규제에 대한 체계적인 정비작업을 추진하도록 규정하고 있다(§§ 20, 21). 이에 따라 중앙행정기관의 장은 정부의 규제정

31) 박용환, 앞의 글, 13.

비종합계획에 의하여 그 관할에 속하는 기존규제를 정비하고 그 결과를 대통령령이 정하는 바에 따라 위원회에 제출하여야 하며(§ 21 ①), 또한 제20조 제1항 후단의 규정에 의하여 위원회가 정비의 기한을 정하여 통보한 특정한 기존규제에 대하여는 그 기한 내에 정비를 완료하고 그 결과를 위원회에 통보하여야 한다. 다만, 위원회가 정한 기한 내에 정비를 완료하지 못한 때에는 지체 없이 그 사유를 명시하여 위원회에 당해 기존규제의 정비계획을 제출하고, 정비를 완료한 후 그 결과를 통보하도록 되어 있다(§ 21 ②).

(2) 기존규제의 심사

법은 제18조에서 기존규제에 대해서도 위원회가 그 정비에 관한 심사를 할 수 있도록 하여 규제정비종합계획 외에도 개별적인 심사절차를 통하여 기존규제를 정비할 수 있는 통로를 마련하였다. 이 경우 위원회의 심사는, 규제의 신설·강화의 경우 사전적 절차로서 규제심사가 요구되는 것과는 달리 소관 행정기관의 심사요청을 전제로 하지 않는 개방적 절차라고 할 수 있다. 위원회가 기존규제의 정비에 관하여 심사할 수 있는 경우는 다음과 같다.

1. 제17조에 따라 제출된 의견을 위원회에서 심사할 필요가 있다고 인정한 경우
2. 삭제
3. 그 밖에 위원회가 이해관계인·전문가 등의 의견을 수렴한 결과 특정한 기존규제의 심사가 필요하다고 인정한 경우

위원회에 의한 기존규제의 심사에 관하여는 신설규제 등에 대한 심사절차에 있어 심사결과 개선권고 및 그 처리, 재심사에 관한 제14조 및 제15조의 규정이 준용된다(§ 18 ②).

(3) 조직정비 등

법은 제22조에서 위원회로 하여금 기존규제가 정비된 경우 정부의 조직 및 예산을 관장하는 관계 중앙행정기관의 장에게 이를 통보하도록 하고, 통보를 받은 관계 중앙행정기관의 장에게 기존규제의 정비에 따른 정부의 조직 또는 예산의 합리화방안을 강구토록 함으로써 기존규제의 정비에 따른 행재정적 후속조치를 취하도록 하였다.

4.2 국민의 의견제출에 의한 규제정비

법은 누구든지 기존규제의 정비에 대한 의견을 위원회에 제출할 수 있도록 하고(§ 17 ①), 위원회가 제출된 의견을 심사할 필요가 있다고 인정하는 경우 이를 심사할 수 있도록 하였다(§ 18 ① i). 이는 피규제자의 입장이나 일반대중의 의견, 아이디어 등이 반영될 수 있는 통로를 법제화한 것인데, 의견제출의 방법 및 절차는 대통령령으로 정하도록 위임되어 있다.

4.3 행정기관에 의한 기존규제의 자체정비

법이 의존하고 있는 또 하나의 방안은 소관 행정기관 자체에 의한 기존규제의 정비다. 법은 제19조에서 중앙행정기관의 장에게 매년 소관 기존규제에 대하여 이해관계인·전문가 등의 의견을 수렴하여 정비할 필요가 있다고 판단되는 규제를 선정하여 정비하도록 하는 한편(§ 19 ①), 그 정비결과를 대통령령이 정하는 바에 따라 위원회에 제출하도록 의무화하고 있다.

기존규제에 대한 자체정비는 앞에서 살펴본 규제정비계획과 밀접한 관련이 있다. 즉, 중앙행정기관의 장이 제20조 제2항에 따라 당해 기관의 규제정비계획을 수립하여 위원회에 제출하면 이를 바탕으로 정부의 규제정비종합계획이 수립되고 다시 중앙행정기관의 장이 이를 시행하도록 되어 있으나(§ 20 ①), 제19조에 의한 자체정비는 바로 정부의 규제정비종합계획에 반영된 기관별 규제정비계획을 바탕으로 이루어지는 것이 합리적이기 때문이다. 법은 제21조에서 중앙행정기관의 장에게 규제정비종합계획을 시행할 의무만을 부과하고 있을 뿐 양자가 어떻게 연관되는지에 관하여는 침묵하고 있으나, 자체정비 역시 정비계획과 연계되는 것으로 보아야 할 것이다.

5. 규제개혁의 사후관리

이상에서 살펴본 바와 같은 규제심사 및 정비작업이 소기의 성과를 달성할 수 있으려면 적절하고 효과적인 사후관리가 이루어져야 한다. 법은 이 점을 고려하여 위원회로 하여금 각급 행정기관의 규제운영실태와 개선사항을 확인·점검하여 국무회의와 대통령에게 보고하도록 하고, 규제개선 이행상태가 부진한 경우에는 이의 시정조치를 대통령에게 건의하도록 하고 매년 규제개혁백서를 발간하도록 하였다(§§ 34, 35). 한편, 법은 위원회로 하여금 객관적인 확인·점검 및 평가를 위하여 관련 전문기관 등에 여론조사를 의뢰할 수 있도록 하고(§ 34 ③), 규제관련제도를 연구하고 위원회의 운영에 관하여 필요한 지원을 할 책무를 국무총리실장에게 부과하고 있다(§ 36).

그 밖에도 법은 규제개선업무를 능동적으로 추진하는 과정에서 발생한 결과에 대하여는 당해 공무원의 행위에 고의 또는 중대한 과실이 없는 경우에는 불이익한 처분이나 부당한 대우를 받지 않도록 명시하는 한편, 규제개선업무 추진에 뚜렷한 공로가 있는 공무원에 대하여 포상과 인사상 우대조치를 할 수 있도록 함으로써 규제개혁에 대한 동기를 부여하고자 시도하고 있다(§ 37).

제6장

민원사무처리에 관한 법제

제 1 절 민원사무처리의 법적 근거 • 397
Ⅰ. 민원사무처리에 관한 법률 • 397
Ⅱ. 민원사무법의 지위와 적용범위 • 398
제 2 절 민원사무의 처리 • 400
Ⅰ. 민원사무처리의 원칙 • 400
Ⅱ. 민원사무의 신청 및 접수 • 401
Ⅲ. 민원1회방문처리제의 시행 • 402
Ⅳ. 민원심사기준의 설정공표제도 • 403
Ⅴ. 사전심사의 청구 • 404
Ⅵ. 민원사무의 처리 및 처리결과의 통지 • 405
제 3 절 민원행정제도의 개선 • 409

제1절 민원사무처리의 법적 근거

Ⅰ. 민원사무처리에 관한 법률

'민원사무처리에 관한 기본적인 사항을 규정하여 민원사무의 공정한 처리와 민원행정제도의 합리적 개선을 도모함으로써 국민의 권익을 보호함'을 목적으로 한 민원사무법은 전문 31개조 및 부칙, 그리고 제1장 총칙, 제2장 민원사무의 처리, 제3장 민원행정제도의 개선 등 4개장으로 구성되어 있다.

종래 민원사무의 처리에 대하여는 「행정규제 및 민원사무기본법」이 기본적인 사항을 규율해 왔다. 이 법률은 그 이전까지 모법의 근거 없이 제정·시행되어 왔던 '민원사무처리규정'을 대체하면서, '행정과 관련된 국민의 불편과 부담을 줄이고 지속적인 행정개선을 도모함으로써 국민의 권익을 보호하고 공정한 행정운영을 기함'을 목적 아래 민원사무처리제도를 합리적으로 개선하고 일종의 민원옴부즈만의 기능을 지닌 '국민고충처리위원회'에 의한 고충민원처리제도를 도입하는 등 획기적인 법적 변화를 가져온 것이었다. 그러나 행정절차법이 제정되고 또 행정규제기본법이 제정됨에 따라 이 법률 역시 새로운 형태로 바뀌지 않을 수 없게 되었고, 그 결과 민원사무 처리 및 고충처리제도에 관한 별도의 입법으로서 「민원사무처리에 관한 법률」(이하 “민원사무법”이라 함)이 제정되기에 이르렀다. 이후 2008년 2월 29일 ‘국민권익위원회를 설치하여 고충민원처리, 부패방지 및 행정심판 기능을 통합함으로써 국민의 권익구제 창구를 일원화하고 신속하고 충실한 원 스톱 서비스를 제공하도록 하려는 목적’으로 「부패방지 및 국민권익위원회의 설치와 운영에 관한 법률」이 제정됨으로써 이 법률 중 국민고충처리위원회에 관한 제4장이 떨어져 나갔다.

Ⅱ. 민원사무법의 지위와 적용범위

1. 민원사무법의 지위

이 법은 종래 「민원사무처리규정」, 「행정규제 및 민원사무기본법」에 의해 규율되었던 민원사무처리에 관한 행정절차법적 규율의 성격을 갖는다. 민원사무법은 민원사무처리에 관한 일반법의 지위를 가지지만, 행정절차법에 대한 관계에서는 일반법－특별법의 관계에 서게 되며 민원사무처리에 관한 특별 행정절차법에 해당한다고 볼 수 있다.

2. 민원사무법의 적용범위

민원사무법은 제3조 제1항에서 “민원사무에 관하여 다른 법률에 특별한 규정이 있는 경우를 제외하고는 이 법이 정하는 바에 따른다”고 규정하고 있다. 여기서 “민원사무”란 ‘민원인이 행정기관에 대하여 처분 등 특정한 행위를 요구하는 사항(“민원사항”)에 관한 사무’를 말한다(§ 2 ii).

민원사무 또는 민원행정[1)]의 개념은 종래 행정법학보다는 행정학의 관심

1) 민원사무나 민원행정이란 용어를 굳이 구별한다면 민원사무를 처리하는 행정작용이 ‘민원행정’이라고 말할 수 있을 것이다.

사가 되어 왔다. 행정학에서 말하는 민원행정의 개념은 다음 네 가지로 나누어 볼 수 있다: 첫째, 가장 넓은 뜻에서 민원행정을 '국민이 원하는 행정'을 가리키는 개념이다. 둘째, 민원행정은 넓은 의미로는 '일반국민과 접촉을 갖는 집행적 성격의 행정', 즉 정책 전 과정이 아닌 집행과정에서 일어나는 국민의 바람이나 기대를 처리, 실현시켜 주는 행정을 말한다. 셋째, 좁은 뜻에서 민원행정은 '집행적 · 전달적 행정 가운데서 <이해관계> 있는 국민(고객)의 구체적인 요구에 대응하는 행정'이라고 정의될 수 있다. 넷째, 가장 좁게는 민원행정의 개념은 '일선행정의 창구에서 이루어지는 특정고객의 특징적이고 직접적인 대면적 청구행위에 대응하여 이를 처리하는 행정'(이른바 창구민원)이란 의미로 사용될 수 있다.[2] 민원사무법의 민원사무에 대한 정의는 대체로 위의 셋째 개념유형에 해당하는 것이라 할 수 있다.[3]

시행령 제2조 제2항에 따르면, 법 제2조 제2호의 "민원사무"라 함은 다음 각 호의 어느 하나에 해당하는 사항에 관한 사무를 말한다.

1. 허가 · 인가 · 특허 · 면허 · 승인 · 지정 · 인정 · 추천 · 시험 · 검사 · 검정 등의 신청
2. 장부 · 대장 등에의 등록 · 등재의 신청 또는 신고
3. 특정한 사실 또는 법률관계에 관한 확인 또는 증명의 신청
4. 법령 · 제도 · 절차 등 행정업무에 관한 질의 또는 상담형식을 통한 설명이나 해석의 요구
5. 정부시책이나 행정제도 및 운영의 개선에 관한 건의
6. 행정기관의 위법 · 부당하거나 소극적인 처분(사실행위 및 부작위를 포함한다) 및 불합리한 행정제도로 인하여 국민의 권리를 침해하거나 국민에게 불

2) 오석홍, 「민원행정에 관한 연구」, 『행정논총』 제22권 제1호, 서울대학교 행정대학원, 1984, 3.

3) 「행정규제 및 민원사무기본법」상의 동일한 개념정의에 관한 것이지만 한상철, 「정책과정에 있어서의 주민행태」, 1991, 9; 박영기, 『효율적인 민원행정체계 확립방안』, 한국행정연구원 연구보고 92-02, 11 역시 마찬가지의 견해를 표명하고 있다.

편 또는 부담을 주는 사항의 해결 요구(이하 "고충민원"이라 한다)

7. 그 밖에 행정기관에 대하여 특정한 행위를 요구하는 사항

한편 민원사무법이 규율하는 당사자는 "민원인"과 "행정기관"으로 나뉘는데, 전자는 '행정기관에 대하여 처분 등 특정한 행위를 요구하는 개인·법인 또는 단체'를 말하며,[4] 후자는 법령에 의하여 행정권한이 있거나 위임 또는 위탁받은 법인·단체 또는 그 기관이나 개인을 포함한다(§ 3 ②).[5]

제2절 | 민원사무의 처리

Ⅰ. 민원사무처리의 원칙

민원사무법은 제5조에서 민원사무처리의 원칙으로 다음 세 가지를 명시하고 있다. 첫째, 행정기관은 민원사무를 관계법령 등이 정하는 바에 따라 다른 업무에 우선하여 처리하여야 한다(§ 6 ①). 둘째, 행정기관은 관계법령 등에 정한 처리기간이 남아 있음을 이유로 하거나 그 민원사무와 관련되지 아니하는 공과금 등의 미납을 이유로 민원사무의 처리를 지연시켜서는 아니 된다(§ 6 ②).[6] 셋째, 행정기관은 법령의 규정 또는 위임이 있는 경우를

---

4) 행정기관에 특정행위를 요구하는 행정기관 또는 공공단체(사경제의 주체로 요구하는 경우는 제외), 행정기관과 私法上 계약관계에 있는 자로서 계약관계와 직접 관련하여 행정기관에 특정한 행위를 요구하는 자, 행정기관에 특정행위를 요구하는 성명·주소 미상자는 여기서 말하는 "민원인"에 해당하지 아니한다(동시행령 § 2 ①).

5) 다만 종래 「행정규제 및 민원사무기본법」의 제3조 제2항 조 단서는 대통령령이 정하는 법인, 단체 또는 개인을 여기서 제외했으나 동시행령은 이에 관해 아무런 규정을 두지 않고 있었다.

6) 구 「민원사무 처리에 관한 법률」(법률 제5369호, 1997.8.22., 제정)에서는 "행정기관이 처

제외하고는 민원사무 처리의 절차 등을 강화하여서는 아니 된다(§ 6 ③).

Ⅱ. 민원사무의 신청 및 접수

민원사무법은 제8조에서 민원의 신청은 문서(「전자정부법」 제2조 제7호의 규정에 의한 전자문서를 포함한다. 이하 같다)로 하되, 대통령령이 정하는 경우에는 구술 또는 전화·전신·모사전송 등 정보통신망(「전자정부법」 제2조 제10호의 규정에 의한 정보통신망을 말한다. 이하 같다)으로 할 수 있도록 하고 있다.

행정기관의 장은 민원사항의 신청이 있는 때에는 다른 법령에 특별한 규정이 있는 경우를 제외하고는 그 접수를 보류하거나 거부할 수 없으며, 접수된 민원서류를 부당하게 되돌려 보내서는 아니 된다(§ 9 ①).

또한 법은 행정기관의 장이 정보통신망을 이용하여 다른 행정기관 소관의 민원사무를 접수·교부할 수 있는 경우에는 이를 직접 접수·교부할 수 있도록 하였다(§ 17 ①).

아울러 법 제11조에서는 다른 행정기관 등을 이용한 민원의 접수·교부에 관한 규정을 두어 민원신청의 편의를 도모할 수 있도록 하였다. 즉 행정기관의 장은 민원인의 편의를 위하여 그 행정기관이 접수·교부하여야 할 민원사항을 다른 행정기관 또는 특별법에 의하여 설립되고 전국적 조직을 가진 법인 중 대통령령이 정하는 법인으로 하여금 접수·교부하게 할 수 있다(§ 11 ①). 여기서 "대통령령이 정하는 법인"이라 함은 「농업협동조합법」에 의하여 설립된 조합과 농업협동조합중앙회를 말한다(시행령 § 10 ①). 이 경우 민원사항을 접수·교부하는 공무원이 아닌 임·직원은 형법

리기간 내에 민원사무를 처리하지 아니한 때에는 신청인은 당해 행정기관 또는 감독기관에 대하여 지체 없이 처리할 것을 요구할 수 있다"는 규정하여(§ 6 ②) 지체 없는 민원사무의 처리를 요구할 수 있는 신청인의 권리를 명시적으로 인정하고 있었으나 2006.3.3. 개정법률(법률 제7855호, 전부개정)에서 삭제되었다.

기타 법률에 의한 벌칙의 적용에 있어 이를 공무원으로 보며(§ 11 ③), 그 접수·교부의 절차, 기관 간 송부방법 등에 관하여 필요한 사항은 대통령령으로 정하도록 위임되어 있다(§ 11 ②).

법은 또한 행정기관이 민원사항의 신청에 필요한 사항을 게시(인터넷 등을 통한 게시를 포함한다)하거나 편람을 비치하여 민원인이 이를 볼 수 있도록 하여야 한다고 규정함으로써 민원인의 편의를 도모하였다(§ 7).

Ⅲ. 민원1회방문처리제의 시행

민원사무법은 제24조에서 종래의 민원1회방문처리제를 계승하였다. 즉, 행정기관의 장은 민원사무를 처리함에 있어 그 행정기관의 내부에서 할 수 있는 자료의 확인, 관계기관·부서와의 협조 등에 따른 모든 절차를 담당 공무원이 직접 행하도록 하여 민원1회방문처리제를 확립함으로써 불필요한 사유로 민원인이 행정기관을 다시 방문하지 아니하도록 하여야 한다(§ 24 ①). 이것은 민원인의 권익을 보호하기 위한 것이므로, 민원인을 이를 근거로 자신을 위하여 민원1회방문처리제의 시행을 요구할 수 있겠지만, 소관행정청의 광범위한 재량이 인정되는 경우가 많을 것이다.

행정기관의 장은 민원1회방문처리에 관한 안내와 상담의 편의를 제공하기 위하여 민원1회방문 상담창구를 설치하여야 한다(§ 24 ②).

민원1회방문처리제의 시행은 다음 각 호의 절차에 의하도록 구체화되어 있다(§ 24 ③).

1. 민원1회방문 상담창구의 운영
2. 민원후견인의 지정·운영
3. 복합민원을 심의하기 위한 위원회의 운영
4. 민원사항의 심의·조정 등을 위하여 설치된 위원회의 재심의

5. 행정기관의 장의 최종결정

행정기관의 장은 민원1회방문처리제의 원활한 운영을 위하여 민원사무처리에 경험이 많은 소속 공무원을 민원후견인으로 지정하여 민원인 안내 및 상담에 응하도록 할 수 있다(§ 25).

Ⅳ. 민원심사기준의 설정공표제도

법은 종래의 민원사무처리기준표 통합고시제를 이어받아 제20조 이하에서 규정하고 있다. 이에 따르면, 행정안전부장관은 민원인의 편의를 위하여 관계법령등에 규정되어 있는 민원사항의 처리기관・처리기간・구비서류・처리절차・신청방법 등에 관한 사항을 종합한 민원사무처리기준표를 작성하여 관보에 고시하고 인터넷에 게시하고(§ 20 ①), 행정기관의 장은 관계법령등의 제정・개정 또는 폐지 등으로 고시된 민원사무처리기준표를 변경할 필요가 있는 경우에는 즉시 그 내용을 행정안전장관에게 통보하여야 하며 행정안전부장관은 그 내용을 관보에 고시하고 인터넷에 게시한 후 제1항의 규정에 의한 민원사무처리기준표에 반영하여야 한다(§ 20 ②). 한편 행정안전부장관은 민원사무의 간소화를 위하여 필요하다고 인정할 때에는 관계 행정기관의 장에게 관계법령 등에 규정되어 있는 처리기간・구비서류・처리절차・신청방법 등의 개정을 요청할 수 있다(§ 20 ③).

나아가 법은 제21조에서 행정안전부장관에게 민원사무 간소화를 위한 처리기간 등을 잠정적으로 변경할 수 있는 권한을 부여하고 있다. 즉, 행정안전부장관은 제20조의 규정에 의하여 민원사무처리기준표를 작성・고시함에 있어 민원사무 간소화를 위하여 필요하다고 인정되는 경우에는 관계 행정기관의 장과의 협의를 거쳐 관계법령 등이 개정될 때까지 잠정적으로 관계법령 등에 규정되어 있는 처리기간・구비서류의 단축・감축조정 및 처리절차 · 신청방법의 변경을 할 수 있고(§ 21 ①), 그와 같이 민원사무처리기준표가 조정 · 고시된 경우에는 행정기관의 장은 이에 따라 민원사무를 처리하여야 하며, 중앙행정기관의 장은 민원사무처리기준표의 조정 또는 변경된 내용에 따라 관계법령 등을 지체 없이 개정 · 정비하여야 한다(§ 21 ②).

Ⅴ. 사전심사의 청구

대규모 비용이 수반되는 민원 중에는 불확실성이나 초기투자비용이 커서 미리 예측가능성을 확보할 필요가 있는 경우가 적지 않다. 이러한 사정을 감안하여 법은 제19조에서 사전심사 청구제도를 도입하였다. 이에 따르면, 민원인은 대규모의 경제적 비용이 수반되는 민원사항의 경우 행정기관의 장에게 정식으로 민원서류를 제출하기 전에 약식서류로 사전심사를 청구할 수 있고(§ 19 ①), 행정기관의 장은 그 사전심사가 청구된 민원사항이 다른 행정기관의 장과의 협의를 거쳐야 하는 사항인 경우에는 미리 그 행정기관의 장과 협의하여야 한다(§ 19 ②). 또한 행정기관의 장은 사전심사 결과를 민원인에게 통보하여야 하며, 가능하다고 통보한 민원사항에 대하여는 민원인의 귀책사유 또는 불가항력 그 밖에 특별한 사유로 이를 이행할 수 없는 경우를 제외하고는 사전심사 결과 통보 시 적시하지 아니한 다른 이유를 들어 거부하는 등의 방법으로 민원사항을 처리하여서는 아니 된다(§ 19 ③). 행정기관의 장은 사전심사 제도를 효율적으로 운영하기 위하여 필요한 법적 · 제도적 장치를 마련하여 시행하여야 한다(§ 19 ④).

Ⅵ. 민원사무의 처리 및 처리결과의 통지

1. 민원사무의 처리

민원사무가 신청·접수되면 행정기관은 앞서 본 바와 같은 민원사무처리의 원칙에 따라 성실하게 민원사무를 처리하여야 하며, 민원사무를 처리하는 공무원은 담당 민원사무를 신속·공정·친절하게 처리하여야 한다(§ 4). 법은 민원사무의 처리와 관련하여 다음과 같은 규정들을 두고 있다.

1.1 불필요한 서류요구의 금지

행정기관의 장은 민원사항을 접수·처리함에 있어서 민원인에게 소정의 구비서류 외의 서류를 추가로 요구하여서는 아니 되며(§ 10 ①), 동일한 민원서류 또는 구비서류를 복수로 받는 경우에는 특별한 사유가 없는 한 원본과 함께 그 사본의 제출을 허용하여야 한다(§ 10 ②). 또한 행정기관의 장은 민원을 접수·처리함에 있어 다음 각 호의 어느 하나에 해당하는 경우에는 민원인에게 관련 증명서류 또는 구비서류의 제출을 요구할 수 없고, 그 민원사무를 처리하는 공무원이 직접 이를 확인·처리하여야 한다(§ 10 ③).

1. 민원인이 소지한 주민등록증·여권·자동차운전면허증 등 행정기관이 발급한 증명서로 그 민원 사무의 처리에 필요한 내용의 확인이 가능한 경우
2. 해당 행정기관의 공부(公簿) 또는 행정정보로 그 민원사무의 처리에 필요한 내용의 확인이 가능한 경우
3. 「전자정부법」 제36조 제1항의 규정에 의한 행정정보의 공동이용을 통하여 그 민원사무의 처리에 필요한 내용의 확인이 가능한 경우

민원행정의 효율성을 높이려면 무엇보다도 민원사무의 수요를 원천적으로 줄이는 것이 긴요하다. 이미 발급받아 소지한 증명서나 해당 행정기관

자체의 공부 등을 통해 또는 전자정부의 행정정보 공동이용을 통해 필요한 내용을 확인할 수 있는 때에는 굳이 민원인에게 해당 서류의 제출을 요구할 필요가 없기 때문에 그리고 또 그렇게 의무화해야만 행정기관에서 불필요한 서류 제출을 요구하지 않을 것이라는 취지에서 민원사무를 처리하는 공무원이 직접 확인·처리하도록 한 것이다. 지극히 타당하고 또 유용한 규정이라고 생각한다.

법은 같은 맥락에서 "행정기관의 장은 당초의 민원사항의 내용 변경 또는 갱신을 신청받는 경우에는 특별한 사유가 없는 한 이미 제출되어 있는 관련 증명서류 또는 구비서류를 다시 요구하여서는 아니 된다"고 규정하여(§ 10 ④), 민원인의 부담을 경감하고 있다.

1.2 민원서류의 이송, 보완·취하 등

행정기관의 장은 접수한 민원서류가 다른 행정기관의 소관인 경우에는 지체 없이 소관 기관에 이송하여야 하며(§ 12 ①), 접수한 민원서류에 흠이 있는 경우에는 보완에 필요한 상당한 기간을 정하여 지체 없이 민원인에게 보완을 요구하여야 한다(§ 13 ①).

민원인은 해당 민원사무의 처리가 종결되기 전에는 그 신청의 내용을 보완하거나 변경 또는 취하할 수 있다. 다만, 다른 법률에 특별한 규정이 있거나 그 민원사무의 성질상 보완·변경 또는 취하할 수 없는 경우에는 그러하지 아니하다(§ 13 ②).

민원서류의 이송과 보완을 위한 절차 및 방법 등에 관하여 필요한 사항은 각각 대통령령으로 정하도록 위임되어 있다(§§ 12 ②, 13 ③).

1.3 복합민원의 처리

복합민원이란 하나의 민원목적을 실현하기 위하여 법령·훈령·예규·고시 등(이하 "관계법령 등"이라 한다)에 의하여 다수의 관계기관(민원사항과 관련된 단체·협회 등을 포함한다. 이하 같다) 또는 관계부서의 허가·

인가 · 승인 · 추천 · 협의 또는 확인 등을 거쳐 처리되는 민원사무를 말한다(§ 2 iii). 통상 평균적인 민원인의 입장에서는 실제로 이 같은 복합민원의 형태가 상대적으로 더 빈번하기 발생한다. 법은 그 점을 고려하여 행정기관의 장이 복합민원에 대하여 처리 주무부서를 지정하고 그 부서로 하여금 관계기관 또는 부서 간 협조를 통하여 민원사무를 일괄하여 처리하게 할 수 있도록 함으로써(§ 14 ①), 복합민원 처리의 특례를 규정한 것이다. 복합민원의 처리 방법 및 절차 등에 관하여 필요한 사항은 대통령령으로 정하도록 위임되어 있다(§ 14 ②).

2. 민원사무처리결과의 통지

2.1 처리결과의 통지

법은 제15조에서 행정기관에게 민원사무처리결과의 통지의무를 부과하고 있다. 즉, 행정기관의 장은 민원인이 신청한 민원사항에 대한 처리결과를 민원인에게 문서로 통지하여야 한다. 다만, 대통령령이 정하는 경우에는 구술 또는 정보통신망으로 통지할 수 있으며, 이 경우 민원인의 요청이 있는 때에는 지체 없이 처리결과에 관한 문서를 교부하여야 한다(§ 15 ①).

행정기관의 장은 처리결과를 통지함에 있어 민원인의 신청을 거부하는 때에는 그 이유와 구제절차를 함께 통지하여야 한다(§ 15 ②).

2.2 무인민원발급창구를 이용한 민원의 교부

행정기관의 장은 무인민원발급창구를 이용하여 민원사항을 처리한 결과(다른 행정기관 소관의 민원사항을 포함한다)를 교부할 수 있다(§ 16 ①). 그러한 경우에는 다른 법률의 규정에 불구하고 수수료를 감면할 수 있되, 수수료 외에 무인민원발급창구의 설치 · 관리 등에 필요한 비용은 이를 징수할 수 있다(§ 16 ②). 무인민원발급창구에서 교부할 수 있는 민원사무의 종류는 행정안전부장관이 관계 중앙행정기관의 장과 협의를 거쳐 결정 ·

고시한다(§ 16 ③).

2.3 정보통신망을 이용한 다른 행정기관 소관 민원사무의 접수 · 교부

행정기관의 장은 정보통신망을 이용하여 다른 행정기관 소관의 민원사무를 접수 · 교부할 수 있는 경우에는 이를 직접 접수 · 교부할 수 있다(§ 17 ①). 이와 같은 방법으로 접수 · 교부할 수 있는 민원사무의 종류는 행정안전부장관이 관계 중앙행정기관의 장과의 협의를 거쳐 결정 · 고시한다(§ 17 ②).

3. 거부처분에 대한 이의신청

법은 제18조에서 거부처분에 대한 이의신청의 길을 열어 놓았다. 이에 따르면, 민원사항에 대한 행정기관의 장의 거부처분에 대하여 불복이 있는 민원인은 그 거부처분을 받은 날부터 90일 이내에 그 행정기관의 장에게 문서로 이의신청을 할 수 있고(§ 18 ①), 행정기관의 장은 이의신청을 받은 날부터 10일 이내에 그 이의신청에 대하여 결정하고 그 결과를 민원인에게 지체 없이 문서로 통지하도록 되어 있다. 다만, 부득이한 사유로 정해진 기간 이내에 결정할 수 없는 때에는 그 기간의 만료일 다음날부터 기산하여 10일 이내의 범위에서 연장할 수 있으며, 연장사유를 민원인에게 통지하여야 한다(§ 18 ②). 거부처분에 대한 이의신청의 절차 및 방법 등에 관하여 필요한 사항은 대통령령으로 정하도록 위임되어 있다(§ 18 ④).

민원인은 이의신청 여부와 관계없이 「행정심판법」에 의한 행정심판 또는 「행정소송법」에 의한 행정소송을 제기할 수 있다(§ 18 ③).

4. 정보보호

행정기관은 민원사무처리와 관련된 정보에 대하여 민원인의 이익이 침해되지 아니하도록 노력하여야 함은 앞서 본 민원사무처리의 원칙에 비추어 지극히 당연한 일이라 할 수 있다. 특히 문제가 되는 것은 민원인의 프라이버시나 개인정보를 보호하는 문제다. 이러한 견지에서 법은 제26조에서 "행정기관의 장은 민원사무의 처리와 관련하여 알게 된 민원사항의 내용과 민원인의 신상정보 등이 누설되어 민원인의 권익이 침해되지 아니하도록 노력하여야 한다."라고 규정하고 있다. 이는 종래 구법에서 민원사무처리의 원칙으로 또는 시행령 등을 통해 규정해 왔던 사항을 계승한 것이다.

제3절 민원행정제도의 개선

민원사무법은 민원행정제도의 개선을 위하여 민원사무의 정기조사·검토 및 간소화, 민원사무 개선상황과 운영실태의 확인·점검, 민원행정에 관한 여론의 수집·반영 등에 관한 규정을 두고 있다. 이에 따르면 중앙행정기관의 장은 매년 당해 기관이 관장하는 민원사무의 처리 및 운영실태를 조사하여야 하며(§ 27 ①), 조사 결과에 따라 중앙행정기관의 장은 소관 민원사무의 구비서류·처리절차 등의 간소화방안을 강구하여야 한다(§ 27 ②).

행정안전부장관은 효과적인 민원사무의 개선을 위하여 필요하다고 인정되는 때에는 행정기관에 대하여 민원사무의 개선상황과 운영실태를 확인·점검·평가할 수 있고(§ 28 ①), 그 결과 민원사무의 개선에 소극적이거나 이행상태가 불량하다고 판단되는 경우 국무총리에게 이의 시정에 필요한 조치를 건의할 수 있다(§ 28 ②).

나아가 행정안전부장관은 행정기관의 민원처리에 관하여 필요한 경우 국민들의 여론을 수집하여 민원행정 제도 및 운영의 개선에 반영할 수 있고(§ 29 ①), 행정기관의 장은 처리한 민원에 대하여 민원인의 만족여부 및 개선사항 등을 조사하여 업무에 반영할 수 있으며(§ 30), 정부시책이나 행정제도 및 운영의 개선에 관한 국민제안을 접수·처리하여야 한다(§ 31 ①).

제7장

결론

우리는 이제까지 행정과정의 법적 통제에 대한 이론적 고찰에 이어서, 분야별로 통제장치와 그 적용의 실제를 검토·분석해 보았다. 이제 그 방향과 과제를 생각해 볼 단계다.

행정과정에 대한 법적 통제가 얼마나 효과적으로 이루어지고 있는지를 분야별로 검토해 본 결과, 괄목할 만한 성과도 있었지만, 분야에 따라 아직도 해결해야 할 문제점이 적지 않게 남아 있다는 사실을 확인할 수 있었다. 특히 입법론적 수준에서 적지 않은 문제점들이 드러났는데, 행정절차법의 경우, 규율대상이 아직도 처분 중심으로 제한되어 있고, 자치행정절차법 형성의 여지가 배제되어 있으며, 처분절차에 있어서도 의견청취절차가 미흡하게 제도화되어 있는 점, 정보공개법의 경우, 비교적 단기간에 제도가 정착되어 가는 모습이 엿보이지만, 여전히 비공개정보의 범위 불명확으로 인하여 공개여부를 둘러싼 논란의 여지가 많고, 처리기간 경과, 비공개 사유 제시 불명확 등 구체적 부분에서 국민의 기대 수준에는 미흡하며, 정보공개를 둘러싼 권리구제수단이 실효를 거두기 어렵다는 점 등 문제점이 식별되었다.

행정절차법과 정보공개법은 세계적으로도 입법화한 나라가 많지 않은 매우 선진적인 법제도다. 이러한 법제도가 제대로 만들어져서 잘 시행되고 있느냐 하는 것은 그 나라가 선진국인지를 가늠해 주는 좋은 척도가 될 수 있을 만큼, 이 제도들을 도입하여 시행하는 데에는 많은 비용과 노력, 법문화적 수준이 요구된다. 그러나 이처럼 어렵고 값진 제도들을 도입한 이상, 그 제도적 취지가 제대로 발휘될 수 있도록 하는 것이 무엇보다 중요하다. 실효성을 저하시키거나 이용률을 떨어뜨려 법적 제약이나 불편을 덜어 보려는 근시안적 관심보다는 이 제도들이 제대로 작동하여 의견수렴이나 정보의 공개와 공유를 통한 소통의 증대, 갈등의 예방과 행정과 정부에 대한 신뢰의 증진 등 제도 본연의 긍정적 효과를 거둘 수 있도록 하려는 심사원려가 필요하다. 모처럼 그와 같은 제도를 도입해 놓고서도 그 긍정적 · 순기능적 효과를 거두지 못한다면 그로 인해 충족될 수 없었던 의사소통이나 권리구제에 대한 요구는 결국 비공식부문으로 전가되어 공공갈등이나 분쟁으로 비화되게 되고 그만큼 사회적 거래비용을 증가시키게 된다. 그리고 그 결과는 고스란히 국민이 지게 된다는 점에서 법제도의 낭비일 뿐만 아니라 법문화적으로도 매우 바람직하지 못한 후과를 끼치는 일이 된다. 지속적인 제도개선에 대한 적극적인 법정책적 실천의지가 요구되는 까닭이다.

반면, 행정절차법과 정보공개법처럼 판례를 통해 그 의미와 효력이 지속적으로 충전됨으로써 법제도화의 수준이 높아지는 경우도 관측되었다. 특히 행정절차법이 규정한 의견수렴절차나 이유제시의무 등을 제대로 이행하지 않은데 대해 비교적 엄격한 법적 제재를 가한다든지 정보공개법상 비공개사유의 해석에 있어 엄격한 기준을 적용한다든지 하는 예들이 축적되면서 국민의 공법생활의 수준이 향상되고 있다는 점은 행정과정에 대한 법적 통제의 성가를 높이고 있다.

그러나 이미 모두에서 지적한 바와 같이 행정과정에 대한 법적 통제의 길은 여전히 험난하고 그 도정에는 적지 않은 함정과 공백이 도사리고 있다. 입법과 법적용 양면에 걸쳐 부단한 법적 정련과 노력이 없이는 법치주의와 거버넌스의 요청을 조화시키기는커녕, 자칫 행정의 자기정당화만을 용이하게 해주는 결과를 부를 수도 있다. 즉, 행정과정의 절차화를 통해 행정은 그 정당성을 확보할 수 있지만, 정작 그에 대한 적절하고 실효적인 법적 통제의 실효를 거두지 못한다면 행정국가가 국민의 권익을 도외시할 수 있는 법제도적 면죄부를 주는 것이나 다름없는 일이 된다. 그런 의미에서 행정과정에 대한 법적 통제의 실태와 문제점에 대한 지속적인 관심과 이를 바탕으로 한 법해석론 및 입법론적 재검토가 항시 요구되는 것이다.

행정절차법이나 정보공개법 등 행정과정의 법적 통제를 위한 장치들이 마련되었다고 해서 그것만으로 문제가 해결되는 것은 아니다. 행정국가의 권리장전들은 그 선포만으로 끝나거나 안심할 수 있는 일은 아니며 끊임없는 법적 실천을 통해 실현시켜 나가야 할 과제다.

참고문헌

강경근, 「행정전산화의 법적 문제」, 한국공법학회 제25회 학술발표회 발표문, 1992.2.

경　건, 「행정정보의 공개」, 『행정작용법』(김동희교수정년퇴임기념논문집), 2005, 900이하.

구병문, 「프라이버시 영향평가제도의 국내법적 도입방안: 공공부문을 중심으로」, 제3회 개인정보보호 정책 포럼 자료, 2004.6.

_____, 「캐나다 및 미국의 프라이버시 영향평가제도 분석과 국내전자정부 법제로의 도입방향 검토」, 『정보화정책』 10권 3호, 2003.

구병삭, 『신헌법원론』, 박영사, 1996.

_____, 「정보공개법제정의 방향과 과제」, 『공법연구』 제17집, 1989.

권영성, 『헌법학원론』, 법문사, 2007.

기형진, 「정책과정에서 사법부의 역할 검토」, 서울대학교 대학원 석사학위논문, 2006.

김남진, 「기록등사신청에 대한 헌법소원」, 『判例月報』 1991.12.(255호).

_____, 「정보화사회와 행정법체계의 재구성」, 『월간고시』 1991.8.

_____, 「청문을 결한 행정처분의 위법성」, 『법률신문』 1563호, 1984.11.5.

_____, 『행정법』 I, II, 법문사, 2000.

_____, 『행정법의 기본문제』, 법문사, 1992.

_____, 「행정절차상의 문서열람권」, 『고시계』 1991.8., 85이하.

_____, 「행정절차상 하자의 효과」, 『고시연구』 1997.2., 30이하.

_____, 「훈령위반의 행정처분의 효력」, 『법률신문』 2363호, 1994.11.

_____, 「훈령이 정한 청문결여의 효과」, 『판례월보』 173호.

김도창, 『일반행정법론(상)』, 청운사, 1993.

김도창 외, 『행정절차법연구』, 한국행정과학연구소, 1980.7.

김동희, 『행정법』 I, II, 박영사, 1999, 2000.

김범일, 「규제개혁기본법시안의 기본방향과 주요내용」, 『규제개혁기본법제정을 위한 공청회 자료집』, 1997.5.12.

김석준 · 강경근 · 홍준형, 『열린 사회, 열린 정보』, 비봉출판사, 1993.

김성수, 「참여와 협력시대의 한국 행정절차법」, 『현대공법이론의 제문제』(석종현박사화갑기념논문집), 2003, 552.

김영조, 「행정조사에 관한 연구: 특히 세무조사의 법적 문제를 중심으로」, 경희대학교 대학원 법학박사학위논문, 1998.2.

김원주, 「우리나라 행정절차법상 행정지도의 쟁점」, 『고시계』 1997.7.

김유환, 「미국행정법에서의 규제법규해석과 규제재량통제: 한국적 상황에의 응용의 모색」, 서울대학교 대학원 박사학위논문, 1991.

_____, 「우리나라 행정절차법과 미국연방행정절차법」, 『고시계』 1997.4.

_____, 「행정절차하자의 법적 효과: 유형론과 절차적 권리의 관점에서의 검토」, 『한국공법이론의 새로운 전개』(김도창박사팔순기념논문집), 2005, 77이하.

김종철, 「헌법적기본권으로서의 개인정보통제권의 재구성을 위한 시론」, 『인터넷법률』 제4호, 2001, 법무부, 23−44.

김철수, 『정보화사회와 기본권보호, 정보화사회의 공법적 대응』(국제학술대회논문집), 한국공법학회, 1989.

_____, 『헌법학개론』, 박영사, 1991.

김철용, 「처분이유제시의 정도: 대상판결 대법원 2002.5.17. 선고 2000두9812 판결」, 『인권과 정의』 2009.8., 96이하.

_____, 「행정규제와 민원고충처리」, 『고시계』 1994.5.

_____, 『행정법 I』(제13판), 박영사, 2010.

_____, 「행정절차법 시안의 내용과 과제」, 행정절차법제정을 위한 공청회 주제발표문, 총무처 제도 1과, 공청회개최 관련 참고자료, 1996.5.

_____, 「행정절차법의 시행에 즈음하여」, 『고시계』 1997.7.

류지태, 『행정법신론』, 신영사, 1996.

_____, 「행정절차로서의 이유부기의무」, 『고시계』 1997.7., 46-59.

명승환, 「미국의 전자정보공개법 제정과정의 교훈」 (http://chunma.yeungnam.ac.kr/~j9516053/dc3.html).

박균성, 『행정법강의』(제2판), 박영사, 2005.

_____, 『행정법론(상)』(제5판), 박영사, 2006.

박영기, 『효율적인 민원행정체계 확립방안』, 한국행정연구원 연구보고 92-02.

박영도, 「기본법의 법제상의 위치」, 『법제연구』, 통권 제5호, 1993, 276이하.

박용환, 「행정규제기본법의 제정방향과 현황」, 서울대학교 행정대학원 제51회 국가정책과정세미나 <규제개혁: 어떻게 추진해야 하나?> 발제문.

박윤흔, 『행정법강의(上)』, 박영사, 2000.

박정훈, 「부정당업자의 입찰참가자격제한의 법적 제문제」, 『서울대학교 법학』(서울대학교 법학연구소) 제46권 제1호, 306.

방동희·김현경, 『개인정보보호의 법적쟁점과 해결과제』, 정보화정책 이슈 04-정책-11(한국전산원), 2004.8., 19이하.

백윤기, 「금융행정에서의 법치주의의 구현」, 『현대공법학의 과제』(최송화교수화갑기념논문집), 박영사, 2002, 531.

법제처, 『법률교육교재』, 1995, 218.

변재옥, 「정보공개 및 사생활보호에 관한 미국의 법제」, 한국공법학회 제25회 학술발표회 발표문, 1992.2., 12이하.

서원우, 「행정상의 절차적 하자의 법적 효과」, 『서울대학교 법학』 제27권 제2호, 1986.9.

석종현, 「의견제출과 청문」, 『고시계』 1997.7.

석호철, 「청문절차에 관한 제반판례의 검토」, 『인권과 정의』 215호, 1994.7.

_____, 「청문절차에 관한 제반 판례의 검토」, 『특별법연구』(특별소송실무연구회), 제5권, 1997, 106.

성낙인, 「미국의 전자정보자유법(EFOIA)과 운용현황」, 『미국헌법연구』 제9호, 미국헌법학회, 제9호, 1998, 112-139.

_____, 「알 권리와 프랑스 정보공개법」, 『월간고시』 1993.9.

_____, 「정보공개법의 정립과 개정 방향」, 행정자치부 주최 <정보공개법 개정을 위한 공청회> 발표논문, 2000.7.26.

송기춘, 「참여정부에서의 법치주의의 발전: 평가와 전망」, 『공법연구』 제35집 제4권, 2007, 297-336.

송동원, 「면허등의 취소처분에 명시하여야 할 이유기재의 정도와 그 취지」, 『대법원판례해설』 14, 1991, 327.

송유영, 「국민의권익보호를위한행정절차에관한훈령의 법적성질 및 훈령에 따른 행정절차운영지침 소정의 행정절차를 거치지 않고 행한 행정처분의 효력」, 『판례월보』 292호, 1995.1.

_____, 「행정규칙에 규정된 청문절차를 거치지 아니한 행정처분의 효력」, 『판례월보』 297호, 1995.6.

시오노 히로시(塩野宏) 저, 서원우・오세탁 공역, 『일본행정법론』, 법문사, 1996.

신봉기, 「행정절차법상 적용제외규정의 내용과 문제점」, 『현대행정법학이론』(우제이명구박사화갑기념논문집 Ⅱ), 1996, 253-271.

양 건, 「헌법재판소의 정치적 역할: '제한적 적극주의'를 넘어서」, 제51회 헌법실무연구회 발표문, 2004.12.3.

오석홍, 「민원행정에 관한 연구」, 『행정논총』 제22권 제1호, 서울대학교 행정대학원, 1984, 3이하.

오준근, 「처분기준을 설정・공표하지 아니한 합의제 행정기관의 행정처분의 효력」, 『인권과 정의』 378호, 대한변호사협회, 2008.2., 133-148.

_____, 『행정절차법』, 삼지원, 1998.

_____, 「행정절차법 시행 이후의 행정절차 관련 행정판례의 동향에 관한 몇 가지 분석」, 『행정판례연구』 VII, 한국행정판례연구회, 2002, 81이하.

_____, 「행정절차의 일반원칙」, 『고시계』 1997.7.

윤명선, 「알 권리」, 『월간고시』, 1993.2.

윤형한, 「사전통지의 대상과 흠결의 효과」, 『행정판례연구』 X, 한국행정판례연구회, 2005, 219.

이상규, 『신행정법(상)』, 법문사, 1991, 341-342.

_____, 「일본 행정절차법의 내용과 특색」, 『판례월보』 제280호, 1994.1., 13이하.

_____, 「행정규제의 완화」, 『인권과 정의』 210호, 1994.2., 99이하.

_____, 「행정절차운영지침의 의의와 문제점」, 『고시계』 1990.3.

이성우, 「정부규제의 개혁을 위한 제도와 정책수단: 미국의 예를 중심으로」, 『한국행정연구』 1992년 여름호(제1권 2호), 한국행정연구원, 79이하.

이승종, 「지방정부의 행정정보공개」, 『한국행정학보』 제25권 제3호.

이승택, 「공무원 인사관계 법령에 의한 처분에 관한 사항에 대하여 행정절차법의 적용이 배제되는 범위」, 『대법원판례해설』 73호(2007 하반기), 2008.7.

이인호, 「정보사회와 개인정보자기결정권」, 『중앙법학』 창간호, 중앙법학회, 1999, 62－67.

이준형, 「정보공개와 프라이버시」, 『한국행정학보』 제25권 제1호, 1991.5., 281이하.

이태로, 『租稅法槪論』, 박영사, 1987.

정준현, 「정보공개조례제정의 가부 및 그 방향」, 공법학회 제25회 학술발표회 발표문, 1992.2.

정하중, 『행정법개론』(제4판), 법문사, 2010.

조정찬, 「법령상호간의 체계에 관한 연구」, 『법제』 통권 제268호, 1989, 19이하.

조해현, 「행정처분의 근거 및 이유제시의 정도」, 『행정판례연구』 8집, 2003.12., 123－144.

채우석, 「행정절차법에 있어서의 신고」, 『고시계』 1997.7.

최계영, 「거부처분의 사전통지: 법치행정과 행정의 효율성의 조화」, 『행정법연구』 제18호, 행정법이론실무학회, 2007, 269이하.

최송화, 「행정절차입법화의 과제」, 한국공법학회 제35회 학술발표회 발표문.

최송화 외, 『법치행정과 공익』, 박영사, 2002.

최영규, 「영업규제의 법제와 그 수단에 관한 연구: 규제행정론적 관점에서」, 1993, 서울대학교 대학원 박사학위논문.

최정일, 「독일에서의 행정규칙의 법적 성질 및 효력: 특히 규범구체화행정규칙을 중심으로」, 서울대학교 대학원 박사학위논문, 1995, 46이하.

_____, 「법규범구체화행정규칙의 법적 성질 및 효력」, 『판례월보』 264호, 1992, 34이하.

한국법제연구원, 「공정행정구현을 위한 행정절차법제정방안: 총무처 행정절차법시안과 관련하여」, 『현안분석』 95－1, 1994.7.

_____, 『공정행정구현을 위한 행정절차법 제정방안』, 현안분석자료 95－1, 1995.4.

_____, 『일본의 행정절차법과 우리 행정절차법의 제정방향』, 1994.2.

한국행정연구원, 『행정정보공개제도에 관한 연구』, 1992.

한상철, 「정책과정에 있어서의 주민행태」, 1991.

행정쇄신위원회, 『행정쇄신백서』 1993.4.~1994.4.

행정안전부, 「2008년 정보공개 연차보고서」, 2009.8.(www.mopas.go.kr).

행정자치부, 「2003년도 중앙행정기관 정보공개운영실태 평가 결과」, 2004.3.

『행정절차업무편람』, 행정편람 01－44－01, 대한민국정부, 1989.

허 영, 『한국헌법론』, 박영사, 1991.

현대호, 『인터넷상의 정보보호에 관한 법제연구』, 한국법제연구원, 2000, 29pp.

호리베 마사오(堀部政男), 「일본에 있어서의 情報公開法과 個人情報保護法, 정보화사회의 공법적 대응」, 한국공법학회, 1989.

홍정선, 『행정법원론(상)』, 박영사, 2009.

홍준형, 「공공정책에 대한 사법적 결정의 법이론적 한계: 대법원의 새만금사건 판결을 중심으로」, 『법제』 2006.4.－5.

_____, 「'96 행정절차법시안의 내용과 문제점」, 1997.

_____, 『법정책의 이론과 실제』, 법문사, 2008.

_____, 『선진법치국가』, 『국가운영시스템, 과제와 전략』(공저), 나남, 2008.

_____, 「정보공개청구권과 정보공개법」, 『법과 사회』 제6집, 1992, 76이하.

_____, 「정보공개청구권과 정보의 자유: 독일에서의 논의를 중심으로」, 『김철수교수화갑기념논문집』 소수, 1993.

_____, 「제도화된 행정국가와 법치주의」, 『행정논총』 38(2), 서울대학교 행정대학원, 2000.

_____, 『행정구제법』, 한울아카데미, 2001.

_____, 「「행정규제 및 민원사무기본법」의 의의와 문제점」, 『한국행정연구』 제3권 제3호, 한국행정연구원, 1994, 134－159.

_____, 「행정절차법상 처분기준 설정 공표와 방송법상 최다액출자자 변경승인절차」, 『공법연구』, 한국공법학회, 2009, 359－389.

_____, 「행정절차법상 처분기준 설정 · 공표와 합의제 행정청의 행정절차」, 『행정법연구』 제20호, 행정법이론실무학회, 2008.4., 147－188.

_____, 「행정절차법상 처분기준의 설정 · 공표」, 『고시계』 1997.7., 33－45.

_____, 「행정절차법시안의 평가」, 『인권과 정의』 238호, 1996.6., 88－104.

_____, 『행정절차법 제정의 필요성과 입법방향』, 경실련주최 공청회자료집, 1996. 6.1., 14.

홍준형 · 김성수 · 김유환, 『행정절차법제정연구』, 법문사, 1996.

홍준형 외, 『개인정보보호법제 정비를 위한 기본법 제정방안 연구』, 한국전산원, 2004.10.29., 66이하.

황종성 외, 「전자정부시대 개인정보보호법제 정립방안 연구」(정부혁신지방분권위원회 · 한국전산원), 2004.12.31.

菊井康郎, 「基本法の法制上のっけ」, 『法律時報』 1973.6., 15pp.

小早川光郎, 「行政政策過程と“基本法”」, 『國際化時代の行政と法』(成田頼明先生横浜国立大学退官記念), 1993/2000, 59.

塩野宏, 『日本行政法論』, 1996.

宇賀克也, 『行政手續法の解說』, 學陽書房, 1994.

佐藤英善(編), 『行政手續法』, 三省堂, 1994.

芝池義一 「『行政手續法』の檢討」, 『公法研究』 56号.

芝池義一, 『行政法總論講義』(第2版), 1996.

Aman, Jr. Alfred C. & William T. Mayton, *Administrative Law*, West Publishing, 1993.

Aubert, W., *Search of Law: Sociological Approaches to Law*, Martin Robertson, 1983.

Badura, P., “Das Verwaltungsverfahren,” in: Erichsen & Martens, *Allgemeines Verwaltungsrecht*, 9.Aufl., 1992.

Breuer, Rüdiger, “Selbstbindung des Gesetzgebers durch Programm und Plangesetz,” *DVBl*, 1970, 101.

Breyer, Stephen, *Regulation and Its Reform*, Harvard University Press, 1982.

Bruff, Harold H., "Presidential Management of Agency-Rulemaking," *57 Geo. Wash. L. Rev.* 533, 1989.

Calabresi, Stephen and Kevin Rhodes, "The Structural Constitution: Unitary Executive, Plural Judiciary," *Harvard Law Review*, 105(1992): 1153–1216.

Collins, H., *Marxism and Law*, Clarendon Press, 1982.

Cotterell, Roger, *Law, Culture and Society, Legal Ideas in the Mirror of Social Theory*, ASHGATE, 2006.

Crier, Catherine, *The Case Against Lawyers*, Broadway Books, 2002.

Dam, Kenneth, *The Law-Growth Nexus: The Rule of Law and Economic Development*, Brookings, 2006.

Dorbeck-Jung, Bärbel & Eric Helder, "Kodifizierung des niederländischen Verwaltungsrechts," *DÖV*, 1994, 142ff.

Ely, John Hart, *Democracy and Distrust: A Theory of Judicial Review*, Harvard University Press, 1980.

Eifert, M., "Umweltinformation als Regelungsinstrment," *DÖV*, 1994, 550ff.

Erichsen, Hans-Uwe, "Allgemeines Verwaltungsrecht," 12.Aufl., *WdeG Recht*, 2002.

_____, "Das Bundesverwaltungsgericht und die Verwaltungs- rechtswissenschaft," *DVBl*, 1978, 569ff.

Fiorina, Morris P., "Legislative Choice of Regulatory Forms: Legal Process or Administrative Process?," *Public Choice* 39, The Hague: Martinus Nijhoff Publishers, 1982, 33–66.

Gellhorn, Walter, Clark Byse, and Peter L. Strauss, *Administrative Law: Cases and Comments*, 7th ed., Meniola, NY: Foundation Press, 1979.

Ghai, Y., "The Rule of Law, Legitimacy and Governance," *International Journal of Sociology of Law*, Vol. 14, Academic Press, 1986.

Goldstein, Leslie Friedman, "From Democracy to Juristocracy," *38 Law and Society Review* 3 (September 2004), 611–629.

Grunewald, Mark H., "Administrative Mechanisms for Resolving Freedom of Information Act Disputes," Final Report submitted to the Administrative Conference of the United States, 1986.

Hager, Barry M., *The Rule of Law, A Lexicon for Policy Maker*, The Manesfield Center for Pacific Affairs, 1999.

Heinzerling, Lisa and Mark V. Tushnet, *The Regulatory and Administrative State*, Oxford University Press, 2006.

Hirschl, Ran, "The Judicialization of Politics," in: Keith E. Whittington, R. Daniel Kelemen, and Gregory A. Caldeira (eds.), *The Oxford Handbook of Law and Politics*, Oxford Handbooks of Political Science, 2008, 119–141.

Hong, Joon Hyung, "Administrative Law in the Institutionalized Administrative State," *Recent Transformations of Korean Law and Society*, Seoul National University Press, 2000.

_____, "Law, Policy and Institutions for Alternative Dispute Resolution in Korea," *Comparative Studies in Public Conflict Resolution*, KDI School of Public Policy and Management, 2005.

_____, "Rule of Law and Law Reform in Korea, Paper presented at Annual Meeting of Research Committee on Sociology of Law," *International Sociological Association*, August 1–4 1995, University of Tokyo.

_____, "The Rule of Law and Its Acceptance in Asia: A View From Korea," *Asia Perspectives*, December, 1999, 11–18.

Hufen, Friedhelm, "Verwaltungsprozeßrecht," *DVBl*, 1988.

_____, "Zur Systematik der Folgen von Verfahrensfehlern: eine Bestandsaufnahme nach zehn Jahren VwVfG," *DVBl*, 1988.

Hunt, Allan, *Explorations in Law and Society, Toward a Constitutive Theory of Law*, Routledge, 1993.

_____, *The Socilolgical Movement in Law*, Macmillan, 1978.

Jacob, Herbert, Erhard Blankenburg, Herbert M. Kritzer, Doris Marie Provine, and Joseph Sanders, *Courts, Law & Politics in Comparative Perspective*, Yale University Press, 1996.

Jaffe, L., *Judicial Control of Administrative Action*, Boston: Little, Brown, 1965.

Koch, Charles H., *James Landis: The Administrative Process*, Faculty Publications, 1996, 633pp. http://scholarship.law.wm.edu/facpubs/633, College of William & Mary Law School Scholarship Repository.

Konrad Adenauer Foundation (ed.), *Rule of Law: The KAF Democracy Report 2006*, Bouvier, 2006.

Kopp, Ferdinand O., "Beteiligung, Rechts- und Rechtsschutzpositionen im Verwaltungs-verfahren," *FS BVerwG*, 390ff.

Kopp, Ferdinand O. und Ulrich Ramsauer, *Verwaltungsverfahrensgesetz, Kommentar*, 9.Aufl., 2005.

Landis, James M., *The Administrative Process*, Yale University Press, 1938.

Laubinger,, H.-W., "Grundrechtsschutz durch Gestaltung des Verwaltungsverfahrens," *VerwArch*. Bd.73, 1982, 60ff.

Luhmann, Niklas, *Legitimation durch Verfahren*, 1969.

MacCormick, D.N., "Der Rechtsstaat und die rule of law," *Juristenzeitung* 1984, 65ff.

Marx, Gary T., "Privacy and Technology," 1999 (http://web.mit.edu/gtmarx/www/privantt.html), 6.

Mashaw, Jerry L., "Explaining Administrative Process: Normative, Positive, and Critical Stories of Legal Development," *Journal of Law, Economics, & Organization* (Oxford University Press) Vol. 6, Special Issue: [Papers from the Organization of Political Institutions Conference, April 1990], 1990, 267–298.

Maurer, Hartmut, *Allgemeines Verwaltungsrecht*, 14.Aufl., 2002.

_____, *Allgemeines Verwaltungsrecht*, 17.Aufl., 2009.

Olson, Walter K., *The Rule of Lawyers*, Truman Talley Book – St. Martin Press, 2003.

Ossenbühl, Fritz, "Verwaltungsverfahren zwischen Verwaltungseffizienz und Rechtsschutzauftrag," *NVwZ*, 1982, 465ff.

Posner, Richard A., *Overcoming Law*, Harvard University Press, 1995.

_____, *The Economics of Justice*, Harvard University Press, 1981.

Püttner, Günter, "Unterschiedliche Rang der Gesetze?," *DÖV*, 1970.

Riley, Thomas B., "The Information Society: The Role of Information in the Emerging Global E-Government, E-Governance and E-Democracy Environments," 2003(http://www.electronicgov.net/pubs/research_papers/tracking03/IntlTrackingReporttApr03no3. pdf), 8.

Rivero, Jean, *Droit Administratif*, n° 95, 1990, 123ff.

Retenberg, Marc, *The Privacy Law Sourcebook 2002: United States Law, International Law, and Recent Developments*, Electronic Privacy Information Center, 2002.

Rodriguez, Daniel B., "Administrative Law," in: Keith E. Whittington, R. Daniel Kelemen, and Gregory A. Caldeira (ed.), *The Oxford Handbook of Law and Politics*, Oxford Handbooks of Political Science, 2008.

Rosenbloom, David H., "Evolution of Administrative State, Transformations of Administrative Law," in: *Handbook of Regulation and Administrative Law*, Marcel Dekker, 1994.

_____, "President George W. Bush's Theory of a Unitary Executive Branch and the Rule of Law in the United States"(한국공법학회 제138회 국제학술대회 발제문), 2007.6.29.

Rosenbloom, David, *Building a Legislative-Centered Public Administration: Congress and the Administrative State, 1946-1999*, Tuscaloosa, AL: University of Alabama Press, 2000.

Rosenbloom, David H. and Rosemary O'Leary, *Public Administration and Law*, 2nd ed., Marcel Dekker, Inc., 1997.

Rosenbloom, David, James Carroll, and Jonathan Carroll, *Constitutional Competence for Public Managers Itasca*, F.E. Peacock, 2000.

Rossi, Matthias, *Informationsfreiheitsgesetz, Handkommnentar*, Berlin: Nomos, 2006.

Rotenberg, Marc, *The Privacy Law Sourcebook 2002, United States Law, International Law, and Recent Developments*, Electronic Privacy Information Center, 2002.

Rupp, H.H., "Bemerkungen zum verfahrensfehlerhaften Verwaltungsakt," *FS für O. Bachof*, 1984, 151ff.

Scharpf, Fritz W., *Die politischen Kosten des Rechtsstaates*, Eine vergleichende Studie der deutschen und amerikanischen Verwaltungskontrollen, 1970.

Schenke, Wolf-Rüdiger, *Verwaltungsprozeßrecht*, 1993.

Schmidt−Aßmann, Eberhard, "Institute gestufter Verwaltungs-verfahren: Vorbescheid und Teilgenehmigung," in: *Verwaltungsrecht zwischen Freiheit, Teilhabe und Bindung*, FS aus Anlaß des 25jährlichen Bestehens des BVerwG, 1978, 569.

Schwartz, Paul, "Privacy and Participation: Personal Information and Public Sector Regulation in the United States," *80 Iowa L. Rev.* 553, 1995.

Selznick, Philip and Philip Nonet, *Law and Society in Transition: Toward Responsive Law*, Harper & Row, 1978.

Sieber, Ulrich, "Informationsrecht und Recht der Informationstechnik," *NJW*, 1989, 2569ff.

Simitis, Spiros, "Reviewing Privacy in an Information Society," *135 U. Pa. L. Rev.* 707, 1987.

Sunstein, Cass R., David Schkade, Lisa M. Ellman, and Andres Sawicki, *Are Judges Political?, An Empirical Analysis of the Federal Judiciary*, Brooking Institution Press, 2006.

Stelkens, Paul, *Verwaltungsverfahren*, C.H. Beck, 1991.

Tamanaha, Brian Z., *Law as a Means to an End: Threats to the Rule of Law, Law in Context*, Cambridge University Press, 2006.

_____, *On the Rule of Law: History, Politics, Theory*, Cambridge University Press,

2004.

_____, "The Tension Between Legal Instrumentalism and the Rule of Law," *33 Syracuse J. of Int. L. & Commerce* 131, 2005.

_____, "The Tensions Between Legal Instrumentalism and the Rule of Law" (April 17, 2006). Center for the Study of Law and Society Jurisprudence and Social Policy Program. Papers Presented in the Center for the Study of Law and Society Bag Lunch Speaker Series. Paper 33. http://repositories.cdlib.org/csls/lss/33

Thompson, E.P., *Whigs and Hunters: The Origin of the Black Act*, Pantheon Books, 1975.

Trägårdh, Lars and Michael X. Delli Carpini, *The Juridification of Politics in the United States and Europe: Historical Roots, Contemporary Debates and Future Prospects*, 2005.
http://www.law.fsu.edu/faculty/2005workshops/tragardh.pdf

Trubek, David M. and Alvaro Santos, *The New Law and Economic Development, A Critical Appraisal*, Cambridge, 2006.

Turiaux, A., "Das neue Umweltinformationsgesetz," *NJW*, 1994, 2322ff.

Ule, C.H., "Rechtsstaat und Verwaltung," *VerwArch*. Bd.76, 1985.

Unger, R.M., *Law in Modern Society: Toward a Criticism of Social Theory*, Free Press, 1976.

Vaughn, Robert, *Public Information Law & Policy*, Spring, 1995.

Wacks, Raymond, *Personal Information*, Clarendon Press, 1989.

Wade, E.C.S. and A.W. Bradley, *Constitutional and Administrative Law* (10th ed.), Longman, 1985.

Weber, Max., *Rechtssoziologie*, Luchterhand, 1967.

Westin, Alan, *Privacy and Freedom*, London: Bodley Head, 1967, 23-26.

Whittington, Keith E., R. Daniel Kelemen, and Gregory A. Caldeira (eds.), *The Oxford Handbook of Law and Politics*, Oxford Handbooks of Political Science, 2008.

찾아보기

ㄱ

가구제수단 347
가분리행위(可分離行爲) 이론(théorie de l'acte détachable) 226
간소화규칙 82
강제조사 248, 274
개별법중심주의·점증주의적 접근 59
개별적 공개청구권 169
개인정보공개청구권 161
개인정보보호에 관한 금지·제도개선 326
개인정보보호의 원칙 350
개인정보 보호지침 298
개인정보 분쟁조정제도 335, 336
개인정보 열람청구권 322
개인정보의 보호 279
개인정보의 처리정지 324
개인정보정정청구권 161
개인정보 활용의 금지 354
개인 참여의 원칙 290
거버넌스 24
검찰보존사무규칙 193
경찰관직무집행법 247
공개의 원칙 289
공공기관의 개인정보보호에 관한 법률 282
공동조사 255
공무상 비밀누설죄 190
공문서열람권(Recht auf Akteneinsicht) 166
공법상 계약 52, 60, 148
공정거래법 268
공정성의 원칙 64
공청회 95, 105, 155
교시청구권 126
국무총리행정심판위원회 234
권한위임 금지 20
권력분립 22
규범해석 행정규칙 82
규율밀도(Regelungsdichte) 181
규제개혁 361
규제개혁백서 393
규제개혁위원회 379, 390
규제거버넌스(regulatory governance) 24
규제법정주의 374
규제심사의 절차 384
규제영향분석(Regulatory Impact Analysis, RIA) 28, 378, 381
규제일몰제 28, 378, 383
규제정비종합계획 390
기록열람권 56

기업규제완화법 365

ㄴ
네덜란드의 일반행정법 36
님비현상(NIMBY Syndrome) 146

ㄷ
단체소송 342
당사자 69
대량정보공개의 특칙 230
대표자 · 대리인 72
독일의 연방행정절차법(VwVfG) 35
독일 환경정보공개법(UIG) 215
독점규제 및 공정거래에 관한 법률 268

ㅁ
목적 구체화의 원칙 289
무인민원발급창구 407
문서열람청구권 103, 172
미국의 '비상대책기획 및 지역사회의 알 권리에 관한 법률'(EPCRA) 186
미국의 CIA정보자유법 180
미국의 정보자유법(FOIA) 162, 210, 226
민원사무처리기준표 403
민원사무처리에 관한 법률 28, 52, 398, 409
민원1회방문처리제 402

ㅂ
법도구주의 14
법률요건해당사실 115
법복귀족(the noblesse de robe) 16
법원(法源) 40
법의 지배 24
법익형량 144
보통법(Common Law) 34
복합민원 406
부관 115
부분공개 225
부패방지 및 국민권익위원회의 설치와 운영에 관한 법률 398
불공정무역행위 조사 및 산업피해구제에 관한 법률 269
불복구제수단 238
불이익처분의 사전통지 88, 91
브라운로보고서 10
비공개대상정보 187, 195
비쟁송적 행정절차 36

ㅅ
사법소극주의 14
사법적극주의 14
사법통치(Juristocracy) 16
사전통지(notice, Bekanntgabe) 38, 89, 91, 257
세무조사 272
세이프가드조치 272
손해배상책임 326
송달 68
수비의무위반 190
수집제한의 원칙 289
시료채취 254
신고절차 123
신뢰성의 원칙(신의성실 · 신뢰보호의 원칙) 63, 65, 66
신법우선의 원칙(lex-posterior-Regel) 363
심사청구제도 235

ㅇ
안전성 확보의 원칙 289
역정보소송(Reverse FOIA Suit) 239
연방환경청 186
영장주의 262

OECD 개인정보보호 8원칙 288
옴부즈만제도 235
위법성조각사유 190
위임입법 20
위헌법률심사 18
위헌·위법명령규칙심사 18
의견수렴 383
의견제출 95, 131, 217
의견청취 63, 94, 152
이용제한의 원칙 289
이유부기(Begründungszwang) 39, 55
임의조사 248, 274
입법권 비위임 20
입법권선점(legislative preemption) 48
입법권 위임(Delegation of Legislative Power) 20

ㅈ

자연적 정의 34, 94
자율관리체제 266
자율신고제도 266
자치법규안의 입법예고 128
자치입법 152, 174
자치행정절차 151
재량기준 82
재량하자 98
적법절차 40
전자공청회 107
전자적 공개 227
전자정보자유법(EFOIA) 228
전자정부법 351, 401
절차적 청구권 88
정보공개결정 221
정보공개법 179, 243
정보공개심의회 217
정보공개에 관한 불복구제 232
정보공개위원회 235, 241
정보공개의 원칙 183
정보공개제도 241
정보공개조례 173
정보공개지침(guideline) 231
정보공개청구 163, 187, 215
정보공개청구권 163
정보관리관리체계 184
정보및규제사무처(OIRA) 387
정보보전소송 239, 240
정보부존재의 입증책임 237
정보비공개법 210
정보수령방해배제청구권 169
정보의 자유(Informationsfreiheit) 168, 250
정보자결권(informationelle Selbstbestimmungsrecht) 169
정보조달의무(Informationsbeschaffungspflicht) 186
정보주체의 사전동의 352
정보주체의 열람청구권 353
정책결정 단계론(stage model) 23
정책과정(policy process) 22
정책법(policy law) 364
정치과정론(theory of political process) 22
정치의 사법화 13
중복조사 256
진술형 청문(argument type hearing) 39
집중의 원칙(Konzentrationsgrundsatz) 155
집행정지제도 238

ㅊ

처분기준 80
처분기준의 설정·공표제도 79
처분기준해명청구권 87
처분실명제 110
처분의 신청절차 75

처분이유의 사후추완 118
처분이유제시제도 111
처분절차 74
청구인부담원칙 231
청문(hearing, Anhörung) 38, 97, 152
침익적 행정작용 371

ㅌ
통신비밀보호법 354
투명성의 원칙 66
트롱피에 그라비에 사건판결(Dame Trompier-Gravier) 36
특별법우선의 원칙(*lex-specialis-Regel*) 363
특별수권의 원칙 20

ㅍ
평균적 시민(Normalbürger) 225
평등원칙 위반 98
포괄적 위임의 금지원칙 20
표현의 자유 168
프라이버시 보호 354

ㅎ
하자의 사후보완 143
하자의 치유 143
합리적 무지(rational ignorance) 19
해석요청권 63
해석준칙 81
행정계획 52, 146
행정과정 9
행정규제기본법 28, 361, 365, 398
행정규제법정주의 373
행정규제의 원칙 377
행정문서악세스위원회(commission d'accès aux documents administratif) 235
행정법의 일반원칙 250
행정상 손해배상 263
행정상 즉시강제 245
행정소송제기권 240
행정수속법(行政手續法) 37, 80
행정심판법 220
행정의 사법화 13
행정예고절차 129
행정응원 67
행정절차 31
행정절차법(Administrative Procedure Act, APA) 26, 35, 369
행정절차의 흠 132
행정절차조례 47
행정정보공개 159
행정정보의 공동이용 351
행정조사 245
행정조사기본법 246, 256
행정지도 130
헌법소원 18
현장조사 253
확약 52, 56

Abstract

Legal Control of the Administrative Process

Hong, Joon Hyung

In a complex situation that public administration often faces, it is not so much wise to focus on a single solution as it is to focus on how and with whom to reach it. The administrative process, not the end product, which is the administrative decision itself, emerges in this vein as a crucial aspect of contemporary administrative law, which has not yet been substantially addressed or tackled in Korea. There has been a vast range of administrative law reforms and innovations in areas such as administrative procedures, the disclosure of/access to administrative information, the protection of personal information, the treatment of civil petitions and administrative investigations. To ensure legal control over the administrative process, for example, 'the Administrative Procedure Act' had to be enacted together with 'the Official Information Disclosure Act'. It is the purpose of this treatise to analyze and review these legislative instruments. It also deals with other important statutes such as 'the Framework Act on Administrative Regulations', which was enacted and is currently in force for the facilitation of regulatory reform; 'the Act on the Protection of Personal Information', which was finally enacted in March 2011 after years of disputes; 'the Act on the Management of Public Archives'; 'the Civil Petitions Treatment Act'; and 'the Framework Act on Administrative Investigations'.

홍준형(洪準亨)

서울대학교 행정대학원 교수(공법학)
서울대학교 법과대학 및 동 대학원 졸
독일 괴팅엔(Göttingen)대학교 법학박사(Dr.iur.)
한국공법학회 차기회장(2011.7. 취임예정)
서울대학교 한국행정연구소장
한국환경법학회 회장(2009.7. – 2010.7.), 부회장 · 연구이사(1994 – 2001)
서울대학교 행정대학원 부원장(2007.1. – 2009.12.31.)
중앙환경분쟁조정위원회 비상임위원(2008.10.24. – 2010.10.)
법제처 법령해석심의위원회 위원(2005 – 2009)
정보통신부 정보통신정책심의위원회 위원(2004.8. – 2008)
정보화추진위원회 실무위원회 위원 및 법제전문위원장(2008 – 2009)
정부혁신 · 지방분권위원회 전자정부특별위원회 위원(2005 – 2008)
대통령자문 지속가능발전위원회 갈등관리전문위원회 위원(2004 – 2006)
환경정의 정책기획위원장(2004 – 2006)
국무총리행정심판위원회 위원(1999 – 2005)
서울대학교 정보통신연구소장(1998.4. – 2000.4.)
서울대학교 한국정책지식센터소장(2002.1. – 2002.12.)

Die Klage zur Durchsetzung von Vornahmepflichten der Verwaltung, 1992, Schriften zum Prozeßrecht Bd.108, Duncker & Humblot Verlag, Berlin
『행정법』, 2011, 법문사
『행정구제법』(제4판), 2001, 한울아카데미
『행정법총론』(제4판), 2001, 한울아카데미
『환경법』, 2005, 박영사
『판례행정법』, 1999, 두성사
『법정책의 이론과 실제』, 2008, 법문사
『공공갈등의 관리, 과제와 해법』(공저), 2008, 법문사
『국가운영시스템, 과제와 전략』(공저), 2008, 나남
『분권헌법: 선진화로 가는 길』(공저), 2007, 동아시아연구원